unterwegsverlag
hebelstraße 10
7703 rielasingen 1

ÄGYPTEN

Reise-Handbuch

Bücher für besseres Reisen

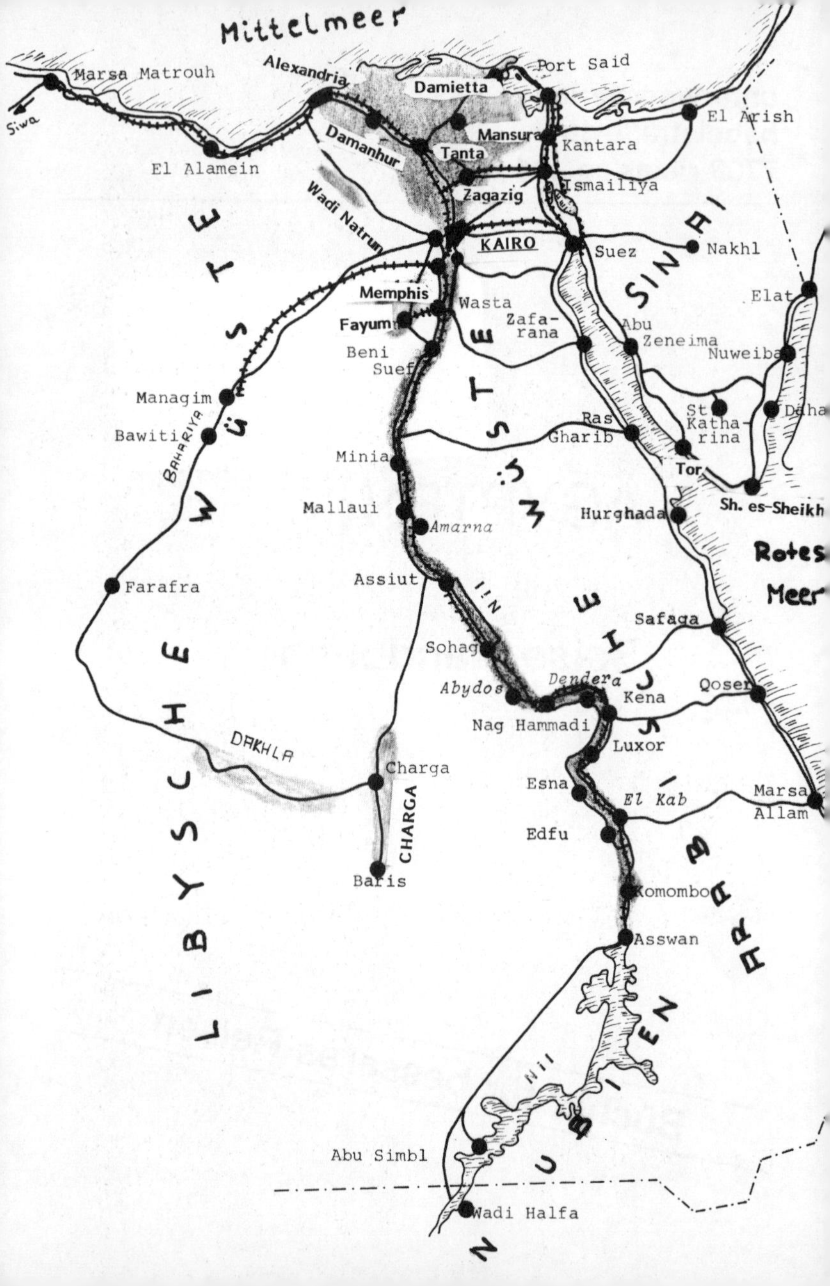
Mittelmeer
Marsa Matrouh
Siwa
Alexandria
Damietta
Port Said
El Arish
El Alamein
Damanhur
Tanta
Mansura
Kantara
Zagazig
Ismailiya
Wadi Natrun
KAIRO
Suez
Nakhl
Memphis
Wasta
Fayum
Beni Suef
Zafa-rana
Abu Zeneima
Elat
Nuweiba
SINAI
Managim
Bawiti
BAHARIYA
St. Katharina
Dahab
Ras Gharib
Tor
Minia
Mallaui
Amarna
Hurghada
Sh. es-Sheikh
Rotes Meer
Farafra
Assiut
Nil
Safaga
Sohag
Abydos
Dendera
Kena
Qoser
Nag Hammadi
Luxor
DAKHLA
Charga
Esna
El Kab
Marsa Allam
Edfu
CHARGA
Baris
Komombo
Asswan
Nil
Abu Simbl
Wadi Halfa
LIBYSCHE WÜSTE
ARABISCHE WÜSTE
NUBIEN

Ralph-Raymond Braun:

ÄGYPTEN –
Reisen zwischen gestern und morgen

Ein hintergründiger Reise-Führer

JAVAANSE JONGENS UNTERWEGS:
Nr. 8 ÄGYPTEN

Weitere Titel der Reihe:

Nr. 1: INTER RAIL (Kretz/Peter)
Nr. 2: SCHNEEBUCH (Deschler/Ziller)
Nr. 3: WESTCOAST USA (Schrott/Klemann)
Nr. 4: CUBA (Thomas Wilde)
Nr. 5: SARDINIEN (Zahner)
Nr. 6: CAMPING-HANDBUCH (Red. Mattes)
Nr. 7: JAVA/BALI (Ziller)
Nr. 9: SPASS UNTERWEGS (Klemann Hrsg.)
Nr. 10: EUROPA FÜR TRAVELLER (Peter)
Nr. 11: GRAN CANARIA mit Lanzarote und Fuerteventura (Klemann)

Vom gleichen Autor i. Vorb.:

Nr. 12: GRIECHENLAND (Braun) / ca. Jan. 1986

Dies ist eine originelle Originalausgabe des Unterwegsverlags Rielasingen. Druck und Gesamtherstellung von Presse-Druck Augsburg.
Grafik: Handzeichner Frieder.
© by Klemann 1985

INHALT

VORBEMERKUNG 7
REISEVORBEREITUNG
  Anreise. 9
  Papierkram 10
  Impfungen 11
  Geld 11
  Reisezeit 11
  Kleidung & Ausrüstung 11

UNTERWEGS IN ÄGYPTEN
  Verkehrsmittel 16
  Übernachtung 18
  Essen & Trinken 18
  Gesundheit 21
  Post & Telefon 23
  Strom 23
  Eintritte & Ermäßigungen 24
  Geld 24
  Bakshish 25
  Feiertage 26
  Wohin in Ägypten? 26
  Anmache. 27
  Frauen 28
  Ägypten in Zahlen 30
  Land und Leute 31
  Geschichte 32
  Islam 35
  Sprache & Schrift 35
  Literatur 38
  Lesehinweise 38

KAIRO 41
  von A–Z 43
  Stadtplan 46
  Nahverkehr 57
  Fernverkehr 61
  Stadtzentrum 61
  Westufer & Inseln 63
  Süden 65
  Mohamed Ali 69
  Totenstädte 70
  Wohnen in Kairo 71
  Altstadt 71
  Nordosten 73
  Norden. 75
  Kampf ums Wasser 78
  Laila und Mahmud 79

UMGEBUNG KAIROS
  Pyramiden 82
  Pyramiden von Giza 86
  Sphinx 87
  Memphis & Sakkara 87
  Haraniya, Kirdasa, Papyrus Island . 88
  Fayum 88

OASEN DER LIBYSCHEN WÜSTE . . 92
  Wüstenstädte 93
  Managim 93
  Bahariya 94
  Farafra 96
  New Valley Projekt 98
  Dakhla & Charga 99
  Oasentourismus 101

NILTAL 104
  el-Minia 107
  Assiut 109
  Abydos 111
  Ägypten, ein Faß ohne Boden . . . 115
  Dendera 116
  Kena 117
  Luxor. 119
  Westbank 123
  Hieroglyphen 130
  Esna 131
  Edfu 132
  Komombo 133
  Asswan 133
  Zentrum 135
  Westufer & Inseln. 136
  Ismailiten. 138
  Süden 139
  Unvollendeter Obelisk 139
  Alter Staudamm 139
  Katarakt 140

Sadd el-Ali (Hochdamm)	141
Philae	146
Nubien	147
Abu Simbel	149
Weiterreise Sudan	152

NORDWESTEN
Makarios-Kloster	153
Wadi Natrun	155
Tahrir-Provinz	157
Menas-Kloster	158
Alexandria	161
Kleopatra	164
Sehenswürdigkeiten	167
Küstenstraße & westliches Mittelmeer	169
el-Alamein	170
Marsa Matruh	172
Siwa	174

DELTA
Route Agricole	180
Misr-Textilwerke	181
Kairo – Port Said	182
Alexandria – Ismailiya	182

SUEZ-KANAL 183
Ismailiya	184
Drama im Bittersee	187
Port Said	188
Suez	190

ROTES MEER 192
Wadi Hammamat	194
Ababda	194
Küstenstraße	196
Antonius-Kloster	196
Paulus-Kloster	199
Mons Porphyrites	200
Hurghada	201
Qser	203

SINAI 205
Sharm es-Sheikh	208
Dahab	209
Nuweiba	210
Katharinen-Kloster	211
Nord-Sinai	212
Weiterreise Israel	212

REGISTER 216

Vorbemerkung

Dieses Buch soll Hilfe sein: Zum Verständnis fremden Alltags, zur Bewältigung des Alltags als Fremder.

Ein Teil dieses aktuellen Ägypten-Reiseführers besteht aus praktischen Informationen. Wo kann man wohnen, was gibt es zu essen und wie kommt der Reisende von einem Ort zum andern; was gibt es zu sehen und zu erleben. Diese Hinweise finden sich bei den einzelnen Orten, die Verkehrsverbindungen auch am Beginn der Kapitel über die Regionen oder im Abschnitt ‚Anreise'. Obwohl 1985 auf den letzten Stand gebracht, sind diese Informationen, wie vieles in Ägypten, nur ein „Ungefähr". Über Jahrzehnte renommierte Hotels wechseln den Besitzer und verkommen binnen kurzem; Einreisebestimmungen wechseln nicht weniger häufig, Preise steigen sowieso. Wenn man Ägypter um eine Auskunft angeht, werden sie sich große Mühe geben – doch ist die Antwort oft von der Höflichkeit bestimmt und nicht vom Wissen. Das gilt übrigens auch für die amtliche Tourist Information. Lieber also zwei oder drei Mal fragen.

Ein weiterer Teil des Buches ist der Beschreibung des Landes und seiner Sehenswürdigkeiten gewidmet. Jedoch ist dies kein klassischer Studienreiseführer à la Baedeker. Wer nach Ägypten seiner pharaonischen Denkmäler wegen reist, der lege 80 Mark auf den Tisch des Buchhändlers und kaufe den Reiseführer von Frau Brunner-Traut, in seiner Einführung in die Vergangenheit des Landes mit Abstand das Beste und schwer zu übertreffen. Mein Buch hingegen legt den Schwerpunkt auf das heutige Ägypten. Es will mit Land, Leuten und Problemen von heute vertraut machen, die in anderen Reiseführern regelmäßig zu kurz kommen oder nur arg oberflächlich begriffen wurden. Es ist vielleicht über kein Land so viel geschrieben worden wie über Ägypten – die ersten Reisenden kamen schon, als in Germanien noch finsterster Urwald war –, doch, von wenigen Neuauflagen abgesehen, schimmeln diese Schätze in den Bibliotheken vor sich hin. Ich habe deshalb dort, wo ich von anderen Autoren Sehenswürdigkeiten trefflich beschrieben oder Hintergründe erläutert fand, diese Stellen statt neuerlicher Ergüsse meinerseits in das Buch aufgenommen. Insofern ist dies hier auch ein Lesebuch.

Dank gebührt einer Vielzahl von Reisenden in Vergangenheit und Gegenwart, insbesondere aber für ihre wertvollen Hinweise und Hilfen:

Mme Shahira (Tourist Information Alexandria); Kamal Hashim (Tourist Inf. Hurghada); Anwar Abou el-Ella (Ägypt. Fremdenverkehrsamt, Frankfurt); Hans Lerchbacher (GTZ und Redaktion „Papyrus", Kairo); Jess Duggan (AUC-Library, Kairo); den Bibliotheken der Universitäten Frankfurt und Konstanz sowie des Gr.-röm. Museums, Alexandria; dem Archiv des Südkurier, Konstanz; Terry; Rudi, Horst, Alto und Anne; schließlich dem Verleger für seine Geduld; und der Firma Th. Niemeyer, ohne deren finanzielle Unterstützung diese Veröffentlichung nicht möglich wäre.

SCHREIBWEISE VON ORTS- UND EIGENNAMEN

Für viele Orte in Ägypten hat sich noch keine feste lateinische Schreibweise eingebürgert. So meinen ‚Idfu' und ‚Edfu' die gleiche Stadt, der Anlaut zu sprechen als ein Mittelding zwischen ‚i' und ‚e'. Folgend die von mir benutzten Buchstaben, die anders als im Deutschen gewohnt auszusprechen sind.

Man spreche:

- sh   wie **Sch**ule (Sharm el Sheikh)
- kh   wie Ba**ch**
- ch   wie **i**ch (Charga)
- th   wie **th**e (engl.) (Tharwat)
- q   als Kehlkopf-k (Qser)
- gh   ist für Mitteleuropäer nahezu unaussprechbar, ein Mittelding zwischen g und r
- z   als stimmhaftes s wie **S**onne
- s   immer stimmlos wie **A**ster (Sayida Zeinab)
- ei   als eï
- y   wie **J**ürgen
- j   wie **j**ournal (franz.)
- w   wie **w**ater (engl.)
- h   bezeichnet keine Dehnung, sondern ist deutlich hörbar, wie in O**h**eim

Die arabische Schrift macht keinen Unterschied zwischen o und u. Genausowenig macht es die gesprochene Sprache. Die auf -iya endenden Ortsnamen werden -eïya gesprochen (Ismailiya = Isma-i-leïya)

ADRESSEN UND ABKÜRZUNGEN

Besonders in Kairo und Alexandria genügen Straße und Hausnummer nicht, um eine Wohnung ausfindig zu machen. Es muß bei kleineren Straßen noch ein markanter Punkt in der Nähe und gegebenenfalls das Stadtviertel angegeben werden. Wenn Ihr also „18 Bursa el-Adima (Hotel Hamburg, Md. Orabi, Taufikiya)" sucht, geht Ihr zuerst ins Stadtviertel Taufikiya, fragt nach dem Orabi Platz, sucht von dort aus das Hotel Hamburg und in dessen Nachbarschaft schließlich die Bursa-el-Adima-Straße. Häuser haben generell nur eine Hausnummer, aber oft mehrere Eingänge. Die Abkürzungen bedeuten:

- Md. = Midan, nämlich ‚Platz'
- Sh. = Sharia, nämlich ‚Straße', was von mir aber weggelassen wird, wenn es nicht noch einen gleichnamigen Platz oder ein Quartier gibt.
- gg. = gegenüber
- Bld. = building, nämlich Gebäude
- Cin. = Cinema, nämlich Kino

Ein Schrägstrich ‚/' zwischen zwei Straßennamen zeigt eine Ecke an. ‚Talaat Harb/Alfy' heißt also, in der Talaat-Harb-Straße nahe der Einmündung Alfy-Straße.

Reisevorbereitung

ANREISE

Mit dem Flugzeug: Lufthansa und Egypt Air bieten einen Sondertarif (10–45 Tage) ab Frankfurt oder München – Kairo und zurück: ca. 1200 DM. Linienflugtickets für unter 800 DM bieten die Jugoslawen. Charterflüge (bis 4 Wochen, sonst Aufschlag) gibt es mit starken saisonalen Preisschwankungen ab 650 DM. Die absoluten Preisbrecher, MALEV (Ungarn) und INTERFLUG (DDR), fliegen ab 600 DM von Berlin-Schönefeld aus. Ab Wien besteht gelegentlich kurzfristig die Möglichkeit, mit der AUA (nur Hinweg) direkt nach Assuan zu fliegen, einem technischen Zwischenstop auf den Ostafrika-Linien.

Auf dem Landweg: Leute mit viel Zeit und ohne eigenes Auto können über die Türkei, Syrien, Jordanien und das Schlupfloch Allenby-Brücke auf die besetzte Westbank und damit nach Israel und Ägypten kommen. Die reinen Transportkosten liegen freilich höher als beim Flugzeug.
Grenzübergang Israel-Ägypten siehe S. 212, Sudan-Ägypten S. 152. Die Einreise aus Libyen ist derzeit nicht möglich.

Mit dem Schiff: Schiffsreisen sind allemal teurer als Flüge. Ich empfehle sie dennoch wärmstens allen, die genug Zeit haben. Ihr trefft nette Leute, und die Fahrt mildert den Kulturschock, indem das Schiff langsam Abstand von der alten Welt gewinnt und Euch Zeit läßt zum Öffnen für Neues.

Besonders, wenn Ihr **ein Auto mitführt**, lohnt sich ein genauer Preisvergleich, der je nach Art des Fahrzeugs unterschiedlich ausfallen wird. Da zumindest süddeutsche Reisebüros sich mit Schiffspassagen wenig auskennen, hier einige Hilfen, Stand Winter 84/85.

HAMBURG – ALEXANDRIA
Alle 4–6 Wochen polnische Frachtschiffe mit 4–8 Passagieren, Fahrt 3 Wochen, Preis 1750 DM, Autos auf Anfrage. Agentur BRD: Navis, Billhorner Kanalstr. 69, 2000 Hamburg 28, T 040-78958-234

ITALIEN – ALEXANDRIA/HAIFA
Triest – (Ravenna – Rijeka) – Alexandria.
Alle 2 Wochen italienisches Frachtschiff mit ca. 20 Passagieren, Reisedauer 5–6 Tage, ab 600 DM p.P. (Inkl. Essen und Tischwein!), Auto ab 700 DM. Buchung über Navis, wie oben.

VENEDIG – (PIRÄUS) – ALEXANDRIA
3–4mal im Monat mit Autofähre Espresso Egitto, Reederei Adriatica, Reisedauer 4 Tage, ab 685 DM p.P. (obligatorische Kabine, ohne Verpflegung, Jugendliche unter 26 und Studenten ca. 15% Rabatt), Auto ab 500 DM. Die Tickets sind in Italien billiger zu haben, doch empfiehlt sich Ostern, Weihnachten, Anfang Oktober (Hinfahrt) und Ende Juni (Rückfahrt) Vorab-Buchung.
Agentur BRD: Seetours, Weisfrauenstraße 3, 6000 Frankfurt/M, T 069-13 33 21 0
Venedig: Adriatica, Zattere 1412, 30123 Venezia, T 29133
Alexandria: Mena-Tours, Hotel Cecil, T 80 84 07, Tlx 54 097; weitere Büros der Agentur siehe Kapitel Suez.

VENEDIG – (KORFU – PIRÄUS – LIMASSOL) – HAIFA
Die Passagen nach Israel sind günstiger als diejenigen nach Alexandria, und von Haifa sind es nur zwei Autostunden zur ägyptischen Grenze. Näheres am Schluß des Buches.
3mal monatlich Autofähre Sol Olympia (Sol-

Reederei, Zypern), Fahrt 5 Tage, ab 400 DM p.P. (Decksklasse ohne Verpflegung), Auto ab 500 DM, Preise in Venedig.
Agentur BRD: Viamare, Apostelnstr. 14, 5000 Köln, T 0221-23 49 11

ÜBER GRIECHENLAND
Über Abfahrten, Preise und Schiffe informiert der monatlich erscheinende Greek Travel Guide, gegen ca. 20 DM zu beziehen von Ikon-Reisen, Schwanthalerstr. 31, 8000 München 2.

ANCONA – (IGOUMENITSA) – PATRAS
Von April bis Oktober am günstigsten Ionian Star und Ionian Victory (Reederei Strintzis), alle 2–4 Tage, ab 90 DM p.P. (Decksklasse; Studenten 10% Rabatt), Pkw ab 100 DM. Ganzjährig fährt Mediterranean Sea, aber teurer.

BRINDISI – (KORFU – IGOUMENITSA) – PATRAS
Juni bis September am günstigsten Ionian Glory (Reederei Strintzis), alle 2 Tage, ab 75 DM p.P. (Decksklasse), Pkw ab 90 DM. Die ganzjährig verkehrenden Schiffe kosten ab 100 DM. Für Studenten gibt es dabei 20% Rabatt. Autos befördert im Winter am billigsten die Reederei Libra.

RIJEKA – (KORFU) – IGOUMENITSA
April bis Oktober 1–2mal wöchentlich mit Schiffen der Jadrolinija, ab 100 DM p.P., Autos ab 230 DM. Der Bus von Igoumenitsa nach Athen kostet etwa 35 DM. Jadrolinija wird in der BRD vom Deutschen Reisebüro (DER) vertreten.

PIRÄUS – (RHODOS – LIMASSOL) – ALEXANDRIA
Wöchentlich Odysseas Elytis (Reederei Maritime Company of Lesvos), Decksklasse 250 DM. BRD-Agentur: Viamare, siehe oben. Wer eine Kabine will oder ein Auto dabei hat, fährt mit Adriaticas Espresso Egitto günstiger.

PIRÄUS – (RHODOS – LIMASSOL) – HAIFA
Wöchentlich mit Sol Phryne (Reederei Sol), Decksklasse ab 130 DM, Autos ab 230 DM. Die Sol Olympia ist etwas teurer. Agentur BRD: Viamare.

Die Preise verstehen sich alle für die Buchung im Abfahrtsland. In Ägypten sind Flugtickets und Schiffspassagen unverhältnismäßig teurer. Ihr solltet Euch deshalb vorher in Europa ein Open-Date-Ticket für die Rückfahrt ausstellen lassen.

PAPIERKRAM
Notwendig sind Reisepaß (noch 6 Monate gültig) und Visum. Das Visum gibt es bei den ägyptischen Vertretungen in der BRD;
für NRW: Botschaft der Arabischen Republik Ägypten, Konsularabteilung, Wendelstadtallee 2, 5300 Bonn 2, 0228-364000
Für Süddeutschland: Generalkonsulat, Eysseneckstr. 52, 6000 Frankfurt/M, 069-590557
Für Norddeutschland: Generalkonsulat, Harvestehuder Weg 50, 2000 Hamburg 13, 040-410 10 31
In Österreich: Botschaft, Trautsohngasse 6, 1080 Wien, 0222-361134
In der Schweiz: Botschaft, Elfenauweg 61, 3 Bern, 0 31-44 80 12
Konsulat, 47 Route de Florissant, 1201 Geneve, 022-476255

Auskünfte erteilt: Ägyptisches Fremdenverkehrsamt, Kaiserstr. 64 a, 6000 Frankfurt/M, 069-252153
Das Visum kostet hier um die 30 Mark. Ihr bekommt es auch auf der Botschaft in Tel Aviv (Israel), im Hafen von Alexandria und auf dem Airport in Kairo, dort allerdings teurer. Das Visum ist in aller Regel auf 30 Tage begrenzt – entscheidend dafür ist der Eintrag des Grenzbeamten in Euren Paß. Binnen 14 Tagen nach Ablauf müßt Ihr das Land verlassen haben oder Euer Visum bei

den Paßbehörden der großen Städte verlängern, was bis zu einer Gesamtdauer von 6 Monaten möglich ist.

Bei der Einreise gibt es einen **Pflichtumtausch** von 150 US-$ oder dem entsprechenden Äquivalent in DM, Franken usw. Für die Verlängerung Eures Visums müßt Ihr pro Tag erneut den Gegenwert von 6 US-$ wechseln, wobei die meisten Paßbehörden auch einen Umtausch zum (für Euch günstigeren) „Touristenkurs" akzeptieren. Erkundigt Euch sicherheitshalber vorher.

Für Mietwagen ist ein Internationaler Führerschein erforderlich. Wollt Ihr mit dem eigenen Wagen einreisen, braucht Ihr eine Zollgarantie, die dem ägyptischen Zoll gegenüber dafür bürgt, daß Euer Auto das Land wieder verläßt. Gängigste Form dieser Zollgarantie ist das „Carnet de Passage", das Ihr gegen Hinterlegen von 10 000 DM oder Bankbürgschaft vom ADAC bekommt. Im Prinzip kann die Zollgarantie aber auch Euer reicher Onkel in Ägypten übernehmen, wenn Ihr ihn habt. Der israelische Automobilclub in Elat stellt gegen wenige Mark und ohne weitere Sicherheit ebenfalls eine Zollgarantie aus. Euer Wagen kann längstens drei Monate in Ägypten bleiben.

Die Zollgarantie wird von der Reederei übernommen, wenn Ihr
a) mit Schiffen der ADRIATICA fahrt,
b) mindestens zu zweit seid,
c) nicht länger als vier Wochen bleibt,
d) die Rückfahrt vorab bucht,
e) der Fahrzeugführer mit dem -halter identisch ist,
f) mit dem Auto keinen Abstecher nach Israel plant.

IMPFUNGEN

Notwendig nur noch Gelbfieber-Nachweis oder Cholera-Impfung, wenn ihr aus gefährdeten Gebieten (z. B. Schwarzafrika) einreist. Malaria-Prophylaxe wird von der WHO für Juni bis Oktober empfohlen. Gegen Hepatitis B gibt es eine Schutzimpfung (H-A-Vax von Behring).

GELD

US-$, Schweizer Franken und DM werden in Ägypten allerorts anstandslos gewechselt. Reiseschecks nur mit Abschlag, Euroschecks nur auf dem inoffiziellen Geldmarkt in Kairo mit mindestens 10% Abschlag.

REISEZEIT/KLIMA

Die beste Reisezeit sind Oktober/November und Februar/März. An Ostern und Weihnachten ist das Land von Touristen überflutet, im Dezember und Januar kann es morgens ganz schön kühl sein.

KLEIDUNG/AUSRÜSTUNG

In Ägypten ist es warm bis heiß, was bedeutet: Sommerbekleidung, am besten aus Baumwolle und nicht hauteng mitnehmen. Für die Morgenstunden oder den Winter in Unterägypten und auf dem Sinai daneben einen Pullover nicht vergessen. Sandalen sind am bequemsten, zum Wandern und gegen Schlangen sowie den Schlamm großstädtischer Nebenstraßen leichte Stiefel nicht zu verachten.

Für die Nacht braucht Ihr einen warmen Schlafsack nötiger als ein Zelt gegen die seltenen Regenfälle (anders im Winter am Mittelmeer!), Wunder wirkt auch ein Moskitonetz, das Ihr leicht selber schneidern könnt. Die ägyptischen Fliegen sind penetranter als ihre europäischen Artgenossen.

Filme sind im Land erhältlich, aber – außer in Port Said – teurer als bei uns und durch die Hitze oft schon etwas mitgenommen. Mit ägyptischen Filmentwicklern habe ich böse Erfahrungen gesammelt: Lieber bis zu Hause warten. Rühmliche Ausnahme: die Firma Kodak. Ihr gebt Eure Dias in Kairo (20 Sh. Adly) ab, Kodak bringt sie in seine Schweizer Labors und schickt sie anschließend zu Euch nach Hause.

FLIEGENPLAGE

Zu den größten Plagen in Ägypten gehört die Masse der Fliegen, von denen man den ganzen Tag über gequält wird, bis sie in der Nacht von den Mücken abgelöst werden, welche indes weit weniger häufig und kaum so bösartig wie an feuchten Orten in Europa sind. Muskitos, gleich denen der Barbarei, sind mir hier bisher noch gar nicht vorgekommen. Die hartnäckige Windstille, welche seit Theben eingetreten war, ließ uns nur sehr langsam avancieren, und später fuhr sich noch die große Barke so in Steinen fest, daß wir achtzehn Stunden in sengender Hitze an eine Felswand gelehnt verweilen mußten, ehe wir wieder flott wurden. Ein drittes Übel war der eintretende Mangel an gewissen Provisionen, die man sich hier nicht mehr verschaffen kann, namentlich Wein und selbst Zucker. Ich rate jedem, von diesen Artikeln, wie auch von Tee und gutem Tabak, immer dreimal so viel mit sich zu nehmen, als man zu verbrauchen glaubt. Das Zuviel wird selten hindernd, das Zuwenig aber sehr empfindlich und, wenn man daran gewöhnt ist, selbst der Gesundheit nachteilig.

(Pückler-Muskau 1837)

Klimawerte

ASSWAN

Monat	Klima-streß-faktor	Temperatur in Celsius-Grad					mittlere relative Feuchte
		mittleres tägliches Maximum	mittleres tägliches Minimum	absolutes tägliches Maximum	absolutes tägliches Minimum	
I	0	24	10	38	3	27–52
II	0	27	14	39	2	21–45
III	0	31	14	44	6	16–36
IV	4	36	19	48	10	14–30
V	4	40	24	48	11	13–26
VI	2	42	25	51	20	14–28
VII	2	42	26	49	22	16–29
VIII	2	42	26	48	22	18–32
IX	2	40	24	48	18	19–37
X	1	38	22	47	13	21–41
XI	0	31	17	42	8	27–49
XII	0	27	13	37	4	30–53

Niederschlag: 1 mm **pro Jahr**

Nicht immer scheint die Sonne, dann holen die Araber ihre Mäntel und Schals aus dem Schrank

ALEXANDRIA

Monat	Temperatur in Celsius-Grad				Niederschlag	
	mittleres tägliches		absolutes tägliches			
	Max.	Min.	Max.	Min.	mm	Regentage
I	18	9	36	3	48	10
II	19	9	37	3	28	7
III	21	11	41	6	14	6
IV	23	13	42	7	3	2
V	27	17	42	11	2	1
VI	28	20	42	12	<1	<1
VII	30	23	38	18	<1	<1
VIII	30	23	40	18	<1	<1
IX	29	21	40	16	<1	<1
X	28	18	39	12	8	3
XI	24	15	37	8	32	7
XII	20	11	29	4	56	10

mittlere relative Luftfeuchte: 50–85 %

KAIRO

Monat	Klima-streß-faktor	Temperatur in Celsius-Grad					mittlere relative Luftfeuchte	Regen-tage
		mittleres tägliches Maximum	mittleres tägliches Minimum	absolutes tägliches Maximum	absolutes tägliches Minimum		
I	0	19	9	30	3	43–75	3
II	0	21	9	36	1	38–70	2
III	0	24	11	39	5	34–67	1
IV	0	28	14	42	9	30–62	<1
V	1	32	17	44	12	27–57	<1
VI	2	35	20	46	16	29–63	<1
VII	2	35	22	46	19	32–70	0
VIII	2	35	22	42	18	36–73	0
IX	2	33	20	42	16	41–75	0
X	1	30	18	39	12	40–75	0
XI	0	25	14	37	5	45–77	2
XII	0	21	10	33	5	47–77	3

mittlerer jährlicher Niederschlag: 24 mm

20 Nebeltage } pro Jahr
3 Tage Chamasin

QSER (Rotes Meer)

Monat	Temperatur in Celsius-Grad			
	mittleres Maximum	tägliches Minimum	absolutes Maximum	absolutes Minimum
I	23	14	33	4
II	23	14	35	6
III	25	17	38	7
IV	27	19	43	13
V	30	23	41	16
VI	32	25	41	21
VII	33	26	42	21
VIII	34	27	40	23
IX	32	25	37	19
X	30	23	38	17
XI	27	19	34	11
XII	24	16	31	9

mittlere relative Luftfeuchte: 46–63 %
mittlerer Jahresniederschlag: 3 mm

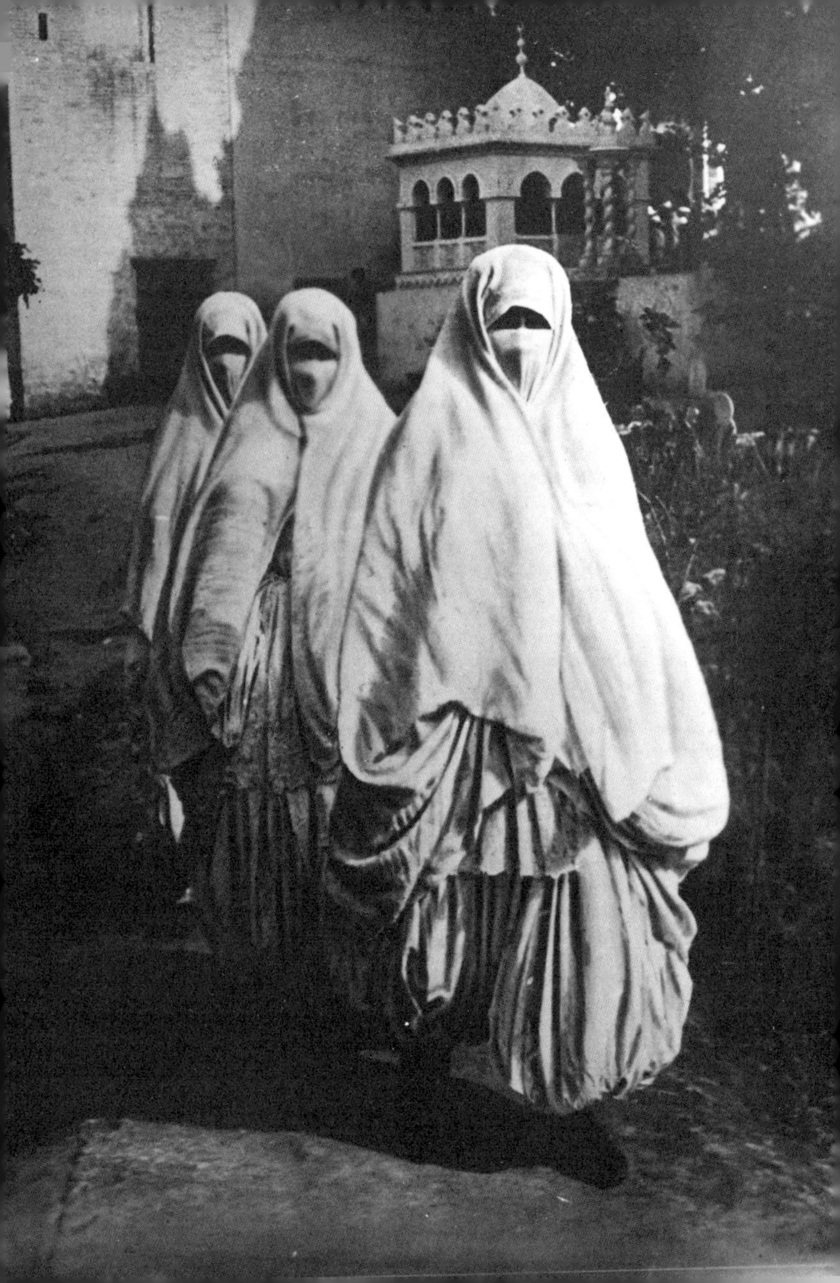

Unterwegs in Ägypten

VERKEHRSMITTEL

Ägypten hat ein gut ausgebautes Netz öffentlicher Verkehrsmittel – mit Ausnahme der Oase Farafra könnt Ihr so jeden Ort billig und schnell erreichen.

ZUG

Das Zeichen ertönt, ein Pfiff und wir eilen nach Süden auf eisernem Pfade. Die Häuser und Villen zu unserer Rechten, die Saffianpolster, auf denen wir Platz gefunden, die Gestalt der kleinen Fahrkarten, die langen, metallenen Fäden an unserer Seite, welche die Gedanken der Menschen einander so nahe bringen, wie die Schienenstränge ihre Wohnungen, die Form der Lokomotiven und Wagen, wie ist das Alles so ganz europäisch! Ja, und die Maschinen werden mit Kohlen, schwarzen, gewöhnlichen Kohlen, die das verhaßte England liefert, und nicht mit Mumienstücken geheizt, wie das noch vor Kurzem ein amerikanischer Reiseschriftsteller seinen Lesern erzählte! Und doch; wir sind im Orient! Da wiegen sich Palmen, da heben sich mit dem Halbmond geschmückte Minarete, und der Staub, welcher durch das geöffnete Fenster nur allzureichlich dringt, ist echter und unverfälschter Wüstenstaub. Der mit dem Tarbüsch geschmückte braune Kopf des Schaffners, der sich nun zeigt, gehört auch keinem Europäer an, und auf der Fahrkarte stehen arabische Lettern und Zahlen neben den römischen. Eigenartig sind auch die eisernen Schwellen der Schienen, die man den eichenen in dem holzarmen Nilthale vorzieht. (Ebers 1889)

Die Bahn ist das billigste Fortbewegungsmittel. Die Fahrt von Kairo nach Assuan kostet etwas weniger als zwei Flaschen Bier.

Die Bahn kommt vor allem auf zwei Strecken in Frage: Von Kairo nach Alexandria und wenn Ihr längere Abschnitte im Niltal fahren wollt. Eisenbahnfans sei der Wüstenexpreß von Alexandria nach Marsa Matruh empfohlen. Die Linien im Delta sind dagegen der vielen Haltepunkte wegen mühselig.

Es gibt folgende Komfortkategorien:

III. Klasse (Bummelzüge). Holzbänke und viel Staub und Dreck, keine Reservation erforderlich.

II. Klasse wie III., nur weniger voll.

II. Klasse Aircondition. Auch im Winter zu empfehlen, da weniger Staub!

I. Klasse. Kaum Unterschied zur II. Aircondition.

II. Klasse sleeper (Entspricht etwa unseren Liegewagen)

I. Klasse sleeper (Schlafwagen)

MBB Touristenzug (Schlafabteile, Großraumwagen, Abendessen und Frühstück im Fahrpreis inbegriffen), verkehrt nur Kairo – Luxor – Assuan u. retour

Preisbeispiele:

II. AC Asswan – Kairo (880 km) 8 LE
II. AC Asswan – Luxor (210 km) 2.50
III. Alexandria – Marsa Matruh (320 km) –.95.

Des oft noch aus der Zeit zwischen den Weltkriegen stammenden Gleismaterials und schlechten Unterbaus wegen haben die Waggons eine besondere Federung, so daß sich der Aufbau unabhängig vom Achsgestell bewegen kann – was er denn auch beständig tut, wie ein Schiff von einer Seite zur anderen schwankend.

Die Züge sind für orientalische Verhältnisse pünktlich. Auf längeren Strecken solltet Ihr Verpflegung mitnehmen, es gibt keine Speisewägen.

Nachteil der Zugfahrten ist das auf geradezu indische Art umständliche Billett-Verkaufs- und Reservierungssystem. Für sleeper und AC-Plätze könnt Ihr nämlich nicht einfach eine Fahrkarte kaufen und in den Zug steigen, sondern braucht eine Platzkarte.

7 Tage vor Abfahrt des Zuges wird die Reservierung geöffnet. Der Schalterbeamte (in Kairo müßt Ihr erst den für Eure Strecke zuständigen Schalter auftun) trägt Euch in ein großes Buch ein. Sind alle Plätze vergeben, gibt's keine Fahrkarten für den betreffenden Zug mehr. Besonders von und nach Kairo sind die Züge oft schon eine Woche vor Abfahrt ausverkauft. Die Reservierung schließt spätestens am Tag vor der Abfahrt. Etwaig übrige Plätze werden dann in der Stunde unmittelbar bevor der Zug fährt, verkauft. Das kommt für Euch in Frage, wenn Ihr zwischen Luxor und Assuan reisen wollt. Auf diesem Abschnitt sind immer Plätze frei.

Frauen müssen sich an den Schaltern nicht in die Schlange reihen, sondern bekommen die Fahrkarte bevorzugt.

Studenten (mit internationalem Ausweis): Alle Tickets zum halben Preis.

„In der Wüste zwischen Kairo und Suez sind insgesamt 8 Stationen errichtet. Einige haben Stallungen, andere einen Raum zum Rasten, die mittlere aber, Station Nr. 4 auf halbem Weg zwischen den beiden Städten, Schlafräume für die Damen und Bedienstete, Küche, Stall und Wassertank. Alles Wasser wird vom Nil gebracht und durch Tonkrügen gefiltert. Die Küche ist in Anbetracht des Ortes genießbar und die Preise mäßig. Ein Abendessen 4 Shilling, Frühstück 2, Portwein 5 Sh. die Flasche, das Bier 10 Pence. Huhn, Taube, Lammfleisch und Obst sind am teuersten.

Einfache Touristen können an den Telegraphen für ein Bakshish gut gekühltes Wasser aus den Tonkrügen bekommen, an den Stationen kostet die Flasche 4 Pence.

Die Fliegen sind hier, wie auch andernorts in Ägypten, eine große Plage. Sie sind kleiner als unsere englische Hausfliege, aber doppelt so lästig: Sie fliegen direkt auf die Augen, wo sie von den arabischen Kindern geduldet zu werden gewohnt sind, was viel zur Verbreitung des Trachoms beiträgt.

Über diese Plage schreibt Mrs. G. D. Griffiths in ihrem Bericht über die Rasthäuser: ‚Die Zahl der Fliegen spottet jeder Beschreibung. Tisch, Wände, Decke und Boden sind bedeckt mit ihnen. Ich war fürchterlich müde und von der Reise erschöpft und legte mich sofort auf den Teil des Divans, der mir am saubersten schien, aber es war mir keine Ruhe vergönnt. Ich hatte mich kaum hingelegt, als ich von Kopf bis Fuß mit Fliegen bedeckt war.'" Von einem unbekannten Verfasser über den Postkutschendienst Kairo – Suez, um 1850

BUS – AUTO – FLIEGER – SCHIFF

Bekommt Ihr für den Zug keine Karte mehr oder wollt Ihr in Regionen ohne Bahn, bleibt der Überland-Bus. Dieser ist teurer als die Bahn, dafür könnt Ihr auch auf der Strecke aussteigen. Außerhalb der Wüsten halten die Fernbusse selten zum Einsteigen auf freier Strecke.

Für mittlere (etwa zwischen Provinzhauptstädten) und kürzere Entfernungen kommen auch Sammeltaxis in Betracht. Sie fahren von „Taxibahnhöfen" ab, sobald sie voll sind. Rechnet als ungefähren Richtpreis mit einem Piaster pro Fahrtkilometer und Person. Auf befahrenen Strecken ist dies die schnellste Möglichkeit, voranzukommen. Ab Einbruch der Dunkelheit wird der Verkehr allerdings dünn, in Oberägypten fährt dann keiner mehr.

Inländische Flugtickets kosten um die hundert Mark. Die Verbindungen findet Ihr im Abschnitt über die einzelnen Regionen.

Einen Linienschiffs-Verkehr gibt es nur zwischen Luxor und Assuan.

Mietwagen bekommt Ihr (mit internationalem Führerschein) in Kairo, Alex und Port Said ab 20 LE (pro Tag mit 100 km), allerdings in technisch nicht immer einwandfrei-

em Zustand. Neuerdings bieten einige Reisebüros auch Wohnmobile zu Sündenpreisen an.
Benzinpreise: Solar (Diesel) 6 Piaster; Normal (78 Oktan) 11 P.; Super (87 Oktan) 15 P.; daneben bieten einige Tankstellen in Kairo und Alexandria (drei Pyramiden im Firmenemblem) MASROLINE, ein Super-Super mit über 90 Oktan, für das jedes Auto dankbar sein wird.

ÜBERNACHTUNG

HOTELS
Für eine Hotelübernachtung könnt Ihr zwischen einem und vierzig LE pro Nacht und Person ausgeben. Ich gehe mal davon aus, daß billigere bevorzugt werden.

In Kairo, Luxor und Assuan gibt es einige Billighotels, die sich auf Ausländer spezialisiert haben – ansonsten kommt Ihr unter wie die einfachen Ägypter. In der Kategorie 1–5 LE heißt das oft: Doppel- oder Dreibett-Zimmer, Etagendusche und -toilette, warmes Wasser über einen Elektroboiler. Wenn Ihr abends am Flughafen in Kairo ankommt, kann es schwierig werden, noch freie Betten zu finden. Über MISR-Travel oder ein Reisebüro könnt Ihr Euch dann ein freies Hotel vermitteln lassen. Gesetzt, sie hauen Euch nicht übers Ohr, ist das nicht teurer, als wenn Ihr direkt mietet – die Hotels dürfen die Kommission der Büros nicht auf den Preis aufschlagen. Die Agentur gibt Euch ein Papier, mit dem Ihr das Hotel „bezahlt" – das Geld müßt Ihr vorher der Agentur geben. Am nächsten Vormittag (!) könnt Ihr dann in Ruhe etwas anderes suchen, wenn Euch danach ist.

Die in diesem Buch aufgeführten Hotels kosten Euch, sofern nicht anders angegeben, unter fünf LE pro Person und Nacht

In einigen Häusern seid Ihr allerdings gezwungen, auch noch ein Frühstück zu bezahlen – ob Ihr's nun eßt oder nicht. Fragt also vorher. Die Hotelpreise sind staatlich festgelegt, was dem Übervorteilen eine Grenze setzt. Wer in einem der hier empfohlenen Hotels schlechte Erfahrungen macht, schreibt uns das bitte. Wenn eine Übernachtung nur wenige Pfund kostet, erwartet aber auch nicht mehr als saubere Bettwäsche, fließendes Wasser, benutzbare Toiletten. Gegen Flöhe hilft selbst massiver DDT-Einsatz nur wenig, (aber die könnt Ihr Euch auch im Bus oder sonstwo holen).

JUGENDHERBERGEN
gibt es in verschiedenen Städten. Ihr braucht unbedingt einen JH-Ausweis, wenn Ihr rein wollt.

CAMPING
Seid Ihr ohne eigenes Auto unterwegs, kommt zum Campen eigentlich nur das Meer in Frage. Für Autofahrer gibt es einige wenige offizielle Camping-Plätze, ansonsten müßt Ihr auf Hotel-Gärten, Sport-Clubs oder die Wildnis ausweichen, wo Euch das Militär jedoch oft vertreiben wird, obwohl Wild-Campen eigentlich nicht verboten, sondern – wie vieles in Ägypten – einfach nicht geregelt ist.

RASTHÄUSER
Überall, wo in Ägypten ein Beamter seinen Fuß hinsetzen könnte – und er kann es nahezu überall – gibt es für Dienstreisende staatliche Rasthäuser, die nur selten bewirtschaftet sind. Gibt es keine Hotels, könnt Ihr diese Rasthäuser benutzen, wenn es dem Dorfpolizisten genehm ist. In Farafra und am Mittelmeer werdet Ihr mit Rasthäusern vorlieb nehmen müssen.

PRIVATQUARTIERE
stellen eine Alternative zu den Rasthäusern dar, doch ist an sie nicht so einfach ranzukommen.

So lange es keine Hotels in Ägypten gab, wurde das Verfahren, den unachtsamen Fremden auszuplündern, nach von den in Europa befolgten ganz verschiedenen Grundsätzen ausgeübt. Da er selten die Sprache kann, so braucht er einen Dolmetscher oder Dragoman, der, wie sich natürlich von selbst versteht, seine sämmtlichen Geldgeschäfte besorgt. Der neuangekommene Europäer ißt und trinkt natürlich, was ihm der Dragoman zu geben beliebt; er sieht Alles mit den Augen des Dragomans; hört mit dessen Ohren; und obgleich er sich für den Herrn hält, so ist er in der That nur ein Theil des Vermögens dieses morgenländischen Dieners, der es benutzt, wie er es für passend findet, und zu seinem besten Vortheil verwendet, wie jedes andere Sach- oder Personbesitztum.

Als mein Freund und ich in Alexandria landeten, fanden wir uns in derselben Lage, wie unsere Vorgänger, und fielen sogleich in die Hände dieser Philister, von denen wir zwei als Dolmetscher in den Dienst nahmen. Sie sollten auch als Ciceroni (Führer) dienen, und man verbürgte uns, daß sie mit den Alterthümern genau bekannt seien, so wie alles Andere in Ägypten kannten; sie sollten auch unsere Bedürfnisse sämmtlich kaufen, unser Geld ausgeben, und nicht dulden, daß irgend jemand Anderes als sie selbst uns betrüge. (Curzon 1847)

Das Nil Hilton Hotel in Kairo

GETRÄNKE

Je nach Saison frischgepreßte Säfte aus Karotten, Mangos, Guaven, Orangen, Granatäpfeln.

* Farawla ist ein Erdbeersaft mit ungeheuren Mengen Zucker;
* Asab (oder gasab) ausgepreßtes Zuckerrohr;
* Lamon sind samt Schale im Mixer zerhackte Limonen;
* Kharrub – aus Datteln gewonnene Limonade;
* Tamerhindi – Getränk aus Tamarinden-Früchten, braun und im Geschmack wie schwarze Johannisbeeren mit Lakritz;
* Muz bi-laban – Bananenmilch;
* Karkade – Hibiskustee, kalt oder warm;
* Helwa – Gewürztee;
* Shay – Schwarztee;
* Nana – Minztee;
* Ahwa turki – türkischer (arabischer) Kaffee.

Alkohol ist hoch besteuert. An Bier gibt es das wohlschmeckende Stella (besser als das Export). Ausgezeichnet sind die Weine; der einheimische Schnaps ist dagegen zu vergessen.

ESSEN

* Tamiya – im Fett schwimmend gebackene Frikadellen aus zermahlenen Bohnen (ohne Fleisch);
* Fool – Über Stunden in großen birnenförmigen Gefäßen gekochte Saubohnen mit dünner Soße;
* Shashouka – Auflauf mit Hackfleisch, Tomaten, Ei und eventuell anderen Gemüsen, in Oberägypten nicht üblich;
* Kushari – Reis, Nudeln, Linsen, Röstzwiebeln, manchmal Erbsen, gemischt und mit scharfer Soße serviert;
* Makarona – Nudelauflauf mit Hackfleisch;
* Malukhiya – Mehr oder weniger dünnflüssiges, spinatähnliches Grünzeug in Fleischbrühe gekocht;
* Khalta – Süßer Reis mit Rosinen, Nüssen und Fleisch- oder Leberstückchen;
* Shwarma – Lamm, senkrecht gegrillt, andernorts Gyro oder Döner Kebab genannt;
* Kufta – Hackfleisch-Spieß;
* Kebab – Gegrillte Fleischstückchen am Spieß;
* Hamam – Gegrillte Taube;
* Wara Einab – Gefüllte Weinblätter;
* Torshi – Sauer und scharf eingelegtes Gemüse-Allerlei;
* Tahina – Sesamsoße;
* Babaghanoug – Mischung aus Tahina mit zermatschten Auberginen;
* Hummus – Tahina mit zermatschten Kichererbsen, außerhalb Alexandrias selten;
* Gibna beyda – Weißer Käse, in aller Regel von der Kuh;
* Gibna rumi – scharfer, steinharter Käse;
* Milhalabiya – Reismehlpudding mit Vanille, Zimt, Pistazien und Rosinen, wenn er gut gemacht ist.

GESUNDHEIT

Für Ägypten gilt wie für alle Länder: Der Körper wird mit Klima und den spezifischen Mikroben am besten fertig, wenn Ihr Eure Eßgewohnheiten denen der Einheimischen anpaßt!

Fast jeder Reisende aus Europa holt sich in Ägypten entweder eine Erkältung (der raschen und erheblichen Temperaturschwankungen zwischen Tag und Nacht wegen) oder Durchfall – letzteren nicht nur, weil der Darm sich auf ein verändertes „Mikroben-Biotop" einstellen muß, sondern in den meisten Fällen, weil die Touristen in der größten Hitze die kältesten Getränke zu sich nehmen und damit den Magen-Darm-Trakt unterkühlen.

Für Trink-/Zahnputzwasser gilt, daß das, was in den großen Städten aus der Leitung kommt, unbedenklich ist – höchstens die Chlorbeimischung macht es nicht gefährlich, sondern ungenießbar. Auf dem Dorf oder bei Wasser aus privaten Brunnen wäre ich etwas vorsichtiger. Die Brunnen sind oft nicht tief genug. Als Regel für Ägypten wie für alle Dritte-Welt-Länder: Nie Wasser trinken, von dem nicht klar ist, wo es herkommt. Aufgekocht (als Tee, Kaffee) sind die Gefahren geringer, aber manche Viren lassen sich durch ein kurzes Schwitzbad nicht beeindrucken.

Seit einigen Jahren bekommt Ihr abgefülltes Trinkwasser (Evian u. a.), ab 40 P.T. die Flasche aufwärts. Frische Milch (vom Bauern) abkochen, bevor Ihr sie trinkt.

Ungeschältes Obst und Frischgemüse, da scheiden sich die Geister. Der eine meidet sie und bleibt gesund, der zweite verzichtet und wird trotzdem krank, der dritte wird krank, weil er sich die Lust auf Obst dauernd verkneift. Jedenfalls ist das trocken-heiße Klima mikrobenfeindlicher als etwa dasjenige Schwarzafrikas.

Die medizinische Versorgung ist in Ägypten, gemessen am Entwicklungsstand des Landes, vortrefflich – ein Erbe britischer Herrschaft und der Nasser-Ära. Ich würde mit einer in Ägypten geholten Krankheit eher dort zum Arzt gehen als in Europa, da die hiesigen Ärzte – abgesehen von den Tropen-Instituten – mit exotischen Krankheitsbildern keine Erfahrung haben und selten richtig diagnostizieren können. Allerdings müßt Ihr Ärzte und Medikamente natürlich bar bezahlen. Besteht auf einer detaillierten Quittung (mit Diagnose) und versucht, von Eurer Krankenkasse das Geld nachher wieder zu bekommen. Ganz Ängstliche können sicherheitshalber eine Auslandskrankenversicherung abschließen.

Noch ein Tip zum Baden: Eine der ägyptischen Volkskrankheiten ist die Bilharzia, ein kleiner Wurm, der sich im Wasser in die Haut bohrt, sich dann in den inneren Organen einnistet und vermehrt. Der Wurm braucht als Zwischenwirt eine Wasserschnecke, die nur in ruhigem Gewässer gedeiht. Gefährlich sind somit Kanäle und Teiche. Ungefährlich fließendes, klares Wasser.

Wer also baden will, dann höchstens in den Quellen der Oasen, im Stausee, natürlich im Meer, aber nur mit Einschränkung im Nil, und wenn, dann in der Flußmitte. Durch einen versumpften Kanal würde ich dagegen nicht mal durchwaten, auch nicht durch ein bewässertes Feld.

Die Bilharzia ist für Touristen allerdings nicht ganz so schlimm, denn die Würmer sterben nach einigen Wochen ab, der Parasit wird ausgeschieden. Gefährlicher ist die Bilharzia für Leute, die länger in Ägypten sind und sich so beständig mit neuen Würmern infizieren.

Noch ein Tip: Ägypter benutzen kein Klopapier, sondern die linke Hand mit viel Wasser. Deswegen sind in alten Häusern die Abflüße dünner und verstopfen leicht. Wenn auf einem Klo ein Papierkorb steht, gehört das Papier dort hinein.

<u>Damals:</u>

Pest und Verstopfung

Von **Gesundheitsregeln** sind für Ägypten, eines der gesündesten Länder der Welt, nur einige zu befolgen. Im Winter hat man durchaus nicht nöthig, sich eine andere Lebensweise aufzuerlegen, als die, welche gewöhnlich in Europa befolgt wird, und jedermann kann essen und trinken, was er in der Heimath zu genießen pflegte. In den Sommermonaten dagegen ist es besser, wenig oder keinen Wein und keine Spirituosen zu trinken, da sie das Blut erhitzen und die Gluth der Sonne mehr empfinden lassen. Manchen bekommen Fische, Eier und unabgekochte Milch nicht, doch sind solche Fälle selten. Obst und grüne Gemüse sind sehr zu empfehlen, und Rindfleisch ist selten so gut als Hammelfleisch. Die Fische des Nil sind nicht viel werth, am Besten ist noch der Bultih und der Chischer. Gesunde Personen können bisweilen am Morgen oder Abend ein Bad im Nil nehmen, wo unterhalb Monfalut nichts, weiter aufwärts nur in der Nähe von Sandbänken etwas von Krokodilen zu fürchten ist. Ein sehr angenehmes Gefühl lassen endlich die orientalischen Dampfbäder zurück, welche man beinahe in jeder Stadt haben kann; doch hüte man sich unmittelbar nach ihnen vor Zugluft und lege im Winter, wenn man sich aus ihnen wegbegiebt, warme Kleider an.

Ägypten hat nur wenige *Krankheiten*. Seine trockne Luft und sein milder Winter, der einem schönen deutschen Frühling gleicht, lassen es Brustkranken zum Aufenthalt empfehlen. Nur vor den kalten Nächten, die auf warme Tage folgen und namentlich nach Mitternacht sehr empfindlich werden, hat man sich zu hüten. Fieber sind sehr selten, ausgenommen in Alexandrien und andern Küstenplätzen des Delta. Sonst sind Verstopfung, Diarrhöe und selbst Dysenterie sowie Ophthalmie die einzigen Übel, welchen Fremde ausgesetzt sind.

Über die *Pest* ausführlich zu sprechen ist unnöthig. Jedermann wird es erfahren, wenn sie in Ägypten wüthet, und dann seinen Besuch auf gelegenere Zeit verschieben. Jedermann wird sich unverzüglich aus dem Lande entfernen, sobald sie ausbricht. Kann er letzteres nicht ermöglichen, so ist Oberägypten, wo Pestfälle oberhalb Assiut noch nicht vorgekommen sind, ein ebenso sicherer Zufluchtsort, als das Ausland. Ist ihm auch die Abreise dahin nicht gestattet, so halte er gleich den andern Europäern in Kairo oder Alexandrien Quarantäne.

In der letzteren Stadt werden nur sehr selten in der Zeit zwischen Ende September und Anfang Januar Pestfälle beobachtet, und das nur in manchen Jahren. In Kairo ist man von Ende Juni bis Ende März völlig sicher. Übrigens tritt die Pest in großem Maßstabe nur alle zwölf bis fünfzehn Jahre auf. Man fürchtet sie bei Weitem nicht mehr so wie früher, da der Gesundheitsrath in Kairo stets passende Maßregeln gegen sie trifft, und die Behandlung der Kranken große Fortschritte gemacht hat. Das erste Mittel für den, der die Vorboten herannahen fühlt, sollte ein Brechmittel sein, welches, wofern es zu rechter Zeit genommen wird, dem Übel oft Halt gebietet; dagegen ist ein Aderlaß nicht zu empfehlen.

(Busch 1858)

POST/TELEFON

Post und Telefon sind in Ägypten immer in verschiedenen Gebäuden. Die eigentlichen Postämter arbeiten in den kleineren Orten nur vormittags, die Telefonbüros bis in den späten Abend.
Das Porto nach Europa (Luftpost): Brief 23 P., Karte 18,5 P.

Die Beförderungsdauer variiert zwischen 4 Tagen (mein Rekord) und zwei Wochen, besonders Pakete gehen auch gelegentlich verloren.

Nur die großen Städte sind an die automatische Vermittlung angeschlossen. Hier gibt es auch – ziemlich unzuverlässige – Telefonbücher in lateinischer Schrift. Ins Ausland könnt Ihr von öffentlichen Telefonen nur handvermittelt telefonieren, was Stunden dauern kann. Wenn Ihr's eilig habt – und etwas mehr zahlen wollt, in die BRD etwa 25 LE für 3 Minuten – könnt Ihr die Direktleitungen der großen Hotels benutzen. Besonders in Kairo ist das Fernsprechnetz eine Katastrophe. Die Telefonämter stöpseln oft ganze Bündel von Anschlüssen stundenweise aus, da das Netz überlastet ist. Vom Roten Meer und dem Sinai kann derzeit überhaupt nicht in andere Orte telefoniert werden.

Die Post für Briefe ist in Ägypten gut geregelt. In Alexandrien treffen die Lloyd-Dampfer, welche die Verbindung mit Deutschland unterhalten, in der Regel (d. h. wenn nicht widrige Winde die Fahrt um einen Tag verzögern) jeden 1. und jeden 15. ein, und gehen, wenn die indische Post nicht länger ausbleibt, jeden 7. und jeden 21. nach Triest ab. Ein Brief kann auf diesem Wege binnen 8 Tagen von Alexandrien bis an seine Adresse in Hamburg, Breslau, Königsberg, Frankfurt am Main, München usw. gelangen. Zur Francatur ist der Absender nicht genöthigt, dagegen schreibe er auf das Couvert „via Trieste", da der Brief sonst mit den französischen Postschiffen abgehen kann. In Kairo ist ein europäisches und ein arabisches Postbureau. Ersteres befördert Briefe nach Europa, die bis Alexandrien freigemacht und mit französischer oder italienischer Adresse versehen werden müssen, letzteres besorgt den Briefverkehr im Innern des Landes, und zwar bis nach Kartum. Bis Theben geht ein Brief von Kairo 7, bis Assuan an der Grenze von Nubien 9 Tage. Wer sich dieser Anstalt bedienen will, um den Angehörigen in der Heimath Nachricht zu geben, oder von ihnen während der oft langdauernden Nilfahrt Nachricht zu erhalten, der setze sich mit dem Consulat in Verbindung oder adressire seine Briefe aus Oberägypten (arabisch überschrieben) an seinen Bankier oder Gastwirth in Kairo zur Weiterbeförderung nach Alexandrien und Europa, und lasse die Briefe aus der Heimath an dieselbe Adresse zur Aufgabe an die arabische Post nach Assiut, Theben oder Assuan gehen, wo sie der Dragoman abholen kann. Arabisch adressirte Couverts nehme man sich entweder von Kairo mit oder lasse sie sich an den oberägyptischen Orten von einem der öffentlichen Schreiber schreiben, welche an dem Tintenfaß im Gürtel leicht erkannt werden. Endlich begegnet der den Nil Hinauffahrende im Winter häufig flußabwärts gehenden Booten mit europäischer Flagge, und es ist Gebrauch, daß diese aus Gefälligkeit Briefe nach Kairo befördern.

(Busch 1858)

STROM

220 V, in einigen Bezirken Alexandrias und am Mittelmeer noch 110 V. Doch steht diese Spannung oft nur auf dem Papier. In Luxor-West bringt das Netz z. B. nur zwischen 150 und 180 V, statt 220. Deutsche Stecker passen nicht immer – Glühbirnen haben gelegentlich französische Bajonett-Fassungen. Erdung ist Luxus, und statt Sicherheitsvorschriften herrscht Gottvertrauen. Besonders an Straßenlampen hängen gerne offene Kabel rum.

EINTRITTE UND ERMÄSSIGUNGEN

Inhaber eines Jugendherbergsausweises können sich bei der ägyptischen JH-Organisation (7 Abdel Hamid Sayed Maaruf, Garden City, Kairo) eine Bescheinigung ausstellen lassen, mit der sie Eisenbahnfahrkarten zum Studentenpreis bekommen können. Ein Internationaler Studentenausweis berechtigt zu Ermäßigungen bei der Bahn und bei den Tickets für die staatlichen Museen und Monumente, aber auch in Theatern und Konzerten.

Die Eintrittspreise **der archäologischen Stätten** sind in Ägypten nicht von Pappe: Lange war das Tal der Könige auf dem Spitzenplatz mit 5 LE, doch hat die Führung jetzt „Pharaonic-Island" in Kairo übernommen, für das Ihr 20 LE (sic!) berappen müßt.
Tip: Wer von seiner Uni freilich ein Papier mitbringt, aus dem hervorgeht, daß sein Studium irgendwas mit Archäologie oder Ägyptologie bzw. Orientalistik zu tun hat, kann alle Monumente für wenige Piaster besuchen; die diesbezügliche Bescheinigung stellt die Antiken-Verwaltung in Kairo aus, deren Adresse Ihr im Ägyptischen Museum erfragen könnt.

GELD

(Siehe auch: Reisevorbereitung, Papierkram) Geld wechseln die meisten Banken, außerhalb der Hotels allerdings mit mindestens einstündigem Papierkrieg. Wechselbescheinigungen immer aufheben, Ihr braucht sie vielleicht für die Visa-Verlängerung. Bankzeiten: 9–13 Uhr (Mo–Do, Sa); So nur 10–12 Uhr, Fr zu.

Daneben gibt es noch einen halblegalen „Parallelmarkt", auf dem die Kurse erheblich günstiger sind. Am besten tauscht Ihr in Kairo, Port Said, Suez; in Alexandria nur, wenn Ihr euch auskennt. In Luxor und Assuan sind die Kurse schlechter, weil dem Angebot der Touristen keine (ägyptische) Nachfrage gegenübersteht.
Normal-Kurs (für Pflichtumtausch, Flug- und Schiffstickets ins Ausland usw.):
100 DM = 26–29 LE.
Touristen-Kurs: 100 DM = 36–39 LE.
Diese Wechselkurse werden von der Zentralbank festgesetzt und sind damit auf allen Banken die gleichen.
Parallelmarkt: 100 DM = 40–45 LE.

Das ägyptische Pfund (LE) wird in 100 Piaster (P.) unterteilt, ein Piaster hat wiederum 10 Millim. Das Pfund wird Guinee („Gini") genannt, der Piaster „Irsch" oder „Kurusch"; daneben gibt es in der Umgangssprache noch den „Schilling" (= 5 P.) und den „Parisa" (10 P.).
Die meisten Preise sind in Piastern ausgezeichnet. O . . bedeutet also 5 LE. Briefmarken und Busfahrscheine im Nahverkehr rechnen sich jedoch in Millim.

Es gibt Scheine zu 100 LE (die Ihr aber nie seht, weil sie gehortet werden), 20, 10, 5, 1 LE, jeweils in zwei oder gar drei Varianten. Auch die alten Scheine – große Lappen – sind noch gültig und Ihr habt keine Schwierigkeiten, sie los zu werden. Schwierig wird's nur mit eingerissenen oder beschädigten Noten – die nehmt nie an, denn keiner – auch nicht die Bank – nimmt sie Euch wieder ab, und Ihr müßtet bis zur Zentralbank in Kairo, um sie umzutauschen.

An kleinen Noten gibt's: 50, 25, 10, 5 Piaster. Münzen zu: 10, 5, 2, 1 Piaster. 5 und 1 Millim sind Sammlerstücke und ohne Bedeutung im Alltag. Seid mit Kleingeld haushälterisch: Schon mit 5 LE-Noten könnt im Bus oder im Teehaus Wechselprobleme bekommen.

Die Ein- und Ausfuhr von Landeswährung ist bis zur Höhe von 20 LE gestattet, doch tauscht Ihr im Lande selbst günstiger.

Wenn Ihr auf die schnelle Geld aus der Heimat braucht und Kunden einer der in Kairo vertretenen Banken seid, ist das kein

Problem. Habt Ihr bei denen kein Konto, helfen derzeit – das kann sich ändern – nur die Credit Suisse und die Deutsche Bank weiter.

BAKSHISH

„Und jetzt fällt, nicht mehr verschämtes Zischen wie gestern, sondern deutlich vernehmbar, das Wort, das Stichwort: ‚Bakschisch, Bakschisch!' Wie viele Male werden wir es noch zu hören bekommen! Denn Bakschisch, das Geschenk, ist alles, die Zahlung an den Padishah, mit der man die Würde des Khediven erkaufte, wie auch das Zwei-Millieme-Stück für den Bettler. Wieder tut sich eine niedliche Kleine besonders hervor, die einen schielenden Jungen an der Hand mitzerrt – sie spricht das Zauberwort aus wie eine Liebkosung, beinahe unwiderstehlich. Noch lange klingt's hinter uns drein."

Bakshish ist eine in Ägypten dauernd erhobene Forderung, je nach lokalen Gepflogenheiten auch in ein anderes Wort gekleidet (z. B. ist in Bahriya „mumkin pen" geläufiger, aber welches „mumkin", mit einer Stimme verlautet, die jedes Weigern mit dem sicheren Tod bedrohen scheinen läßt).

Bakshish ist mehr als Trinkgeld, wie es bei uns für eine überdurchschnittliche Leistung erwartet wird. Es ist auch nicht mit dem religiös motivierten Almosen an den Bettler am Straßenrand zu verwechseln, sondern – deutlich spürbar – weltlicher Natur. Bakshish ist das, ohne das nichts läuft; das heimliche Schmiermittel. Die Gabe des Pashas an das Volk, um den Aufstand zu verhindern. Die „Gefälligkeit" an einen Beamten, der sein karges Gehalt so durch direkte Hilfe der Bürger aufbessert und durch ein ausgeklügeltes Verteilungs- und Quotensystem auch die Kollegen im Innendienst und womöglich in der Registratur teilhaben läßt. Die Gabe des Reichen, mit der er seinen Wohlstand zeigt. Und Touristen müssen reich sein, wie könnten sie sonst so weit reisen? Also legt man ihnen eine „Touristensteuer" auf, die direkt ans Volk geht – das Bakshish.

Ich will jetzt keine Ratschläge geben, wann Ihr wem wieviel Bakshish geben sollt. Das hängt von Eurer Einstellung ab und ist ein durchaus spannender Prozeß, sich mit den Bakshish-Jägern und sportlich motivierten Kindern auseinanderzusetzen.

Und wenn Einer stocktaub wäre: dies Bakschiesch hört er in Aegyptenland durch, und wenn er kein arabisches Wort weiter aussprechen und behalten lernte: diese Parole der ägyptischen Proletarier und der Eselbuben, dies „Bakschiesch" bekommt er vom ersten Augenblick fort. Es tönt ihm von einem Ende Aegyptens bis zum andern, und über das Meer bis nach Haus; – von Alexandrien bis zu den Katarakten, und wahrscheinlich bis zu dem Orte, wo noch irgend ein Reisender hingekommen ist, und die Geldgier dieser armseligen, nackten Menschen gereizt hat. – Dieser Bakschiesch also zeigt demjenigen, welcher die Nilquellen verfolgt, wie weit seine Vorgänger vorgedrungen sind. Von diesem Trinkgelde, Gastgeschenk oder Ehrensold, von diesem Fremdentribut und Reisezoll, – diesem metallischen Andenken, – diesem silbernen Hammerschlag, den man insbesondere den lebendigen Bildsäulen der reisenden Engländer abzuschlagen und abzudividieren versteht: – träumt und spricht der arme Araber, der orientalische Eckensteher, der Fellah, der Eseljunge oder Kameeltreiber, der Bettler, Proletarier und Taugenichts, wo er geht und steht; und wo er nun den Geber dieses höchsten Gutes erblickt, – da stürzt er ihm mit dem verhexten und wahnwitzig-leidenschaftlichen Geschrei: „Bakschiesch Howaje", „Bakschiesch Effendi", (Jassihdi oder Kawadje) „Herr, ein Trinkgeld" auf den Leib!

(Goltz 1853)

FEIERTAGE

fest: 1. 1. Neujahr; 7. 1. kopt. Weihnachten; 18. 6. Suez-Kanal Tag; 23. 7. Tag der Revolution; 26. 7. Exil des Königs; 6. 10. Nationalfeiertag (Oktoberkrieg); 25. 12. röm. Weihnachten.

beweglich: Kopt. Osterfest und, am Montag eine Woche danach, Shem el-Nessim (Frühlingsfest); Id el Fitr 19. 6. (Ende des Fastenmonats, 3 Feiertage); Id el-Adha 27. 8. (Opferfest, 4 Feiertage); 16. 9. Islamisches Neujahr; 5. 12. Geburtstag des Propheten.

Die Daten der islamischen Feiertage gelten für 1985. Sie fallen jedes Jahr um 10 oder 11 Tage früher.

WOHIN IN ÄGYPTEN? . . .

. . . könnt Ihr natürlich dem puren Zufall überlassen – oder Ihr macht es von Euren Interessen abhängig und entscheidet, nachdem Ihr diesen Führer gelesen und Euch mit anderen Travellern unterhalten habt. Die meisten Rucksackreisenden werdet Ihr in Kairo, Luxor, Assuan, an der Ostküste des Sinai und in Hurghada treffen. Als schon lange nicht mehr geheimer Geheimtip gelten die westlichen Oasen. Wesentlich seltener besucht wird Mittelägypten, das Rote Meer, als touristisch unerschlossen kann das Delta bezeichnet werden.

Hätte ich 5 Wochen Ferien in Ägypten zu verbringen, ginge ich im Winter mindestens eine Woche nach Kairo, danach durch die Oasen nach Assiut, den Nil flußauf bis Assuan und Abu Simbel, anschließend über Kena an die Küste, hinauf nach Suez und auf den Sinai. Im Sommer würde mich das Klima statt Oberägypten das Mittelmeer vorziehn lassen.

Sperrgebiete, deren Betreten einer Sondergenehmigung durch das Militär bedarf:
a) Die Wüste südlich bzw. westlich der Linie Berenike – Asswan – Baris – Dakhla – Farafra – Bahariya – Siwa.
b) In der Provinz Marsa Matruh das von
   der Mittelmeerküste,
   der libyschen Grenze,
   der Linie Grenze – el-Ahdathiat – Abu Shahin (im Südosten der Kattara-Senke),
   der Linie Abu Shahin – Kassaba (an der Küste östlich Marsa Matruh)
   umgrenzte Gebiet, ausgenommen die Straße nach Marsa Matruh und die an ihr liegenden Touristengebiete bis Agiba.

Ägyptisches Pfund

c) Um Alexandria ist das Verlassen der folgenden Hauptstraßen (ausgenommen Touristengebiete) verboten:
Alexandria – Marsa Matruh
Alexandria – Kairo (Desert Road)
Ameriya – Borg el-Arab
Alexandria – Rashid
d) Im Delta das Benutzen der Straße Rashid – Ras el-Bar.
f) Verboten ist der Aufenthalt in den drei Suez-Kanal-Provinzen mit Ausnahme der Städte Suez, Ismailiya, Port Said, der Hauptstraße zwischen diesen Städten,
der Autobahnen nach Ismailiya und Suez,
der Straße von Damietta nach Port Said,
der Straße durch das Wadi Tumilat nach Ismailiya,
des Wadi Hagul nach Suez,
sowie der Westküste des Golfes von Suez.
g) Verboten ist der Sinai mit Ausnahme der Städte Kantara, el-Arish, Raffah und der zu ihnen führenden beiden Hauptstraßen, der Touristengebiete am Golf von Suez und am Golf von Aqaba (sie können über die Küstenstraße erreicht werden),
des Touristengebietes von St. Katharina, das über die Straßen von Dahab, von el-Tur, oder durch das Wadi Feiran erreicht werden darf.
h) Das Benutzen
der Straße Asswan – Wadi Halfa
und der Wüstenpfade (sic!) zwischen Rotem Meer und Niltal,
es sei denn in Begleitung eines Vertreters der zuständigen Sicherheitsbehörden.

Soweit die Vorschriften. In der Praxis wird (abweichend) das Benutzen der Teerstraßen zwischen Rotem Meer und Nil ebenso toleriert wie ein Besuch des Wadi Natrun, dagegen bekommt Ihr am Roten Meer nicht erst in Berenike, sondern schon südlich Marsa Allam Schwierigkeiten.

Anmache

trifft in Ägypten Frauen und Männer. Ein männlicher Jugendlicher kommt, manchmal unter einem Vorwand, an Euren Tisch und fängt zu labern an. „Where are you from? What's your name? Where do you go?" Kennzeichnend dabei ist, daß der Betreffende nur selten halbwegs Englisch zu sprechen versteht, und falls, es dann nicht zu einem echten Dialog kommen läßt, sondern stets selbst das Gespräch steuert bzw. fragt.

In den touristischen Zentren ist das Ziel solcher Anmache oft ein „business". Sonst bei Frauen ein Eindeutiges, bei Männern auch manchmal. Trifft davon nichts zu, sind die Motive hintergründiger. Neugier spielt sicher eine Rolle, ebenso Euer hoher Status als Fremde: Wer mit Fremden gesehen wird oder etwa einen Brief vorzeigen kann, gilt damit selbst mehr.

Bei uns umgibt jeden eine Privatsphäre und Tabu-Zone, er trägt sie mit sich. In Ägypten ist diese Privatsphäre (wesentlich stärker als in Europa) das Haus. Draußen dagegen seid Ihr öffentlich und für jedermann greifbar und zugänglich, so verstehen es viele Ägypter wenigstens.

Auf die Frage, ob Frauen zu zweit nach Ägypten fahren können, gibt es keine pauschale Antwort. Auf jeden Fall mache frau sich auf einige Belästigung gefaßt und sei bereit, auch mal Ohrfeigen auszuteilen – alle werden dann auf ihrer Seite sein.

Die schöne Tochter des schwedischen Geschäftsträgers, Herrn Bockty, wurde, als sie zwischen ihrer Mutter und Schwester ritt, von einem betrunkenen türkischen Krieger erschossen, wahrscheinlich wegen der Unvorsichtigkeit, daß sie einen grünen Schleier trug, da in Cairo ein Christ wegen Achtung der grünen Farbe des Propheten nicht einmal einen grünen Sonnenschirm zu tragen wagt.
(Minutoli 1826)

Die Frau am Nil

Moderne und...

Die ägyptische Frauenbewegung hatte lange eine Pionierrolle in der arabischen Welt inne. Zwanzig Jahre nach Bebels „Die Frau und der Sozialismus" veröffentlichte 1899 in Kairo der muslimische Reformer Qasim Amin seinen Aufsatz „Die Emanzipation der Frau". Die öffentliche Debatte der Frauenfrage im muslimischen Raum beginnt also, wie festgehalten werden muß, nicht **gegen** die Religion, sondern von religiöser Seite selbst. Qasim Amin beschrieb die Lage der Frauen als ein Leben voll Angst, Unwissenheit und Sklaverei, als Parasitin der Gesellschaft, und empfahl als „Gegenmittel" im wesentlichen Bildung. Um die Teilnahme der Frau am öffentlichen Leben zu ermöglichen, *„damit sie ein menschliches Wesen im vollen Sinn wird und imstande ist, nachzudenken und Entscheidungen fällen."*

Zumindest für die städtischen Ober- und Mittelschicht-Frauen hat sich seit damals einiges geändert: *„Ich denke, wir haben alle Türen geöffnet. Es stehen uns alle Berufe offen, abgesehn vom Richteramt, weil dies gegen das religiöse Recht verstieße. Ich sehe heute allerdings eine unglückselige Zurück-zum-Herd-Bewegung. Ungeachtet der hohen Gehälter, die einige Akademikerinnen beziehen, und der damit verbundenen finanziellen Unabhängigkeit, wollen sie wieder zurück und zu Hause hocken, den Mann umsorgen und sich aushalten lassen. Wir brauchen also noch weitere Veränderungen. Die Alphabetisierungsrate der Frauen ist wieder im Sinken begriffen. Das muß auf jeden Fall aufgehalten und umgekehrt werden. Natürlich, wenn studierte Frauen sich für die Hausfrauenrolle entscheiden, haben sie mehr Zeit für die Kinder und können ihnen die geistigen Werte und den ethischen Kodex vermitteln, mit dem meine Generation noch aufgewachsen ist, und der der Konsumorientierung fundamental entgegen steht, die unsere Gesellschaft allmählich aushöhlt."*... sagt 1984 Amina el-Said im Rückblick auf 50 Jahre Kampf für Frauenrechte.

Daß die ägyptische Frau in das öffentliche Leben und die Berufswelt integriert ist und auch auf dem Papier besser steht, als viele ihrer arabischen Schwestern, hat historische Ursachen.

* Die Nasser-Zeit, in der Bildungsniveau und soziale Absicherung verbreitert wurden. Um nur ein Beispiel zu nennen: Berufstätige Mütter haben Anspruch auf drei Monate Schwangerschaftsurlaub und anschließende zwei Erziehungsjahre mit Arbeitsplatzgarantie und Sozialleistungen – wovon Herr Geißler noch weit entfernt ist.

* Der Umstand, daß der Höhepunkt der bürgerlichen Frauenbewegung in Ägypten mit dem nationalen Befreiungskampf gegen die Briten zusammenfiel. Der Kampf um die Befreiung des Landes war gleichzeitig Kampf um die Befreiung der Frau. Eines der berühmtesten Fotos der Revolution 1919 zeigt eine verschleierte Frau, die (verbotene) Nationalflagge schwenkend.

Im Unterschied zur westlichen Welt hat die ägyptische Frauenbewegung eine ungebrochene Tradition. An hiesigen Maßstäben gemessen ist sie damit brav bürgerlich und religiös, die meisten Aktivistinnen sind im Großmütteralter. Ob sie damit dem sich abzeichnenden Roll-Back der Religiös-Konservativen gewachsen sind, wird sich zeigen. Zu den völlig ungelösten Problemen gehört die Situation der Frauen auf dem Lande, besonders in Ober-Ägypten und in den Oasen. An ihnen gingen Fortschritt und sozialer Wandel bisher relativ spurlos vorüber, und die TV-Welt ist um Kontinente entfernt.

Tradition

Ägypten in Zahlen

(Kursiv gesetzt: BRD-Vergleichswerte)

Fläche	1001 Tsd. km²	*(249)*
davon Kulturland	55 Tsd. km²	
Bevölkerung (1985)	49 Mill.	*(61)*
Bevölkerungsdichte	47 Ew/km²	*(247)*
Kulturland	891 Ew/km²	
jährl. Bev.-Zunahme	3%	*(0,1)*
Kindersterblichkeit	7%	*(1,2)*
(im 1. Lebensjahr)		
Moslems	93%	
Christen	7%	
Krankenhausbetten	1,0/Tsd. Ew.	
Ärzte	0,9/Tsd. Ew.	*(2,3)*
Analphabeten (1976)	57%	*(~ 5)*
von Frauen	72%	
Importe (1981)	8,7 Mrd. $	
Exporte (1981)	3,2 Mrd. $	
Handelsbilanzdefizit	5,5 Mrd. $	
Pkw	9,1/Tsd. Ew.	
Telefonanschlüsse	10/Tsd. Ew.	
Rundfunkgeräte	120/Tsd. Ew.	
Fernsehgeräte	32/Tsd. Ew.	

Der gesetzliche Mindestlohn beträgt seit 1980 25 LE im Monat. Ein Koch verdient heute 80–100 LE, ein Hausmädchen 40 LE, ein Lehrer oder sonstiger Staatsangestellter 60–120 LE. Der Tageslohn für Ungelernte auf dem Bau oder in der Landwirtschaft liegt zwischen 4 und 5 LE, für Facharbeiter (Bau oder Privatindustrie) bis 8 LE.

PREISE (pro Kilo) 1984

Orangen	ab 20 P.
Zitronen (Stück)	2–5 P.
Melonen	ab 20 P.
Bananen	ab 80 P.
Trauben	80–100 P.
Datteln	1–2 LE
Gemüse (einheimisch)	15–30 P.
Reis	14 P.
Nudeln	90 P.
Mehl	20 P.
Brot (Stück)	1–5 P.
Zucker	30 P.
Eier (Stück)	10–12 P.
Milch	70 P.
Weißkäse	250 P.
Yoghurt (Becher)	10–20 P.
Butter	300 P.
Olivenöl (Liter)	ab 450 P.
Rindfleisch	400–600 P.
Huhn	175 P.
Zigaretten (einheimisch; Paket)	ab 40 P.
Zigaretten (importiert; Paket)	ab 100 P.
Bier (Flasche STELLA)	125 P.

Die jährliche Inflation beträgt 15–20 %.

Land und Leute

Mit dem Sinai in Asien beginnend, gehört doch der weitaus größere Teil, westlich des Suez-Kanals, zu Afrika. Der Nil bildet quasi die Schlagader Ägyptens. Er durchzieht das Land auf einer Länge von 1550 km, an ihm liegen die Siedlungen und das Kulturland. Die westlich des Nils gelegenen Gebiete, die Libysche Wüste, ist flach und Teil der Sahara, während die östliche, nubische oder arabische Wüste, eine kahle Gebirgslandschaft ist.

Das Klima ist subtropisch-trocken mit starken Tag-und-Nacht-Schwankungen, nur im Norden herrscht an der Küste Mittelmeerklima. Im Frühjahr treten heiße Sandstürme (Chamasin) auf und stauben für ein bis drei Tage alles, aber auch alles ein. Die Bevölkerung hat sich seit Anfang des Jahrhunderts verdreifacht, und Ägypten hat, bezogen auf das Kulturland, der Welt höchste Bevölkerungsdichte. Die breiteste Gruppe der Bevölkerung bilden die eigentlichen Ägypter, arabisiere Nachkommen der Bewohner des Pharaonen-Reiches. An Minderheiten gibt es Nubier (Assuan), reinarabische Beduinen und kleine Splittergruppen. Amts- und Volkssprache ist arabisch, das Bildungsbürgertum spricht Französisch, die moderne Elite eher Englisch.

Für wilde und Zierpflanzen gibt es in Ägypten kaum ein Fleckchen – der Boden wird genutzt. Von den Wildtieren der Antike ist auch nichts mehr übrig, also *keine* Krokodile, Nilpferde, Löwen usw. Wer großes Glück hat, begegnet auf dem Sinai einem Steinbock und in der Wüste einer Gazelle. Häufiger sind Wüstenfüchse (Feneks), Eidechsen und Nager von der Wüstenspringmaus bis zur Ratte, auch giftige Sandvipern und (in den Oasen) Skorpione. Für Vogelkundler sieht es dagegen gut aus: Selbst mich als Laien faszinierten Flamingos, Pelikane, Reiher und was sich sonst noch alles mit Fischen durchfüttert; auch die Tausende Zugvögel, die – wie ich mir habe erklären lassen, bei Sturm über dem Mittelmeer – im Frühjahr die Gegend von Port Said mit Hitchcock-Atmosphäre füllen.

Die Fauna wie die Flora sind in Aegypten arm. Es giebt viel Schlangen und Eidechsen. Die Letztern findet man schon in den Stuben zu Triest. – Dem Ornithologen Brehm wurde ein ganzes Nest von Springhasen gebracht, welche die blanken Wände hinansprangen, wie wenn sie Gummi elasticum im Leibe gehabt hätten. In den Zimmern dieses Naturforschers gab es auch lebendige Kamäleons, welche in der Brunst und in der Wuth ihr schönes Farbenspiel in ein weißlich-schmutziges verwandeln, mit einem Auge vorwärts und mit dem andern hinterwärts sehen, – und mit einer Behutsamkeit an den Thüren und Fenstern umherklettern, die sich höchst possirlich ausnimmt. – Brehm hatte ein Weibchen, es ward ein Männchen dazu gebracht, und die Paarung ging sofort vor sich. – Die Thiere wurden fast milchweiß während des Akts, – und der arabische Sprachlehrer, welcher dem Experiment beiwohnte, sagte ganz ernsthaft: „del wakti nachme a melna gulluna el marasihn bittahum"; wörtlich: jetzt haben wir Alle mit einander die Kuppler gemacht. (Goltz 1853)

GESCHICHTE

Tausende von Jahren Geschichte auf ein paar Seiten zusammenfassen ist keine leichte Sache – zumal, wenn allein ihr älterer Abschnitt eine ganze Wissenschaft, die Ägyptologie, beschäftigt. Fest steht: In Ägypten ist nahezu alles entweder fürchterlich alt oder hat wenigstens mit Vergangenheit zu tun. Trotzdem ist Ägypten nicht der Anfang aller Dinge und auch nicht die Wiege der Kultur, obwohl das oft behauptet wird.

Diese stand vielmehr, für den Mittelmeerkulturkreis, in Mesopotamien. Dort erlaubten die günstigen natürlichen Bedingungen vor bald 10 000 Jahren den Menschen erstmals, Getreide anzubauen und Haustiere zu halten. Diese Bauernkultur wanderte dann im Laufe der Jahrtausende über den Sinai auch nach Unterägypten. Die Oberägypter blieben dagegen noch bis in die historische Zeit ein Volk von Jägern, die von festen Wohnplätzen nicht viel wissen wollten.

Auch die ersten Staaten haben ihre Wiege nicht am Nil, sondern ebenso in Mesopotamien, und die Ägypter kamen erst als nächste. Wie ein Staat überhaupt entsteht und weshalb die Menschen auf so törichte Gedanken kommen, sich einer Herrschaft zu unterwerfen bzw. eine solche zu errichten, ist umstritten. Lange favorisierten die Historiker die „Hydraulische Theorie". Die besagt ganz kurz, daß Menschen, die in trockenen Gebieten an Flüssen leben, irgendwann auf die Idee kommen, Dämme zu bauen und Bewässerungsanlagen für ihre Felder. Für die Bauarbeiten und die Wasserverteilung bedarf es einer Organisation: Die Verwaltung, und damit der Staat entsteht. Andere sagen, es gäbe auch frühe Staaten ohne Bewässerung und Bewässerung ohne Staaten, weshalb das mit der Hydraulik alles Unsinn sei, und die Staaten hätten damit angefangen, daß ein Dorf zu wenig zu essen gehabt hätte und seine Nachbarn gezwungen, ständig Nahrungsmittel abzugeben – das wäre die Geburt des Staates über Tribut.

Wie dem auch sei, in Ägypten bildet sich ein Reich jedenfalls sehr früh. Wie früh, d. h.

Königin Victoria besucht die Baustelle Suez-Kanal

wann, darüber sind sich die Ägyptologen auch noch nicht einig, aber es muß um 3000 v. Chr. gewesen sein. Leider haben die alten Ägypter ihre Jahre nicht auf Christus hin gezählt, ja überhaupt keinen Fixpunkt, kein Jahr 0 gehabt, sondern mit jedem Pharao eine neue Zeitrechnung begonnen, und da man sich über die Pharaonen und ihre Regierungsjahre nicht ganz sicher ist, ist die Datierung der pharaonischen Geschichte auch ein bißchen das, worauf die Wissenschaft sich geeinigt hat, und nicht so sehr das, was war. Ein enfant terrible der Zunft, Herr Velikowsky, behauptet sogar, man täusche sich um 800 Jahre, was ihm noch keiner widerlegen konnte, aber auch keiner so recht glaubt.

Nehmen wir also an, daß es um 3 Tsd. v. Chr. war, als ein gewisser Narmer, manchmal auch Menes genannt, sich mit Gewalt zum Chef des vereinigten Ober- und Unterägyptens macht. In den folgenden Jahrzehnten muß es Schlag auf Schlag gegangen sein: Aus Bilderzeichen entwickelt sich die Schrift, aus chaotischen Reliefs wird der für die nächsten 3000 Jahre maßgebliche Stil geordneter Flachbilder, der König wird zum Gott und die Verkörperung jedweder Ordnung, ohne den nichts mehr läuft; es gibt Beamte, Hofschranzen, Priester, Schreiber, Lageristen, Schiffer und Bauern, die alle ernähren. Der Fellache lebt nicht auf seinem Hof, sondern einem großen Gut, das einem Tempel, dem König oder einem feinen Herrn gehört. Geld gibt es nicht – der Bauer arbeitet nach der Flut auf den Feldern, dafür bekommt er zu essen, Kleidung und auch mal einen Tonkrug. Während der Vegetationsperiode steht Frischgemüse, Fisch und auch mal ein Anstandshappen Geflügel auf dem Tisch – das Getreide aber kommt in staatliche Speicher für die Zeiten, in denen nichts wächst, den Frühsommer und die Hungerjahre.

Letztere bringen dann auch das Ende des **Alten Reiches.** Verselbständigung der Beamten, Verfall der moralischen Autorität des Königs, Speicher, deren Inhalt unter der Hand von den Verwaltern weggeschafft wurde, dazu einige Hungerjahre: Der König kann das Volk nicht mehr ernähren, und dieses läuft ihm zu den kleinen Feudalherren davon – nieder mit dem Einheitsstaat, es leben die Duodez-Feudalreiche. Und wie oft, wenn die Zeiten schlecht sind, blüht in dieser **„1. Zwischenzeit"** die Literatur – statt Realität Utopie, wie schön es sein könnte, und wie schrecklich es ist.

Doch das Königtum rappelt sich wieder auf, die neuen Herren kommen aus Theben, und mit eisernem Besen fegen sie durch die Reihen ihrer feudalistischen Kollegen, die als Schicht dran glauben müssen. Dafür handeln sich die Könige – ob's ein guter Tausch war? – Berufsmilitärs und Händler ein, die fortan berücksichtigt werden wollen. Doch auch die Militärs verhindern nicht den zweiten Zusammenbruch. Die Hyksos kamen, die Barbaren mit den Kampfwagen aus Mesopotamien, von denen keiner so genau weiß, wer sie eigentlich waren. Eine, höchst moderne, These sagt, es sei ganz anders gewesen, der Einfall einer marodierenden Truppe sei schiere Legende – vielmehr hätten die Ägypter sich vor langem Fremde ins Land geholt, zum Arbeiten, und diese Arbeiter seien ihnen eines Tages über den Kopf gewachsen und hätten sich selbst zum Chef gemacht. Außer dem Streitwagen bringen die Hyksos noch Eisen nach Ägypten und Verbesserungen der Bewässerungstechnik – ganz so barbarisch können sie also nicht gewesen sein.

Die Erneuerung kommt wieder aus Theben, leider, sonst gäbe es dort heute wohl weniger Bakshish-Jäger und Monumente, und die Pharaonen des **„Neuen Reiches"** sind gleich aggressiv nach außen, die Könige sind Krieger, und mit Ramses werden gar die Krieger Könige, aus Tempelschulen Kadettenanstalten, und statt Pyramiden kommen Felsengräber in Mode. Inzwischen haben wir uns der Zeitenwende bis auf 1000 Jahre genähert, und die bleiben, aus Sicht der Ägyptologen, einem langen und stetigen Verfall vorbehalten. Kriege und tempelbaulicher Größenwahn legen schon unter dem „großen" Ramses den Beginn des Ruins, zunächst der Staatskasse. Ins Heer werden Söldner aufgenommen, die es nicht anders machen als später bei den Römern, und – wenn schon Militärstaat – einen Ausländer, einen der ihren, auf den Thron setzen. Libyer, Nubier, Assyrer (die den Amun-Priestern allen Besitz nehmen und das Genick brechen), dann mal wieder „echte" Ägypter, die sich an einer Renaissance versuchen und von denen ich wieder einen Namen nennen will: Necho, weil er einen Kanal zum Roten Meer bauen ließ und phönizische Seeleute um ganz Afrika herum schickte, 2000 Jahre vor Vasco da Gama.

Nach zwei persischen Zwischenspielen kommt Alexander nach Ägypten, das fortan nicht mehr der Nabel der Welt und auch nicht seiner selbst ist, denn die Nachfolger Alexanders, die Ptolemäer, übernehmen zwar äußerlich nahtlos die Rolle der Pharaonen, sind aber eigentlich Griechen und haben in den seltensten Fällen auch nur die Sprache ihrer Untertanen verstanden. Den Römern schließlich ist Ägypten eine Kornkammer, und die Klassentrennung zwischen der dünnen römischen Beamtenschicht samt ihren Legionären, den gräzisierten Stadtbürgern Alexandrias und schließlich dem Landvolk hindert auch eine Verschmelzung der Kulturen.

Die Araber, unser „Schnelldurchgang" ist bereits bei 639 n. Chr. angelangt, werden als Befreier begrüßt und bringen eine neue Kultur und Religion, den Islam: die folgenden Jahrhunderte sind eine Mischung aus Krimi und schwülstigem Roman: 1001-Nacht-Romantik, durchsetzt mit Morden, Intrigen und Machtkämpfen, während denen, ganz nebenbei, die Islamisierung und Arabisierung der christlichen Untertanen läuft. Ab dem 16. Jhdt. gehört Ägypten zum Osmanischen Reich, doch die meisten Sultane kümmern sich nicht weiter, wenn nur die Statthalter die Steuern pünktlich überweisen.

1798 kam Napoleon und brachte das Land in Europa wieder in Erinnerung. Sein Intermezzo – nur drei Jahre, bevor ihn die Engländer verjagten – ist auch deshalb so nachhaltig überliefert, weil er einen Rattenschwanz an Gelehrten mitbrachte, die alles aufzeichneten, vermaßen und danach Buch über Buch schrieben, der heimliche Anfang der Ägyptologie. Der eigentliche Prinz, der Ägypten aus dem Dornröschenschlaf nicht küßte, sondern ziemlich gewaltsam riß, Mohamed Ali, wird später gewürdigt, die Briten als mehr oder minder offizielle Kolonialherren, die ihre letzten Hoheitsrechte erst 1956 abgenommen bekamen, gar nicht. 1952 putschten dann die Freien Offiziere und brachten auch politisch die Neuzeit, über die im Rest des Buches ausführlich die Rede sein soll.

Aus den Memoiren von General Nagib über seinen Wortwechsel mit König Faruk, als letzterer 1952 nach der Revolution gezwungenermaßen mit seiner Yacht das Land (für immer) verläßt:

Nagib: *„Sie waren es, mein Herr, der uns zu dem gezwungen hat, was wir gemacht haben."*
Aber Faruks Antwort werde ich nie begreifen.
‚Ich weiß', sagt er, ‚Sie haben das verwirklicht, was ich immer selbst tun wollte.'
Ich war so überrascht, daß es mir die Sprache verschlug. Ich salutierte, und die anderen folgten meinem Beispiel. Faruk erwiderte den Gruß, und wir schüttelten uns die Hände.
‚Es tut mir leid, daß ich Sie nicht schon an Land empfangen habe', sagte er, ‚aber Sie hatten mir befohlen, bis sechs Uhr ägyptischen Boden zu verlassen. Ich mußte Wort halten.'
Wir nickten und wollten die Brücke verlassen, doch Faruk war noch nicht fertig. ‚Ich hoffe, Sie werden die Armee in Ordnung halten. Sie wissen doch, mein Großvater hat sie geschaffen.'

‚Die ägyptische Armee', antwortete ich, ‚ist in guten Händen...'
‚Ihre Aufgabe wird nicht einfach sein. Sie wissen, es ist schwer, Ägypten zu regieren.' Das waren Faruks letzte Worte. Als wir an Land gingen, tat er mir leid. Ich wußte, Faruk würde im Exil genauso scheitern wie als regierender König. Er war eine in jeder Hinsicht gescheiterte Existenz, so daß es, obzwar notwendig, kein Vergnügen machte, ihn zu zerstören."

DER ISLAM

„Es gibt keinen Gott außer Allah und Mohammed ist sein Prophet!", wenn Ihr diesen Satz auf Arabisch aussprecht, dann seid Ihr Mohammedaner geworden, ganz einfach. Was dann auf Euch zukäme, stellt allerdings höhere Anforderungen. Da sind zunächst die fünf „Säulen", in etwa den christlichen Geboten vergleichbar: Neben dem Glaubensbekenntnis das Gebet, das Ihr fünfmal täglich zu festen Zeiten sprechen müßt, davor eine rituelle Reinigungsszene, und wenigstens freitags solltet Ihr es in der Moschee vollziehn.

Das zeigt Euch auch, daß die Assoziation „Islam – Wüste" nur bedingt stimmt. Mohammed war jedenfalls Städter, sonst wäre er nicht auf Moscheen und Waschungen gekommen, die in der Wüste höchstens mit Sand zu vollziehen sind. Dritter Pfeiler ist das Almosen, die Armensteuer, die vierte der Fastenmonat Ramadan, während dem von Sonnenaufgang bis -untergang nicht gegessen, getrunken, geraucht, geküßt und geliebt werden darf – was nimmt es Wunder, daß dann auch niemand Fabrikarbeit zu leisten fähig und willens ist, im Ramadan läuft alles nur auf Schmalspur, außer in der Nacht. Da haut man auf den Putz, in Ägypten derart, daß während des Fastenmonats doppelt so viel Fleisch geschlachtet und verzehrt wird wie in anderen Monaten. Letzte Säule, wieder die Gemeinschaft der Gläubigen betonend, die Pflicht, sofern man es sich leisten kann, einmal im Leben nach Mekka zu pilgern, der Heiligen Stadt.

Oberste Richtschnur für das Leben ist der Koran, den Mohammed von Gott bzw. einem Engel diktiert bekam. Daneben gibt es die Überlieferung, über die man freilich schon streiten kann; was Mohammed nämlich in seinem Leben sonst noch so gesagt, gemacht und diktiert haben soll, im Unterschied zum Wort Gottes die Worte Mohammeds also. Allah ist allmächtig und allwissend, und das macht das Leben leicht. Einerseits ist er damit für alles und jeden Dreck verantwortlich, immer hat Allah gewollt oder auch nicht. Nur weiß man manchmal nicht, was Allah im Sinn hat, und dann kann der Allmächtige seinen Sinn auch jederzeit ändern, wie könnte er an seine eigenen Beschlüsse gebunden sein?

Es gibt Engel, aber wichtiger sind die Djinns, die gefallenen Engel, nun zu Unholden und bösen Geistern geworden, die an allen Ecken und Orten lauern und besänftigt werden wollen. In Ägypten hilft dabei „Zar", eine Art Nil-Voodoo, schwarzafrikanisch beeinflußte Sitzungen, auf denen eine „Priesterin" die Geister austreibt und Amulette austeilt, die neben dem Schutzsymbol auch einen Koranspruch enthalten – man kann ja nie wissen, und doppelt hält besser.

SPRACHE UND SCHRIFT

Nicht nur, daß der Ägypter eine fremde Sprache spricht – er schreibt sie auch noch anders: von rechts nach links, ohne zu verwischen, dabei die Vokale auslassend und ungeheuer schnell. Wer ein Wort nicht kennt, kann es daher – selbst wenn er die Buchstaben lesen kann – nicht lesen, da ihm die Vokale fehlen. Die Schrift besteht aus 28 Buchstaben, die oft drei verschiedene Formen haben, je nachdem, ob sie in der Wortmitte, am Anfang oder am Ende vorkommen. Sprachen gibt es genaugenommen auch drei: das klassische Hocharabisch, die Sprache des Korans und der Literatur; das „Standart Arabic", eine vereinfachte Hochsprache der Massenmedien; die Umgangssprache, von Dorf zu Dorf verschieden – wobei der Kairoer Dialekt mit Hocharabisch soviel zu tun hat wie „Züri Dütsch" mit Hochdeutsch.

80 WÖRTER ÄGYPTISCH-ARABISCH

Fragen:

emta	– wann?
fein	– wo?
kam	– wieviele?
bekam	– wieviel (kostet)?

Auto	– arabiya
Bad	– hammam
Bahnhof	– mahatta
Bank	– banka
zahlen	– dafa
Bier	– bira
bitte	– mnfadlak
Brot	– eisch
Buch	– ktab
danke	– schukran
Datteln	– balah
Deutscher	– alemani
Du (♂)	– enta
Du (♀)	– enti
Ei	– beda
Eis	– talch
Essen	– al akl
Fahrkarte	– taskara
Flughafen	– matar
Geld	– flus
gut	– qwaiyes
gestern	– mbarah
Getränk	– maschrub
Hafen	– minah
Haus	– bait
Hotel	– funduk
heiß	– suchna
heute	– naharda
ich	– ana
ja	– aiwa
Joghurt	– sabati
Kaffee	– ahwa
kalt	– bard
Käse	– gibna
Kellner	– raiyes
Koffer	– schanta
krank	– marid
Laden	– dukkan
langsam	– schweiya
links	– schmál
Milch	– laban
morgen	– bukrah
Moschee	– gamia
Name	– ism
nein	– la
Obst	– frutta
Polizei	– polis
Post	– bosta
Pyramide	– haram
rechts	– jamin
Reis	– russ
Salat	– salata
Salz	– malch
schön	– gamil
Seife	– sabun
Stadt	– medina
Streichholz	– kabrit
Tee	– schai
Tempel	– mabad
viel	– ketir
Wasser	– maya
Zeitung	– gurnal
Wein	– sharab
Zigarette	– sigara
Zitrone	– limun
Zucker	– sukkar
Zimmer	– oda

Guten Morgen	– saba al kher
Guten Tag	– merhaba
Guten Abend	– maza al kher
Gute Nacht	– leïla zayida
Auf Wiedersehn	– ma salama

ZAHLEN UND ZIFFERN

1 wahed
2 etnin
3 talata
4 arba
5 chamsa
6 setta
7 saba'a
8 tamanya
9 tessa'a
10 ashara
11 hedasher
12 etnasher
13 talatasher
14 arbatasher
15 chamatasher
16 settasher
17 sabatasher
18 tamantasher
19 tessatasher
20 ashrin
21 wahed ashrin
30 talatin
32 etnin talatin
usw.
40 arbain
50 chamsin
60 settin
70 sabain
80 tamanin
90 tessain
100 meya
200 metin
300 talata meya
400 arba meya
usw.
1000 alf
2000 alfin
3000 talata alf
usw.
3755 talata alf, saba'a meya, chamsa chamsin

... werden wiederum die Worte so dicht nebeneinander oder ineinandergeschoben, daß kaum ein Eingeweihter, geschweige ein Anfänger, arabische Schrift mit Leichtigkeit zu lesen vermag. Was zu trennen wäre, das wird mit stenographischen Abkürzungen dergestalt ineinandergezogen, daß eventualiter drei Worte ein einziges Zeichen bilden müssen; – und was zusammengefaßt, einheitlich, unter einer Idee und einem Bilde begriffen bleiben sollte, das wird streng gesondert und individualisirt, bis zur Dissipation. Hiefür eine kleine Exemplifikation:

Es giebt eine Frucht, welche Sim-Sim heißt; die arabischen Buchstaben für das Wort Sim sind م س *; der Vokal i bleibt wie im Hebräischen und in allen semitischen Sprachen fort. – Im Schreiben aber werden nicht nur m und s einmal, sondern beide Worte Sim Sim mit nachstehender Abkürzung zu einem Wortbilde konfigurirt; und es wird also statt* " م س م س " *nur dieses Zeichen geschrieben:* ســـم

Wir ägyptisch-gearteten Deutschen haben bereits fünferlei S; nämlich S, s, f, ß, ss; – die Araber haben noch ein S mehr und kein „Z". Das N (Nun) wird auf viererlei Art geschrieben. Alle Buchstaben außer dem A – (Alef) werden auf zwei und dreierlei Art geschrieben, je nachdem der Buchstabe zu Anfange, in der Mitte oder am Ende zu stehen kommt. Was die „S-Wirthschaft" betrifft, so giebt es ein: ßin, (schin), sehn, ßa, se, sal, sad. –

(Goltz 1853)

١	=	1	٧	=	7
٢ od. ٢	=	2	٨	=	8
٣	=	3	٩	=	9
٤	=	4	١٠	=	10
٥	=	5	١١	=	11
٦	=	6	١٢	=	12

ÄGYPTISCHE LITERATUR

Leider fällt es nicht schwer, die lieferbaren deutschen und englischen Übersetzungen zeitgenössischer ägyptischer Autoren hier aufzulisten – so gering ist ihre Zahl, so abgeschnitten sind wir von der Literatur eines ganzen Kulturkreises. Und auch diese geringe Zahl verdanken wir im wesentlichen nur zwei Verlagen, denen hier dickes Lob sei.

Erschienen in der Edition Orient, Berlin:
Abd as-Sabur „Der Nachtreisende" und „Der Tod des Mystikers";
Yahya Hakki „Die Öllampe der Umm Haschim";
Naguib Mahfouz „Das Hausboot am Nil";
Nagi Naguib (Hrsg.) „Arabische Dramen – das Abenteuer des Mamelukenkopfes" und „Farahats Republik – zeitgenössische Ägyptische Erzählungen".

Erschienen bei Heinemann, London:
Fathi Chanem „The Man who lost his Shadow";
Naguib Mahfouz „Midaq Alley", „Miramar" und „Children of Gebelawi";
Taha Hussein „Egyptian Childhood";
Tewfik al-Hakim „Fate of a Cockroach";
Denys Johnson-Davies (Hrsg.) „Modern Arabic Short Stories";
Issa J. Boullata (Hrsg.) „Modern Arab Poets".

Bei anderen Verlagen:
Tewfik al-Hakim „Staatsanwalt unter Fellachen" Zürich 1982 (Union);
Yusuf Idris „Cheapest Nights and Other Stories" London 1978 (Owen);
Tewfik al-Hakim „The Tree Climber" Oxford 1966 (Univ. Press);
Salah Abdul-Saboor „Night Traveller" Kairo 1980 (Gen. Egypt. Book Organization);
„A Selection of Egyptian Short Stories" Kairo 1982 (Min. of Culture, Foreign Press and Information Dep.).

LESEHINWEISE

Bei wissenschaftlichen Büchern sind solche Hinweise recht einfach. Man listet alles auf, was man kennt, fügt noch einiges hinzu, von dessen Existenz man vage gehört hat, je mehr, desto beeindruckender. Hier stellt sich aber das Problem, eine Auswahl zu treffen, die weder erschlägt noch zu dürftig ist und dazu noch etwas zum Inhalt zu sagen, ohne daß es zur Rezension ausartet. Die folgende Auswahl ist also subjektiv. Ich erwähne Bücher, die ich für wichtig halte, die ich gut fand, oder die billig und leicht zu finden sind. Doch zuerst zu den

KARTEN

Die Genauigkeit aller Straßenkarten von Ägypten ist nur eine ungefähre. Am besten und zuverlässigsten ist „Ägypten" 1:1 000 000 von Freytag & Berndt, auch in Ägypten erhältlich. Tactical Pilotage Chart (TPC), Blatt H-5A (Delta und Sinai) und H-5D (Oberägypten und Rotes Meer), 1:500 000, herausgegeben vom Britischen Verteidigungsministerium, ist schon vom Maßstab her besser. Als Piloten-Karte verzeichnet sie Höhen, Straßen (jedoch unqualifiziert), Landmarken und alles mögliche, was man von oben eben so sieht. Ihr solltet sie in Ägypten allerdings nicht offen rumzeigen, sonst hält man Euch möglicherweise für einen Spion. Euer Buchhändler kann die Karte beim Geo-Center (Stuttgart) bestellen, oder Ihr direkt bei Därr-Expeditionsservice, Kirchheim bei München.

REISEFÜHRER

Bester (und leider teuerster) der klassischen Kunst- und Kulturführer ist Brunner-Traut, Emma „Ägypten", Stuttgart 1982 (4. Aufl.), für 78 DM. Auch brauchbar ist der Blaue

Führer „Ägypten". Interessant, aber im Praktischen wenig hilfreich, ist der Führer von Frau Binder-Hagelstange. Sie kleidet alle ihre Erläuterungen und Informationen in eine fortlaufende Erzählung.

PHARAONENZEIT
Überblick: Otto, Eberhard „Ägypten – der Weg des Pharaonenreiches" Stuttgart 1979[5]
Kultur: Wolf, Walther „Kulturgeschichte des alten Ägypten" Stuttgart 1962 (vergriffen);
Alltag: Brunner-Traut, Emma „Die Alten Ägypter" Stuttgart 1981;
Religion: Ions, Veronika „Ägyptische Mythologie" Wiesbaden 1968 (vergriffen)

KOPTISCHES ÄGYPTEN
Bourguet, P. du „Die Kopten" Baden-Baden 1967 (vergriffen)
Brunner-Traut, Emma „Die Kopten" Köln 1982
Meinhardus, O. F. A. „Christian Egypt – Ancient and Modern" Kairo 1968 und „Christian Egypt – Faith and Life" Kairo 1970 (AUC-Press), beide Wälzer in Ägypten erhältlich, enthalten wirklich alles, was mit Kopten zu tun hat. Von der Kirchengeschichte über die Kunst bis zur Stellung gegenüber der Geburtenkontrolle.
Kunst: Habib, Raouf „The Outstanding Aspects of Coptic Arts" Kairo o. J. (Mahabba Bookshop), 12 Hefte, gegliedert nach Malerei, Töpferei, Textilkunst usw., auch gebunden erhältlich.

Postkutschendienst Kairo-Suez, um 1850

ISLAMISCHES ÄGYPTEN

Planhol, Xavier, de „Kulturgeographische Grundlagen der islamischen Geschichte" Zürich 1975. Wenig bekannter Versuch, die Besonderheiten islamischer Kultur und Geschichte darzustellen und zu begründen, der die Grenzen der einzelnen Fachdisziplinen sprengt.

Geschichte: Cahen, Claude „Der Islam I" und Grunebaum, Gustave E. „Der Islam II" Frankfurt 1968 u. 1971 (= Fischer-Weltgeschichte Bde. 14 u. 15)

Kunst: Grabar, Oleg „Die Entstehung der islamischen Kunst" Köln 1977 (vergriffen)

Kunstgeschichte: Renz, Alfred „Geschichte und Stätten des Islam" München 1977

Lexika: Diem, W./Kreiser, K. „Lexikon der islamischen Welt" Stuttgart 1974

GEGENWART

Eine gute Einführung in die Situation Ägyptens gibt „Ägypten verstehen – Sympathie-Magazin Nr. 2", ein Heftchen, das vom Ägyptischen Fremdenverkehrsamt oder dem Studienkreis für Tourismus, Dampfschiffstr. 2, D-8130 Starnberg bezogen werden kann.

Gesamtdarstellung: Schamp, Heinz „Ägypten. Das alte Kulturland auf dem Weg in die Zukunft" Tübingen 1977. Länderkundliche Darstellung mit umfangreicher, thematisch gegliederter Bibliographie, die leider in einigen Bereichen als veraltet gelten muß.

Zeitgeschichte (Revolution und Nasser-Ära): Anouar Abdel-Malik „Ägypten . . ." Ffm. 1971 (ed. suhrkamp 503);

(Sadat-Ära) Kerr, Malcolm „Rich and Poor States in the Middle East – Egypt and the New Arab Order" Kairo/Boulder Col. 1982

Landwirtschaft: Richards, Alan „Egypts Agricultural Development 1800–1980" Boulder Col. 1982

Industrie: Salah el-Sayed „Workers Participation in Management" Kairo 1978 (AUC-Press)

Ökonomie: Ikram, Khalid „Egypt. Economic Management in an Period of Transition" London 1980 (Auftragsstudie für die Weltbank)

Soziologie: Wikan, Unni „Life among the Poor in Cairo" London 1980, und, mit konträren Ergebnissen, Rugh, Andrea „Coping with Poverty in a Cairo Community" Kairo 1979 (AUC-Press, Reihe Cairo Papers in Social Science). Tadros, Helmi „Social Security and the Family in Egypt" Kairo 1984 (Reihe wie oben).

Medien: Allam, Samir „Fernsehserien, Wertvorstellungen und Zensur in Ägypten" Berlin 1983

Kunst: „The Arts in Egypt" Heft 2, 2. Jg. von Arts and the Islamic World, London Sommer 1984

Frauen: Minces, Juliette „The House of Obedience. Woman in the Arab World". London 1982 (zed), mit einem Abschnitt über die Geschichte der ägyptischen Frauenbewegung und der Besonderheiten gegenüber dem sonstigen arabischen Raum.

Mikhail, Mona „Images of Arab Woman" Washington 1979 (in Kairo erhältlich)

Naval el-Saadawi „Tschador – Frauen im Islam" Bremen 1980 (mit Aufsätzen zu einzelnen Themen) und „Ich spucke auf euch" München 1984;

Tabari, Azar „The Rise of Islam: What did happen to Woman?" in Khamsin, Heft 10, London 1983 (Zu den Aussagen des Koran über Frauen);

Rifaat, Alifa „Distant View of a Minaret and other Short Stories" London 1983 (Kurzgeschichten);

Alliata, Victoria „Harem: Die Freiheit hinter dem Schleier" Berlin 1984 (Ullstein TB).

Weitere Lesehinweise am Ende der einzelnen Kapitel.

Kairo (el-Kahira)

Nach langem erreichte ich schließlich Kairo, die Mutter aller Städte und Sitz des Tyrannen Pharao. Sie ist Herrin über grenzenlose Provinzen und fruchtbare Länder, Besitzerin zahlloser Gebäude, unvergleichlich an Schönheit und Glanz, Treffpunkt der Kommenden und Gehenden, Haltepunkt der Schwachen und Starken. In ihr ist alles an Gebildetem und Einfachem, an Ernstem und Fröhlichem, an Vernünftigem und Leichtsinn, an Niedrigem und Ehrwürdigem, von hohem Rang und niederem Rang, Unbekanntem und Bekanntem. Sie wogt wie die Wellen des Meeres mit ihrer Masse an Menschen und kann sie kaum fassen trotz ihrer Macht und nicht nachlassenden Kraft. Ihre Jugend erneuert sich ständig trotz der Länge der Tage, und der Stern ihres Horoskops entfernt sich nicht mehr aus dem Herrenhaus des Glücks. Siegreich hat sie die Nationen unterworfen (Anspielung auf al-Qahira = die Siegreiche), und ihre Könige griffen nach den Stirnlocken der Araber und Nicht-Araber. Sie verfügt über einen besonderen Besitz, den majestätischen Nil, der das Flehen und Regen erübrigt. Ihr Gebiet ist eine Monatsreise für den Eilenden, reich an fruchtbarer Erde, und es heißt einen jeden Reisenden willkommen. (Ibn Battuta, 14. Jh.)

„Kairo ist mit Abstand die größte Stadt des afrikanischen Kontinents. Möglicherweise leben in der Nil-Metropole mehr Menschen als in London oder Tokio. Wie viele Einwohner Kairo wirklich hat, ist eine Frage, die niemand ganz genau beantworten kann. Offiziell haben sich die Behörden auf neun Millionen geeinigt, doch wahrscheinlicher ist die Zahl elf bis zwölf Millionen. Auf einem Gebiet, das so groß wie Niedersachsen ist, drängeln sich 40 Millionen Menschen. Auf jeden Quadratkilometer kommen in Kairo schätzungsweise 50 000 Menschen. Hongkong und Singapur sind im Vergleich dazu direkt dünn besiedelt. Die Stadt quillt über vor Menschen, und ein Ende dieses unerwünschten Wachstums ist noch nicht abzusehen. Alle 125 Sekunden wird allein in Kairo ein Baby geboren; Tag für Tag treffen mehrere tausend Zuwanderer aus dem Nildelta oder Oberägypten ein. Doch die Stadt ist nicht mehr aufnahmefähig. Ihr sind durch die Wüste natürliche Grenzen gesetzt. Nur in Kalkutta – so sagen Fachleute – findet man solch beängstigende Menschenmassen wie in Kairo.

Der Niedergang Kairos von der Weltstadt zum Slum scheint nicht mehr aufzuhalten zu sein. Die Stadt, deren Kunstschätze Millionen Touristen aus aller Welt anlocken, ist dem Verfall preisgegeben. Häuser stürzen ein, Neubauten werden und werden nicht fertig aus Mangel an Beton und sonstigem Baumaterial. Kairo weiß nicht, wohin mit seinen Bürgern. Die Infrastruktur reicht nach Ansicht von Fachleuten im besten Fall für eine Bevölkerung von drei Millionen. So viele Einwohner hatte Kairo aber bereits vor einem Vierteljahrhundert.

Weder mit dem Auto noch zu Fuß kommt man in den Straßen so recht voran. Die Fahrt von einem Nilufer zum anderen oder um den Häuserblock – sonst eine Sache von wenigen Minuten – kann in den Spitzenzeiten eine Stunde und länger dauern. Millimeterweise schieben sich die Fahrzeuge Stoßstange an Stoßstange über die fünf Nilbrücken.

Häufiger als in jeder anderen Großstadt werden Bürgersteige und Straßen aufgerissen und – aus welchem Grund auch immer – nicht wieder in Ordnung gebracht.

Jahrein, jahraus quälen sich die Menschenmassen über den Tahrirplatz, das

Nervenzentrum der Hauptstadt, wo sie mit Hilfe eines kreisförmigen Rundgangs über die Autoschlangen hinweg zum Busbahnhof geleitet werden. Die öffentlichen Verkehrsmittel, das Telefonnetz, die Elektrizitäts- und Wasserleitungen – alle technischen Einrichtungen sind hoffnungslos überaltert und überlastet. Die ohnehin meist schrottreifen Autobusse sind rollende Menschentrauben. Die Passagiere sitzen nicht nur übereinander, sondern sie hocken auch auf dem Dach, klammern sich an den Fenstern fest und hängen an den Stoßstangen. Viele entwickeln dabei geradezu akrobatische Fähigkeiten." (Klatte/Pätow im Generalanzeiger, 10. 12. 1977)

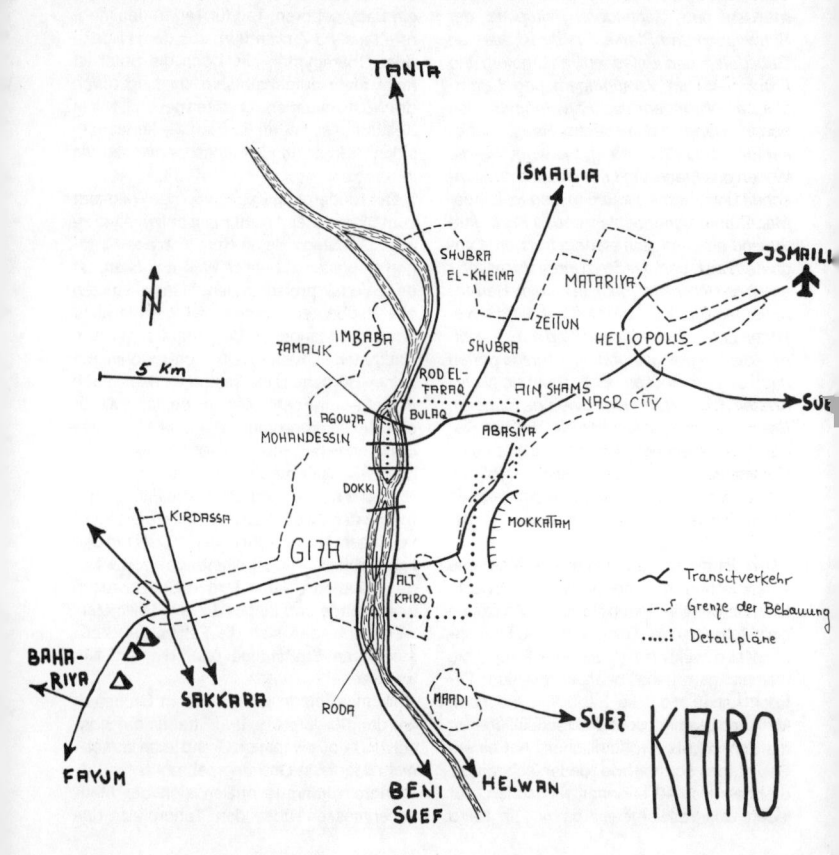

KAIRO-INFOS
(VON A–Z)

ANTIQUARIATE
Nur mehr gelegentliche Glückstreffer bei den Bouquinisten am *Ezbekiya-Park*. Gute Bücher, freilich zu saftigen Preisen, in der *Kasr el-Nil* gg. dem Groppi. Der Souk für arabische Bücher ist an der *Al Azhar;* reiche Auswahl auch in der „Renaissance d'Egypte" (9 Adly).

ANTIQUITÄTEN
aus der Antike gibt's im *Ägyptischen Museum* mit Zertifikat und Export-Erlaubnis zu kaufen. Im 7. Stock, 45 Khalik Sarwat (linker Eingang) verkauft *Mme. Senouhi* venezianisches Glas, deutsche Stiche, englische Uhren, Damaszener Silber und vieles mehr, was die alte Oberschicht zu Geld machen muß. Diskretion wird gewahrt, Madame kennt den Wert ihrer Raritäten und läßt nicht mit sich handeln, ja, behält ihre besten Stücke gar.

BANKEN
Credit Suisse, 6 Oqba (Dokki), T 98 34 48
Durch Repräsentanzen sind vertreten:
Commerzbank, 2 Behler Passage (Kasr el-Nil), T 76 62 03; *Deutsche Bank,* 23 Kasr el-Nil, T 76 23 41; *Dresdner Bank,* 33 Kasr el-Nil, T 77 38 41;
Schw. Bankverein, 3 Ahm. Nessim (Giza), T 72 70 05
Misr-Bank im Nil Hilton ist rund um die Uhr geöffnet.

BEHÖRDEN
* Tourist Information: 5 Adly (T 92 30 00); auch Flughafen, Ramses-Bahnhof;
* Tourist Police: Flughafen, Zitadelle, Khan el-Khalili, Pyramid Road (Mena-House);
* Registration: Tourist Police Pyramid Road, Mogamma (halbrundes Gebäude an der Südseite des Md. Tahrir) an den Tischen vor dem Eingang;
* Visa: Mogamma, 1. Stock.

BOTSCHAFTEN
BRD: 8 Hassan Sabri (Zamalik), T 41 81 53, 40 60 17, 41 00 15
Israel: 6 Ibn Malik (Giza, nach der University-Brücke 2. Haus rechts; dort auch das Fremdenverkehrsamt)
Sudan (Visa-Abteilung): 1 Moh. Fahmy el-Said (Garden City)
Österreich: 11 Sadd el-Ali (Dokki), T 80 58 98
Schweiz: 10 Khalik Sarwat (Cin. Miami), T 75 81 33

BUCHHANDLUNGEN
deutsch: *Lehnert & Landrock,* 44 Sherif (Cin. Miami)
engl.: *American.-Univ.-Cairo-Press,* AUC Main Campus in der Cafeteria, Kasr el-Aini 111 (Tahrir) (nur bis 14.30 Uhr)
frz.: *Livres de France,* Kasr el-Nil/Sherif gute Auswahl fremdspr. Bücher auch bei: *Al Ahram,* Nil Hilton Passage
Alle Bücher mit Rabatt auf der jährlich Ende Februar stattfindenden Buchmesse (Messegelände, Nasr City).

CAMPING
Pyramid Rd., vorletzter Kanal links (Westufer) Richtung Sakkara nach einem Kilometer (ausgeschildert)

FILME
Ausländische Filme laufen in Originalfassung mit arabischen Untertiteln. Eine Programmübersicht bietet die Egyptian Gazette. Das Internationale Filmfestival ist jährlich Nov./Dez. Regelmäßig gute Filme (öffentlich) auch im El Salam Hyat Hotel (Heliopolis).

FOTOREPARATUR

Foto-Labib, 26 Sheikh Rehan/Nubar Pasha (Bab el-Luq)
Khatchik Vukufian, 27 Khalik Sarwat

FREMDENFÜHRER (DRAGOMAN)

Wer sich, für 50 bis 100 DM, einen lizensiert-geprüften, deutschsprechenden Führer leisten will, hat in Kairo unter einem Dutzend freiberuflich tätigen die Auswahl. Empfohlen sei als bestinformierteste, galante und vor allem absolut integre Person (sie nimmt weder Bakshish noch schleppt sie Euch in irgendwelche Läden, um Kommission zu kassieren):

✱ Mme. Hoda Shirin, T 63 57 44

GELDWECHSLER

Parallelmarkt befindet sich schwerpunktmäßig in der Sh. Champollion und Sh. Kasr el-Nil, jeweils in der Nähe des Museums.

GESUNDHEIT

24-Stunden-Notdienst: Anglo-Amerikan Hospital auf der Gezira (neben dem Aussichtsturm), T 80 61 62; Koptisches Hospital, Sh. Ramses, T 90 44 35.

Die Ambulanz kann über T 123 bestellt werden, doch *dauert dies tagsüber oft Stunden.*

Deutschsprachige Ärzte: Dr. Horst Heydlauf, Sh. Hindawi (Dokki), T 71 71 59; Dr. Abdallah Mughrabi, 6 Md. Talaat Harb, T 74 92 23; Zahnarzt: Dr. Emad Youssef, 36 Nadi el-Saad (Dokki), T 71 02 65.

HOTELS

AM BAHNHOF:

✱ *Mt. Everest* (Hochhaus BMW/Schweppes, 15. Stock) ist neben dem Luna-Park, das beste Hotel in dieser Preislage.
✱ *Luna-Park* (Gumhureiya, an einem kleinen Platz) (neben Deutschen und Indern viele Oberägypter, speziell aus Luxor).
✱ 5–10 LE: *Fontana* (gg. Pont Limun Station), Du/WC, Ventilator, leicht überteuert.
Big Ben (Imad ed-Din) wie Mt. Everest, nur doppelt so teuer.

26. JULY:

(alle 5–10 LE mit Du/WC) *Carlton* (26. July 21), *Scarabee* (26. July 16), *Grand Hotel* (26. July 17), *Omayad* (26. July 22)
unter 5 LE: *Claridge* (41 Talaat Harb/26. July)

KASR EL-NIL:

Nicht mehr empfohlen werden Golden Hotel und Oxford Pension, da zu schmutzig.
Besser: *Select* (19 Adly), *Minerva* (39 Talaat Harb), *Plaza* (gg. 44 Kasr el-Nil); billig, aber absolutes Minimum: *Suisse Hotel* (26 Mah. Bassiouni); so heruntergekommen, daß immer ein Zimmer frei ist: *National* (30 Talaat Harb).
5–10 LE mit Du/WC: *Les Roses* (33 Talaat Harb) und *Tulip* (Md. Talaat Harb 3) sowie *Green Valley* (33 Khalik Sarwat) und *Anglo-Suisse Pension* (14 Champollion).

GARDEN CITY:

5–10 LE *Garden City House* (23 Kamal ed-Din Salah), Du/WC, eher eine gepflegte Pension denn ein Hotel, von unteren Chargen der US- u. britischen Botschaft bevorzugt.

ATABA:

5–10 LE, Du/WC: *Khan el-Khalili* (7 el-Bosta, teilw. AC) und *Central* (7a el-Bosta).

AL-AZHAR:

Radwan (Md. el-Hussein) und, 5–10 LE, Du/WC, *Hussein* (Md. el-Hussein); beide Hotels der Lage wegen recht laut.

JUGENDHERBERGE

135 Abdel Aziz (Roda, Gama-Brücke)

KAUFHÄUSER
Senauwi (Md. Talaat Harb), auch in der Sh. 26. July und Sh. Mah. Bassiouni.

KONDITOREIEN UND CAFÉS
„Bemerkenswert ist die Zahl der Kaffeehäuser in Kairo. Man begegnet ihnen auf Schritt und Tritt und die Menschen treffen sich dort. Fromme und solche, die des Gebetes wegen früh aufstehn, gehen dort hin, trinken eine Tasse Kaffee und beleben so ihr Leben. Diese Belebung stärkt sie für die religiösen Pflichten und das Gotteslob. Aus diesem Gesichtspunkt heraus sind die Kaffeehäuser zu empfehlen und lobenswert.

Betrachtet man jedoch die Ignoranten, die sich dort treffen, wird die Empfehlung zweifelhaft. Um es kurz zu machen, die ägyptischen Kaffeehäuser sind in der Hauptsache mit heruntergekommenen Subjekten und Opium-Essern gefüllt. In vielen sitzen Veteranen und pensionierte Offiziere, die am Morgen ankommen, wenn die Teppiche und Matten ausgebreitet werden, und bis zum Abend bleiben. Einige Besucher sind drogensüchtige Sklaven (i. e. Mameluken); wenn sie das Maul aufmachen, ist das wie scharfe Schwert jener, deren Zungen feilengleich sind, Mameluken, denen nachgesagt wird, Experten in allen Niederträchtigkeiten zu sein, die die Welt kennt. Wenn man sie bittet, doch vernünftig zu sein, hören sie nicht zu. Diese zweibeinigen Esel verstehen nicht ‚gelemen' (= ich kann nicht kommen) zu sagen, statt dessen sprechen sie ‚kelemen' (= ich komme), wegen ihrer Aussprache können sie nicht zwischen ‚qarashat' und ‚qara eshek' unterscheiden. Einige können sich weder Pferd noch standesgemäße Kleidung leisten und gehen deshalb nicht zu den königlichen Empfängen. Sie sind eine Bande von Parasiten, vornehm nur dem Namen nach, und ihre Beschäftigung besteht darin, Vorsitzende des Kaffeehauses zu sein, Kaffee anschreiben zu lassen, von ‚Sparsamkeit' zu sprechen, wenn das (Anschreiben) bekannt wird, und, nachdem sie irgendwelche verdrehte Geschichten erzählt haben, einzupennen, sobald die Wirkung der Drogen nachläßt.

Mit anderen Worten, sie verbreiten meistens Lügen, ihr unsinniges Geschwätz besteht aus Gerüchten, übler Nachrede und Verleumdung, aber kein wahres Wort kommt je über ihre Lippen. ‚Zu der und der Zeit hatte ich diesen und jenen Dienstgrad, war ich Adjutant des Herrn sowieso. Ich war Kriegsheld an dieser und jener Front und in der Schlacht von xy.'" (Mustafa Ali 1599)

* *Groppi* (Md. Talaat Harb und Adly, dort mit Garten), das klassische Café der Oberschicht; andernorts wären Kellner längst rausgeflogen, auf die man eine halbe Stunde warten muß – hier signalisiert der Service den feinen Unterschied zwischen denen, die dazugehören, und jenen, die es möchten.
* *Americaine* (Talaat Harb/26. July)
* *Zina* (32 Talaat Harb)
* *Lappas* (17 Kasr el-Nil)

Auf europäische Art zubereiteten Bohnenkaffee im *Brazilian Coffee Shop* (26. July/Talaat Harb und Talaat Harb/Alfy), leider nur ein Stehcafé à la Tchibo.

Gute Torten zum Mitnehmen auch bei *Falero und Sharkiya* (Talaat Harb/Alfy).

Bis nach Mitternacht hat Bäckerei/Konditorei *Samir* geöffnet, bei der Gumhureiya-Druckerei in einer w. Seitenstraße der Imad ed-Din (Cin. Lido); nebendran auch ein Teehaus.

Teehäuser gibt es in Kairo wie Sand am Meer. Eines der berühmtesten ist *Feshawi*, im Khan el-Khalili nahe dem Ausgang zum Md. Hussein. Die Literaten- und Künstlerszene trifft sich im Teehaus am Ende der *Café Riche Passage* (Talaat Harb).

Guten Tee im *Indian Tea House*, 23 Talaat Harb.

* Gartencafés gibt es nur noch wenige. Neben dem Groppi sind die Casinos im Ezbekiya-Garten erwähnenswert, eben-

BULAQ INNENSTADT KAIRO

SH. EMAN PASHA M.
AN Emb.
26 JULY BRIDGE
Mariot Hotel
SH. BULAQ EL GEDID
SH. EL GALAA
SH. SAHAFA
RED CRESCENT HOSP
E.S.R. HOSPITAL
CAP PALACE HO
MONTE CARMELO Ch. — Rom. Cath. **44**
St CONSTANTINE & HELENA Greek Orth. **45**
SOCIETY OF ENGINEERS
Television & Broadcasting Studio
Ramses
GREEK Con
SH. IRABI
INSTITUTE OF ARAB MUS
EV. Ch.
AMBASSADOR HOTEL
RIVOLI
ZAMZOM HOTEL
GRAND HOTEL
CAIRO
EGYPTIAN SOCIETY OF POLITICAL ECONOMY STATISTICS & LEGISLATION
EGYPTIAN ENTOMOLOGICAL SOCIETY
COURT
HOTEL MORANDI
SWISS LEG.
MIAMI
METRO
SH. ABD EL KHALIQ
ADLY
SARWAT
Ramses Hilton Hotel
54
SH. EL CORNICHE EL NIL
CORDI JESU Rom. Cath. Ch.
NATIONAL HOTEL
RADIO CINEMA
CHAMPOLLION
NATIONAL BANK
METROPOLITAN HOTEL
FRENCH Con.
NORWEGIAN Con.
DOMINICAN Con
St JOSEPH Rom. Cath. Ch.
SH. SHERIF
SH. QASR EL NIL
BASSIOUNI
SH. TALAAT HARB
SH. ABDEL ALLIN
ITALIAN CON.
TH. COOK
SABENA
EGYPTIAN MUSEUM
NILE HILTON HOTEL
Annexe Hilton Hotel
EL TAHRIR BRIDGE
Arab League
MIN. OF FOREIGN AFFAIRS
CENTRAL GOVT BUILDING
HUNGARIAN LEG.
SHEPHEARD'S HOTEL
AMERICAN EMB.
BRITISH EMB.
SUEZ CANAL Co
BELGIAN
EL TAHRIR CLUB
SH. EL BUSTAN
DANISH CON.
MIDAN
AMERICAN UNIVERSITY EWART MEMORIAL HALL
SH. SHEIKH RIHAN
GEOLOGICAL MUSEUM
EGYPTIAN COMMUNICATIONS INSTITUTE
GEOGRAPHICAL SOCIETY
MIN. OF SOCIAL AFFAIRS
MIN. OF PUBLIC WORKS
PARLIAMENT
SHARI MAGLIS
MIN. OF PUBLIC HEALTH
MIN. OF JUSTICE
MIN. OF INTERIOR
MARKET
CHAMBER OF COMMERCE
BAB EL LUQ STATION
EL BUST
RIVER NILE
QASR EL NIL
ASR EL NIL
El Burg Hotel
ABD

Map of central Cairo showing districts including Ezbekiya, Bab El Sha'riya, El Muski, Khan El Khalili, El Ghuriya, and Bab El Khalq.

so diejenigen am Nil (Dokki, Westufer Zamalik).
Die Clubs auf der Gezira nehmen von Nichtmitgliedern kräftigen Eintritt. Eine Cafeteria gibt es auf dem Campus der American University am Tahrir. Man kann zwar draußen sitzen, doch ist es ziemlich hektisch.

KULTURINSTITUTE
Goethe-Institut (5 Bustan, Tahrir) T 75 98 77. Bibliothek; reiches Programm von Filmen, Konzerten, Ausstellungen usw.
Nicht weniger aktiv ist das **Österreichische Kulturinstitut** (1103 Corniche, Garden City)
Französisches Kulturinstitut (27 Sabri Allam, Md. Ismailiya, Heliopolis, und Madraset el-Houqouk, al-Frinsiya, Mounira, westl. des Bahnhofs von Sayida Zeinab).

MÄRKTE
Jeder Stadtteil hat seine eigenen Märkte. Einen Fleischmarkt findet Ihr beispielsweise am Ataba, in einer Halle am Anfang der Sh. al-Azhar. Ein schöner gemischter Markt ist an der Moschee am Md. Sayida Zeinab.
Der Viehmarkt, Fr. und Sa. vormittags am Stadtrand hinter der Bahnlinie zwischen Embaba und Mohandessin. Anfahrt mit Bus 99.

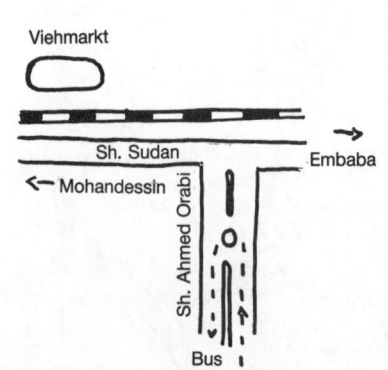

MOSCHEEN...

...gibt's in Kairo sicher Tausende. Ich stelle deshalb nur die kunstgeschichtlich wichtigsten Beispiele für die einzelnen Epochen kurz in chronologischer Folge vor:

Amr-Moschee, am Nordende von Alt Cairo. An ihrer Stelle lag die erste Moschee Cairos, von ihrem arabischen Eroberer gebaut. Durch verschiedene Um- und Anbauten ist davon nichts mehr erhalten, so daß die ältesten Teile, wie etwa die Fensternischen an der Westecke, aus dem 9. Jh. stammen. Die Säulen der Moschee sind – wie damals üblich – aus griechisch-römischen Bauten recycelt.

Ibn-Tulun Moschee (876–879) (Sayida Zeinab). Beispiel für eine Hofmoschee mesopotamischen Typs, nach dem Vorbild der Samarra-Moschee gebaut. Für Ägypten wie den ganzen Westen fremd ist die Pfeilerkonstruktion, statt der sonst die Gewölbe tragenden Säulen. Minarett und Dach können bestiegen werden.

Der Emir Abu'l 'Abbas Ahmed ben Tûlûn begann den Bau der Moschee, nachdem el-Katâ'i vollendet war, im Jahre 263 d. H., 877 n. Chr. Der Verfasser der Biographie des Ibn Tûlûn sagt: Ahmed ben Tûlûn betete am Freitag in der Moschee, die neben der Wache lag; als dieselbe ihm aber zu eng wurde, erbaute er die neue Moschee mit dem Schatz, den Gott ihn auf dem Berge hatte finden lassen, an dem Orte, der unter dem Namen der Ofen des Pharao bekannt ist. Als er die Moschee erbauen ließ, bestimmte der Baumeister, daß dabei dreihundert Säulen verwendet werden sollten. Andere sagten zu Ahmed ben Tûlûn: „Du wirst diese Säulen nicht finden können, wenn du nicht in die Kirchen sowohl in den bewohnten wie in den verödet daliegenden Gegenden hineingehst und sie von dort wegnimmst." Er aber verabscheute dies und ergrimmte in seinem Gemüt bei diesem Gedanken. Der Christ, der mit der Ausführung des Baus beauftragt war, kam, als der Emir noch gegen ihn erzürnt war, er schlug ihn und ließ ihn in das Gefängnis werfen, wie der Bericht erzählt. Jener schrieb ihm: „Ich will dir die Moschee bauen, wie du es willst, ohne Säulen außer den Säulen der Kibla." Der Emir ließ den Christen kommen, sein Haar war in der Zeit lang gewachsen und hing über sein Gesicht herab. Ahmed ben Tûlûn fragte ihn: „Was sagst du über den Bau der Moschee?" Jener antwortete ihm: „Ich will dir den Plan aufzeichnen, damit du ihn mit eignen Augen sehen kannst, ohne Säulen, außer den Säulen der Kibla." Der Emir befahl, ihm ein Stück Pergament zu geben, und der Christ zeichnete den Plan. Ahmed ben Tûlûn bewunderte denselben und fand ihn schön, er setzte den Baumeister in Freiheit und schenkte ihm ein Ehrengewand. Für die Kosten des Baus gab er ihm 100 000 Denare und sagte zu ihm: „Verbrauche so viel, wie notwendig ist, wir werden es dir geben." (Makrizi, 15. Jh.)

Ich entnehme aus der Schrift von el-Hâfiz Gamâl ed-Dîn el-Jaghmûrî, daß Ahmed ben Tûlûn den Bau der Moschee im Jahre 263 d. H., 877 n. Chr. begann. Er sagte: „Ich will, daß sie so erbaut werde, daß, wenn Misr verbrennt, sie bestehen bleibt und daß, wenn Misr überschwemmt wird, sie auch bestehen bleibt. Die Moschee wurde aus Kalk und Asche und gebrannten Ziegeln aufgebaut bis zum Dach. Auf der Rückseite der Moschee wurde ein Raum, wo die Muslimen sich waschen, und eine Apotheke angelegt, in der es alle Heiltränke und Arzneimittel gibt. Es ist dort ein Diener angestellt, und am Freitag sitzt dort ein Arzt, den die Gläubigen konsultieren können. Diese Moschee ist nach dem Vorbild der Moschee von Sâmar erbaut und ebenso ihr Minaret."
(Ibn Dukmâk, 14. Jh.)

Al-Hakim Moschee (990–1013) (neben dem Bab el-Futuh). Von einer indischen Sekte in den letzten Jahren renoviert, sind außer dem Gesamtplan der Anlage kaum Reste der alten Anlage erhalten. Die Moschee diente jahrelang als Karawanserei, später den Soldaten Napoleons als Lager, dann baute man eine Schule im Hof. Al-Hakim, ein im Alter verrückt gewordener Fatimiden-Kalif und Häretiker, gilt den Drusen (Libanon, Syrien) als verborgener Imam, der eines Tages wieder erscheinen wird – wovor uns Allah bewahren möge, nach allem was an Gruselstorys von ihm überliefert ist.

Sultan Hassan Moschee (1356–62) (unterhalb der Zitadelle am Md. Salah ed-Din). Beispiel für eine Iwan-Moschee, in der sich um einen offenen Hof vier Gebetshallen gruppieren. Von der Architektur her die eindrucksvollste der Moscheen Kairos.

Diese Moschee ist unter dem Namen die Hochschule des Sultans Hasan bekannt. Sie liegt der auf dem Berge erbauten Citadelle gegenüber und befindet sich auf dem Platz zwischen der Citadelle und dem Teiche el-Fîl, an der Stelle, wo früher das Haus des Emirs Jalbaghâ el-Jahjâwa stand. Der Sultan begann den Bau der Moschee im Jahre 757 d. H., 1356 n. Chr. Er ließ ihren Umfang weit ausdehnen und ein großes Gerüst aufschlagen und ließ sie in schöner Symmetrie und gewaltiger Größe ausführen. In den Ländern des Islams kennt man kein für den Gottesdienst bestimmtes Gebäude, das mit dieser Moschee zu vergleichen wäre.

Ich habe den Sultan sagen hören: „Wenn es nicht deshalb geschähe, da man sonst sagen würde, der Herrscher Ägyptens sei nicht imstande das Werk zu vollendeten, das er angefangen hat, würde ich den Bau der Moschee der vielen Kosten wegen aufgeben." In dieser Moschee sind Wunder der Baukunst; ihre große Halle dehnt sich in einer Länge von fünfundsechzig Ellen aus, wie man sagt, ist sie fünf Ellen länger wie die große Halle des Chosroes in Madein in Irâk. Sie hat eine große Kuppel, die in Ägypten, Syrien, Irâk und Maghrib nicht ihresgleichen hat und in ihr ist ein Mimbar (Kanzel) aus Marmor, das einzig in seiner Art ist. Wunder-

bar ist auch das große Portal und die vier Abteilungen der Hochschule, welche um den Moscheehof herum angelegt sind. Der Sultan hatte beschlossen vier Minarete zu erbauen, von wo der Ruf zum Gebet ertönen sollte, drei derselben waren vollendet, als am Sonnabend, dem 6. Rabî' el-akhir des Jahres 762 d. H. 1361 n. Chr. das Minaret über dem Portal einstürzte. Ungefähr 300 Waisenkinder, sowie andere Kinder, die in der Schule neben dem dort angelegten Brunnen, unterrichtet wurden, kamen dabei um; von den Waisenkindern retteten sich sechs. Der Sultan gab es auf, das Minaret wieder aufzubauen und ein andres ihm ähnliches zu errichten. Zwei Minarete blieben bestehen, die noch jetzt vorhanden sind.

(Makrizi, 15. Jh.)

Mohammed Ali Moschee (1830–1848), Zitadelle, nach dem Vorbild der (Euch vielleicht von Istanbul bekannten) osmanischen Kuppelmoscheen. Von Moh. Ali anstelle des Palastes der Mamelukken-Herrscher errichtet, die er nach einem Abendgelage alle gemeuchelt hatte („Vesper von Kairo"). Kurze Zeit später fiel der Palast dann „zufällig" einer Pulverexplosion zum Opfer.

Rifai-Moschee (1912–14), gegenüber der Sultan Hassan. Grabmoschee der letzten ägyptischen Dynastie, auch den persischen Schah hat man hier bestattet. Die Moschee am Bahnhof sei als Beispiel für eine moderne Moschee erwähnt.

Nicht wegen ihrer Architektur, sondern aus andern Gründen sind noch zwei Moscheen wichtig:
Hussein Moschee (gegenüber al-Azhar). Heute die Hauptmoschee Kairos. Angeblich liegt hier der Kopf Husseins begraben, des Sohnes Alis, der bei Kerbela in den Kämpfen zwischen Sunniten und Schiiten getötet wurde. Den gegenüber residierenden Al-Azhar-Theologen ist es natürlich ein Dorn im Auge, wenn das Volk hier einen Schiiten verehrt, aber die gemeinen Gläubigen nehmen die Unterschiede nicht so genau. An seinem Geburtstag, dem 28. Rabi (1986 im Januar, Datum erfragen), ist um die Moschee und in der ganzen Altstadt ein eine Woche währendes riesiges Fest, zu dem viele Leute vom Land kommen.
Die Moschee zu betreten ist unerwünscht, doch ihr versäumt nichts.

Al-Azhar-Moschee
Al Azhar, das ist nicht einfach eine Moschee, sondern eine Institution, das geistige und geistliche Zentrum des Islam, oberste Wächterin über alle Grund- und Rechtsfragen der Gläubigen. 982 als zweite Universität der Welt gegründet, bekam sie bald das Monopol der Geistlichen-Ausbildung. Seit dem Ende des Osmanischen Reiches vor 60 Jahren ist die ulema, die Gelehrtengemeinde von Al-Azhar, und an ihrer Spitze der Groß-Sheikh, sozusagen der Uni-Rektor, formal die höchste Autorität des Islam. Doch zu dieser Zeit war die tatsächliche Autorität Al-Azhars schon untergraben. Noch im 18. Jahrhundert bildeten ihre in Philosophie, Theologie und anderen Geisteswissenschaften ausgebildeten Absolventen die Elite des Landes, doch nach Mohamed Ali waren andere Qualitäten gefragt: Techniker, Ingenieure, Naturwissenschaftler, aber nicht mehr Leute, die „nur" den Koran auswendig kannten. Die Azhariten, bisher vorwiegend Lehrer und Richter, wurden mit der Verweltlichung (was auch sagen will: Verwestlichung) von Schulen und Gerichtshöfen arbeitslos.

1961 begann an der Al-Azhar schließlich die in unserem Sinn moderne, wissenschaftliche Ausbildung. Die Al-Azhar wurde in das staatliche Erziehungssystem eingepaßt – man kann nun dort auch Ingenieur werden oder Mediziner, wie an den mittelalterlichen islamischen Universitäten auch. Doch seine Bedeutung hat Al-Azhar als Zentrum der theologischen Diskussion behalten – und ist damit auch zu einem der Ausgangspunkte islamischer Renaissance geworden. Die Muslime kehren sich ab von

Re-Islamisierung?

In allen arabischen Ländern wird ein Trend zur Reislamisierung beobachtet – die Religion als Dritter Weg zwischen Ost und West. Ägypten bildet keine Ausnahme, auch wenn hier die Säkularisierung des öffentlichen Lebens weit fortgeschritten war und etwa das Rechtssystem auf dem Code Napoleon beruht.

An kleinen Zugeständnissen an die religiöse Volksseele und Indizien für die zunehmende Bedeutung des Islam seien einige Ereignisse des Winters 1984/85 genannt:
- Die staatliche Fluggesellschaft EGYPT AIR stellt den Alkoholausschank auf ihren Flügen ein;
- erstmals seit zehn Jahren wurden wieder Mitglieder der Baha'i-Glaubensgemeinschaft unter dem Vorwurf religiöser Propaganda verhaftet. Die Baha'i betrachten ihren Glauben als eine Weiterentwicklung des Islam und werden deshalb von vielen Moslems als Gotteslästerer verfolgt;
- die Pläne der, offiziell verbotenen, Muslim-Bruderschaft, aus ihren Anhängern unter den Parlamentariern der verschiedenen Parteien eine eigene Fraktion zu bilden, werden in der ägyptischen Presse breit diskutiert;
- die fundamental-religiösen Sadat-Attentäter bekommen vergleichsweise milde Freiheitsstrafen;
- das Parlament annulliert eine Reform des Scheidungsrechtes von 1979, die den Frauen weitergehende Rechte eingeräumt hatte;
- gegen den Willen des Präsidenten wird demnächst eine Vorlage behandelt werden, die auf die Einführung des religiösen Scharia-Rechtes als einzige Rechtsquelle zielt. Zwar erwartet niemand eine radikale Strafrechtsreform mit Händeabhacken, Steinigungen usw. wie zu Mohameds Zeiten, doch gilt es als wahrscheinlich, daß besonders das Familienrecht wieder stark an den Vorstellungen der Konservativ-Religiösen ausgerichtet wird.

Es wird sich zeigen, wie weit die Herrschenden des Volkes Stimme nachzugeben bereit sind und dafür Konflikte mit Teilen der Intelligenz und den christlichen Minderheiten in Kauf zu nehmen bereit sind.

Gitterfenster (Mashrabiya) in einem Kairoer Palast

den Werten Europas und der industriellen Welt, egal ob Sozialismus oder Kapitalismus, und versuchen auf dem Islam, der ja das ganze Leben zu umfassen und erklären beansprucht, eine neue Politik aufzubauen. Damit ist Al-Azhar, als vergleichsweise liberale und demokratische Institution gegenüber dem schiitischen Qum und Imam Khomeini, wieder neu ins Zentrum der Fragen gerückt.

MUSEEN

* **Ägyptisches Museum.** Sh. Mariette. Tahrir 9–16 Uhr, fr 11.30–13.30 Uhr zu. Ein riesiger Ramschladen mit über 100 000 ausgestellten Objekten von der Vorgeschichte bis zur römischen Zeit. Am Eingang gibt's Führer zu kaufen, mit denen Ihr Euch orientieren solltet, um Euch nicht hoffnungslos zu verlieren. Alternative: Einen halben Tag zur Orientierung mal „rumschnuppern" und sich überlegen, was Ihr später genauer anschauen wollt. Zum Erholen gibt's eine Cafeteria, auch einen lizenzierten Antiquitäten-Laden. Fotografieren verboten, Ihr sollt die Dias und Postkarten am Eingang kaufen.

* **Koptisches Museum.** Alt-Kairo 9–16 Uhr, fr 11.30–13.30 Uhr zu. Die Sammlung schließt zeitlich an das Ägyptische Museum an und umfaßt Antiquitäten der christlichen Epoche. Dem Umfang nach an einem halben Tag gut zu bewältigen, bringt das Museum doch die meisten professionellen Führer zur Verzweiflung, weil sie von koptischer Kunst keine Ahnung haben. Im Zweifel hilft der (überaus freundliche) Direktor weiter. Im Seitenbau des Museums ausgezeichnete Fotos und Postkarten. Fotoamateure sollten sich vom Hausfotografen sein Labor zeigen lassen und staunen, mit welch vorsintflutlicher Ausstattung hier gute Bilder entwickelt werden.

Islamisches Museum. Md. Ahmet Maher/ Bur Said (Bab el-Khalk), 9–16 Uhr, fr 11.30–13.30 Uhr zu. Umfaßt die bedeutendste Sammlung islamischer Kunst auf der Welt, von den Omajaden bis zum Beginn der osmanischen Zeit.

MASSWERK VOM MIMBAR AUS DER MOSCHEE DES IBN-TULUN.

Landwirtschaftsmuseum. Nordende der Sh. Dokki (Dokki), geöffnet 9–14 Uhr, fr bis 11.30 Uhr, mo geschlossen. Mehrere Gebäude in einem großen Park, in den 30er Jahren errichtete Monumentalbauten, die allein schon ob ihrer zeittypischen Museums-Konzeption sehenswert sind. Das Museum umfaßt mehrere Sammlungen:
- pharaonische Landwirtschaft. Gibt einen guten Eindruck von den damaligen Lebensverhältnissen
- zoologische Sammlung (alles was kreucht und fleucht ist ausgestopft präsentiert)
- botanische Sammlung (Nutzpflanzen)
- Hydrologie (der Nil, mit allem was dazugehört; Modelle)

- Landwirtschaft der Gegenwart (mit riesigen Schautafeln, Modellen von Staudämmen, nachgebauten Dorfszenen, d. h. Gipspuppen usw.
- als besonderes Kleinod: Syrische Landwirtschaft und Volkskunde, da die letzte Neugestaltung des Museums in die Zeit der politischen Vereinigung mit Syrien fiel.

Gesamteindruck: Sympathisch verstaubt. Touristen findet ihr nicht, statt dessen Schulklassen und angehende Agronomen. An der Kasse ein französischsprachiger Führer zu kaufen.

Insekten- u. Vogelmuseum. 14 Ramses, 9–13 Uhr, so geschlossen

Volkskundliches Museum. Kasr el-Aini 9–14 Uhr, fr zu.

Das Geologische Museum mußte dem Metro-Bau weichen und befindet sich nun irgendwo an der Pyramid Rd.

Museum der ägyptischen Zivilisation im Hause der Agricultural Society (altes Messegelände, Gala-Brücke, Gezira), 9.30–14 Uhr, fr zu; im Stil wie das Landwirtschaftsmuseum, doch inzwischen eine bessere Abstellkammer, die auf die Neuordnung des Museumsgeländes wartet.

Folklore Center, 18 Bursa el-Adima (3. Stock, neben dem Schild ,Hotel Hamburg', Taufikiya), 9–14 Uhr, fr zu. Ähnlich dem Volkskundemuseum, mit Schwerpunkt auf Textilien und Schmuck; es stapeln sich die gesammelten Objekte in zwei winzigen Räumen, was den Besuch nur für Spezialisten lohnend macht, die selbst Schmuck herstellen oder schneidern.

Manial Palace, Sayala-Brücke (Roda), 9–16 Uhr, fr Gebetspause. Sollte besser Museum der Dekadenz heißen. 1901 von einem Onkel Faruks gebaut, zeigt es die Lebenswelt dieses Herrn: Thronsaal, Jagdtrophäen, Geschirr, Teppiche, Gemälde, schließlich das Wohnhaus mit dem Badezimmer als Gipfel der Absonderlichkeiten. Sehenswert.

Museen auf der Zitadelle, 9–16 Uhr, fr Gebetspause. Im Eintritt (2 LE) inbegriffen sind das Museum der königlichen Kutschen und der teilweise wiederhergestellte Gawhara-Palast Mohamed Alis. Das Militär-Museum kostet noch extra.

Eisenbahn-Museum. Ramses-Bahnhof. Offen 9–14 Uhr, mo zu. Was es da wohl zu sehen gibt?

Last, but not least: **Gayer-Anderson-Museum** an der Südostecke der Ibn-Tulun-Moschee. Offen 9–15.30, fr bis 13.30. Zwei von einem englischen Offizier restaurierte Häuser des 16./17. Jahrhunderts, voll mit altem Mobiliar. Gibt einen guten Eindruck, wie die Oberschicht Kairos früher lebte.

Wekalet el-Ghoury, 3 el-Sheikh Moh. Abdu (Fußgängerbrücke Sh. al-Azhar). Alte Karawanserei mit Ausstellung von Handarbeiten und folkloristischen Objekten, 9–14 Uhr, fr zu.

KUNST-MUSEEN
* *Muchtar-Museum,* auf der Gezira zwischen Gala-Brücke und Sheraton, 9–16 Uhr, fr zu. Arbeiten und Erinnerungsstücke des gleichnamigen Bildhauers (von dem die Renaissance d'Egypte Statue an der Gama-Brücke in Giza stammt).
* *Gezira-Museum,* dem Muchtar gegenüber, 9.30–14 Uhr, fr zu. Gemälde, Glas, Keramik.
* *Museum für moderne Kunst,* 18 Ismail Abu'l-Futuh (Sheraton, Dokki), 9–16 Uhr, fr bis 11.30 Uhr. Gemälde ägyptischer und europäischer Meister vom 15. Jahrhundert bis heute. Sehenswert höchstens im Hinblick auf den Umgang islamischer Maler mit dem Bilderverbot.

* *Mahmud Khalil Museum,* Sh. el-Gezira (Mariott-Hotel, Zamalik), 9–14 u. 17–20 Uhr, fr zu. Bilder, Skulpturen, Bibliothek, kurz: alles, was der Herr in seinem Palast so sammelte.
* *Centre des Artes,* 26. July 155 (gleich nach der Brücke in Zamalik), 9–13 u. 17–20 Uhr, fr zu. Wechselnde Ausstellungen zeitgenössischer Künstler.
* *Zentrum für Kunst und Leben,* hinter dem Nilometer in Roda, 9–14 Uhr, fr zu. Koptische, islamische und pharaonische Kunst wird hier von Studenten neben eigenen Werken kopiert. Verkauf.
* *Beit Sennari,* 17 Haret Monge (S. Zeinab), 9–14 Uhr, fr zu. Angewandte Kunst von den Pharaonen bis heute, leider (zum Glück?) schwer zu finden: Am Md. Sayida Zeinab von der Moschee aus nach Westen, rechte Straßenseite; um die nächste Biegung Schuhgeschäft ‚Dalia', danach ein Torbogen; durch diesen Bogen ans Ende der Gasse, da steht das Haus.

MUSIK

Arabische Musikinstrumente verkauft Papasian (Adly gg. Groppi), dort auch Noten. Der Souk für Instrumente ist in der Sh. Qala (Ataba).

Eine öffentlich zugängliche und reiche Sammlung an Büchern, Noten, Kassetten und Schallplatten von klassischer, volkstümlicher und sakraler Musik unterhält die Bibliothek für Kirchenmusik, St. Andrews Church (26. July/el-Galaa). Ausleihe (der Tonträger gegen Gebühr) möglich. Tel. 75 94 51, oder am Sonntag 10.30 Uhr nach der Messe...

Im Winter tägliche Aufführungen von Folklore und arabischer Musik im Umm Kulthum Theater, neben dem National-Zirkus an der 26.-July-Brücke in Agouza. Abwechselnd westliche Klassik und arabische Konzertmusik in der Sayid Derwish Concert Hall, Sh. Gamal ed-Din al-Afghani.

Mit Sayid Derwish und Umm Kulthum wären dann auch der beste Sänger bzw. die beste Sängerin Ägyptens genannt. Besonders Umm Kulthum war schon zu Lebzeiten eine nationale Kultfigur, deren freitägliche Rundfunkkonzerte über 40 Jahre hinweg die Straßen leerten, wie bei uns eine Fußballübertragung. Ich bevorzuge übrigens Farouz, und man kann Stunden mit Ägyptern streiten, wer nun am besten singt.

NACHTLEBEN

Früher im jetzt planierten Sündenbabel Sahara-City hinter den Pyramiden, ist das Nightlife für unsere Maßstäbe nicht erwähnenswert. Ölscheichs vergnügen sich heute kaum mehr in der Sh. Alfy, sondern in den Nachtclubs an der Pyramid Rd., Bauchtanz ab 22 Uhr und 20 LE aufwärts. Der Normalbürger geht ins Kino. Discos unterhalten die Nobel-Hotels, eine gute Bar im Pub-Stil ist B's Corner, 20 Taha Hussein (Zamalik), gg. dem President-Hotel.

ÖFFNUNGSZEITEN

Geschäfte von 10–19 Uhr, gelegentlich mit Mittagspause, im Sommer 9–14 und 16–20 Uhr. Sonntags sind die meisten Läden geschlossen, Donnerstag ist Abendverkauf.

Behörden und Büros arbeiten von 10–14 Uhr, Feiertag ist der Freitag. Da einige Firmen die 5-Tage-Woche haben, ausländische und koptische Firmen wiederum sonntags geschlossen haben, sollte man bürokratische Angelegenheiten zwischen Montag und Donnerstag erledigen. Einige Ministerien haben am Donnerstag zu.

ÖKOLOGISCHES

Tree-Lovers Association: c/o Mr. Ragaa Helmi, 9. Straße Nr. 29, Maadi, T 50 56 42. Wer von seiner Rohmilch nicht lassen kann: Do 8.30–10.30 Uhr vor der deutschen Botschaft, aus dem Bus der Firma Sekem.

POST

Hauptpost am Md. Ataba, Poste Restante südwestl. Seiteneingang.
24 Stunden geöffnet sind die **Telefonämter** in der Sh. Alfy (Hotel Windsor) und Sh. Adly.

Das **Telexamt** ist in der Galaa (Olali).
Direktwahl in der Innenstadt vom Nil Hilton oder Meridienne Hotel aus.

Auch wenn man von Telefontechnik nichts versteht, dann sagt einem ein Blick in einen Kairoer Kabelschacht – die dazugehörenden Eisen- oder Betondeckel sind längst gestohlen worden – alles, worüber man sich oft gewundert hat. Er ist fast immer mit Abwässern und Abfällen voll. Dazwischen befindet sich eine bunte Vielfalt von dünnen Drähten. Nicht einmal die Techniker des Telegrafenamtes, die sich gelegentlich in solchen Schächten zu schaffen machen, scheinen zu wissen, wie dieser Drahtverhau zusammengehört. Diese Techniker sind übrigens in Kairo äußerst gefürchtet. Wenn sie es nämlich schaffen, einen gestörten Anschluß instand zu setzen, dann legen sie bei dieser Arbeit zehn andere lahm. „Wenn sie wieder anrücken, dann sind schon hundert Telefone tot", erklärt ein Kairoer Telefonbesitzer, dessen Apparat noch funktioniert.

Die Kairoer Telefonmisere kostet Nerven und nicht zuletzt Zeit. In Geschäften, Büros und Banken verbringen die Angestellten manchmal Stunden damit, eine einzige Nummer anzurufen. Sie sitzen vor dem Telefon, blicken verträumt aus dem Fenster und warten auf den erlösenden Summton, der eine freie Leitung verspricht. Andere trommeln ununterbrochen wütend auf den Apparat und glauben, daß sie damit mehr erreichen. Hat man als Kairoer Telefonbenützer endlich ein Freizeichen erhalten, dann beginnt eigentlich erst der richtige Nervenkitzel. Nun muß sich nämlich herausstellen, ob der Apparat des Teilnehmers funktioniert, den man erreichen will. Vielleicht ist er auch besetzt oder es meldet sich ein anderer Teilnehmer, weil der Anschluß bei einer Reparatur vertauscht wurde.

Nach meinen Erfahrungen spielt sich der Versuch, in Kairo jemanden telefonisch zu erreichen, so ab: Ich wähle die Nummer zwanzigmal. Dazu brauche ich zwei Stunden, weil das Freizeichen auf sich warten läßt. Bei den zehn Wählversuchen sind es nichts, bei sieben anderen ertönt das Besetztzeichen. Dreimal meldet sich ein falscher Teilnehmer. Ich gebe es auf, setze mich ins Taxi und fahre durch den chaotischen Kairoer Verkehr zu meinem Gesprächspartner.

Viele ägyptische und ausländische Firmen verzichten inzwischen auf die Dienste des Telefons. Sie beschäftigen Boten, die schriftliche Nachrichten überbringen und mit der Antwort zurückkommen. Damit sie nicht im Verkehrsgewühl so leicht steckenbleiben, werden sie mit Fahrrädern oder Mopeds losgeschickt.

Das bruchstückhafte Fernsprechnetz hat nur eine gute Seite. Man hat immer eine glaubhafte Ausrede zur Hand, wenn man Leuten aus dem Weg gehen will, und die Abschiedsfloskel „Wir rufen uns in den nächsten Tagen an" ist nicht ernst gemeint.

(FR, 13. 5. 1978; gekürzt)

RESTAURANTS

Teuer: *Swiss Air Restaurant* (Corniche, Giza), gilt als das Nonplusultra. Krawatte und 50 LE (zwei Personen mit Getränk) mitnehmen.
Nicht billiger, dafür sehenswert, ist die Bierstube im *Heliopolis Sheraton*. Eisbein mit Blaukraut, Bratwurst mit Sauerkraut, Mehltunken, Maßkrüge und Kellner im „tradtional German costume", nämlich Seppl-Hosen. Und im Oktober? Oktoberfest!
Wer wirklich mal essen will, ohne aufs Geld zu schauen, kommt im *Moghul-Room* des Mena House (Pyramiden) mit indischer Küche am besten weg (35 LE für zwei Personen mit Getränk).

Halbteuer (5–10 LE p.P., ohne Getränke):
Groppi-Restaurant (Eingang Mah. Bassiouni);
Arabesque, Le Grillon, Caroll (alle in der Kasr el-Nil zwischen Groppi und Museum);
Estoril (Passage zwischen Kasr el-Nil und Talaat Harb), die fünf bevorzugten Innenstadt-Establissements für Geschäftsessen mit europäischer Küche. Grillon hat guten Fisch, Caroll den besten Ruf, Arabesque eine Kunstgalerie – ansonsten sind die Unterschiede gering. Auch: *Rex* (gg. 15 Khalik Sarwat) und *King's* (3 Ibrahim al-Kabany, Kasr el-Nil, Md. Talaat Harb) sowie *Paprika* (1128 Corniche, TV-Bld.).
Orientalische Küche in dieser Preislage bietet *Aladin* (26 Sherif/Kasr el-Nil).

Billig (unter 5 LE):
✱ *El Hati* (8 Md. Halim, hinter Kaufhaus Cicourel, 26. July), berühmtes Kebab-Haus; gleiches Essen, aber weniger schönes Interieur in der Filiale an der Südseite der Sh. 26. July.
✱ *Kebab Corner* (Passage Talaat Harb 28, Cin. Radio).
✱ *Abu Shakra*, 69 Kasr el-Aini (nahe Roda-Brücke), das beste Kebab-Haus, für 2 LE riesige Portionen und viele Salate. Und jeden Ramadan wird neu gestrichen und dekoriert.
✱ *El Dahan* (Khan el-Khalili 4).
✱ *Rakeeb* (19 Md. S. Zeynab, Tram-Endstation), angeblicher Treffpunkt des Show-Business; wer keine ägyptischen Filme kennt, dem werden die Gäste (wie mir) durchaus normal erscheinen.

Eine ganze Reihe guter Restaurants ist in der Sh. Serail al-Ezbekiya, einer Gasse, die parallel zwischen 26. July und Alfy verläuft. Neben dem Restaurant *Peking* sei *el-Chimy* erwähnt.
In der Sh. Alfy laden *Alfi Bey* (3 Alfy) und *Kursaal* (17 Alfy) ein, letzterer mit einer modernen Filiale (auch Imbiß) zusätzlich an der Ecke Alfy/Imad ed-Din.
Libanesische Küche bei *Sofar* (21 Adly), laßt Euch durch die Wartehallen-Ausstattung nicht täuschen, das Essen ist vorzüglich, und besonders Gemüse werden besser zubereitet als in der ägyptischen Küche.
Liebhaber griechischer Salate seien auf *Ariston* (Talaat Harb, neben Cin. Miami) verwiesen.

Preiswert ist das *Café Riche* (Talaat Harb 15); das populäre Lokal *Felfela* (Talaat Harb 13), bietet als Spezialität Bohnen in allen Varianten – angesichts dessen, daß nahezu alle Gerichte auch in einfachen Restaurants zu haben sind, jedoch überteuert.

Ein guter Imbiß muß *el-Tabei* (31 Sh. Orabi) sein, es standen immer so viele Leute an, daß ich nie probiert habe.

Pfannkuchen („fetir") gibt es z. B. vor dem *Khan el-Khalili* und bei *Fataran el-Tahrir* (166 Sh. Tahrir).

Fisch bietet *Taverne* (3 Alfy) mit gutem Service und einem fotofanatischen Manager, der mit Touristen gerne fachsimpelt. Ägyptischer geht es im Fischlokal an der Ecke Bustan/Imad ed-Din zu. Ein weiteres Fischlokal namens *el-Samak* in der Sh. Abdel Aziz, gg. Kaufhaus Omar Effendi (Ataba).

RUNDFUNK

Auf 538 KHz wird ein fremdsprachiges Programm gesendet. **Deutsche Nachrichten** um 18 Uhr.

SCHWIMMEN

Nur gegen gesalzenen Eintritt. In den Sportclubs auf der Gezira, im Mena House Garden, Hotel Auberge des Pyramides und, noch am billigsten, Atlas-Hotel (Zamalik).

THEATER

* *12 el-Gumhureiya,* provisorisches Opernhaus. (Das alte brannte unter mysteriösen Umständen, nachdem es mit Aida eingeweiht worden war, hundert Jahre später, auch bei Aida, wieder ab.)
* *Zaki Tolaimat Theater,* Md. Ataba, zeigt arabische Avantgarde.
* *Ein Puppen-Theater,* auch für Erwachsene, gibt es von Oktober bis Mai tgl. um 18 Uhr (fr + so auch 23 Uhr) im Ezbekiya-Garten.
* *Der National-Zirkus* spielt in Agouza, an der Corniche südl. der 26. July-Brücke. Insgesamt ist es um die Theater-Szene in Ägypten ziemlich traurig bestellt, Ihr versäumt also wenig, wenn Ihr die Sprache nicht versteht.

ZEITUNGEN

Rund um die Uhr vor dem Groppi am Md. Talaat Harb – was Ihr hier nicht findet, gibt es in Ägypten nicht.

Englisch erscheint die „Egyptian Mail", die an manchen Tagen „Egyptian Gazette" heißt; auf französisch gibt es täglich „Le Progress Egyptien".

Gut gemacht hat sich inzwischen die Monatszeitung „Cairo today", die unseren Stadtmagazinen entspricht.

Eine hervorragende Monatszeitung, der viele Anregungen für dieses Buch entnommen wurden, ist der *„Papyrus",* ein nichtkommerzielles Blatt der Deutschen in Kairo. Leider wird es nirgendwo verkauft. Wenn Ihr ein Exemplar haben wollt, wendet Euch an die Gesellschaft für technische Zusammenarbeit (GTZ) im Gebäude der Botschaft.

VERKEHR (NAHBEREICH)

Der Verkehr ist in Kairo Chaos, Katastrophe und doch wieder Wunder, nervenaufreibend bis amüsant. Die Straßen und Fußwege der Innenstadt sind hoffnungslos überfüllt. Der Poilzeibericht für Februar 1985 weist, bei etwa 450000 zugelassenen Autos, 850000 Verkehrsdelikte aus. Hauptvergehen: 692000 Fahrer seien bei Rot, oder entgegen polizeilicher Weisung, über die Kreuzung gefahren. Daß die Fahrzeuge dennoch irgendwie vorwärts kommen, liegt nur daran, daß dieses Vorwärtskommen einzige Regel ist: Ampeln, Vorfahrt, Spuren können getrost vergessen werden. Jeder traut dem andern zu, daß er sich jeden Moment wie ein kompletter Idiot verhält und unberechenbare Manöver unternimmt. Für die Fortbewegung in der Innenstadt gilt: Am schnellsten ist man zu Fuß über die Seitenstraßen. Für die Rush-hour gilt dies zwar auch außerhalb, doch wären derartige Märsche ermüdend. Vom Flughafen zu den Pyramiden (25 km) rechne man in den Spitzenzeiten 3 Stunden. An Verkehrsmitteln bieten sich an:

TRAM

Langsamstes Fortkommen, aber (wohl deshalb) weniger voll als die Busse. Billett beim Schaffner: 5 Piaster. Die wichtigsten Linien:
  1 Sayida Zeinab – Bab el-Luq – Ataba – Abasiya
  4 S. Zeinab – Bab el-Luq – Ataba – Ramses (Claude Bey)

Lageplan Midan Ramses und Umgebung

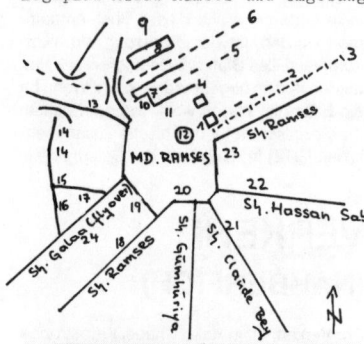

1. Pont Limun Station
2. Fernzüge nach Suez, Vorortbahn Matariya
3. Schnellbahn nach Heliopolis
4. Eisenbahnmuseum
5. Züge nach Alexandria und ins Delta
6. Züge nach Oberägypten (Gleis 8–11)
7. Bahnhofshaupthalle mit Post, Gepäckaufbewahrung, Billette nach Alexandria und Delta, Tourist Information, Schlafwagenbillette, Büro Nile River Navigation Comp. (Sudan), Durchgang zur Unterführung ins Nebengebäude
8. Nebengebäude mit Billettverkauf Oberägypten; weiter durch die Schalterhallen zum
9. Midan Ahmet Helmi
10. Taxis nach Alexandria
11. Endstation Stadtbusse
12. Ramses-Statue
13. Tram 16 nach Bulaq
14. Olali, Taxis zum Kanal
15. Olali, Taxis zum Nord-Sinai
16. Olali, Busse zum Suez-Kanal
17. Telexamt
18. Haltestelle Busse vom Tahrir
19. BMW/Schweppes-Bld.: Hotel Mt. Everest
20. Minibusse
21. Endstation Tram 4/13
22. Endstation Tram 21
23. Hotel Fontana
24. Haltestelle Busse zum Tahrir (unter dem „fly-over")

10 S. Zeinab – Bab el-Luq
13 Ramses (Claude Bey) – Ataba – Md. Salah ed-Din – Grab Imam Shafi (Friedhof Khalifa)
15 S. Zeinab – Sh. Bur Said – Matariya
18 Ataba – el-Geish – Matariya
19 S. Zeinab – Sh. Bur Said – Zeitun
21 Ramses (Kamil Sidki) – Md. el-Geish – Abasiya
22 S. Zeinab – Bur Said – Md. el-Geish – Abasiya

SCHNELLBAHN

Eine Vorortbahn fährt von der Pont Limun Station nach Matariya. Billette an den Stationen, teurer im Zug. Eine weitere Vorortbahn fährt von der Bab el-Luq Station (Tahrir) über Alt-Kairo nach Helwan.

Nach Heliopolis kommt Ihr mit den grünen Schnellbahnen neben der Pont Limun Station oder, über Nasr City, von der Sh. Salah Salem (Gamaliya) Endstation. Fahrscheine nur im Zug.

BUS

Manfred Rommel (Stuttgarts OB) hat von seinem Recht als Ehrenbürger Kairos, die öffentlichen Verkehrsmittel umsonst zu benutzen, wahrscheinlich nie Gebrauch gemacht, weil er mit der Streckenführung nicht recht Bescheid wußte. Dem soll abgeholfen werden, und Ihr könnt für 5 oder 10 Piaster losfahren.

Haltestellen haben eine rote Stange mit einem Schild, auf dem die Nummern der Busse notiert sind, die zur Zeit der Errichtung des Schildes dort hielten. Am Bus findet Ihr die Nummer über der Windschutzscheibe oder neben der Tür. Nummern mit einem Schrägstrich (z. B. 9) fahren nur Teilstrecken.

Wichtige Stationen

Tahrir:
- Endstation für Busse nach Norden vor dem Nil Hilton; alle diese Busse fahren über den Md. Ramses.

BUSLINIEN

- Endstation für Busse nach Süden und Osten vor dem Mogamma.
- Haltestellen für durchfahrende Busse an der Tahrir-Straße (Richtung Brücke) und in der Kasr el-Aini.

Ramses:
- Endstation vor dem Bahnhof.
- Durchfahrende Busse vom Tahrir halten in der Sh. Ramses, kurz vor dem Platz.
- Durchfahrende Busse in Richtung Tahrir halten unter dem Fly-Over am Anfang der Sh. Galaa.

Ataba:
- Endstation und Haltestelle Richtung Westen und Osten bei den Bouquinisten.
- Eine weitere Endstation vor dem Reiterdenkmal,
- und eine dritte Station am Ostende des Platzes.

Pyramiden:
Eine Endstation vor dem Mena House, die andere neben dem Holiday Inn.

LINIEN

3 Md. Giza – Abu el-Hol (Sphinx)
8 Tahrir – Manial Palace – Pyramiden
10 Ataba – Tahrir – Sheraton – Md. Giza
14 Ataba – Landwirtschaftsmuseum
16 Mit Uqba – Agouza – Tahrir
18 Embaba – Ramses
23 Ramses – Zamalik
27 Ataba – Zamalik
30 Pyramiden – Mit Uqba – Agouza – Ramses
50 Heliopolis – Abasiya – Ataba
50 Heliopolis – Abasiya – Tahrir
66 ? – Gamaliya – al-Azhar – Tahrir
72 ? – Ibn Tulun – Tahrir
82 ? – Zitadelle – Tahrir – Dokki – Boulak-ed-Dakrour
85 Roda (Süd) – Tahrir
95 Alt-Kairo – Tahrir – ?
99 Md. Libanon – Ahmed Orabi (Viehmarkt) – Tahrir – ?
99 Md. Libanon – Ahmed Orabi (Viehmarkt) – Ataba
104 Embaba – Sh. Sudan – Ataba
150 Alt-Kairo – Tahrir – ?
160 Zitadelle – Ramses – Tahrir
174 Embaba – Tahrir – Zitadelle
300 Ain-Shams – Abasiya – Ataba
300 Matariya – Shubra – Ain Shams – Abasiya – Ataba
400 Flugplatz – Heliopolis – Ramses – Tahrir (fährt rund um die Uhr, nachts stündlich)
401 Moqattam – Zitadelle – Ataba
407 Moqattam – Tahrir – Ramses
410 Flugplatz – Heliopolis – Ataba
411 Maadi – Landstr. – Tahrir
412 Maadi – Corniche – Tahrir – Ramses
431 Helwan – Maadi – Tahrir – Ramses (über Landstraße)
432 wie 431, aber über die Corniche
901 Pyramiden – Md. Giza – Tahrir – Maadi
903 Pyramiden – Md. Giza – Tahrir – ?

Ohne Gewähr! Die meisten Angaben habe ich übrigens dem „Papyrus" entnommen, dessen fleißigen Busfahrern hiermit Dank sei.

Die Schwierigkeit bei Kairoer Bussen ist, dem Augenschein zum Trotz, weniger das Einsteigen als vielmehr, wieder raus zu kommen. Die Rush-hour stadteinwärts beginnt gegen 9 Uhr, und am Nachmittag solltet Ihr alle Busse tunlichst meiden.

MINIBUSSE

Sie fahren zwischen bestimmten Plätzen und haben den Vorteil, daß sie
- nicht mehr Passagiere mitnehmen als Sitzplätze,
- solange sie voll sind, Schleichwege benutzen und deshalb schnell sind,
- relativ wenig kosten (15–25 Piaster, je nach Strecke).

Wichtige Abfahrtsstellen:
Md. Giza (nach Abu el Hol, Pyramid Rd., Tahrir, Ramses)
Tahrir (Giza)
Ramses (Giza, Heliopolis, Zamalik)
Ataba
Man kann auf der Strecke aussteigen und zusteigen (wie 'n Taxi anhalten)

TAXIS

Drei Arten von Taxis:

- **Mietwagen** „Limousin" ohne Taxameter; nehmen (theoretisch) keine zusätzlichen Fahrgäste auf und sind teurer als normale Taxis; Preis immer aushandeln;
- **Touristentaxis** fahren zu festen Preisen vor den großen Hotels ab;
- **normale Taxis** mit Taxameter, gewöhnlich schwarz, daran zu erkennen, daß man sie nie bekommt, wenn man sie braucht. Zur Benutzung folgende Gebrauchsanweisung:

1. Ihr stellt Euch in Zielrichtung möglichst weit in die Straße, so daß man um Euch einen Bogen fahren muß – aber aufpassen, daß Euch keiner ummäht. Erkennt Ihr an der Farbe des Nummernschilds oder sonstwie ein Taxi, brüllt ihr diesem laut den Ziel-Stadtteil oder -Platz zu, während es vorbeifährt – also z. B. „Gizal". Wenn das Taxi in diese Richtung fährt und noch Platz hat, hält es. Ansonsten Versuch wiederholen.

2. Nehmen wir an, ein Taxi hat gehalten und Euch mitgenommen, dann freut Euch erst ein kurzes Weilchen über diesen Glücksfall. Betrachtet dann den Taxameter. Entweder läuft er, oder er ist ausgeschaltet. Läuft er (wahrscheinlich schon seit Stunden), habt Ihr einen Anhaltspunkt über den Fahrpreis. Nach dem Taxameter kostet der Kilometer 10 Piaster, doch ist dieser Preis so niedrig, daß der Fahrer dabei draufzahlen würde – auch Einheimische zahlen mehr, und so billig wie ein Ägypter könnt Ihr sowieso nicht Taxi fahren. Merkt Euch den Taxameterstand beim Einsteigen.

3. Wenn Ihr dem Ziel näher kommt, erklärt dem Taxifahrer genau, wo ihr hinwollt. Erwartet nicht, daß er jede Straße in der Stadt kennt. Anspruch, direkt ans Ziel gefahren zu werden, hat immer der, der am längsten im Taxi sitzt. Will ein Fahrgast, der vor Euch drin war, in Giza etwa an den Bahnhof, Ihr aber in Giza an die Uni, steigt Ihr in der Nähe der Uni aus, oder das Taxi fährt erst zum Bahnhof und berechnet Euch dann den Umweg.

4. Am Ziel, schaut wieder auf den Taxameter und multipliziert die Differenz zwischen Einstieg und Ausstieg mal drei. Drückt dem Fahrer das Geld (passend!) mit größter Selbstverständlichkeit in die Hand und verlaßt schnell das Taxi. Auch wenn er zu lamentieren und heulen anfängt, Ihr habt ihn gut bezahlt. Seid Ihr zu mehrt, gebt noch einen kleinen Aufschlag über den Faktor drei – aber theoretisch ist der Fahrpreis für die Strecke und unabhängig von der Zahl der beförderten Personen oder gar Koffer.

5. Wenn der Taxameter nicht läuft, gibt's zwei Möglichkeiten. Wenn Ihr unsicher seid, handelt den Fahrpreis nach dem Einstieg aus – das gilt auch, wenn ihr das Taxi an touristischen Zentren (besonders Flughafen und Pyramiden) anhaltet; der Fahrer könnte sonst falsche Erwartungen an Euren Geldbeutel haben.

6. Wenn Ihr mutig seid und Euch zutraut, die Entfernung abzuschätzen oder die heimlichen Tarife, die es zwischen allen Punkten gibt, kennt, laßt's drauf ankommen und drückt dem Fahrer am Schluß das entsprechende Geld in die Hand.

Taxifahren in Kairo ist eine Kunst und erfordert Übung – ich habe 10 Fahrten zwischen Flughafen und Pyramiden gebraucht, bis ich die unterste Preisgrenze (5 LE) raus hatte, zu der ein Chauffeur sein Auto noch zu bewegen bereit ist.

SCHIFF

Ein gemeinhin übersehenes, aber zügiges Fortbewegungsmittel ist das Schnellboot. Zwischen Sonnenaufgang und Sonnenuntergang könnt Ihr von der Anlegestelle *Maspero* (Corniche zwischen TV-Bld. und Ramses Hilton) flußauf (Gama-Brücke, Giza – Roda Nord – Roda Süd – Giza südl. Giza-Brücke – Alt Kairo) oder flußab (über Embaba und weitere Stationen bis zur Barrage) fahren. Fahrscheine (5. P.) an den Anlegestellen.

MIETWAGEN

Am billigsten von „Bita", 15 Mahmut Bassiouni.

FAHRRAD

Es soll ja Verrückte geben . . . Die meisten Fahrradwerkstätten verleihen auch Räder, z. B. Ibrahim Khalil, 15 Rushdy (kreuzt Sh. Gumhuriya südl. Opera).

FERNVERKEHR

Ist auch in den Kapiteln zu den einzelnen Regionen näher erläutert. Ab Ahmet Helmi fahren:
- grüne Busse nach Oberägypten, ans Rote Meer und ins Fayum,
- orange-grüne Busse ins östliche und mittlere Delta,
- blaue Busse ins West-Delta und nach Alexandria,
- Taxis nach Oberägypten, ans Rote Meer und ins Delta.

Direkt vor dem Haupteingang des Bahnhofs stehen die Taxis nach Alexandria.
Ab Olali (siehe Skizze Bahnhofsgebiet)
- orange-grüne Busse zum Suez-Kanal,
- Taxis zum Suez-Kanal und in den Nord-Sinai.

Ab Sinai-Terminal fahren die Busse zum Sinai. Ihr findet den Terminal in Abasiya in der Verlängerung der Sh. Ramses hinter Kreuzung mit der Salah-Salem-Schnellstraße. Zu erreichen mit Bus 400 oder 410 (am Misr Travel Tower aussteigen und in Fahrtrichtung bis hinter die Schnellstraße laufen), oder mit Tram/Bus zum Md. Abasiya, von dort 300 m am Misr Travel Tower vorbei zu laufen. Fahrscheine könnt Ihr vorab auch bei Taba-Tours, 13 Talaat Harb, kaufen. Die staatliche Busgesellschaft heißt East Delta Tours – laßt Euch keine anderen Tickets andrehen, die sind teurer.

Ab Oasis-Terminal fahren die Busse nach Bahariya, Charga und Assiut. Die Busstation ist in einem Hinterhof, und weil Leute schon Tage damit verbracht haben, diesen zu suchen, wird hier die Lage skizziert:

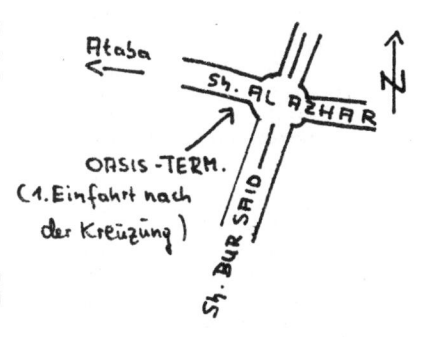

Ab Nil Hilton Luxus-Busse nach Alexandria via Wadi Natrun (Desert Road).
Ab Md. Giza Taxis ins Fayum.
Der Flughafen liegt im Nordosten von Heliopolis, erreichbar mit Bus 400 oder 410. Der Bus kostet 10 P. und hält, vom Terminal aus gesehen, hinter den Taxis am letzten Bus-Bahnsteig. Mit dem Auto fahrt Ihr die Salah-Salem-Schnellstraße immer geradeaus und verfehlt ihn hoffentlich nicht.
Innerägyptische Flüge und die Auslandsflüge der Egypt Air starten vom Terminal 2, alle anderen Maschinen ab Terminal 1. Das Hauptbüro der *Egypt Air* ist in 6 Sh. Adly, die *Lufthansa* findet Ihr in 9 Sh. Talaat Harb (T 75 03 66, Airport 96 39 75).

DAS STADTZENTRUM

In einem Märchen der „Tausend und eine Nacht" preist ein Mann von Mosul Bagdad als „Stadt des Friedens" und „die Mutter der Welt"; der Älteste unter den Anwesenden entgegnet ihm aber: „Wer die Stadt Kairo nicht gesehen, hat die Welt nicht gesehen. Ihre Erde ist Gold, ihre Weiber sind ein

Zauber und der Nil ist ein Wunder." In der folgenden Nacht läßt dann Schehersäd die Reize der Pyramidenstadt mit folgenden begeisterten Worten preisen: „Was ist gegen den Anblick dieser Stätte die Wonne, seiner Geliebten entgegen zu schauen! Wer sie gesehen, der gesteht, daß es für das Auge keinen höheren Genuß gibt; und denkt Jemand an die Nacht, in welcher der Nil die gewünschte Höhe erreicht, so gibt er den Pokal voll Rebensaft Demjenigen zurück, welcher ihn überreicht, und läßt das Wasser wieder zu seiner Quelle fließen (d. h. er mag nichts Anderes mehr). Und siehst Du die Insel Rôda mit ihren schattigen Bäumen, so wirst Du in ein freudiges Entzücken versetzt, und stehst Du bei Kairo am Nil, wenn er bei Sonnenuntergang mit dem Gewande der Sonne sich umhüllt, so wirst Du von einem sanften Zephyr, der die schattigen Ufer umweht, ganz neu belebt." (Ebers, 1886)

DAS STADTZENTRUM

hat seine beste Zeit schon hinter sich und keine größeren Sehenswürdigkeiten, außer daß es – wie eigentlich die ganze Stadt – selbst eine einzige und eigene Sehenswürdigkeit ist. Vor 100 Jahren, als die Stadt sich nach Westen ausdehnte, von und für die europäische Ausländerkolonie angelegt. Hier war man unter sich und ließ sich's wohl leben – in bis 6-stöckigen, großzügigen Apartment-Häusern, ein wenig Jugendstil, venezianische Gotik und Stuck à la Neo-Rokoko, die Architekten hatte man wohl auch gleich mitgebracht. Der dezente Charme der Bourgeoisie, Klavierabende unter Gaslicht, bei Shepheard's zum Tee die Aktienkurse diskutierend und über die neuesten Ereignisse in Mazedonien den Kopf schüttelnd. Das Essen servierte ein nubischer Butler, die Müllabfuhr im Viertel besorgen die Kopten vom anderen Ende der Stadt, aber bitte im Morgengrauen, damit man sie nicht sieht.

Am meisten von dieser Atmosphäre hat sich vielleicht in **Garden-City** erhalten – jenem alten Villenquartier zwischen Kasr el-Aini und Nil südlich des Tahrir. In den anderen Straßen hat die Zeit den alten Glanz stumpf werden lassen, die Kolonialoffiziere, die levantinischen Kaufleute gibt es nicht mehr, oder sie wohnen längst woanders. In die Wohnblocks der Hauptstraßen sind Büros eingezogen, statt Suleiman Pasha Talaat Harb, ein auch symbolischer Namenswechsel.

Das, was einmal die Neustadt war, ist nationalisiert. Statt dem wohltemperierten Klavier eine Kreissäge, statt Five-o-clock-Tea Geschrei von Balkon zu Balkon unter aufgehängter Wäsche hindurch, zwischen parkenden Blechlawinen Ziegen im Müll wühlend – das Dorf und die Armut haben die Reichen zumindest hier expropriiert. Die Prachtbauten rotten; warum sollten die Besitzer auch an „schöner Wohnen" interessiert sein, wenn sich dreivierteldutzendköpfige Familien zwei Zimmer teilen? Die Mieten sind seit 1960 eingefroren, und Rendite gibt's nur über das „Schlüsselgeld", das in Berlin „Abstand" genannt wird und bei jedem Neueinzug in nicht seltener Höhe halber Jahreseinkommen dem Besitzer gezahlt werden muß.

In den letzten zehn Jahren macht sich auch in den Geschäftsstraßen Veränderung breit: Läden, in denen dem werten Publikum nicht einfach Kleiderstoff, sondern feinste Tuche und Gewebe für Gewänder und andere Bekleidung fachkundig dargeboten wird, sterben aus. Statt dessen kurzlebige Boutiquen, austauschbar mit München oder L.A., ein Zwischengeschoß eingezogen (was wären 4 m hohe Verkaufssäle auch eine Verschwendung), in denen der jeweils moderne Schrott von Verkäuferinnen angeboten wird, deren Qualifikation ihre Anmut zu sein scheint.

Zentrum des Zentrums ist der **Tahrir,** der Befreiungsplatz. Auf alten Postkarten oder Prospekten noch eine grüne Oase, ist er heute pures Chaos. Das Denkmal – einst in der Mitte – irgendwo eingelagert; die Fußgänger-Brücke zur Hälfte wieder abgerissen, zwischen den Autos Bagger und tiefe

Löcher: Kairo läßt seine U-Bahn bauen, die den Tahrir mit dem Bahnhof verbinden soll, später Heluan mit Heliopolis.

Am Tahrir sieht man gut das soziale und ethnische Spektrum der Stadt: im Süden das Mogamma, eine graue Trutzburg der Bürokratie, in das sich täglich Tausende Beamte im Einheitsanzug mit weißem Hemd an ihre Arbeitsplätze wälzen. Im Südosten die westlich-modernistische Jugend mit der American University als Bezugspunkt. Zum Nil hin, verwaist, das Gebäude der Arabischen Liga, daneben das alte Hilton der besseren Touristen und ausländischen Geschäftsleute. Am oberen Ende die eher massentouristischen Hammelherden des Ägyptischen Museums, auf ein Uhr blickt man in die Talaat Harb, die Einkaufsachse, und an den Busbahnhöfen um den Platz die Nubier, Dörfler, arbeitslosen „Selbständigen", Schüler, Mammas und wer sonst alles sich kein Taxi leisten kann oder will, wie die Rucksack-Touristen, deren Hotels auch in diesem Quartier liegen.

Doch Kairo, in all seinem Chaos, ist auf dem Weg zur Ordnung: Wer hätte noch 1980 gedacht, daß Geschäftsleute Müllkübel vor ihre Lokale stellen werden, Straßen kehren lassen; Polizisten Autos zum Anhalten zwingen und Fußgänger auf den Gehweg; neue Straßenschilder habe ich gesehen, und von Maadi kann man nach Heliopolis telefonieren – Mubarak sei Dank.

WESTUFER UND INSELN

Wenn die Hektik der Innenstadt aufs Gemüt schlägt, die Abgase auf die Lunge und die Menschen einfach zu viel sind, kann man vom Tahrir über die gleichnamige Brücke auf die **„Gezira"** gehn, was nichts anderes heißt als „Insel". Im Südteil trefft Ihr das alte Messegelände, in dem ein neuer Museumskomplex gebaut werden soll, daneben die „Andalusischen Gärten", von denen mich allerdings wundert, was sie mit Andalusien gemein haben sollen, und an deren Ende den Cairo-Tower, neben der Zitadelle der beste Punkt, um etwas frische Höhenluft zu schnuppern und aus wohliger hoher Distanz nicht zu erleben, sondern zu beobachten, wie die Stadt an ihrer Abgas- und Staubwolke zu ersticken scheint. Nach Norden unter Euch die Sport-Clubs, in denen statt der Engländer heute ältere Ägypterinnen Kricket spielen und – vermutlich französisch – plaudern. Auch wenn es daneben Tennis, Basketball und sogar profanen Fußball gibt – auf der Gezira, das sind keine simplen Sportvereine, sondern noch Clubs, zu denen man dazugehört oder eben auch nicht. Das Viertel, das sich anschließt, ist **Zamalik**, neben Maadi und Heliopolis der Bezirk mit dem höchsten Ausländeranteil, ein feineres Viertel also.

Auf dem Westufer seht Ihr – im Norden – **Embaba,** das seiner Struktur nach eigentlich nicht auf die bessere Seite Kairos paßt. Früher ein Dorf, ist es von der Stadtentwicklung eingeholt worden und hat aus dieser Synthese den größten Viehmarkt Ägyptens entwickelt, letzte Station vor dem Schlachthof. In Embaba kann man alle Phasen dieser Verstädterung eines Dorfes erleben – der Teil am Nil schon 1913 durch eine Tram mit Zamalik verbunden, in den Randgebieten 4-stöckige Betonbauten, von Arbeitern bewohnt, neben Lehmhäusern, um die herum ein Bauer seine Felder bewirtschaftet, dem am Ende das Betonhaus noch gehört. Die Bauern der Randzonen Kairos haben oft vom Bauboom profitiert, der ihnen einen Teil der Grundstücke aus der Hand riß, während sie davon auf den übrigen selbst bauen. Dazwischen kleine „Eigentums-Häuser" aus den 60er Jahren – da war der Bodenpreis noch bei 5 LE/m^2, und mancher Rückkehrer aus den Ölstaaten ließ sich hier nieder. Von Stadtplanung und Infrastruktur kann in den Randbezirken keine Rede sein: Die Verwaltung betrachtet die Zonen schlicht als Agrarfläche und gibt keine Bauerlaubnis. Werden die Häuser dennoch errichtet, reißt sie zwar niemand nieder, aber ohne Baugenehmigung kein Wasser- und Kanalanschluß.

Fahrt Ihr von Embaba mit dem O-Bus nilaufwärts, kommen **Agouza** und **Dokki**, zwei ruhige, moderne Wohnquartiere. Im gleichen Stil der Norden Gizas, das zwar eine eigene Stadtverwaltung hat, aber praktisch genauso als Stadtteil Kairos gilt wie die andern auch. Zwischen Gama- und Gisa-Brücke, hinter den Bürotürmen der Uferstraße, Zoo und Botanischer Garten. Hier gehn die Einheimischen nicht der Tiere oder exotischen Pflanzen wegen hin, sondern um des Grüns willen: Sonntagsausflug, Picknick, Ballspielen. Im Zoo hatte ich den Eindruck der verkehrten – oder endlich richtigen? – Welt: Nicht der Tourist bestaunt die Einheimischen, sondern umgekehrt, und über allem amüsieren sich die Tiere, so scheint es, wenn sie in der Hitze nicht dazu zu lasch sind. Hinter dem Zoo die Uni, oder besser: eine der Unis, denn es gibt in Kairo deren fünf. In der Verlängerung der Gisa-Brücke die derzeitige Entwicklungsachse Kairos, die Pyramiden-Straße („El Haram"). Wie so vieles vom Khediven Ismail als Damm angelegt, um den Pionieren des Tourismus im letzten Jahrhundert auch bei Nilflut eine trockene Fahrt zum Weltwunder zu ermöglichen. Über 12 km erstreckt sich dieses einstige Sündenbabel der Nachtclubs und Casinos, die heute Touristenhotels und besseren Mietswohnungen weichen, die (symbolisch möbliert, um aus der Mietbindung zu fallen) von 250 LE aufwärts zu beziehen sind – nach oben grenzenlos.

Direkt am Ende des Fruchtlandes, unterhalb der Pyramiden, das Dorf **Abu el-Hol**, mit mehr Papyrus- als Lebensmittelläden. Am Ende der El-Haram das Mena-House, nobelste der Nobelherbergen, wirklich noch stilvoll ähnlich einem osmanischen Palast errichtet und durchaus einen Rundgang wert. Zurück zum Nil über die Gisa-Brücke auf eine weitere Insel, die Roda. An der Südspitze, für die Liebhaber technischer Denkmäler, ein moderner Nilometer, im Norden der Manial-Palast Mehmet Alis, in dem besichtigt werden kann, was für die letzten Könige standesgemäße Unterkunft war. In einem Teil des Palastes, sinnigerweise, der Club Mediterranée.

Hier zu wandeln heißt Neuem begegnen, hier zu schauen bringt Genuß, hier zu beobachten und zu lernen ist Eins. Niemand hat Kairo verlassen ohne Gewinn und ohne Schaden; denn wenn auch Jeder von dort mannigfaltige Eindrücke und lang nachleuchtende Erinnerungen mit sich heim nimmt, so schleicht sich doch zugleich mit ihnen die Sehnsucht ins Herz, die ihn wie mit winkenden Händen an den Nil zurückruft. Wer von diesem Stromes Wasser getrunken, sagt der Araber, sehnt sich ewig nach ihm zurück, und „man wandelt nicht ungestraft unter Palmen".

Wie erklären wir den Zauber, den diese merkwürdige Stadt niemals zu üben verfehlt? Gerade in ihren reizvollsten Theilen ist sie keineswegs das, was wir unter einer „schönen Stadt" verstehen. Das Gebirge, an das sie sich lehnt, ist von jeder Vegetation entblößt, und sie gehört zu den jüngsten Großstädten des Orients. Eines freilich hat sie vor allen anderen uns bekannten Orten voraus: sie ist so reich an Wechsel, daß uns in ihr ein kurzer Ritt mit so verschiedenartigen Kulturelementen, Kunstleistungen und natürlichen Gegensätzen zusammenführt, wie sonst nirgends. Drei Erdtheile berühren sich hier mit den Stirnen.

Noch sind wir bedeckt mit dem Staube, den der Wüstenwind uns mitten unter den großartigsten Resten aus der Pharaonenzeit entgegenführte, und schon stehen wir auf dem sorgsam gesprengten Trottoir einer Straße, zu deren beiden Seiten sich schmucke Häuser in europäischer Bauart erheben. Wenige Schritte wandern wir weiter und eine schattige Gasse nimmt uns auf, in der wir wie zwischen zwei hohen Steinmauern dahinwandern. Kein Fenster mit blitzenden Scheiben vermittelt hier freundlich den Straßenverkehr mit dem häuslichen

Leben; wohl aber ragen mit hölzernem Gitterwerk fest verschlossene Erker vor uns, hinter uns, über uns, zur Rechten wie zur Linken in die Gasse hinein und entziehen Alles, was hinter ihnen haust und sich regt, den Blicken der Vorüberschreitenden und der Nachbarn. Durch die Fugen und Öffnungen dieser in reichen Mustern aus zierlich gedrehten Holzstäbchen zusammengesetzten Erkerverkleidungen schaut wohl manch' arabisches Weiberauge auf uns nieder, denn das Maschrebîje genannte Gitter läßt Luft in die Frauengemächer und gestattet den Schönen zu sehen, ohne gesehen zu werden. Der Name dieser Vorbauten, welche zu den unvergeßlichen Eigenthümlichkeiten der Straßen des älteren Kairo gehören, kommt von dem arabischen Scharāb, d. i. „Getränk", weil man die „Gullen" genannten porösen Wassergefäße, um ihren Inhalt kühl zu erhalten, in ihnen, und zwar in runden Vertiefungen am Boden des Erkers, der Luft auszusetzen pflegt. In diesen echt orientalischen Gassen, in denen kaum ein Reiter dem andern ausweichen kann, ist es immer schattig und kühl, und darum hat der Kairener Recht, wenn er sie den breiten Straßen in den neu angelegten Vierteln vorzieht. (Ebers, 1886)

DER SÜDEN

ALT-KAIRO

Wie alt Kairo denn nun eigentlich sei, diese mir oft gestellte Frage ist nicht eindeutig zu beantworten. Die beiden Zentren während des Pharaonenreiches, Memphis die Hauptstadt im Süden, und Heliopolis als Mittelpunkt des Sonnenkultes im Norden der heutigen Stadt, haben mit der Entwicklung Kairos jedenfalls kaum etwas zu tun. Wichtiger war schon der Bezirk Alt Cairo, auch Misr el-Kadima genannt, das antike Babylon. Hier gründete Augustus eine Festung, um eine Furt durch den Nil zu sichern, deren Reste noch vor dem koptischen Museum zu sehen sind.

Als die Araber das Land eroberten, verlegten sie die Hauptstadt weg vom Meer in die Wüste, nach al-Fustat, heute eine öde Müllkippe hinter der Amr-Moschee. Hier wohnte das arabische Heer in Zelten außerhalb der alten Stadtanlage, deren Leben den Wüstensöhnen wohl nicht recht geheuer war. Im Laufe der Zeit wanderte das Stadtzentrum immer weiter nach Norden: Zur Zeit Ibn Tuluns gruppierte es sich um seine Moschee, und der fatimiden-Feldherr Gohar baute den neuen Palast zwischen dem Bab el-Futuh und dem Bab Suweila, aus dem dann die heutige Altstadt wurde. Von ihm stammt übrigens auch der Name „el-Kahira", die Siegreiche, aus der italienische Kaufleute dann „Kairo" verballhornten. Wenn schon nicht die Geburt, so läßt sich damit doch die „Taufe" der Stadt datieren: Gohar gab ihn ihr 969.

ALT KAIRO (MISR EL-KHADIMA)

Anfahrt mit Bus, Schiff oder Heluan-Bahn. Neben Abbasiya und dem Norden Ezbekiyas hat Alt Kairo den höchsten Anteil an **Kopten,** den ägyptischen Christen, die sich formal über die Frage, wie denn nun das Verhältnis zwischen göttlicher und menschlicher Natur Jesu sei, von der römischen Kirche abspalteten – tatsächlich aber damit

GEZIRA
REHAN
MAGLIS EL SHAAB
GARDEN CITY
CORNICHE
EL FALAKI
EL NASRIYA
BUR SAID
HILMIYA
EL HILMIYA
Meridien-Hotel
Beit Sinnari
SAIYIDA ZEINAB
Markt
Franz. Jnst.
EL BARRANI
MOH. KAURI
Jbn Tülün
MANYAL-Br.
SAYALA-Br.
GAMA-Br.
SH. ABDEL AZIZ
KASR EL AINI
EL SAAD
BAYRAM EL TUNSI
Schlachthof
EL ASHRAF
Äquadukt
Ain el-Sira
SALAH SALEM (UMGEHUNGSSTRASSE)
SALAH
SH. EL MANYAL
RODA
CORNICHE
GIZA-Br.
AMR-MOSCHEE
FUSTAT
KLOSTER
ST. GEORG
ST. GEORG (gr.)
STA. BARBARA
ABU SARGA
SYNAGOGE
MUSEUM
MOALLAKA
ST. ELIAS
Nilometer
Helwan
ALT-KAIRO
KAIRO
-SÜDEN-

versuchten, sich dem Joch des ungeliebten Patriarchen in Byzanz zu entziehn. So begrüßten die Kopten 639 die Araber als Befreier vom bösen Glaubensbruder. Etwa um 900 war die Mehrheit der Ägypter zum Islam übergetreten, und ab unserem Jahrtausend kam es zu Verfolgungen, Kirchenschließungen, Kleiderordnungen und ähnlichen Diskriminierungen wie in unserer jüngsten Vergangenheit. In der osmanischen Zeit wurde das Koptische, eine direkte Fortentwicklung der altägyptischen Sprache, zur toten Sprache, die nur noch in der Liturgie benutzt wird. Und auch hier, wer einmal ein Gesangbuch in der Hand hat sieht es, steht neben dem koptischen Text (mit koptischer Schrift) eine arabisch geschriebene Übersetzung, damit die der Sprache unkundigen Pfarrer den Sinn verstehn. Vom gewöhnlichen Gemeindepfarrer wird erwartet, daß er verheiratet ist – die "höhere" Kirchenlaufbahn ist dagegen den Mönchen aus den Klöstern vorbehalten, die die alte Sprache im Kloster oder am Koptischen Institut in Abbasiya gelernt haben.

Die Kopten zählen heute in Ägypten zwischen 4 und 7 Millionen, wobei sie sich selbst zahlreicher zählen als der Staat. Das Zusammenleben auf unterster Ebene, also im Dorf oder auch in Misr el-Khadima mit den moslemischen Nachbarn ist problemlos. Die regelmäßig aufflackernden religiösen Unruhen (zuletzt vor dem Tod Sadats) sind eher von kleineren Gruppen inszenierte Spektakel. In Alt Kairo gibt es eine Vielzahl interessanter Dinge zu sehen: Die Friedhöfe der verschiedenen christlichen Gemeinschaften, die Amr-Moschee, die Töpfer auf den Schutthügeln von Fustat, das Koptische Museum, verschiedene Kirchen innerhalb der alten Festung, in die man durch eine unscheinbare Treppe unter dem Park der (griechischen) Georgs-Kirche hindurch kommt. Die Kirche el-Moallaka und die Synagoge werden derzeit renoviert, was beiden viel Atmosphäre genommen hat.

Was macht eine Synagoge in Kairo – übrigens nicht die einzige; eine andere im Zentrum in der Adly. Bis 1967 lebten 42 jüdische Familien in Alt Kairo, die allerdings – bis auf zwei – nach dem Krieg das Land verließen. Die Renovierung wird von amerikanischen Juden bezahlt, die dafür 1982 die komplette Bibliothek der Synagoge mit wertvollen Handschriften nach den USA überführten. In der Moallaka-Kirche haben die Restaurateure einen Freskenzyklus aus dem 7. Jahrhundert freigelegt.

Sonntag, die koptische Kirche des alten Kairo besucht. – Herr von Voltaire würde gesagt haben: "Einige elende Lumpe, die in einer häßlichen Kirche versammelt sind, verrichten ohne Pomp die Riten einer Religion, von der sie nicht einmal die Gebete verstehen." Von Zeit zu Zeit gibt der erste der Anwesenden ganz laut die Aussprache des Wortes an, das der Priester nicht lesen kann.

Krypta der Jungfrau; hier soll sie sich ausgeruht haben, als sie auf der Flucht mit ihrem Kinde nach Ägypten kam. Die Krypta wird auf den Seiten von vollen Rundbögen getragen. Übrigens ist sie ohne Interesse. Man liest Bruchstücke aus dem Evangelium.

(Flaubert)

SAYIDA ZEINAB

Zwischen Umgehungsstraße, der Kasr el-Aini und dem Stadtzentrum liegt Sayida Zeinab, von Touristen kaum besucht und neben Bulaq Beispiel für ein altes Armenviertel, in dem die meisten Bewohner schon seit Jahrzehnten in ihren Wohnungen leben und nicht erst kürzlich vom Land zuzogen.

Ein Streifzug könnte an der Ibn-Tulun beginnen, von dort nach Westen auf einen Hügel hinauf, von dem man einen guten Blick hat. Direkt im Süden, über dem Äquadukt und bis an die Umgehungsstraße, das Ain el-Sira Viertel, in den fünfziger Jahren errichtete Sozialwohnungen, aufgereihte graue Mietskasernen aus bröckelndem Beton, der zuwenig Zement und zuviel Sand enthält, ein Wunder, daß noch kein Block eingestürzt ist. Zwischen den Blocks auch einige Zeilen kleinerer Einheitshäuser, aber nicht weniger lieblos und häßlich. Geht ihr den Hügel nach Westen runter, kommt der Schlachthof – vermutlich ähneln sich Schlachthof-Umgebungen überall auf der Welt – und dahinter wieder Friedhöfe, diesmal christlich und nur von Toten bewohnt.

ZITADELLE
Von Saladin im 12. Jh. begonnen und seither Regierungssitz der Könige und Herrscher gewesen. Jahrelang Militärbezirk, Gefängnis und für Besucher geschlossen, ist die Restaurierung der Zitadelle heute eines der großen Tourismus-Projekte des Staates.

Diese Citadelle ist auf einem Berg erbaut, welcher mit dem Mokattam zusammenhängt. Sie beherrscht Kairo, Fostât, den Nil und das Karâfa. Kairo liegt von ihr nördlich, und die Stadt Misr und el-Karâfa el-Kubra liegen im Südwesten. Der Nil fließt westlich von der Citadelle, und der Mokattam erhebt sich hinter ihr im Osten. Die Ursache, daß der Sultan Salah edîn Jûsuf ben Eiyûb sie erbaute, als er der Herrschaft der Fâtimiden in Ägypten ein Ende gemacht und er sich des Reiches bemächtigt hatte, und weshalb er aus dem Wezîratsgebäude in Kairo auszog, war, daß er in beständiger Besorgnis lebte hinsichtlich der Anhänger der Fâtimiden in Ägypten und auch hinsichtlich Nûr ed-Dîn Muhammeds, des Sultans von Syrien. Er wurde zuerst von Nûr ed-Dîn befreit, denn sein Bruder el-Melik Schems ed-Daula zog im Jahre 569 d. H. nach Jemen, damit dieses Reich eine Schutzwehr gegen Nûr ed-Dîn würde. Schems ed-Daula regierte in Jemen, und Gott gab Salah ed-Dîn die Herrschaft des Nûr ed-Dîn, welcher in diesem Jahre starb. Salah ed-Dîn fühlte sich nun sicher, wollte sich aber doch eine Festung bei Kairo erbauen, da er die beiden Schlösser bereits zwischen seine Emire verteilt hatte und diese dort wohnten. Er beauftragte mit der Leitung des Baues den Emir Baha ed-Dîn Karakûsch el-Asadî; dieser begann denselben und errichtete auch die Mauern von Kairo im Jahre 572 d. H., 1176 n. Chr. Er zerstörte die Bethäuser, welche an der Stelle standen und beseitigte die Gräber. Er ließ auch die kleinen Pyramiden zerstören, die bei Gîzeh, Fostât gegenüber standen. Es gab eine große Anzahl derselben. Er ließ die Steine hinüberschaffen und erbaute damit die Mauern und die Citadelle und die Brücke von Gîzeh, und er beschloß die Mauern zu errichten, welche Kairo, Fostât und die Citadelle umgeben. Der Sultan starb, bevor dieser Plan ausgeführt war und das Werk wurde erst in der Zeit fortgesetzt, wo el-Melik el-Kâmil Muhammed, der Sohn von el-Melik el-'Âdil Abu Bekr ben Eiyûb in der Citadelle sich aufhielt. (Makrizi, 15. Jhdt.)

Die meisten Alterthumsgegenstände in der Citadelle, werden dem Saladin (Yousef Sala Eddin) zugeschrieben, der hier Yousef (Joseph) heißt; und Josephsbrunnen und Josephshalle sind die beiden großen Löwen (Hauptgegenstände) des Platzes.

Der Brunnen, welcher sehr tief ist, ist dadurch merkwürdig, daß er eine breite rund um den Schacht in den Felsen gehauene Wendeltreppe hat: diese geht nur bis zur Hälfte hinunter, wo zwei Ochsen verwendet werden, das Wasser mit einem Rade und Eimer von unten heraufzuziehen, von wo es in eine Cisterne gegossen wird, um von da aus von einem zweiten Rade nach oben vollends gefördert zu werden. Man vermuthet jedoch, daß dieser Brunnen ein Werk aus dem Alterthume ist, und daß er von Saladin nur gereinigt wurde, als er die Mauern der Stadt wieder baute und die Citadelle befestigte. (Curzon 1847)

Mohamed Ali…

… wurde wahrscheinlich 1770 in Kavala geboren, einem tristen Nest an der mazedonischen Küste. Die Familiengeschichte will von kurdischen Vorfahren wissen. Vater und Großvater arbeiteten beim Militär, doch scheint der Dienst nicht sehr beansprucht zu haben: Es bleibt Zeit für eine Blutfehde, wegen der die Familie von Konya nach Kavala umsiedelt, und in Mazedonien für Tabakhandel und eine Schiffsagentur, die der Vater „nebenbei" betreibt. Mit zehn steigt Moh. Ali – der übrigens nie eine Schule besuchte – in das väterliche Geschäft ein; mit 17 ins Militär, wo er sich mit Räubern und Piraten rumschlägt. Geheiratet hat er auch um diese Zeit, insgesamt mit Frau und einem halben Dutzend Konkubinen 33 Kinder gezeugt.

1801 schickt der Sultan neben anderen auch ein albanisches Regiment nach Ägypten, um die Franzosen zu vertreiben. Dabei war Moh. Ali, der es bald zum Kommandeur der Truppe brachte, die erste Stufe auf der Treppe zum Herrn über Ägypten. Die Bühne war frei für ein Intrigenspiel um die Macht zwischen Mameluken-Beïs, osmanischen Paschas und dem Führer der albanischen Söldner, aus dem letzterer 1805 als Sieger hervorgeht: Moh. Ali wurde Wali (Statthalter) von Ägypten und zwar, im Unterschied zu allen Vorgängern, nicht durch die Anordnung des fernen Sultans in Konstantinopel, nicht durch die Macht der Bajonette seiner Soldaten, sondern durch einen, von Kaufleuten und hoher Geistlichkeit unterstützten Volksaufstand der Kairoer Stadtarmen.

Mohamed Ali war Händler, Politiker und Militär: Am liebsten überzeugte er seine Gegner, wenn das nicht möglich schien, kaufte er sie, und als Ultima ratio schlachtete er sie ab. So geschehen mit einigen hundert Mameluken, die vor Napoleon im Lande das Sagen hatten: Moh. Ali lud ihre Führer zu einem Fest ein, auf dem er sie köpfen ließ.

Auch wenn das Mameluken-Massaker vielleicht die Tat Moh. Alis ist, die die Nachwelt mit ihm verbindet, seine historische Größe gründet sich auf andere Hinterlassenschaften und Unternehmen. Anders als seine Vorgänger beschränkte er sich nicht darauf, das Land einer Zitrone gleich für den privaten Geldbeutel auszupressen und ansonsten im Dornröschenschlaf zu belassen. Moh. Ali war ein Visionär: Seine Vision war die eines modernen Ägypten, und er besaß die bemerkenswerte Fähigkeit und Zähigkeit, in über vierzig Regierungsjahren diese Vision in Wirklichkeit zu setzen. Seine Helfer waren europäische Berater, vornehmlich Franzosen, die es nach dem Sturz Napoleons zuhauf und leicht zu locken gab.

Er reformierte das Heer, schuf ein weltliches Bildungssystem, führte neue Nutzpflanzen (Oliven, Indigo) ein, erweiterte den Baumwollanbau, legte den Grundstein der

Mohamed Ali

ägyptischen Textilindustrie. In seinen Brennereien ließ der Pascha Zuckerrohr brennen, alle Feldfrüchte machte er zum Staatsmonopol und diktierte die Preise. Der Staat, das hieß der Pascha, wurde zum Exportkaufmann, Grundbesitzer und Fabrikherrn Ägyptens. Die Fellachen litten keinen Hunger mehr, aber sie stöhnten unter den Steuern, der Fronarbeit (Bewässerungsbauten) und dem neu eingeführten Militärdienst. Der Pascha berief sich gegenüber Ausländern gerne darauf, alles zum Wohle des Volkes zu tun, was freilich eine weitere Zwecklegende war. Es ging ihm um seine Ideen und um die Herrschaftssicherung für ihn und seine Dynastie, und dazu brauchte er gelegentlich auch das Volk. Damit schuf er, unfreiwillig, den Anfang der Nationalisierung Ägyptens, der Befreiung von einer kleinen osmanischen Oberschicht, der er politisch ständig mißtraute, kulturell aber zugehörig war: So weigerte sich Moh. Ali zeit seines Lebens, Arabisch zu sprechen, obwohl er die Sprache fließend beherrschte.

Indem er und seine Familie Osmanen blieben und bleiben wollten, auch die meisten Spezialisten des Staatsapparates aus dem Ausland kamen, konnten die einfachen Ägypter gegenüber den Herrschern und Fremden eine eigene Identität nicht nur als Beherrschte, sondern auch als Nationalvolk entwickeln, was wiederum bis heute Spuren gelegt hat: Der Ägypter fühlt sich, im Unterschied zu allen anderen arabischen Ländern, erst als Ägypter, und sekundär als Araber oder Moslem. Insofern führt von Moh. Ali nicht nur eine Linie zu Faruk, sondern eine weitere zur Revolution von 1952 bzw. zu Nasser.

Die Totenstädte
* Anfahrt: Südliche Totenstadt mit der Tram 13 bis Endstation (Imam Shafi Medresa). Nördliche Totenstadt ab Al-Azhar zu Fuß stadtauswärts, über die Umgehungsstraße (insges. 1500 m) oder mit Bus bis Endstation.

Die Friedhöfe Kairos sind ein Kuriosum. Wo gibt es das sonst, daß eine Tramlinie nicht nur an, sondern auf einen Friedhof führt, geradezu ins Zentrum. Das zeigt: 1) Auf dem Friedhof wohnen Menschen, denn Tote fahren nicht Straßenbahn. 2) Die Menschen wohnen dort schon eine Weile, denn die Tram hat ihre beste Zeit schon hinter sich und wurde um die Jahrhundertwende installiert. Tatsächlich wurden die Friedhöfe von Anfang an bewohnt – sei's durch Mystiker, die verehrten Heiligen nahe sein wollten –, sei's durch Schüler einer frommen Stiftung, die ein Verstorbener neben seinem Grab hatte errichten lassen.

Mit der Wohnungsnot kamen dann auch andere, und heute dürften auf dem Südfriedhof 250 000 Bewohner leben. Aus den Mausoleen Wohnungen zu machen, ist so lange nicht verboten, als die Familie des Toten keinen Einspruch erhebt. Man sucht sich also ein Grab, das von niemandem mehr gepflegt wird, oder setzt sich mit den Eigentümern in Verbindung und zahlt ihnen regelrechte Miete. In den 40er Jahren gab die Stadtverwaltung schließlich klein bei – seither werden bewohnte Gräber ans Wassernetz angeschlossen und mit Strom versorgt.

Die Friedhöfe lohnen einen Besuch; ihrer Monumente (Grabmoscheen, besonders der Nordfriedhof „Kalifengräber" wird gelobt) und des alltäglichen Lebens willen, das sich hier angenehmer gestaltet als in den Armenvierteln der Stadt: Die Friedhöfe bieten Platz, sind weitgehend autofrei und ruhig. Die oftmals ausgesprochene Warnung, Touristen ginge man hier an den Kragen, stimmt nur bedingt: Als Frau wich ich mich hier alleine nicht bewegen, keine Menschen ohne ihre Zustimmung fotografieren, aber das wär's schon. Für Frauen in Gruppen und entsprechender Kleidung sind die Friedhöfe gefahrlos, und die Zeiten, als sich hier Kriminelle verbargen, seit fünfzig Jahren vorbei; denen wurde es zu lebhaft.

WOHNEN IN KAIRO: MIETPREISBINDUNG – UND WIE MAN SIE UMGEHT

Offiziell sind die Mieten in Ägypten seit Königs Zeiten begrenzt: Auf 7% des Grundstückspreises und 10% der Baukosten. Besonders Altbaumieten sollten damit spottbillig sein. Von den Ideologen der freien Marktwirtschaft sind diese künstlich niedrigen Mieten für die Wohnungsnot verantwortlich gemacht worden, denn der Bausektor sei, niedriger Rendite wegen, für Investoren nicht lukrativ.

Abgesehen davon, daß auch in der BRD die freien Wohnungsmieten nicht mehr als 5–10% (allerdings vom Wert, nicht von den Kosten anno dazumal) betragen, straft ein Gang durch Kairo diese These Lügen. Allenthalben Bauboom, die Bodenpreise an der „Goldküste" in Giza liegen höher als die der Frankfurter Zeil, und eine schäbige Wohnung an der New Pyramid Road wird nicht unter 40 000 LE verkauft. Es gibt also Wohnungen, und gewichtig ist höchstens jene Kritik, die die Mietpreisbindung dafür verantwortlich macht, daß nur noch Reiche und die obere Mittelschicht sich Wohnungen leisten können. Sie haben nämlich, zusammen mit den Hausbesitzern, Wege gefunden, die Preisbindung zu umgehen.

Ein Trick ist das „Schlüsselgeld", auf gut berlinerisch der Abstand, der beim Bezug einer Wohnung fällig wird, etwa eine Jahresmiete beträgt und zwischen altem Mieter und Hausbesitzer geteilt wird. Obwohl illegal, wechselt keine Wohnung ohne Abstand die Hand. Legaler ist es, bis zu einem Drittel der Wohnungen eines Hauses als möbliert zu vermieten (da reicht schon ein Küchenstuhl). Für diese Wohnungen kann der Preis frei festgesetzt werden. Bei Neubauten muß der künftige Mieter einen Baukostenzuschuß zahlen, noch bevor das Haus bezugsfertig ist. Mit diesem Geld kauft der Bauherr neuen Grund und beginnt ein weiteres Projekt, ohne gesteigertes Interesse, die angezahlte Wohnung noch fertigzustellen.

Wenn die Regierung jetzt droht, die Mieten, wenn nicht freizugeben, so doch kräftig zu erhöhen, geht es ihr in Wahrheit nicht um eine bessere Versorgung mit Wohnraum, sondern um die Staatskasse. Illegale Schlüsselgelder und Baukostenzuschüsse lassen sich – im Gegensatz zu Mieteinnahmen – nämlich nicht besteuern. Eine völlige Freigabe hätte übrigens einen Effekt, der bedrohlicher wäre, als die Abschaffung der Nahrungsmittelsubventionen: Der Staat brächte nicht nur die Armen gegen sich auf, sondern auch die Mittelschicht, seit 1952 eine wesentliche Stütze aller Regierungen.

ALTSTADT

Die Altstadt erreicht man am besten vom Ataba aus nach Osten gehend – die Straße darf keine Tramgleise haben, sonst ist sie falsch. Gleich nach dem Ataba kommt rechts ein Katzen-Eldorado in Form des Fisch- und Fleischmarktes. Das Viertel heißt hier **Muski,** hat aber keinen eigenen Charakter, ist wie es liegt: Zwischen Altstadt und Neustadt. Ihr überquert die Sh. Bur Said und kommt dann in die eigentliche Altstadt. Bewegt ihr euch auf einer Autostraße mit Fly-Over, ist das die Sh. al Azhar, die einzige Autostraße durch die Altstadt. Nördlich parallel läuft die Gohar al Kaid, ein den Fußgängern reservierter Durchbruch Mohamet Alis – die Ost-West-Achse. Diese hat eine größere Kreuzung, an der sie sich mit der Muizz trifft, der Nord-Süd-Achse, den Ausmaßen nach auch nur für Fußgänger, nur daß sich doch Autos durchquälen. Auf der linken Seite des folgenden Abschnitts der Ghohar, bis zum Ende an der Hussein-Moschee, liegt der Khan el-Khalili, die Touristenfalle Nr. 1 unter den Kairoer Souks. Ursprünglich eine Karawanserei, also eine Mischung aus Hotel, Lager und Geschäftsräumen für reisende Kaufleute, bietet der **Khan el-Khalili** heute sauber, übersichtlich, hinter Glas und neonbeleuchtet eine Mischung aus häßlichen Souvenirs im 1001-Nacht-Klischeestil,

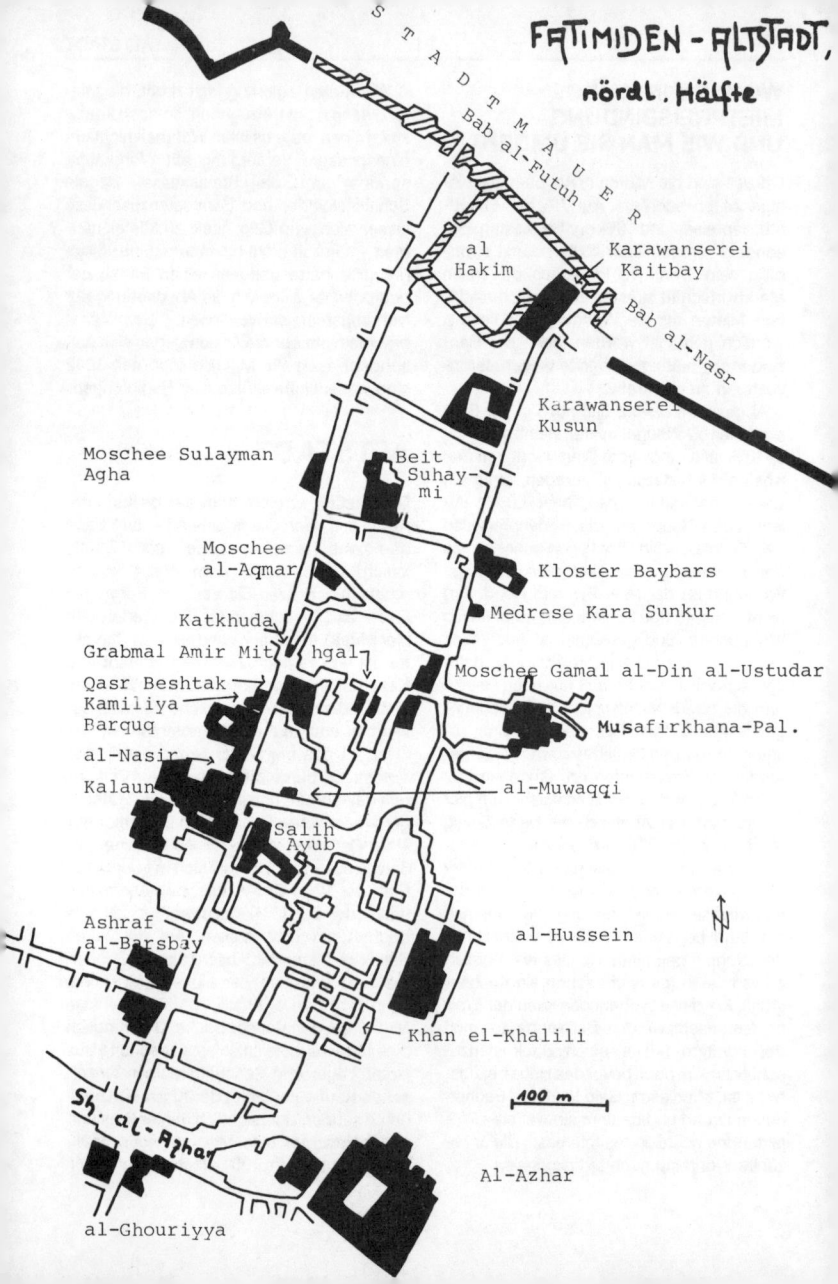

FATIMIDEN-ALTSTADT, nördl. Hälfte

STADTMAUER

Bab al-Futuh

Bab al-Nasr

al Hakim

Karawanserei Kaitbay

Karawanserei Kusun

Moschee Sulayman Agha

Beit Suhaymi

Moschee al-Aqmar

Kloster Baybars

Medrese Kara Sunkur

Katkhuda

Grabmal Amir Mit hgal

Moschee Gamal al-Din al-Ustudar

Qasr Beshtak
Kamiliya
Barquq

Musafirkhana-Pal.

al-Nasir
Kalaun

al-Muwaqqi

Salih Ayub

Ashraf al-Barsbay

al-Hussein

Khan el-Khalili

100 m

Sh. al-Azhar

Al-Azhar

al-Ghouriyya

dubiose Antiquitäten und manchmal gutes Kunstgewerbe. Es wimmelte von ausländischen Besuchern und Ladenbesitzern, die ein, im längeren Kontakt mit der Milchkuh entwickeltes, gewinnbringendes Verhalten an den Tag legten. Ich nahm mir vor, zukünftig um den Khan el-Khalili einen möglichst weiten Bogen zu machen.

Im Norden des Khan, längs der Muizz, liegen die meisten der über 500 von der UNO in die Kategorie der wichtigsten Kulturgüter aufgenommenen Gebäude, jedes Haus eine Geschichte, und verfallen vor sich hin, da die Antikenverwaltung sich auf die pharaonischen Hinterlassenschaften konzentriert und Geld sowieso – verständlicherweise – eher für die Menschen als die Gebäude ausgegeben wird. Dennoch machen sich auf Privatinitiativen hin Restaurateure an die Arbeit, sei eine religiöse Gruppe der Auftraggeber, reiche Privatleute oder das Ausland. Dabei sind gute Handwerker in Ägypten rar – wer was kann, arbeitet in den Golfstaaten oder ist an den alten Techniken nicht interessiert.

Ein Rundgang im nördlichen Abschnitt der Muizz sollte auf jeden Fall einbeziehen: Medrese, Mausoleum und Moschee des Mamelukensultans **Kalaun** (Fassade [!] und Minarett, das bestiegen werden kann).
el-Akmar-Moschee („die Strahlende") Meine Lieblingsmoschee mit der ältesten gegliederten Steinfassade (1125) der Stadt, die ein Lehrstück für Ornamentik und Flächengestaltung bildet, obwohl doch eigentlich nur eine Mauer.
Bet es-Sihaimi, Wohnhaus eines Al-Azhar-Scheikhs aus dem 17./18. Jahrhundert.
Musafirkhana-Palast, Geburtshaus des Khediven Ismail, heute von der Stadt verschiedenen Künstlern als Atelier zur Verfügung gestellt, die sich gerne bei der Arbeit zuschauen lassen.

Die ganze Gegend ist voller Souks der einzelnen Gewerbe: Die Waagenbauer, Messingverarbeiter, Kupferschmiede, dazwischen eine Aluminium„fabrik", Gewürzhändler, und wieder enge Gassen, die reine Wohnbezirke sind. Im Norden der Muizz die fatimidische Stadtmauer mit ihren von armenischen Baumeistern errichteten Toren Bab el-Nasr (rechts der Hakim-Moschee) und Bab el-Futuh (vorm Haupteingang der Hakim), in dem man die Mauer besteigen kann. Nördlich der Mauer liegt auch die Straße mit den letzten Glasbläsern Kairos (vom Torhüter den Weg zeigen lassen).

In der Südhälfte der Muizz, also jenseits der Gohar und Al Azhar, haben hauptsächlich Textilhändler ihren Platz gefunden, darunter auch noch zwei Fes-Macher, die die alten, zylinderförmigen Hüte herstellen, die nur mehr die Kellner der Nobel-Hotels tragen. Im Süden wird die Fatimiden-Stadt durch das Bab Suweila begrenzt.

Wer sich näher für die Altstadt interessiert, dem sei dringend das Buch „A practical Guide to the Islamic Monuments in Cairo" empfohlen, das es in den Buchhandlungen der Hotels zu kaufen geben sollte.

NORDOSTEN

In diese Stadtviertel werdet Ihr wahrscheinlich nur auf der Fahrt von und zum Flughafen verschlagen, oder, wenn Ihr die Stadt Richtung Suezkanal verlaßt. Das erste Viertel nach dem Bahnhof ist **Abasiya**, mit dem Misr Tower als einem, und der koptischen Kathedrale (an der Sh. Ramses) als anderem Wahrzeichen, wobei die Kathedrale, ein gewaltiges graues Betongewölbe, häßlicher kaum hätte ausfallen können, und ich wünsche ihr das Schicksal der Berliner Kongreßhalle.

Es schließt sich **Ain Schams** an, ein Zwitter zwischen alt und neu, mit Uni und kürzlich irgendwelchen archäologischen Funden, doch was genauer hab ich vergessen und kann nichts darüber finden – wohl zu Recht wird das Quartier von meinen schreibenden Kollegen sämtlich ignoriert.

Weiter stadtauswärts: **Heliopolis,** unter dessen Namen gleich mehrere Stadtbezirke zusammengefaßt werden. Ein belgischer

Baron begrünte und besiedelte hier um die Jahrhundertwende die Wüste, eine ganze Stadt als Privatunternehmen. Doch seine Planungen sind noch für heute großzügig, und hier wohnt auch die bessere Hälfte der Kairoer. Im Westen der Kubbah-Palast, neben dem Abdin im Zentrum eine der Residenzen des Staatspräsidenten. In der Umgebung viel Armee und diverse auffällig unauffällige Villen geheimer Dienststellen. Im Ostteil das Neubaugebiet **Nasr City,** für kleine und mittlere Beamten und Sonstige mit geringem Einkommen, aber Beziehungen für eine billige und gute Staatswohnung. Zwischen Nasr City und der Flughafenstraße liegt das *Messe- und Paradegelände*, mit dem Grab des Unbekannten Soldaten, das nun nach dasjenige Sadats wurde – gleich an der Stelle, wo man ihn erschoß. Seinen Traum von einem Mausoleum auf dem Mt. Sinai wird er wohl mit ins Grab genommen haben, aber aus Pietät heißt seine Ruhestätte noch „provisorisch".

Im äußersten Norden, neben dem Flughafen, an der Bahnlinie nach Suez, **Mataryia.** Am Ende der Vorstadt, auf dem Gelände des antiken Heliopolis, liegen die Müllkippen und wohnen die Zabalin, die Mülleute Kairos. In der Stadt könnt Ihr sie jeden Morgen bei der Arbeit sehen: Zwei oder drei Männer und Kinder auf einem Eselskarren, die den Dreck einsammeln. Dafür erhalten sie kein Geld, sondern sortieren den Müll und verkaufen das Wiederverwertbare – Recycling aus erfinderisch gemacht habender Not, ohne jedes Öko-Bewußtsein. Die Altmaterialien werden dann von den verschiedensten kleinen Werkstätten wieder aufgekauft: Angefangen vom Altglas durch die Glasbläser, über das Plastik von den Schuhfabrikanten bis zu den Lumpen von Flickschneidern, sowieso Metalle und Altpapier.

Die etwa 40 000 Zabalin sind damit den Ansätzen kommunaler Müllabfuhr (in einigen „Versuchs"bezirken) haushoch überlegen. Sie sind Kopten aus Oberägypten und eine Schicht für sich. Für die Moslems sowieso unrein, auch den Glaubensgenossen nicht ganz geheuer. In ihren Wohnungen zwischen den Müllbergen halten sie eine weitere Erwerbsquelle, nämlich Schweine, die an die Kairoer Ausländergemeinde und Kopten verkauft werden. Die Schweine leben von den organischen Bestandteilen des Mülls und direkt neben den Hütten jeder Familie. Was den Schweinen offensichtlich wohl bekommt, sind für die Menschen keine förderlichen Bedingungen: Jedes zweite Kind der Zabalin stirbt, bevor es ein Jahr alt wird, mangels Hygiene. Eigentlich gehörten die Zabalin eher nach Kalkutta ...

„Ein weiterer Punkt in ihrem (gemeint: die Bewohner Kairos) irrationalen Verhalten ist die Art, in der sie etwas schmücken, obwohl es überhaupt keine Notwendigkeit dafür gibt. Sie behängen ihre Esel, die den Müll forttragen, oder unter schweren Felsen stöhnen, mit Glöckchen; sie sind stolz auf diese Tiere, als ob es sich um Kamele oder Mulis eines vornehmen Herrn handele und rühmen sie gleich einer schwer beladenen Handelskarawane." (Mustafa Ali 1599)

NORDEN

Man könnte streiten, ob er nun am Ezbekiya-Park anfängt, den Khedive Ismail mit exotischen Bäumen bepflanzen ließ, nur damit ein Reisender des 19. Jhdts. in seinem Tagebuch vermerken konnte: „Der Platz ist übersät mit knorrigen, büschelig belaubten Bäumen; bei Tag wird hier gestohlen, bei Nacht eifrig gemordet", oder ob wir ihn hinter den Bahnhof verlegen. Seine Außenbezirke Schubra und Rod al Faraq sollen hier auch nicht interessieren, sondern das zwischen Nil, 26. July, Ramses und Bahnlinie gelegene **Bulaq,** nur eine halbe Stunde vom Tahrir und doch eine Welt, in die kein gewöhnlicher Tourist seinen Fuß setzt.

Die Vorstadt Bûlâk. Bûlâk ist eine große Vorstadt; sie ist von der ummauerten Stadt ungefähr zwei Meilen entfernt, aber überall findet man auf dem Wege dorthin Häuser und Mühlen, welche durch Tiere getrieben werden. Diese Vorstadt ist sehr alt und liegt am Ufer des Nils. Sie hat ungefähr 4000 Feuerstätten; in ihr wohnen viele Handwerker und Kaufleute, hauptsächlich solche, welche mit Getreide, Öl und Zucker handeln. In dieser Vorstadt gibt es auch sehr schöne Moscheen und Häuser, und es ist ein Vergnügen, von den Fenstern der Häuser die Schiffe zu beobachten, welche auf dem Nil nach dem Hafen von Kairo, welcher in dieser Vorstadt ist, fahren. Manchmal kann man tausend Lastschiffe in diesem Hafen sehen, besonders in der Jahreszeit, in welcher das Getreide geerntet wird. Dort sind die Beamten, welche den Zoll erheben. (Ebers, 1889)

Bulaq, zunächst eine Insel im Nil, war vom 15.–19. Jhdt. der große Hafen Kairos, eine Mischung aus Handelshäusern, Lagern und Wohnungen. Im 19. Jhdt. verlagerten sich die Hafenaktivitäten weiter nach Norden, die Insel war inzwischen mit dem Festland verbunden, und die Struktur des heutigen Stadtteils entstand: Eine Wohngegend mit Kleingewerbe, aber ohne große Industrie, denn Platz gab es schon damals keinen.

Bulaq spiegelt diese Geschichte heute in mehrfacher Hinsicht wider: Die hohe Bevölkerungsdichte, enge Gassen aus gestampftem Lehm, durch die kein Auto kommt, alte Häuser mit solidem Mauerwerk, aber brüchigen Holzdecken und -treppen, zwei- bis vierschoßig, wahrscheinlich einst für eine Familie gebaut, doch heute von fünf bewohnt. In den Hauptgassen Geschäfte, viele geschlossen, an die Zeit erinnernd, in der jeder Stadtteil noch autonom in der Versorgung war.

Gemüsehändler, Fleischer, Konditoreien, Bäcker, Schneider, Färber, Zimmerleute, Waschfrauen und Haarschneider, Flickerlteppich-Knüpfer und Korbflechter, Eisenhändler; Scherenschleifer und mobile Heizölverkäufer mit ihren Karren, Imbißstände stehen an den belebteren Ecken, zwischen ihnen sammelt der Schafhirte seine Schützlinge von ihren Besitzern zum morgendlichen Rundgang durch den Abfall ein. Für die Freizeit zahlreiche Teehäuser, Kinder spielen auf den Gassen, die von den modernen Gewerben gemieden werden, da nicht mit dem LKW zu passieren, zudem oft durch Abwasser und Kanalisationsschäden eine Schlammwüste, Allah sei Dank, daß es hier nicht oft regnet.

Weil in Bulaq niemand etwas wegwirft, was noch irgendwo zu gebrauchen wäre, kommen auch keine Zabalin, um den Müll zu sammeln – es würde nicht lohnen. Kleineren Müll, Bananenschalen oder Papierschnipsel, kommen auf die Straße. Hat jemand einen Eimer voll Müll, leert er ihn gewöhnlich auf „öffentlichen" Grund, vor Schulen, den Brunnen, Baulücken, jedenfalls dahin, wo kein Eigentümer reklamiert.

Die Wohnqualität ist unterschiedlich – von der von einem reichen Witwer bewohnten Zwei-Zimmer-Wohnung bis zum Verschlag unter der Treppe, dem alten Hühnerstall oder einem ausgebauten Backofen. Im Erdgeschoß gewöhnlich eine Halle, von der vier Räume abgehn und die Treppe nach oben, manchmal ein Backofen für das ganze Haus und die (oft einzige) Toilette, ein Loch, das in die Klärgrube führt, in der Nähe der ebenso einzige Wasserhahn des Hauses.

Die Menschen kennen sich natürlich, wenn sie im gleichen Haus wohnen, aber schon in der Straße wird es schwierig, sich nach jemandem zu erkundigen, und um die Ecke ist's vergeblich, zumal es Dutzende Alis und Mohammeds gibt. Ausflüge nach außerhalb des Quartiers unternehmen die Bewohner Bulaqs (vom Arbeitsplatz abgesehn) nur selten und nur, wenn unbedingt notwendig, seien es Verwandtenbesuche, Behördengänge oder zu einem besonders empfohlenen Arzt. Wer mit „Draußen" Erfahrung hat, die Busse kennt und die Behörden, hat eine Schlüsselposition im Sozialgefüge Bulaqs inne – ihn fragt um Rat, wer sich aufgeregt und nervös zum ersten Mal in fremdes Territorium wagt, seinen vertrauten Erfahrungsbereich verläßt. Er steht im krassen Gegensatz zum verwestlichten Mittelschichtler, der in einem Teil Kairos arbeitet, im zweiten einkauft, im dritten wohnt und wo ganz anders ins Kino geht.

Bulaq ist eine nach außen weitgehend abgeschottete Gemeinschaft. Der hohen Wohndichte und des Mangels an Wohnungen wegen zieht auch niemand ins Quartier, sondern freiwerdende Wohnungen werden sofort unterderhand an Verwandte, Bekannte oder die Nachbarschaft vergeben. Bulaq ist einer der wenigen Bezirke mit real abnehmender Bevölkerung, was nicht nur auf sozialen Fortschritt hinweist, sondern auch darauf, daß viele Häuser in den letzten Jahren zusammengefallen sind oder der Hauswirt sie lieber leer läßt, als sich mit Mietern zu streiten.

Die Dichte führt zu einer gestörten Privatsphäre – um Wasser zu holen oder aufs Klo zu gehn, muß man durch des Nachbarn Wohnzimmer, vom Fenster über die Straße zu dem des Nachbarn sind es drei Meter. Ergebnis ist eine starre soziale Kontrolle.

Wie es mit dem Wohnungsmarkt weitergehn soll, ist offen: Fährt die Regierung mit der Sanierung fort, wird es zu den üblichen Umschichtungen kommen – gewinnen die Hausbesitzer das Spiel, können ihre Mieten erhöhen, werden sie auf den Grundstücken neue Häuser bauen und zahlungskräftigere Mieter anziehen, damit die gewachsene Struktur zerstören. Aber wahrscheinlich bleibt ja alles beim alten.

Daß die Bewohner Bulaqs zur Unterschicht Kairos gehören, also kaum mehr als 25 LE im Monat verdienen, erkennt Ihr schon an der Kleidung. Die Frauen mit einem schwarzen Überwurf, darunter ein buntes Baumwollkleid, um Schultern und Kopf ein – ebenfalls schwarzes – Tuch, an den Füßen Plastikschuhe. Die Männer in der Galabiya, im Sommer „weiß", im Winter dunkel. Die traditionelle Kleidung in Ägypten, die von der Mittelschicht unterscheidet. In Ägypten spielt Kleidung eine ungeheure Rolle in der gegenseitigen Einschätzung und Zuordnung zu einer sozialen Schicht; wer jemand ist, zeigt dies auch.

Die Bewohner Bulaqs sind also arm – nicht nur in dem Sinn, daß sie mit materiellen Gütern nicht gesegnet sind, wie etwa Neandertaler, Asketen und Zigeuner, sondern ihre Armut bekommt Bedeutung erst im Vergleich mit den Reichen. Diese Welt der Reichen erleben die Armen Bulaqs ständig: In den Medien, im Kontakt mit draußen, aus dem überfüllten Bus auf die Privat-PKW blickend. Die zwei Drittel der Bevölkerung Kairos, die zu den Armen zählen, also bald 7 Millionen Menschen, erleben beständig, daß sie versagen. Versagen, weil sie es nicht zu Wohlstand und Ansehn gebracht haben („Wer arbeiten will, der findet auch Arbeit!"), weil sie – mangels Geld – ihrer Gastpflicht nicht im erforderlichen Maß nachkommen können.

Die Welt der Reichen, die hitta frangi, ist streng gesondert von den Armen-Quartieren, der hitta baladi. Doch auch durch diese geht noch mal der Riß zwischen Frauenwelt und Männerwelt. Die Männerwelt ist das Stammcafé, gerade soweit von der Wohnung entfernt, daß der Bub dem Papa nötigenfalls schnell eine Nachricht bringen kann. Das Café bietet, so argumentieren die Männer, als Aufenthaltsort gegenüber der Wohnung viele Vorteile: Man kann Freunde empfangen, ohne daß diese die Armut der Wohnung sehn, und auch die Frau kann so ferngehalten werden – man weiß ja nie –, und Besuche setzen nicht die Kette von teuren Verpflichtungen der Gegen- und Gegen-Gegen-Bewirtung in Gang. Die Frauen sagen: „Daß mag alles stimmen, aber im Café gibst Du das Geld aus, von dem wir eh keines haben."

Frauenwelt sind Nachbarschaft und Haus – denn wenn **er** nach Hause kommt, muß **sie** ihn empfangen. Alleinsein ist in Ägypten kein Wert. Kochen und Einkauf werden mit einer Freundin erledigt, Pflichterfüllung und Geselligkeit laufen zusammen. Doch das Verhältnis zu anderen Frauen ist weniger durch Solidarität denn durch „Wettstreit" geprägt, Wettstreit um Status: Wer erntet öffentliches Lob der Straße, wer kann angesehene Freunde (Ausländer!) vorzeigen, wer bringt vom Markt sündteures Fleisch nach Hause, natürlich in der offenen Tasche, damit es jeder sieht.

Die Kleinfamilie – und sie ist in Ägypten vorherrschend – hat wenig mit Liebe oder Zuneigung zu tun, sondern ist in der Hauptsache eine ökonomische Einheit samt einer Ehre, die verteidigt werden muß. Und an beiden Grundpfeilern besteht ein ständiges Defizit. Das Fehlen von Geld liegt auf der Hand – dem kann auch nicht begegnet werden, indem die Frau am Essen spart, Schulhefte, Arzt und Miete auf später aufschiebt, „teure Situationen" vermeidet (z. B. Kondolenzbesuche, für die man gute Schuhe kaufen müßte; Besuch), oder gar arbeiten geht, denn wenn sie keinen „educated Job" vorzeigen kann, ist arbeiten der Gipfel an Schande für eine Frau. Er wird also seiner Hauptaufgabe, die Familie angemessen zu versorgen, nicht gerecht = er versagt. Und bekommt dieses Versagen jeden Abend vorgehalten, wenn er nach Hause kommt, erlebt, daß es hier fehlt und dort fehlt, was er nicht mehr erleben will, und Anerkennung bekommt er ja auch keine daheim, da geht er lieber ins Café oder zu weiblichen Verwandten, für deren Pleite wenigstens nicht er verantwortlich ist.

Sie soll, wie er und die Öffentlichkeit von ihr erwarten, eine gute Mutter und Hausfrau sein, bereit sein zum Arbeiten und zum Beischlaf, und über allem noch glücklich und zufrieden mit dem, was er ihr gibt. Er kann ihr das Geld nicht geben, sie ist keine gute Hausfrau, sie erfüllt seine Erwartungen nicht, er ihre auch nicht, er geht. Sie erwartet einen Mann, der abends auch mal zu Hause sitzt, mit ihr und den Kindern spazierengeht, er erfüllt auch diese Erwartung nicht, gibt nicht die Anerkennung, die sie dringend von außen und besonders dringend von ihm braucht, denn so wurde sie erzogen.

Kein Wunder, daß es in dieser Konstellation beständig zu Konflikten kommt und mehr als die Hälfte aller Ehen schon nach zwei Jahren wieder geschieden ist. Die „Waffen" in diesen Konflikten sind jedoch zugunsten der Frau verteilt. Nicht nur am hohen Heiratsalter der Männer liegt es, daß kaum alleinlebende Witwer zu finden sind. Vielmehr ist der Mann der ägyptischen Unterschicht im Unterschied zu ihr allein nicht lebensfähig. Sie tauscht Hausarbeit und Geschlecht gegen Geld, was heißt, sobald sie zu arbeiten bereit ist, geht's auch ohne Mann. Er ist unfähig, den Haushalt zu führen, und diese Unfähigkeit kann sie ihn spüren lassen: Durch Flucht ins Vaterhaus, durch provozieren des Man-spricht-nicht-miteinander-Zustandes, der sich über Wochen hinziehen kann und während dem es natürlich ihm auch nicht möglich ist, ihr irgendwelche Befehle zu erteilen, denn man behandelt einander ja als Luft. Er wehrt sich, so gut er kann und es gelernt hat: Durch Schläge, Einsperren, den Umgang mit ihren Freundinnen verbietend.

Das soll jetzt nicht heißen, daß es für die Kairoer Armen nicht auch Möglichkeiten der Verwirklichung und der Bestätigung gibt – doch diese liegen eher außerhalb der Familie, im Freundeskreis oder unter den Freundinnen. Nachdem ein Leben im Einklang mit den internalisierten Idealen sowieso nicht möglich ist, und auch jeder von den allen gemeinsamen Unmöglichkeiten weiß, tut man/frau einfach anders, als er ist: Die Umwelt erklärt das Ideal als erfüllt und man/frau erklärt seiner Umwelt im engsten Zirkel tauschhalber das Ideal genauso erfüllt. Die ägyptische Ehre, um wieder zum Ausgangspunkt zurückzukommen, wird damit zu einem sonderlichen Gebilde. Nicht das arabische Erfüllen eines selbstgestellten Ideals, auch nicht das mediterane „Nach außen gut dastehn, Konflikte und Schwachstellen in der Familie lassen", sind Funktion der Ehre in den Kairoer Armenvierteln. Die Ehre, von der jeder weiß, daß weder er selbst noch der andere sie hat bzw. die Ideale erfüllen kann, wird zu einem Mittel der Kritik und Verdammung anderer. Entscheidend ist nicht, ob man/frau Ehre hat oder nicht, auch nicht Behauptung der tatsächlich nichtvorhandenen Ehre, sondern das Potemkinsche Dorf „Ehre" dient vornehmlich dazu, in entscheidenden Momenten abgesprochen zu werden, um damit Leute runterzumachen, ihnen die Solidarität des Scheins zu entziehn, den Zweiten zu erhöhn, indem in seiner Gegenwart dem Dritten Ehre geleugnet wird.

Daß Armut gesellschaftlich bedingt ist, versteht sich – doch ist sie individuell zumindest zu mindern, etwa durch Arbeit in den Golfstaaten, Investitionen in Ausbildung, weniger Kinder. 2–3 Kinder gelten in Ägypten als Ideal, nur in der Praxis sind es dann doch mehr, kein Wunder, solange Kinder die nahezu einzige Sozialversicherung sind.

DER KAMPF UMS WASSER

1976 waren in Kairo 182 000 Haushalte ohne eigenen Wasseranschluß. Das bedeutet, über eine Million Menschen – und heute werden es noch mehr sein – waren auf öffentliche Brunnen angewiesen:

„Im Dorf ist das Wasserholen eine Möglichkeit für Sozialkontakte, bei denen die Frauen die letzten Neuigkeiten austauschen und scherzen. In den von uns untersuchten Stadtbezirken ist das Wasserholen freilich kein Vergnügen mehr. Kaum ein Tag vergeht, ohne daß sich die Frauen am Brunnen streiten. Oft werden diese Streitereien heftig und beziehen die Männer der Nachbarschaft mit ein, die kommen, um ihren weiblichen Verwandten zu helfen. Die Streitereien entstehen deshalb, weil erheblich mehr Frauen warten als es Hahnen gibt, so daß die Frau manchmal über eine Stunde warten muß, bevor sie an den Wasserhahn kann.

Die Frauen stoßen sich, treten sich auf die Füße, bespritzen sich mit Wasser. Mehrere Frauen hatten blaue Flecke weil sie gegen den Hahn gestoßen worden waren. Eine einen Schnitt im Oberarm, und ein Mann erzählte uns, daß er im Gefängnis gewesen sei, weil er im Streit um Wasser einen anderen erschlagen habe. Das Fernsehprogramm beeinflußt die Rush-hour am Brunnen. Bevor es einen arabischen Film gibt, versuchen alle, Wasser zu holen. Und wenn der Film anfängt und die Schlange steht immer noch, explodiert die Atmosphäre, denn auch nicht jede Familie einen Fernseher hat, schauen sie doch bei Nachbarn oder Freunden. Alte Frauen, die am Fernsehen nicht interessiert sind, nutzen die Gelegenheit und holen ihr Wasser während der Spielfilme. Ein Oberägypter berichtete uns: „Ich kann meine Frau dem Risiko und der üblen Atmosphäre der Wasserstelle nicht aussetzen. Ich begleite sie deshalb um ein Uhr morgens an den Brunnen, und warte, bis sie alle Kanister für den Tagesbedarf gefüllt hat, bevor wir gemeinsam zurückkehren."

SHEHATA MOHAMMED – WASSERVERKÄUFER

„Ich bin Wasserverkäufer. Ich habe das von meinem Vater übernommen. Ich arbeite so seit 50 Jahren. Ich bin 75 Jahre alt. Ich fange morgens um acht mit meinem Tag an und komme um $1/2$ 3 nach Hause, nachdem ich 20 bis 25 Ziegenhäute Wasser ausgeliefert habe. Wenn ich nach Hause komme, falle ich vor Erschöpfung auf den Boden und bleibe über eine Stunde liegen, ohne zu merken, was um mich vorgeht.

Ich benutze die öffentliche Wasserstelle nie. Ich bin zu alt, um mich gegenüber den Frauen dort durchsetzen zu können. Ich kaufe das Wasser von einem Anwohner, der eine Leitung hat. Ich zahle für jede Ziegenhaut einen Piaster und verkaufe für 5. Die Ziegenhaut faßt wenigstens 60 Liter. Ich paße gut auf sie auf. Wenn sie ein Loch hat, klebe ich es mit einem Stück Gummi. Die Ziegenhaut und meine Gesundheit sind mein Kapital. Ich passe gut auf meine Ziegenhaut auf, aber für meine Gesundheit, da kann ich nichts tun . . .

Ich bin in Abu Tig geboren. Wir haben dort Wasser aus dem Nil geholt, vier Ziegenhäute, sie auf einen Esel geladen und zu den Kunden gebracht. Damals gab es kein Geld, sondern wir wurden in Naturalien bezahlt. Während der Maisernte mit Mais, während der Weizenernte mit Weizen. Nur die Beamten haben mit Bargeld bezahlt. Als bei uns in Abu Tig die ersten Wasserstellen eingeführt wurden, haben wir dort Wasser geholt, aber oft haben uns die Soldaten gejagt, weil der Brunnen nur für die Feuerwehr sein sollte. 1942 bin ich dann nach Kairo gekommen, aber ich habe nicht gefunden, was ich erträumt hatte. Statt daß der Esel das Wasser trägt, trag ich's nun auf meinem Rücken."

(aus: Living without Water)

LAILA UND MAHMUD

„Mahmud, der Bräutigam, ging zum Schuhmacher im Erdgeschoß und fragte ihn, ob er ihm nicht eine Braut empfehlen könne. ‚Da sind zwei im Haus', hat der Schuhmacher geantwortet, ‚eine helle und eine etwas dunklere. Komm morgen Mittag zu mir in den Laden und dann kannst Du sie vorbeilaufen sehen.' Mahmud kam, sah uns und sagte über Mona (die Schwester): ‚Die will ich nicht, aber die andere!', und meinte damit mich. Der Schuhmacher sprach mit Vater, und sie kamen überein, daß Mahmud am nächsten Tag bei uns vorbeischaun sollte. Er kam dann mit dem Schuhmacher, einem Freund und dem Onkel des Freundes. Vater und Gamal (ältester Bruder) haben sie empfangen. Der Schuhmacher war der Sprecher und hat gesagt, Mahmud wolle £ 150 als Brautpreis und weitere £ 50 für Verlobungsgeschenke geben. Als Mitgift verlangte er Möbel und Ausstattung für drei Räume. Ich war da gerade einkaufen. Als ich heimkam, hat mir Mutter gesagt, da sei ein Bräutigam. Vater hat mich dann reingeholt und ich habe allen Grüß Gott gesagt. Welcher von ihnen Mahmud war, habe ich durch die Art herausgefunden, in der er mich anschaute. Ich fand ihn wunderschön. Die Männer entschieden, in drei Tagen den Koran zu lesen.

Mahmud schrieb uns einen Zettel mit seinem Namen, Geburtsdatum, Adresse, Standort während des Wehrdienstes und die Namen seiner männlichen Familienmitglieder, damit wir herausfinden konnten, aus welcher Familie er sei. Wir machten den gleichen Zettel für ihn. Als wir herausgefunden hatten, daß Mahmud mit XY, einem hohen Armeeoffizier verwandt war, haben wir nicht mehr weiter nachgeforscht.

Am nächsten Tag kam der Onkel des Freundes, der bei der Entscheidung dabei war, vorbei, und sagte, wir sollten nur ja nicht glauben, daß Mahmud einen Brautpreis von 150 LE und Verlobungsgeschenke

Frisch-gebackene Fladen

für 50 LE bezahlen könne. ‚Der verarscht euch nur! Er wird höchstens 100 und 30 LE bezahlen.' Wir wurden aufgeregt und schoben natürlich die Koran-Lesung auf, um mehr über die Sache in Erfahrung zu bringen. Als wir Mahmud darüber befragten, wurde er wütend, daß ein Mann, den er für seinen Freund gehalten hatte, ihn so verraten habe. Natürlich könnten wir seinem Wort trauen. Wir legten die Koran-Lesung dann eine Woche später. Nach einiger Zeit erfuhren wir, daß der Mann über Mahmud Lügen verbreitet hatte, weil ich ihm gefiel und er mich mit seinem Sohn verheiraten wollte.

Während der nächsten Wochen kam Mahmud täglich und blieb bis spät am Abend – so machten es auch unsere Verwandten, um zu spionieren und Klatschgeschichten zu haben. Eines Tages kam seine Schwester, um mit Mutter die Mitgift zu besprechen. Unter anderem forderte Mahmud vier Matratzen. Mutter sagte, sei sei undenkbar, angesichts eines Brautpreises von 150 LE. Sie einigten sich dann auf drei. Für die Koran-Lesung zog ich mein grünes Kleid an. ‚Zieh es sofort aus!' sagte Mahmud, als er es sah. ‚Es ist zu kurz.' "Aber das andere ist in der Wäsche; ich muß dieses tragen", erwiderte ich. ‚Kommt nicht in Frage', sagte Mahmud, und ich mußte das dreckige Kleid anziehn. Mutter und Mustafas Frau fragten ihn, ob sie mich schminken dürften. Er sagte nein.

Von Mahmud kamen ein Bruder, eine Schwester, deren Mann und zwei Freunde. Von uns kamen Großvater, Mutters zwei Brüder samt ihren Frauen, eine von Mutters Schwestern und Cousinen sowie meine Geschwister. Der Abend ging ziemlich daneben, weil Mutters Schwester uns und Mahmud beleidigte, indem sie bedauerte, daß Mutter die Amme von Anwar gewesen sei, denn sie hätte zu gerne Anwar (ihren Sohn) mit mir verheiratet. Dabei sagte sie das nur wegen Zeinab (der Frau des Onkels). Zeinab kam eines Abends in der vorhergehenden

Woche zu uns – zum Fernsehschaun! Sie kommt immer nur aus Eigennutz – und hörte dabei Mahmud zu mir flüstern: ‚Setz dich nicht neben den!' (gemeint: Anwar). Mahmud war eifersüchtig, was ganz natürlich ist, alle Bräutigame sind eifersüchtig, weil Anwar meine Schulter berührt hatte.

Den nächsten Tag (nach der Koran-Lesung) warteten wir auf Mahmud, aber er kam nicht. Wir warteten tagelang, er hatte sich geradezu in Luft aufgelöst. Um die Geschichte kurz zu machen: Die Frau des Onkels hatte Mahmud beeinflußt und versucht, ihn davon zu überzeugen, daß ich sowieso mit ihrem Sohn verheiratet werden würde – und das Ganze, weil sie selbst Mahmud heiraten wollte! Ja, es stimmt, daß ihr Sohn mich heiraten wollte, aber jeder wußte, daß ich ihn nicht wollte. Er ist ein häßlicher und unmöglicher Typ. Hamdi erklärte das alles Mahmud, und drei Wochen nach der Koran-Lesung versöhnten wir uns wieder."

Laila schildert im folgenden ihren täglichen Kleinkrieg mit Mahmud während der Verlobungszeit bis zu dem Punkt, an dem ihr Bruder ihn aus der Wohnung wirft, mit anschließender Wiederaussöhnung. Ihre Erzählung fährt fort: „Eines Tages sah ich ihn wieder mit der Frau des Onkels. Das machte mich rasend, denn ich hatte ihn gebeten, sie zu meiden. Dann wurden seine Besuche wieder unregelmäßig, und eines Tages kam einer seiner Freunde zu Gamal (Lailas Bruder) und sagte:

‚Gib Deine Schwester nicht dem Mahmud. Er ist keiner zum heiraten, er sucht nur Mädchen zum Vergnügen.' Ich entschied dann, Mahmud nie mehr wiedersehen zu wollen. Er war sehr unglücklich und versuchte durch gemeinsame Bekannte, uns zu einer Aussprache wieder zusammenzubringen, aber ich weigerte mich."

„So waren Mahmud und ich unglücklich. Er versuchte, Mona und Hamdi dazu zu benutzen, uns wieder zusammenzubringen. Ich bekam auch einen Liebesbrief von ihm, an dem er vier Tage geschrieben hatte. Mir war danach, ihn zu sehen, aber Gamal erlaubte es nicht. Auf einer Geburtstagsfeier einer Cousine traf ich Ibrahim, den Bruder ihrer besten Freundin, der ein Freund Mahmuds ist – sie kommen aus dem selben Dorf. Ich erzählte ihm alles, was passiert war, und er sagte, ich solle Mahmud lieber vergessen. Dann sagte er, daß Mahmud vor einiger Zeit zu ihm gekommen sei und ihn gebeten habe, dabei behilflich zu sein, wieder an die sieben Pfund zu kommen, die Mahmud mir gegeben hatte, um sie für ihn in die Kasse des Sparclubs einzuzahlen. ‚Ich wurde übers Ohr gehauen', hatte Mahmud ihm gesagt, ‚sie hat einen schlechten Charakter.' Ibrahim hatte geantwortet: ‚Nein, du solltest ihr das Geld lassen, denn auf dem Land wäre dir nicht mal erlaubt gewesen ihren schlechten Charakter vor der Hochzeit kennenzulernen.' Aber ich will nichts mehr von Mahmud, und wenn der Sparclub mich auszahlt, wird er sein Geld wieder kriegen.

Es vergingen vier Monate von dem Moment an, als wir uns das erste Mal sahen, bis zu unserem letzten Auseinandergehen, und das Ganze ist jetzt bald ein Jahr her. Aber ich liebe ihn immer noch, und er liebt mich. Er geht weiter zum Schuster um wenigstens einen kurzen Blick auf mich werfen zu können. Es waren die andern, die ihn beeinflußt haben uns unsere Beziehung zerstörten. Ich will ihn noch immer heiraten. Aber Vater sagt, das käme nicht in Frage, weil Mahmud sich als jemand gezeigt hätte, der sein Wort nicht hält. Ich werde ihn nie vergessen, weil er der Erste war, der einen Weg in mein Herz fand, der Erste, der mich Liebe fühlen ließ und meinen Körper zittern. Ich würde heute jeden heiraten, sogar einen aus Oberägypten, nur um von diesem Haus und dieser Familie weg zu kommen. Es ist auch besser, jemanden zu heiraten, dem man nicht gleich die Füße küssen würde. Statt dessen sollte man jemanden heiraten, der einem selbst die Füße küßt. So ein Mann bereitet dir ein gutes Leben und im Lauf der Zeit wirst du ihn schon zu lieben lernen."

(aus: Life among the Poor)

Umgebung Kairos

DIE PYRAMIDEN

In der Herbstzeit reitet man von Kahira, das am rechten Nilufer liegt, nach den Pyramiden, die auf dem linken Ufer stehen, in drei oder vier Stunden zu Esel hin, je nachdem man der Kanäle und Wasserstellen wegen größere oder kleinere Umwege machen muß, und wird in Alt-Kahira, Fostat genannt, bei der Nilinsel Ruda über den Strom gesetzt.

Ein munterer kräftiger Esel kostet mit seinem Führer, welcher unermüdet zu Fuße hinter dem Thiere drein laufen muß, es gehe nun im Trabe oder Galopp, für die ganze Expedition nur 15 bis 20 Silbergroschen und ein kleines Trinkgeld obenein. Ich machte mich am 6. Dezember 1849 mit Sonnenaufgang auf den Weg und war mit Sonnenuntergang wieder heim.

Die Araber, welche den kuriosen Reisenden vor der Pyramide in Empfang nehmen, ihn in derselben mit Holzfackeln umherführen und eventualiter vier Mann hoch zur Plattform hinaufziehen, sind freilich erst nach langem Handeln mit einem Pausch-Quantum von 30–40 Piastern, also mit 2–3 Rthlr. zufrieden; je nachdem man den Piaster mit 2 oder mit 2 Sgr. 3–6 Pf. berechnen will.

Gebratene Hühner, Eier, Brödchen, Apfelsinen und Anisbranntwein bilden den Proviant, welchen die Eseljungen gerne mitnehmen, weil davon etwas für sie abzufallen pflegt. Die Esel aber reißen sich beim Passiren der Nilniederung dann und wann ein

Der Sphinx und die Pyramide des Cheops

Maul voll Klee ab, worin es ihnen noch die arabischen Schnelläufer zuworthun, welche ganze Hände voll verzehren, wie den köstlichsten Salat, und zwar ohne Essig und Öl; denn diese Zuthaten haben sie in ihrem Magensafte und Blut. –

Der Ritt ist, zumal in Gesellschaft von Bekannten und Freunden, und an einem schönen Dezembermorgen, über jede Beschreibung erquickend, poetisch, abenteuerlich, kurz so lustig und schön, daß man sein Leben lang auf solche Weise, in solcher Stimmung, auf solchem Wege, in solchem Wetter, unter solchen Szenen und mit der Aussicht auf ein so wunderbares Ziel unterwegs sein möchte. – Man erlebt das Beste und Schönste aber nur einmal.

Durch das endlose Gassenlabyrinth Kahira's geht's im schärfsten Trabe und Galopp, und je besser die Esel rennen, desto toller werden sie gestachelt und gepeitscht. Ob man protestirt oder nicht, der Eseljunge, der für seine extraordinaire Thätigkeit doch zuletzt auf ein extraordinaires Trinkgeld rechnet, lacht über alle Protestationen, indem er immer von frischem auf die Thiere losschlägt. Die Ambition der Esel und Reiter, die sich in allen Gassen streckenweit zusammenfinden, kommt dazu; die Jungen schreien ihr „Jeminak", „Schimlak" (weiche zur Rechten, zur Linken), oder wenn der Esel an Reiter und Mauern anzurennen droht, „Dahrak" (dein Rücken), „riglak" (deine Ferse), „gembak" (deine Seite), auch alle diese stehenden Worte auf einmal; – und so geht die Kavalkade wie toll und blind durch alle die bandwurmförmigen Gassen, der Citadelle vorüber (die links liegen bleibt), nach Fostat zum Nil. Hier wird täglich Markt mit allen möglichen Lebensmitteln gehalten, mit Fleisch und Fischen, mit Tauben, Hühnern, Eiern und Apfelsinen; mit Bohnen, Lupinen, Linsen und „Kichern"; mit Weizen, Gerste, Durrah, türkischem Weizen (dessen geröstete Kolben aus freier Faust verzehrt werden), mit Brodfladen, Zwiebeln, Rettigen und Gemüsen; desgleichen mit Eselheckerling, mit Taubenmist für die Gärtner, und was weiß ich womit sonst. Es ist auf dem Markte ein Gewühl von Weibern und Männern, von Fellahs und Bürgerleuten, von Bettlern und Lastträgern, von Kameeltreibern und Eselbuben, daß man in die Wogen eines Menschenmeeres geräth, in welchem man unterzugehen glaubt. Platzmacher; was nicht freiwillig aus dem Wege gehen will, wird übergeritten und zur Seite gestoßen, ohne daß der übel Behandelte sich anders als mit einem Schimpfworte oder einer Zorngeberde rächt. Es ist mal so die arabische Lebensart, überall kurzen Prozeß mit persönlichen Hindernissen zu machen, und ganz besonders sobald Geld zu gewinnen steht. Man stößt und tritt und wird contra gestoßen und getreten. – Reisende zumal haben überall das prae, und in Prozessen ist grundsätzlich gegen die Einheimischen der Verdacht des Unrechts und der Schuld maßgebend; das ist wenigstens Raison bei der Polizei. – Im Beistande solcher Parteilichkeit fühlt man sich denn durch den ganzen Jahrmarkt und jedes andere Getümmel, wie einen Keil hindurchgetrieben und am Ufer des Nils, bevor man sich dessen versieht. Hier wollen die Thiere nie gutwillig in den Kahn, man bringt es ihnen aber mit fürchterlichen Hieben und unbarmherzigen Gewaltmanövern bei. – Ist ein Esel gar zu obstinat, so tragen ihn starke Kerle mit sammt dem Reiter, falls dieser sich bequem genug giebt, in den Prahm, und der ganze Trödel wird von den Eseltreibern sowohl, wie von den Schiffern mit der unverwüstlichen Laune und Lebenslust abgemacht, denn am Ziele winkt der Bakschiesch, welcher nach Verhältniß der Umstände gezahlt werden muß. (Goltz, 1853)

Ich habe lange überlegt, ob ich die Pyramiden nicht einfach übergehn soll. Doch davon werden sie auch nicht weniger sensationell, und der Verleger hat nur mit dem Kopf geschüttelt. Wir haben uns schließlich geeinigt, daß ich wenigstens erkläre, warum mein Verhältnis zu diesen Weltwundern so getrübt ist.

Also zunächst mal, weil ich einige Monate in Abu el-Hol gewohnt habe, das Dorf unmittelbar unter den Pyramiden. Zum Einkaufen mußte ich immer über den Dorfplatz. Wenn Ihr die Pyramiden besichtigt, macht vielleicht mal nen Schlenker über den Dorfplatz von Abu el-Hol, nehmt aber Eure Gummistiefel mit, damit ihr nicht im Schlamm versinkt und beobachtet das Leben der Leute drumrum. Der eine Grund, warum ich die Pyramiden nicht mag, ist der Dorfplatz von Abu el-Hol. Ich habe oft über den Dreck im Vordergrund auf die Pyramiden geschaut und mir überlegt, wieviel vernünftige Dinge mit den hier an ein einziges Grab vergeudeten Materialien und Arbeitskräften hätten gebaut werden können, und daß das ja heute noch genauso ist und alles mögliche prunkvoll gerichtet wird, aber wahrscheinlich nie der Dorfplatz von Abu el-Hol.

Der andere Grund meines Desinteresses an den Pyramiden ist, daß ich sie schlicht langweilig finde – nichts weiter als Steinhaufen mit einem Loch drinnen, bar jeder Ästhetik, und die dummen Touristen reisen tausende Kilometer, um diese Steinhaufen anzuschauen, sich durch die Gänge des Cheops zu quälen, dabei kurz vor dem Herzkasper oder dem Erstickungstod, denn die Bauplaner haben die Belüftung auf die Ansprüche eines Toten berechnet, und nicht für Busladungen voller Touristen.

Was die Pyramiden dann nicht nur langweilig, sondern sogar lästig macht, sind die Bakshish-Jäger der Umgebung; es gibt keinen Ort, an dem es so mühsam ist sich aufzuhalten, die Anmache, die ganze Dekadenz und Degeneriertheit des Tourist-Business, die Borniertheit der Reisenden, zeigt sich nirgendwo deutlicher als vor den Pyramiden.

Ich empfehle Euch statt dessen, baut Euch doch selbst eine, wie der Fürst Pückler-Muskau selig in der Mark Brandenburg

Bau-Anleitungen damals

oder der Markgraf von Baden in der Karlsruher Innenstadt (jetzt müßt Ihr nach Karlsruhe um nachzuschauen, ob das stimmt, ätsch! Krokodile haben die auch dort, nur keinen Nil). Wenn Ihr ein wenig Platz habt, ist das kein Problem, Ihr müßt nur rechtzeitig damit anfangen, denn alles braucht seine Zeit. Eine Pyramide gehört in die Wüste, aufs Westufer des Nils an den Rand des Fruchtlandes. Legt also zunächst eine Wüste an, wenn ihr nicht auf einem Autobahnkreuz bauen wollt. Die Pyramide soll auf einer hochgelegenen Fläche liegen, damit man sie weit sieht.

In einem Bauplan legt ihr die Größe der Pyramide fest, sucht einen guten Stein und berechnet auch, ob die Steinbrüche genügend Material hergeben. An den Pyramiden von Giza arbeiteten ständig etwa 5000 Leute, indirekt waren noch mal 15000 damit beschäftigt (in den Steinbrüchen, als Schiffer usw.). Wenn Ihr Eure Pyramide kleiner baut, braucht Ihr weniger Arbeiter. Die könnt Ihr wahrscheinlich auch nicht wie die Pharaonen während der Nilflut einfach von Euren Landwirtschaften abkommandieren, damit die Bauern nicht vier Monate im Jahr Daumen drehn. Verhandelt doch mal mit dem Arbeitsamt, ob sie Euch nicht ABM-Stellen einrichten, für „gemeinnützige und zusätzliche Arbeit", auch die Sozialämter beschäftigen Sozialhilfeempfänger neuerdings gerne für 2 DM die Stunde.

Laßt einen Teil der Leute in den Steinbrüchen beginnen, den andern mit der Nivellierung des Bauplatzes. Das macht Ihr mit Schnüren und einem Rundumwassergraben; Wasserwaage gilt nicht und ist zu ungenau. Ihr zieht einen Graben um das ganze Gelände, füllt diesen mit Wasser – steht das Wasser still, stimmt die Höhe. Den Rest meßt Ihr mit Schnüren aus, Felsen in der Mitte laßt ihr stehn, die sparen Euch Arbeit.

Eine ordentliche Pyramide gehört nach den Himmelsrichtungen ausgerichtet, die Ihr nicht mit dem Kompaß, sondern nach dem Polarstern oder der Sonne bestimmt. Näheres verrät Euch Euer Nachbar, wenn er mal bei den Pfadfindern war. Auch den Steigungswinkel der Pyramide berechnet Ihr auf einfachste Art, ohne Winkelfunktion und Pi, ohne goldenen Schnitt. Der Winkel wird bestimmt durch das Verhältnis von Höhe zu halber Basislänge. Eure Vorbilder neigen sich zwischen 3:2 und 17:18, wobei ich warne, daß in Daschur 4:3 bei einem Erdbeben eingestürzt ist.

Als Baumaterial eignen sich Kalksteine, den Mörtel mischt Ihr aus Sand und Gips – die Außensteine Eurer Pyramide paßt Ihr ohne Mörtel ein und poliert sie anschließend. Ich empfehle Tura-Kalkstein, oder, bei Beschaffungsschwierigkeiten, vielleicht römischen Travertin? Euer Werkzeug könnt Ihr eigentlich auch selbst machen. Ihr kommt gänzlich ohne Eisen aus, als hervorragend harter Stein hat sich Diorit bewährt. Hacke, Steinhammer, Meißel (für die Feinarbeiten aus Kupfer), Kupfersäge. Schwierigkeiten wird Euch wahrscheinlich der Bohrer bereiten, darum lassen wir hier auch europäische Modelle zu, aber ohne Eisen bzw. Stahl! Nachgemessen wird mit Senkloten, Maßstäben und Winkel.

Für den Transport der Blöcke an die Baustelle baut Ihr eine ebene Rampe, auf der Ihr die Steine mit Schlitten, Walzen, Rollen und was Euch noch einfällt, zur Baustelle zerrt. Anhaltspunkt mag wieder Euer Vorbild sein: Die Blöcke des „Cheops" wiegen 2,5 Tonnen; daran zogen etwa 25 Leute. Schicht für Schicht, wie die Lagen eines Sandwiches, baut Ihr dann Eure Pyramide. Die Steine bringt Ihr ohne Flaschenzug nach oben, denn den haben erst die Griechen erfunden – statt dessen legt Ihr um die Pyramide an jeder Seite eine Rampe an, auf deren zwei Ihr die Blöcke hochzieht, und auf den übrigen die leeren Transport-Schlitten wieder nach unten. Ist der Kern Eurer Pyramide fertig, setzt Ihr die Fassadensteine von oben nach unten und baut dabei die Rampen wieder ab.

So, und wenn Eure Pyramide fertig ist und ihr die Grabkammer nicht vergessen habt, sie aber auch zu Lebzeiten schon nutzen wollt, empfehle ich einen Weinkeller dort einzurichten – der Wandstärke wegen bleibt die Temperatur da drinnen nämlich das Jahr über gleich, so um die zehn Grad rum.

Weil ich befürchte, daß Euch das alles noch nicht langt, und auch der Verleger noch nicht zufrieden sein wird, noch'n paar Worte zu Pyramiden. Es gibt ihrer mehrere hundert, in der die Pharaonen von der 3. Dynastie bis zum Ende des Mittleren Reiches bestattet wurden. Diese Pyramiden stehen am Westufer des Nils zwischen dem Fayum und Abu Roasch, nördlich Giza. Auch im Sudan gibt es Pyramiden, aber die sind nicht ägyptisch und jünger.

DIE PYRAMIDEN VON GIZA

erreicht man mit den Bussen 8, 901, 904 ab Tahrir und 30 ab Ramsis. Cheops ist der größte von allen und mißt noch 137 m, die anderen zwei sind kleiner: Mykerinos deutlich, Chefren einen Meter, dafür auf einem kleinen Hügel.

Sobald wir von der sogenannten kleinen – denn auch sie bleibt an sich immer eine enorme Masse – niedergestiegen waren, begaben wir uns in die Eingeweide der größten. Der rohe, aber kühn und kolossal konstruierte, dem Druidenbau ähnliche Eingang ist das einzige, was hier den Effekt des Großartigen auf mich machte; denn wie gesagt, Gänge, in denen man sich kaum umdrehen, selten anders als wie ein Fiedelbogen gekrümmt oder gar auf dem Bauche kriechend vordringen kann und die endlich nach aller Mühe einem Heiligtume zuführen, das nur aus ein paar elenden, dunklen Zimmern von den Dimensionen einer Bedientenstube besteht, deren Wände mit düsteren, einst polierten, jetzt matten Granitplatten ohne eine Spur von Schrift, Verzierung oder Bildwerk belegt sind, scheinen mir ebensowenig wie die beiden einfachen steinernen Kastensärge, die man hier sieht, ein Gegenstand der Bewunderung zu sein; am wenigsten für den, der die erhabene Kunst der Ägypter und ihre wahrhaften Wunder in Theben gesehen hat.

Erst nach mehreren Stunden hatten wir uns aus der Grabeshöhle wieder hervorgearbeitet, begrüßten das rosige Licht, sanken todmüde auf die Riesensteine am Eingang hin und aßen Orangen und tranken Kaffee.

(Pückler-Muskau 1844)

Das Klettern auf die Pyramiden ist seit einigen Jahren verboten, kostet also eine Stange Geld, wenn Ihr – im Morgengrauen – dennoch wollt. Das Übernachten in den Pyramiden ist auch verboten und kostet einen vierstelligen Dollar-Betrag – eine amerikanische Sekte bezahlt auch dies, um ihre Körper in dieses einmalige Strahlungsfeld zu bekommen.

„Pyramidologen" gehelmnissen selt hundert Jahren alle Weisheiten der Welt in die Pyramiden hinein, und „Ägyptologen" versuchen sie zu widerlegen. Mir sind die stumpfen Rasierklingen, die ich nach einem vergeblichen Pappdeckel-Versuch eine Woche im Cheops versteckte, jedenfalls nicht wieder scharf geworden, wie es mir ein Kenner der Pyramidologie versprach. Aber man kann es ja mit Laotse halten, der alle Weisheiten der Welt in jedem Teil derselben angelegt und erkenntlich sieht, und, wenn in einem „Sandkorn", warum nicht auch in „Pyramiden"?

Im Süden des Cheops – nein, das war kein postmoderner Architektur-Wettbewerb, sondern dieses Gebäude birgt die Toten-Barke des Pharao, die nur das Ausgestelltsein weniger verträgt als den Wüstensand und sich langsam auflöst. Langt's noch nicht? Dann abends ins Sound & Light-Spektakel, für 5 LE sprechen der Shpinx und auch die Pyramiden, wechselnd Deutsch – Englisch – Französisch.

DER SPHINX

Beim Aushub für die Cheops-Pyramide blieb ein Felsknollen stehen, der Chefren animierte, ihn bildhauerisch gestalten zu lassen. Zunächst als Symbol für den toten Pharao aufgefaßt, wurde der Sphinx von Giza bald zum Götterbild, zunächst des Horus, und später eines eigenen Gottes, des asiatischen Hauron.

Der Sphinx hat in den 4500 Jahren seines Bestehens nie sein Hauptproblem lösen können (oder war es ihm egal? Wer könnte IHN verstehen?), die Versandung, und war immer auf die Hilfe anderer angewiesen, die ihn ausbuddelten, von Thuthmosis IV über Cäsar bis Napoleon. Heute macht ihm der Sand nicht mehr so zu schaffen, es wird jetzt immer ordentlich gekehrt, dafür die Luftverschmutzung und die Veränderungen im Grundwasserspiegel, so daß 1981 wieder ein Wettlauf begonnen hat, wenigstens den Sphinx zu retten, wenn schon Kairo untergeht.

Sphinx. – Wir rauchen eine Pfeife auf dem Sande sitzend, in seinen Anblick versunken. Seine Augen scheinen noch voll Leben, die linke Seite ist weiß vom Kot der Vögel. (Die Haube der Chepren-Pyramide hat solche große lange Flecken.) Er liegt gerade nach der aufgehenden Sonne zu, sein Kopf ist grau, die Ohren sind sehr groß und stehen ab wie bei einem Neger, sein Hals ist verwittert und dünner geworden; vor seiner Brust ist ein großes Loch im Sande, das ihn frei macht; die fehlende Nase erhöht die Ähnlichkeit, weil er dadurch stumpfnasig aussieht. Übrigens war er sicherlich äthiopischer Herkunft; die Lippen sind dick.

(Flaubert)

MEMPHIS & SAKKARA

Nahe ist auch Memphis selbst, der Königssitz der Ägy'ptier; denn vom De'lta bis zu ihr sind drei Schö'nen [16,648 km]. Sie enthält an Tempeln [zuerst] den des A'pis, welcher derselbe ist mit Osi'ris. Hier wird der, wie ich schon sagte, für einen Gott gehaltene Stier Apis, weiß an der Stirn und einigen anderen kleinen Stellen des Körpers, übrigens schwarz, in einer Tempelhalle unterhalten. Nach diesen Abzeichen wählen sie immer den zur Nachfolge tauglichen aus, wenn der, welcher diese Verehrung genoß, gestorben ist. Vor der Tempelzelle liegt ein Hof, an welchem sich noch eine andere Zelle für die Mutter des Stiers befindet. In diesen Hof lassen sie zu einer bestimmten Stunde den Stier hinein, besonders zur Besichtigung für die Fremden. Diese sehen ihn zwar auch durch ein Fenster der Zelle, wollen ihn aber auch draußen sehen. Ist er dann ein wenig im Hofe herumgesprungen, so führen sie ihn wieder an seinen eigentlichen Standort zurück. Dieser Tempel des Apis steht neben dem des Hephä'stos; und auch dieser ist ein prachtvolles Gebäude sowohl durch die Größe des Tempels als alles übrige. Vor ihm steht auf dem Vorplatze ein kolossales Standbild aus einem einzigen Steinblock. Es ist aber gebräuchlich, auf diesem Vorplatze Kämpfe von Stieren anzustellen, welche einige eigens dazu halten, gleich den Rossezüchtern. Losgelassen, stürzen sie zum Kampfe gegeneinander, und der für den Sieger erklärte erhält einen Preis. Auch findet sich in Memphis ein Tempel der Aphrodi'te, die für eine hellenische Gottheit gilt. Einige jedoch sagen, es sei ein Tempel der Hele'ne.

Auch ein Sera'pistempel ist daselbst an einem sehr sandigen Orte, sodaß vom Winde Sandhügel aufgeworfen werden, von welchen wir die Sphinxe teils bis zum Kopfe verschüttet, teils halb bedeckt sahen, woraus man auf die Gefahr schließen konnte, wenn einen zum Tempel Gehenden ein Wirbelwind überfiele.

(Strabo)

* **Anreise:** *Mit dem Pferd* samt Führer ab Giza (gegenüber Mena-House), ab 4 LE. *Mit dem Bus* ab Giza (Bahnhof) nach Bedraschen. *Mit dem Zug* ab Kairo-Ramses bis zum Dorf Bedraschen an der Linie nach Oberägypten, vom Bahnhof ca. 4 km zu den Denkmälern. *Mit dem Auto* am letzten oder vorletzten Kanal von der Pyramid Road nach Süden abbiegen (28 km). Der Weg entlang dem vorletzten Kanal führt über Haraniya.

Von Memphis, der alten Reichshauptstadt, ist nicht mehr viel übrig. Hauptattraktion ist ein umgefallener Kolossal-Ramses.

Monumente des Totenbezirks:

* *Stufenmastaba des Djoser,* unmittelbare Vorläuferin der Pyramiden, was heißt, eine unterirdische Grabanlage, über der – in mehreren Baustufen, die heutige Stufenpyramide errichtet wurde, der erste bekannte Steinbau, wenn diese auch noch die Größe von Nilschlamm-Ziegeln haben. An der Nordseite der Totentempel. In der Umgebung des Djoser noch vier weitere kleine Pyramiden.

Anschauen sollte man auf jeden Fall die *Mastaba (Grab) des Herrn Ti,* eines Hofbeamten der 5. Dynastie, im Nordwesten des Djoser gelegen. In der Grabanlage des Ti findet Ihr die schönsten Flachreliefs aus dem Alten Reich. An Qualität dem Ti kaum nachstehen die Mastabas des Idut (bei Djoser) und Mererurka (neben der Teti-Pyr). Noch nicht freigegeben ist das durch Zufall kürzlich entdeckte Grab des Generals (und späteren Pharao) Haremhab.

Rund 2000 Jahre jünger ist das *Serapeum* aus der Ptolemäer-Zeit, eine Grabanlage, in der die – mumifizierten – heiligen Apis-Stiere bestattet wurden.

HARANIYA

Auf halber Strecke zwischen Sakkara und Giza, am vorletzten Kanal – hier begann das sozial-pädagogische Projekt des „Kinder machen Teppiche nach ihrer Phantasie". Der Werkstatt ist heute ein Museum der schönsten Webstücke angegliedert.

KIRDASA (KERDASA)

Sammeltaxis von der Pyramid Road am letzten Kanal nordwärts; mit dem eigenen Auto kann auch am vorletzten Kanal (vorbei an „Andrea") gefahren werden, ca. 3 km. Manche Reiseführer rühmen den Markt von Kirdasa und, daß die Souvenirs so viel billiger seien, doch sind mir davon (zum Glück) kaum welche begegnet, und der Markt ist nicht besser oder schlechter als jeder andere ägyptische Dorfmarkt.

„DR. RAGAB PAPYRUS ISLAND"

Dr. Ragab war Altertümerfan, Diplomat, aus gutem Hause und geschäftstüchtig. Deshalb hat er als erster die alte Technik der Papyrus-Herstellung wieder ausgegraben und vor 20 Jahren sein Papyrus-„Museum" (d. h. Verkaufsshow) aufgemacht, das sich zuletzt im Nil (Hausboot) nahe dem Dokki-Sheraton befand. Aber das war Herrn Ragab nicht genug. Auf der Yaqoub-Insel im Süden Gizas hat er nun ein komplettes Museumsdorf eingerichtet, mit Tempeln, Statuen und (lebenden) Arbeitern, die Handwerk und Landwirtschaft im alten Ägypten nachspielen, Boote bauen, töpfern, pflügen. Kein Disneyland, sondern bis ins Detail die Umsetzung ägyptologischen Fachwissens – nur leider 20 (sic!) LE Eintritt.

FAYUM

* **Anreise:** *Zug* ein bißchen exotisch, aber möglich: Von Kairo über el-Wasta (33 km vor Beni Suef), 3× täglich. *Bus* – halbstündlich ab Kairo (Ramses-Terminal), 5× täglich ab Beni Suef. *Auto* – ab Kairo: Pyramid Road, vor dem Mena-House nach rechts, an der nächsten Kreuzung links und 55 km durch die Wüste.

Ab Beni Suef: Am einfachsten ist der Weg zu finden, wenn Ihr am südlichen

Ortsausgang ca. 100 m nördlich des Bahnübergangs von der Hauptstraße nach Westen fahrt.

Geschichte und Bedeutung: Das Fayum ist eine Senke (unter Meeresniveau), die durch den Bahr Jussuf vom Nil bewässert wird. Früher ein riesiger Sumpf, regulierten die Pharaonen des Mittleren Reiches den Zulauf und entwässerten das Fayum bis auf den im Norden gelegenen Moeri-See, einen Salzsee, in dem das gesamte Wasser der Oase verdunstet. Das Fayum ist heute der Gemüsegarten Kairos, wie Ihr auf der Fahrt an LKWs und Ladung seht. Ob das Fayum nun einen Ausflug wert ist oder nicht, darüber haben sich schon ganze Busladungen Touristen entzweit. Auf jeden Fall nach einigen Tagen Kairo eine erholsame ländliche Idylle.

Sehenswürdigkeiten: *Kom Oshim/Karanis* (noch vor dem Beginn des Fruchtlandes an der Straße von Kairo). Kleines Museum und griechisch-römisches Ruinenfeld. Karanis war eine Siedlung der Ptolemäer und wurde später bevorzugter Altersruhesitz römischer Legionäre. An den beiden kleinen Tempeln könnt Ihr gut den Unterschied zwischen griechischer und römischer Bautechnik sehen, der nur in der Gegenüberstellung augenfällig wird.

Selyin (zwischen Qarun-See und Fayum-Stadt, alles prima ausgeschildert, wie in keiner anderen Provinz). Eher eine Attraktion für Ägypter. Park mit wohlschmeckender Quelle, Restaurant, noch betriebene alte Getreidemühle.

Fayum-Stadt, Hauptort der Provinz. Im Zentrum drei museale Nuriyas, ptolemäischer Höhepunkt ägyptischer Bewässerungsanlagen: Ein unterschlächtiges Mühlrad benutzt seine Kraft nicht zum Mahlen, sondern um einen Teil des Wassers bis auf 1,50 m zu heben – die Dinger stehen nur im Fayum, weil anderswo Gefälle und natürliche Wasserkraft fehlen. Neben den Wasserrädern nichts Erwähnenswertes.

Wenn Ihr von der Stadt nach Beni Suef fahrt, kommt nach 9 km das Dorf Hauwara, neben dem Ihr einen Felskern seht, die letzten Reste der Pyramide der Amenemhets. Der dazugehörige Totentempel, von dem auch nur noch Schutt übrig ist, war das im Altertum berühmte Labyrinth. Im weiteren Verlauf der Straße eine koptische Wallfahrtsanlage, außerhalb der Saison gespenstig öde, dann die Schleusen von Illahun, und Ihr habt das Fayum schon verlassen.

Schifft man bei diesem Bauwerk vorbei und hundert Stadien [18,498 km] weiter, so trifft man die Stadt Arsi'noe. Sie hieß früher Krokodilstadt, denn man verehrt in diesem Nomos vorzüglich das Krokodil, und es findet sich bei ihnen ein [solches] heiliges Tier, das in einem See besonders unterhalten wird und gegen die Priester zahm ist. Es heißt Su'chos und wird mit Brot, Fleisch und Wein genährt, welche [Nahrungsmittel] die zur Beschauung kommenden Fremden immer mitbringen. Unser Gastwirt, einer der geachtetsten Männer, der uns dort die heiligen Gegenstände zeigte, ging mit uns zum See und nahm von der Mahlzeit einen Kuchen, gebratenes Fleisch und ein Fläschchen Honigmet mit. Wir fanden das Tier am Rande [des Sees] liegend. Die Priester traten hinzu; die einen öffneten ihm den Rachen und ein anderer steckte ihm das Backwerk und dann wieder das Fleisch hinein, worauf er ihm den Honigmet eingoß; das Tier aber sprang in den See und schwamm an das jenseitige Ufer. Als noch ein anderer Fremder dazu kam, der eine gleiche Opfergabe mitbrachte, nahmen die Priester dieselbe, liefen um den See herum und reichten [dem Krokodil], als sie es gefunden, das Mitgebrachte auf gleiche Weise. (Strabo)

LESEHINWEISE KAIRO

SPEZIALFÜHRER

Cowley, Deborah (Hrsg.) „Cairo. A practical Guide" Kairo 1984 (4. Aufl., AUC-Press).

Parker, Richard/Sabin, Robert „A Practical Guide to the Islamic Monuments in Cairo" Kairo 1981 (AUC-Press) (2. Auflage); in Ägypten erhältlich.

Habib, Raouf „The Ancient Coptic Chruches of Cairo" Kairo 1979; in Kairo erhältlich.

Schüssler, Karlheinz „Die ägyptischen Pyramiden" Köln 1983 (Du Mont).

Eine ganze Reihe von Büchern existiert über das Ägyptische Museum, von der mehrbändigen wissenschaftlichen Beschreibung bis zum Bildband. Die größte Auswahl habt Ihr im book shop des Museums (wie könnte es anders sein).

Auch auf essayistisch-journalistische Weise ist die Stadt in vielen Büchern verarbeitet worden. Den besten Einblick gibt für mich immer noch

Abu-Lughod, Jane „Cairo – 1001 years of the City Victorious" Princeton 1971 (Bibliothek).

Beyer, Ursula „Kairo – die Mutter aller Städte" Frankfurt 1983 (Insel) bietet in einem Taschenbuch eine gute Sammlung von Auszügen aus Stadtbeschreibungen der letzten 1000 Jahre.

Wald, Peter „Kairo" Köln 1982 (Du Mont, Reihe: richtig reisen) ist ein anderes preiswertes und leicht erhältliches Buch mit Essays und Hintergrundinformationen, getragen von der Sachkenntnis eines langjährigen Aufenthaltes in der Stadt *und* einem guten Privatarchiv.

✻ Ein für Spezialisten wie Laien ungeheuer lehrreiches Buch ist auch

Creswell, K. A. C. „The Muslim Architecture of Cairo" London 1978 (2. Aufl., als TB vergriffen).

KARTEN

Reisende können in Kairo einen leider etwas veralteten Stadtplan kaufen, der die Außenbezirke allerdings ausspart. Für die islamische Altstadt gibt es zwei Spezialkarten, die alle Monumente verzeichnet haben.

Lesehinweise Fayum

Hewison, Neil R. „The Fayum. A Practical Guide" Kairo 1984 (AUC-Press).

Alter Araber beim Studium des Koran

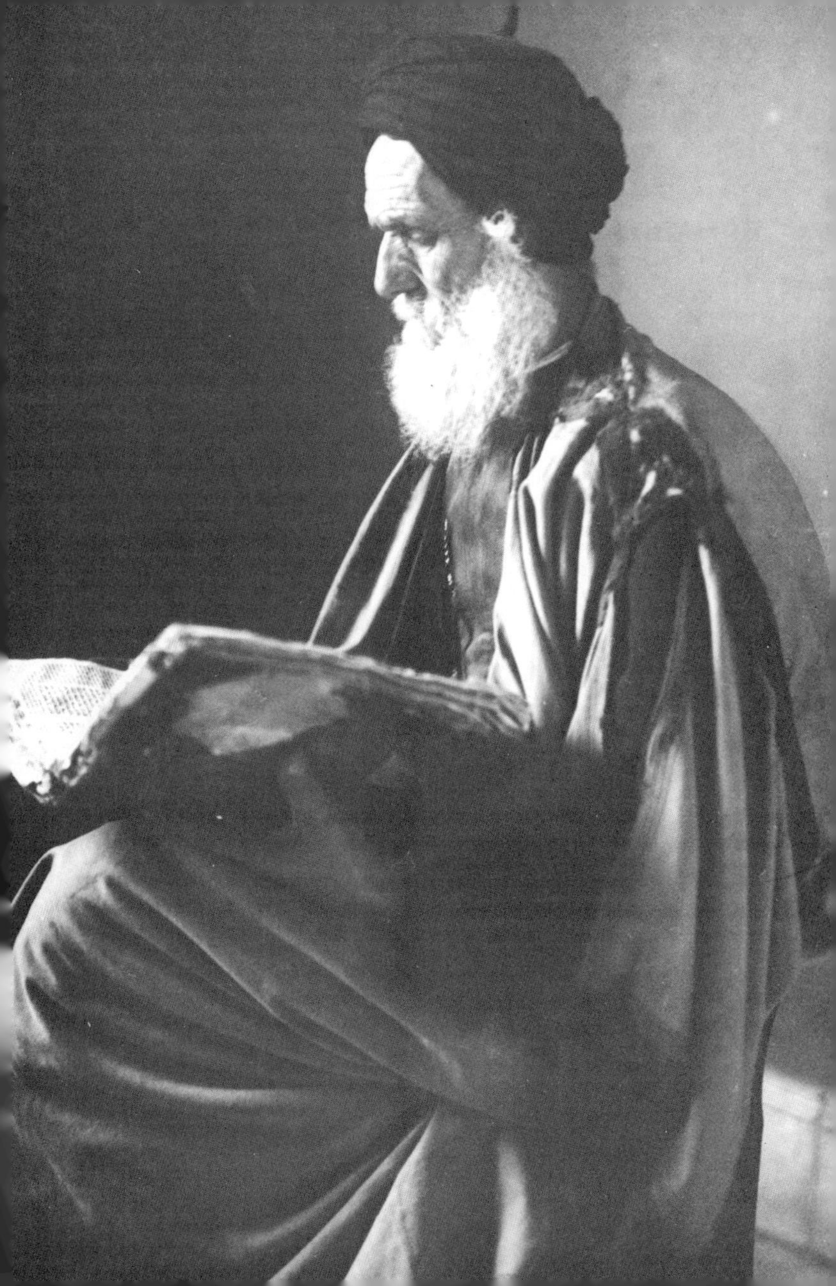

Oasen der Libyschen Wüste

BAHARIYA, FARAFRA, DACHLA, CHARGA

VERKEHR
* **Bus:** Kairo – Bahariya (tgl. 9 Uhr) und Kairo – Assiut – Charga – Dachla (tgl. 7 und 10 Uhr). Keine Busverbindung nach Farafra!
* **Flug:** Kairo – Luxor – Charga und zurück (zwei Flüge pro Woche).

Keine Personenbeförderung auf den Oasenbahnen.

STRECKE
mit ungefähren Entfernungsangaben.
Asphalt in gutem bis mäßigem Zustand, ausgenommen etwa 20 km in Dachla (Dauerbaustelle).
Stadtausfahrt Kairo: Giza Pyramid Road, vor dem Mena House rechts, nächste Kreuzung links, nach 7 km Abzweigung rechts.
km *7–50:* Baustelle der Trabantenstadt „6. Oktober".
km *170:* Rasthaus (Tee, Biskuit), Tankstelle, Bahnhof der Erzbahn.
km *300:* „Melonenfelder" (verkieselte Marmorkugeln).
km *322:* **Managim** – Siedlung der Minenarbeiter.
km *324:* Links Abzweigung zur Mine. Selbstfahrer sollten die Tankstelle im Minengelände benutzen, in Bahariya ist die Versorgung unregelmäßig.
km *340:* Beginn der Senke Bahariya.
km *364:* **Bawiti** (7000 Ew.). Einfache Versorgungsmöglichkeiten. Übernachtung im Hotel an der Hauptstraße oder, besser, bei Mr. Salah im „Alpenblick" (neben der Polizeistation 100 m den Hügel hinauf), von der Atmosphäre her eines der besten Hotels in Ägypten.

Für die Weiterfahrt mit dem eigenen PKW benötigt Ihr von der Gendarmerie ein Papier (tesriah).
km *406:* Erste Quellen der Oase **al-Haiz.**
km *412:* Li zur Ain Ris (3 km) und zu den historischen Monumenten.
km *415:* Militärposten, Ende der Oase. Im Abschnitt zwischen el-Haiz und Farafra zeigt sich die Strecke von ihrer schönsten und abwechslungsreichsten Seite: Kalksteinerosionen, bizarre Felsgebilde in allen denk- und undenkbaren Formen, die im

Kinder und Wasser

Verlauf der Strecke mehr und mehr schrumpfen, bis die Wüste wieder eben ist.
km *535:* **Farafra** (1400 Ew.).
km *630:* Abu Munqar. Neulandprojekt. Entwicklungsruine, da bei der Entwässerungsplanung Fehler gemacht wurden: Das Abwasser muß mit Motorpumpen in einen künstlichen See (Verdunster) gepumpt werden.
km *715:* Maw'ub. Beginn der **Dachla**-Oase.
km *765:* **El Kasr,** malerischster Ort Dachlas.
km *785:* **Mut;** Verwaltungssitz, Tankstelle, Übernachtungsmöglichkeit. Wer von Osten kommt, muß sich hier von der Polizei eine tesriah zur Weiterfahrt nach Farafra ausstellen lassen.
km *830:* Tineyda, Ende der Oase. Nach einigen großen Wanderdünen, gegenüber denen die Straßenbauer kapituliert haben.
km *965:* El **Charga.**
km *995:* Mahariq, Ende der Grünzone.
km *1195:* Niltal; re 12 km bis Assiut.

DIE WÜSTENSTÄDTE

Breite Alleen, Fertigbauhochhäuser in dezenten Pastelltönen, im Zentrum ein Shopping Center mit Moschee, Kirche, Schule und Ärztehaus – Entwürfe der Stadtplaner bis zum letzten Blumentopf verwirklicht. Das ist Ramadan City, in der Wüste zwischen Kairo und Ismailiya, die fortgeschrittenste einer Reihe von Wüstenstädten, die Kairo entlasten und im Jahr 2000 je eine halbe Million Menschen beherbergen sollen.

Bei meinem Besuch im Herbst 1984 (es fährt sogar ein Bus ab Tahrir) stehen freilich die meisten Wohnungen leer. Eine Geisterstadt mit, von den Bauarbeitern abgesehen, keinen 1000 Familien. Nicht weniger zögernd die Betriebe, die sich hier ansiedeln sollen. Wen wundert's, wenn Zulieferer, Abnehmer und Behörden sich mehr als sechzig Kilometer entfernt in Kairo befinden.

Die für die Wüstenstädte vorgesehenen und teilweise schon getätigten Investitionen, die immerhin 17% der gesamten Infrastrukturmaßnahmen für die Region Groß-Kairo ausmachen, wären in städtischen Randgebieten wie Nasr City oder der Kernstadt selbst besser aufgehoben. Betriebe sind höchstens über die Steuerschraube zum Umzug zu zwingen, aber das wagt keiner. Die Wohnungen sind für einfache Leute zu teuer, die Mittelschicht trennt sich nicht von Kairos Freizeitangebot und seinen Schulen. Und wer schon aussiedelt, geht nach Suez oder Ismailiya.

MANAGIM

Die Mine von Managim ist eines der großen nationalen Prestigeobjekte und liefert seit 15 Jahren hocheisenhaltige Erze an den Eisen- und Stahlkomplex von Heluan. Der Transport erfolgt mit einer eigens für die Mine gelegten Bahnlinie, die Stromversorgung über Leitungen aus dem Delta. Während die Besichtigung der Betriebsanlage von der Direktion zwar gerne vermittelt wird, bietet sie doch dem nicht geologisch Vorgebildeten wenig.

Interessanter ist die Wohnsiedlung der Minenarbeiter, die weitgehend nach sowjetischen Entwürfen gebaut wurde. Die etwa 1500 Bewohner stammen aus den verschiedensten Regionen Ägyptens, aber auch etwa 50 Familien aus Bawiti – der täglichen Busfahrt zum Arbeitsplatz Mine müde – haben sich hier niedergelassen. Die Wohnungen samt Strom, Wasser, Kantinenessen für Schichtarbeiter sind kostenlos – der Minendirektor als gleichzeitig für die Siedlung verantwortlicher „Bürgermeister" damit aber auch in der Position eines mittelalterlichen Feudalherrn, der eine Vielzahl von Sanktionsmöglichkeiten von der Geldstrafe über die zeitweise „Verbannung" in einen Zweigbetrieb im Niltal bis zum Rauswurf verhängen kann.

Der Ort bietet ein Beispiel, wie die ländliche Bevölkerung sich an die ihnen fremde und wenig entsprechende Neubausiedlung angepaßt hat: Die Grünflächen zwischen den Blocks dienen als Gemüsegarten, auf den Balkons halten viele Familien Hühner und Tauben, Brot wird nicht vom Bäcker geholt, sondern in Lehmöfen neben den Häusern selbst gebacken.

Die vielen TV-Antennen sollten nicht darüber hinwegtäuschen, daß nur bei besonderen meteorologischen Konstellationen der Empfang möglich ist. Vom Bau eines Transmitters zeigte sich die Minenleitung noch 1984 wenig begeistert – das zerstöre alle anderen sozialen und Freizeitaktivitäten und verderbe die Sitten.

Die Infrastruktur Managims wirkt überdimensioniert und ist auf ein Wachsen von Mine und Bewohnern angelegt: Einkaufszentrum, Kino, Kantine, Sportplätze, Bibliothek, Moschee und der „Club" als Treffpunkt der Ingenieure, Schwimmbad (1984 ungenutzt), geologische Mustersammlung und ein Park, der, obwohl eine Perle in der Wüste, die Arbeiter wenig anzuziehen scheint. Die weiterführenden Zweige der Schule werden auch von Kindern aus Bahriya besucht.

Neben dem Erzabbau versucht sich die Mine auch in der Landwirtschaft. Ziel dieses von einer schwedischen Botanikerin entworfenen Projekts ist die Selbstversorgung der Minenarbeiter mit Nahrungsmitteln. Eine kleine Farm liegt hinter der Mine, ein größeres Gut wird in Bahriya (al-Hara) mit UNO-Hilfe aufgebaut, wobei die Neulandprojekte der Mine kurioserweise zu den erfolgreichsten und billigsten in ganz Ägypten gehören – was mit daran liegen mag, daß die Kompetenzen nicht bei irgendwelchen Sachbearbeitern in Kairoer Ministerien liegen, sondern die Mine autonom genug ist, auch ihre Landwirtschaft zu planen und finanzieren.

Übernachtungsmöglichkeit in den Gästewohnungen der Minengesellschaft, Essen nach Voranmeldung im Club, alles teuer, aber das Essen unschlagbar.

BAHARIYA

Über die Oase wird erstmals in pharaonischen Quellen der 18. Dyn. berichtet, doch haben hier schon lange vorher Menschen gesiedelt. Wie in jeder Oase braucht es „nur" Wasser, Agrarland und Bauern, um aus dem Sand einen kleinen Garten Eden werden zu lassen.

Mit Wasser ist Bahariya reichlich gesegnet. Neben wenigen Brackwasserziehbrunnen (bis 8 m), deren Wasser aber allenfalls zum Zementmischen taugt, gibt es 18 Tiefbrunnen und bald 200 traditionelle Brunnen und Quellen. Die Tiefbrunnen werden mit hohem Kostenaufwand von der Regierung mehrere hundert Meter tief gebohrt und sprudeln, zumindest in den ersten Jahren, durch natürlichen Druck. Freilich sind sie von den Bauern nicht gerne gesehen: Zunächst läßt die Förderung der alten Brunnen in der Umgebung des Tiefbrunnens nach, später versiegen sie.

Die Bauern behelfen sich, indem sie die Brunnen nachbohren oder einen tiefer gelegenen Ausfluß treiben, was natürlich ein Aufgeben der oberhalb gelegenen Felder impliziert. Die Regierung – und die ausländischen Experten – täten besser daran, statt neuer Tiefbrunnen, deren Wasser gar nicht voll genutzt werden kann, die Bauern bei der Anlage von Flachbrunnen zu unterstützen und im Hinblick auf geeignete Standorte zu beraten.

Auch einige der Tiefbrunnen mußten in den letzten Jahren auf Motorpumpen umgestellt werden. Die von den Bauern selbst betriebenen Brunnen werden in einer seit römischer Zeit überlieferten Technik bis 135 m Tiefe gebohrt. Neuerdings wird die Bohrung verrohrt, um ein Verschlammen und Sickerverluste zu mindern.

Jede Quelle hat einen beauftragten Sheikh, der die Wasserbücher führt. In diesen ist – nach tradiertem Herkommen oder, bei neuen Brunnen, gemäß des Arbeitsanteils beim Bohren – festgelegt, welche Familie während des zehntägigen Wasserzyklus

Die Quelle Ain Bishmū nach einem Stich von Cailliaūd, 1826

wieviel Wasser entnehmen darf. Daß die Wasserbücher noch heute von den einflußreichsten Familien geführt werden, während die kleinen Bauern oft nicht lesen können, hat bestimmt zu einigen heimlichen „Umverteilungen" der Wasserrechte geführt. Das Wasser von Bahariya – wie auch in Farafra – ist salzarm und von guter Qualität, nur an manchen Stellen durch hohe Eisen- und Schwefelanteile im Geschmack gemindert.

Die Oase produziert heute auf einer Fläche von ca. 12 km^2 vornehmlich Datteln (147 000 Bäume), Oliven (6000) und Aprikosen (13 000) und Reis für den Export, Weizen und Gemüse für den Eigenbedarf. Die terms of trade haben sich, nur für die wichtigsten Importprodukte Weizen und Benzin gegen Datteln und Oliven gerechnet, in den letzten Jahren stark zugunsten der Oase verschoben, so daß der traditionelle Produktionssektor im Aufwind ist, zumindest solange, wie die Regierung Weizen und Benzin künstlich heruntersubventioniert.

Es ergibt sich die für Ägypten paradoxe Situation, daß eine Ausdehnung der seit 150 Jahren kaum gewachsenen Agrarfläche nicht am Wassermangel, sondern am Fehlen von Arbeitskräften scheitert. Heute arbeiten in der Landwirtschaft nicht mehr Menschen als vor 80 Jahren – das Bevölkerungswachstum geht in den Handel, die Verwaltung (jeder 10. Beschäftigte) und die white-collar-Berufe; kaum ein Hochschulabsolvent will sich noch die Hände an einer Palme schmutzig machen.

Das Handwerk von Bahariya nimmt den in der 3. Welt üblichen Weg: Es stirbt aus, denn es kann gegenüber den industriellen Einfuhrprodukten nicht konkurrieren, zumal die Oasenbewohner alles, was aus der Fabrik und dem Niltal kommt, für den Fortschritt schlechthin zu halten scheinen.

Sehenswert in Bahariya sind, neben den Gärten der Oase, besonders die Ain Bishmu, eine der schönsten Quellen der Sahara, die Ruinen der Wüstenkirche von el-Haiz und des in der Nähe liegenden römischen Forts (später Kloster?), sowie das in Bawiti gelegene Grab des Benentiu (26. Dyn.). Letzteres findet Ihr, wenn Ihr die Hauptstraße stadtauswärts nach Osten geht, bis links der Windmesser der Wetterstation auftaucht. 100 m nördlich der Station ein kleiner Hügel, Qasr Selim, auf dem der Eingang zum Grab ist. Weitere Gräber sind bei der Ain Mftillah und zwei Hügel stadtauswärts von Qasr Selim. Über den Qasr-Selim-Hügel läuft eine gut gepflegte römisch-ptolemäische Foggara, erkennbar an den in Kniehöhe eingefaßten Brunnenlöchern, die am Grund durch dünne Stollen verbunden sind und Wasser aus einer kuriosen Quelle hinter der Wetterstation in die Gärten bringen. Bade- und sonstige Ausflüge in die Umgebung veranstaltet preiswert Hadj Salah vom Alpenblick.

FARAFRA

ist mit seinen 1350 Einwohnern die kleinste der westlichen Oasen. Neben dem Kernort gehören mehrere, nur zeitweise bewohnte Weiler dazu, sowie verwaltungstechnisch das Neulandprojekt Abu Munqar im Süden.

Die Bewässerung erfolgt noch heute hauptsächlich über die in der Dorfmitte gelegene Ain Balad. Von den gebohrten Tiefbrunnen sind alle bis auf zwei verplompt, solange es keine Interessenten für das Neuland gibt – und diese könnten, wie bei Bahariya erläutert, allenfalls Umsiedler aus dem Niltal sein, was die Farfaronis natürlich nicht gerne sehen würden. Neben den Quellen sind in Farafra noch drei Foggara in Betrieb, Bewässerungsanlagen, die zur römischen Zeit wohl auch in Bahariya dominierten, aber äußerst pflegebedürftig sind: In einen Hang (hier den Dorfhügel) werden leicht ansteigende Stollen getrieben, bis man auf die Grundwasserschicht stößt, so daß das Grundwasser auch ohne Überdruck, nur durch Gefälle, austreten kann.

In Farafra ist der Arbeitskräftemangel noch gravierender als in Bahariya. Mit dem vorhandenen Wasser könnten 50% mehr

Ankunft einer Karawane in Farafra (Caillaüd, 1826)

Fläche bebaut werden – anders gesagt: Jeder zweite Liter Wasser fließt ungenutzt in die Salzsümpfe. Es muß hier auch das Bild korrigiert werden, Palmen seien genügsame Bäume. Im Gegenteil: Eine Palme benötigt bald 1000 l Wasser pro Woche, mehr, als würde die entsprechende Fläche mit Reis bebaut.

Die Gärten Farafras konzentrieren sich am Hang des Dorfhügels. Sie sind, auch verglichen mit Bahariya, geradezu winzig und durch Erbteilung zersplittert, so daß jeder Bauer eine Vielzahl von Grundstücken nutzt. Angesichts der kleinen Flurstücke ist die Verwendung der beiden Traktoren (Entwicklungshilfegeschenke), einer Egge und eines modernen Pfluges unmöglich – sie festigen immerhin die Beziehungen zum Geber BRD, und die Traktoren können wenigstens zum Transport benutzt werden.

Farafra, das stets abseits der großen Karawanenwege lag, wurde erst mit der Teerstraße für den Rest der Welt erschlossen. Während heute ein halbes Dutzend Läden Waren aus Kairo anbieten, gab es früher nur Naturaltausch oder Auftragshandel, was heißt, eine Sippe stellte etwa jährlich eine Karawane zusammen, die Datteln und Oliven exportierte und Waren nach Bestellung einkaufte. Immerhin macht der Tauschhandel 1981 noch ein Viertel des Umsatzes aus, und Tee und Zucker sind noch heute für Fremde schwer zu bekommen.

Die Bewohner Farafras haben, entgegen einer nicht auszutilgenden Legende, mit Berbern nichts zu tun, sondern sind „rein" ägyptisch. Allerdings war die Oase bis in die dreißiger Jahre eine Hochburg der Senoussis, einer Sekte aus der libyschen Wüste, die sich mit den Engländern im 1. Weltkrieg kloppten. Auf die Senoussi ist wahrscheinlich die Aversion aller Älteren gegen Zigarettenrauchen zurückzuführen, ebenso die Besonderheiten des Schulwesens in Farafra. Nachdem die Koranschule 1937 von den Engländern geschlossen wurde, wandten sich die Sheikhs mit der Bitte um eine staatliche Schule an die Kolonialherren. Obwohl die britischen Berater abrieten („no education, no polis, no crime"), wurde ein Jahr später eine neue Schule eröffnet, an der heute überwiegend einheimische Lehrer unterrichten. In Ergänzung zum staatlichen Einheitslehrplan werden die Schüler und Schülerinnen auch in Landwirtschaft und praktischer Botanik unterrichtet, und die positive Einstellung der Eltern zum Schulbesuch schlägt sich in einem nahezu fünfzigprozentigen Anteil der Mädchen in den Klassen nieder.

Trauriger sieht es mit der Gesundheitsversorgung aus. Mit langen Abständen zwischen Abberufung und Entsendung praktiziert zwar ein jährlich wechselnder Arzt in der Oase, doch werden diese Ärzte direkt nach dem Studium nach Farafra „verbannt", und selbst wenn sie wollten, könnten sie angesichts der Ausstattung ihrer Station kaum ernsthafte Fälle behandeln, weshalb sich die Farfaronis lieber auf die traditionelle Heilkunst bis Quacksalberei verlassen.

Sehenswürdigkeiten bietet der Ort, wiederum außer sich selbst, keine. Das mittelalterliche Fort ist in den fünfziger Jahren nach schweren Regen (oder einem Brand?) eingefallen und nur mehr ein Trümmerhaufen.

NEW VALLEY PROJEKT

1958 beschloß die Regierung ein großangelegtes Oasen-Entwicklungsprogramm als Ergänzungsgebiet für die Lebensmittelversorgung und Auffangregion des Bevölkerungszuwachses im Niltal. Die Pläne sahen in Dachla, Charga und Farafra etwa 5000 km^2 Neuland vor. Zur Bewässerung bohrte man mit Tiefbrunnen das riesige Grundwassermeer unter der Wüste an. Es wird aus den Regenfällen im südlichen Tschad gespeist und bewegt sich langsam nach Norden, um nach mehreren tausend Jahren im Mittelmeer zu versickern.

Des hohen Drucks wegen kam das Wasser zunächst ohne Pumpen zutage. Bald jedoch traten eine Reihe von Problemen auf: Die Flachbrunnen der Bauern in der Umgebung einer Tiefbohrung versiegten, oft mußte altes Kulturland deshalb aufgegeben werden. Der Wasserentzug führt zu Verwerfungen im Boden, deutlich zu sehen am Tempel in Charga, den Holzgerüste vor dem Einsturz bewahren. Das Wasser selbst ist zwar von guter Qualität, enthält jedoch große Mengen CO_2 und H_2S und ist damit, unmittelbar an der Quelle, bevor die Gase sich verflüchtigt haben, hoch aggressiv. Die meisten Installationen sind aus unlegiertem Stahl, rosten also. Das bedeutet, daß Filter, Regelventile und letztlich die Rohre angefressen werden und brechen. ¾ aller Ventile in Charga sind nicht mehr zu schließen, und den Rest wagt niemand zu betätigen, aus Angst, der höhere Druck würde die Rohre zerfetzen. Das gleiche Problem trifft die Dieselpumpen, mit denen das Wasser nach einigen Jahren gefördert werden muß, da der natürliche Druck abfällt.

Die zusammengebrochenen Brunnen (etwa die Hälfte aller Bohrungen seit 1960) fallen für die Bewässerung aus, doch steigt das Wasser neben den defekten Verrohrungen unkontrolliert auf. In Mut könnt Ihr im Winter zwischen den Häusern riesige Pfützen sehen, wie wir sie nach einem Platzregen kennen.

Da die Ventile nicht mehr funktionieren, wird das Wasser nicht nach Bedarf, sondern ganzjährig in gleicher Menge gefördert, im Winter herrscht also Überschuß. Zusammen mit ungenügenden Drainagen führt dies zu einem hohen Grundwasserspiegel, aus dem das Wasser an die Oberfläche gezogen wird und versalzt. Große Teile der neugewonnenen Flächen sind deshalb nicht mehr nutzbar.

Für die Pflege der Brunnen und Kanäle sind nicht – wie bei den privaten Brunnen – die Bauern verantwortlich, sondern Behörden, denen auch die Wartung der Pumpen obliegt. Auch wenn die Mechaniker Meister der Improvisation sind, beschränken Personalmangel und fehlende Ersatzteile die Wartung auf das Notwendigste.

Die Schätzungen, wieviel Land denn nun tatsächlich neu erschlossen wurde, gehen auseinander. Es dürften jedoch auf jeden Fall unter 100 km^2 sein, womit die gesamte bebaute Fläche in Dachla und Charga heute geringer ist als um die Jahrhundertwende.

Weitere Schwierigkeiten bereitet den Bauern der Transport ihrer Produkte zu den Märkten und das Fehlen von verarbeitenden Industrien. In den sechziger Jahren hat man zwar eine Dattelfabrik gegründet, in der inzwischen aber alle Maschinen kaputt sind und die Arbeit wieder von Hand ausgeführt wird. Ein Trockenzwiebelbetrieb bietet ganze 5 Arbeitsplätze. Eine Entenfarm in Charga bringt immerhin jede dritte aufgezogene Ente lebend bis nach Kairo. Gefrier- und Konservierungsanlagen fehlen, in Charga selbst sind – der unsinnigen Vermarktungsstrategie wegen – keine Enten für den Kochtopf zu bekommen, und die Produktionskosten überschreiten den Erlös bei weitem.

Das New Valley ist also dem Ziel, die Lebensmittelversorgung des Landes zu verbessern, keinen Deut nähergekommen. Weitere Erschließungen mit Tiefbrunnen sind nicht mehr geplant. Statt dessen geistert nun die Idee durch die Amtsstuben der Planer, Wasser aus dem Nasser-Stausee in die Oasen zu leiten.

Um ein Überlaufen des Stausees bei ungewöhnlich hohen Fluten zu verhindern, wird ein Kanal in die Toshka-Senke (westlich Abu Simbel) gebaut, in die das Wasser ablaufen soll, wenn der Seespiegel 175 m überschreitet. Würde dieser neue See durch einen kleinen Kanal nicht nur als Überlauf, sondern ständig bewässert, könnte das Wasser von hier aus in den Süden Chargas weitergeleitet werden. Es fragt sich jedoch, zumal angesichts der verstärkten Nutzung des Nilwassers im Sudan, wo der Nil diese zusätzlichen Wassermassen herbringen soll.

Außer Spesen und einem Experimentierfeld für Agronomen und Wasserbauingenieure ist also nicht viel gewesen mit dem New Valley. Der Garten Eden in der Wüste bleibt klein, teuer und temporär.

DAKHLA UND CHARGA

„Es ist ein dicht besiedelter Ort, der ausreichend mit WASSER versorgt ist und Wein und andere Annehmlichkeiten in ausreichendem Überfluß liefert." So beschreibt der römische Schriftsteller Strabo die Hauptstadt Hibis in der Oasis Magna. Ruinen, Brunnenbauten und Bewässerungsanlagen zeigen, daß die Landwirtschaft damals fähig gewesen ist, Scharen von Bauarbeitern samt Verwaltung und Garnison zu verköstigen. Die Anbaufläche war etwa doppelt so groß wie heute.

Nach der islamischen Eroberung um 650 n. Chr. ging die Nachfrage nach dem Hauptexportartikel Wein und anderen Luxusgütern zurück. Die Bauern beschränkten sich mehr und mehr auf Subsistenzwirtschaft, zumal Überfälle von Nomaden sich häuften. Die zentrale römische Schutzmacht fehlte ja nun. Viele Brunnen förderten weiterhin Grundwasser, bildeten Sümpfe, andere versandeten oder gerieten in die Bahnen von Wanderdünen, deren Richtung sich damals geändert haben soll. Zur völligen Isolierung der Oasen kam es während der Türkenherrschaft. Ab 1100 n. Chr. verwalteten nur noch strafversetzte Beamte den Unterbezirk der Provinz Assiut. Sie strebten auf schnellstem Wege weg aus der Wüste und gebrauchten ihre Stelle allenfalls, um sich persönlich zu bereichern. Die düstere Praxis, Oasen als Verbannungsorte zu gebrauchen, endete erst 1970, als die letzten von der Revolution übriggebliebenen Arbeitslager aufgelöst wurden.

Weitgehend unberührt von allen Wirren zogen über den Vierzig-Tage-Weg von Kordofan nach Assiut über Jahrhunderte die Kamelkarawanen mit Salz, Gummi, Elfenbein – und Sklaven. Bis heutigen Tages zieht ab und an eine Salzkarawane mit 300 Kamelen aus dem Sudan auf dem „Darb el Arbain" westlich an Kharga vorbei.

OASE DAKHLA

Die Oasen Dush und El Kharga lagen günstig als Station auf dem Weg vom Süden. Die Beduinen hüteten die Kamele, die Oasenbewohner tauschten Datteln – friedliche wechselseitige Abhängigkeit herrschte wohl vor.

1882 regierte ein „District Commander" der britischen Kolonialverwaltung über alle Oasen. Gerüchte von Bodenschätzen und unerschöpflichen Grundwasservorkommen lockten eine „Western Oasis Company" nach Kharga. Der recht erfolglos wirtschaftenden Gesellschaft verdankte man zur Jahrhundertwende eine Eisenbahnlinie vom Niltal her. Ihre Spuren sind inzwischen vom Winde verweht, einsam steht die Station mit ein paar Schrottwagen mitten in Kharga...

Folge der Verkehrserschließung war jedoch, daß man Stoffe, Kochtöpfe, Möbel, Schuhe sowie Lebensmittel aus dem Niltal beziehen konnte und die bald arbeitslosen Handwerker aus den Oasen begannen, abzuwandern. Nur Datteln, deren Reifungs- und Trocknungsprozeß genau die trockene Wüstenluft braucht, und Strohgeflochtenes aus den Blättern der Dum-Palme hielten der Konkurrenz stand. Agrargüter der Oasen erreichten nicht mehr den Standard des Deltas und wurden kaum exportiert.

Mißtrauen gegen Zugereiste beherrschte das Verhalten der Bauern von jeher. Selbst gutgemeinte Neuerungsversuche der Kolonialverwaltung scheiterten am Widerstand der Bevölkerung:

Entwicklungshilfe 1900: Commander Jarvis wollte den Bauern den Anbau von wassersparendem Trockenreis demonstrieren (denn Versalzung ist kein Problem von heute). Die Einwohner fürchteten aber, die Regierung wolle ihnen den lebensnotwendigen Anbau von Naßreis völlig verbieten und die Demonstration sei nur ein Vorwand dazu. Sie weigerten sich und mußten mit Gewalt zum Anschauen geholt werden.

Entwicklungshilfe 1981: Um den sinnlos hohen Verbrauch artesischen Wassers in der Oase Dakhla zu verringern, wurden

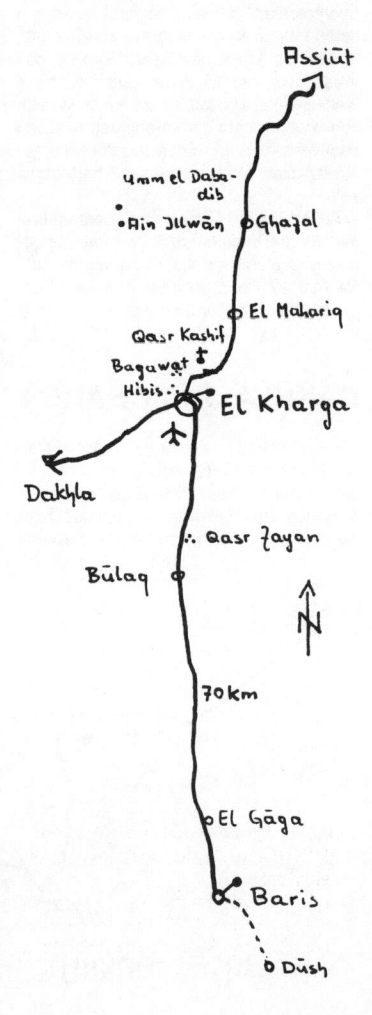

Brunnen für mehrere Stunden am Tag gedrosselt. Die Bauern zerstörten die Reglerventile, weil sie glaubten, man wolle ihnen peu à peu den Lebenshahn zudrehen. Einige Anzeichen sprechen dafür, daß man auch heute den Bauern noch immer nicht genügend Einfühlungsvermögen entgegengebracht hat. Sie wehren sich gegen „Entwicklung" und „Fortschritt", wie er an grünen Tischen in der fernen Hauptstadt ersonnen und von Herren in Schlips und Kragen verkündet wird.

SEHENSWÜRDIGKEITEN IN DAKHLA:

* Die artesischen Brunnen, von denen „Mut III" mit seinen 43°C der heißeste ist. Mit immensem Druck sprudelt das Wasser aus rund 1200 m Tiefe hervor! Natürlich gelten diesselben Baderegeln wie in El Kharga.
* Der el-Hagar, südwestlich von el Qasr, ein Tempel der römischen Kaiserzeit. Reliefs!
Heiße Quelle, die bereits zur Römerzeit benutzt wurde, in der Nähe.
* Für Hobby-Historiker: Mut-Tempel bei Baschendi-Friedhof aus der 21. Dynastie in der Nähe. Im Südosten von Qasr die Kapelle Smint-el-Charab und der zerstörte Tempel Mut-el-Charab. Im Südwesten große Tempelruine aus römischer Zeit.
* Qasr bietet außer seiner schönen Hanglage sehenswerte Töpfereien und Öfen. Die typischen Garras werden dort hergestellt. Auch die handgeflochtenen Körbe aus Bast sind besonders gut und haltbar.

SEHENSWÜRDIGKEITEN IN CHARGA

* Hibis-Tempel am Ortseingang (von Assiut kommend).
* Nekropole der Kopten von Bagawat. Ein Führer schließt die Gräber auf, in denen noch schöne Malereien und Graffiti zu sehen sind.
* Für Interessierte gibt es noch 3 km nördlich die Ruine des koptischen Klosters Qasr Ain Mustafa Kashif.
* Im Nordosten liegen zwei ptolemäische Siedlungen, die noch einer systematischen Bearbeitung durch Archäologen bedürfen.
* Im Südosten (ca. 2 km vom Zentrum) liegt die Ruine des Nadura-Tempels aus der Zeit Hadrians.
* Südlich davon, parallel zur Straße nach Baris: Qasr el Ghuita (25. Dynastie) und Qasr Zaiyan.
* Prähistorische Felszeichnungen gibt es im Norden von Kharga (Führer am Hibis-Tempel anheuern), noch hinter den koptischen Nekropolen. Keine Beleuchtung: Lampen mitnehmen!
* Wie Ziffer 3 bis 7, nur zu Fuß oder mit möglichst allradgetriebenem Fahrzeug zu erreichen, sind die längst verlassenen Oasen Umm el Dabadib und Ain Elwän. Die Ausflüge sind zwar ungeheuer lohnend und für Leute mit historischem Sachverstand unschätzbar, aber ohne ortskundige Führung nicht zu empfehlen.
* Wer nicht zu geländegängig ist, kann auch in Kharga-Stadt viel entdecken. So z. B. Alt-Kharga, ein Gassengewirr aus Lehm und Palmen. Um die Einwohner nicht zu provozieren, sollte man sich möglichst bedeckt kleiden und nur mit Zustimmung der Betroffenen fotografieren.
* Der Teich mit tausend Enten in Munira im Süden Khargas.
* Kunsthandwerker-Zentrum am Ortsausgang an der Straße nach Baris, rechts (neben Dattelfabrik). Schöne Tonwaren, Webereien etc.
* Mehrere Brunnenbecken laden zum Baden ein.
* In der Südostecke von Baris (der Dorflehrer nimmt ab und zu auch Gäste in Pension) biegt die Piste nach Dush, der südlichsten Oase Ägyptens, ab. Der Weg ist kaum zu verfehlen und führt an

riesigen Wanderdünen vorbei, deren Sichelform ideale Rastplätze bietet. Dush war einst Karawanenknotenpunkt und verfügt über ein interessantes Ausgrabungsprojekt französischer Archäologen.

Vor dem Tempel für Serapis und Isis, an dem Bauarbeiter für Domitian, Trajan, Hadrian und Antonius gebaut haben, erhebt sich die Ruine einer über Jahrhundertelang bewohnten Siedlung, deren Räume vielfach in vier Stockwerken übereinander noch mit Möbeln und Tongeschirr angefüllt waren. Wer Französisch spricht, kann eventuell einen der Ausgräber für eine Führung gewinnen.

Übernachtungsmöglichkeit in el-Charga im gleichnamigen Hotel (an der Straße nach Assiut) für 5–10 LE. Im Souk soll es auch ein billigeres Hotel geben.

LESEHINWEIS OASEN:

Bliss, Frank „Die Oasen Bahriya und Farafra" Bonn 1983 (PAS).

Fakhry, Ahmed „The Oasis of Egypt", Band II: „Bahriya and Farafra Oasis" Kairo 1974 (AUC-Press).

Charga-Tempel – Metropolitan Museum of Modern Art. Egyptian Expedition „The Temple of Hibis in El Kharga Oasis" New York 1941 (reprint 1973), 2 Bde.

DIE OASEN UND DER TOURISMUS

Der Oasen-Tourismus beschränkt sich bisher auf die kleine Gruppe von in Kairo wohnenden Ausländern, auf Rucksackreisende und wöchentlich ein oder zwei Hotelbusse. Doch dies wird sich ändern, sobald auf der Strecke mehr gehobene Übernachtungsmöglichkeiten bestehen. Schon 1982 öffnete in Kharga ein Touristenhotel seine Pforten und wurde auch sofort von den Reiseunternehmen in die Programme einbezogen. Der Landrat von Bahariya hat ähnliche Pläne und wartet nur auf das Geld der Provinzverwaltung, um Kurzurlaubern aus Kairo ein „attraktives" Programm samt Unterkunft zu bieten.

Doch schon der bisher kleine Touristenstrom hat Auswirkungen der übelsten Seite. Betrachten wir das Handwerk: Wurde früher nur auf Bestellung geliefert und gefertigt, wird nun für den Markt produziert, besonders Silberschmuck, Decken und die Frauengewänder Baharjyas. Diese Waren sind mittlerweile so im Preis gestiegen, daß kein Einheimischer sie sich mehr leistet und auf Billigimporte ausweicht. Durch die Vielzahl der Gäste muß auch die Gastfreundschaft zu einer unerträglichen finanziellen Belastung geworden sein, zumal Touristen Einladungen grundsätzlich annehmen, was genauso wider jede Sitte ist, wie keine Einladungen auszusprechen.

Die Mißachtung religiöser und moralischer Empfindungen der Oasenbewohner führt zunächst zu Schock und Verunsicherung, später zu abnormer Reaktion. Besonders in Farafra, wo wegen fehlenden Fernsehens die Touristen die wichtigsten Botschafter unserer Industriekultur sind, wird von den jungen Männern die einheimische Frau im Vergleich zur freizügigen Touristin abgewertet. Man ist überzeugt, in ihr ein Objekt der eigenen sexuellen Gelüste gefunden zu haben, und dann um so enttäuschter und wütender, wenn Europäerinnen mit ihrer lockeren Kleidung keine bewußten sexuellen Interessen verbinden.

Andererseits vermag ich wenig Vorteile zu entdecken, die der Tourismus den Oasenbewohnern bringt. Auch wenn man nicht so weit gehen sollte wie – aus anderen Motiven – in Siwa, wäre zu fordern, den Oasentourismus keinesfalls weiter zu fördern, also: Keine weiteren Unterkünfte, keine durchgehende Busverbindung, statt dessen ein zeitlich begrenztes Permit, möglichst schwierig und umständlich einzuholen, was der ägyptischen Bürokratie ja nicht schwerfallen sollte. Doch liegt diese Position wohl derzeit nicht im Trend.

Touristische Benimm-Vorschläge, nicht nur für die Oasen:

- Als Mann keine Frauen fotografieren.
- Als Frau in Brunnen nur im Badeanzug und, falls der Brunnen in einem Dorf oder an einem frequentierten Weg liegt, nur nachts baden. Andererseits aber auch energisch darauf dringen, daß sich offensichtlich Schaulustige entfernen.
- Einladungen grundsätzlich zunächst ablehnen und sich höchstens nach hartnäckigem Verhandeln erweichen lassen, dann aber sinnvolle Gastgeschenke mitbringen. Neun von zehn Einladungen sind „Einladungen des Bootsmannes", wie es auf arabisch heißt, nach dem Schiffer, der vom vorbeifahrenden Boot aus seine Freunde am Ufer zu sich einlädt – pure Höflichkeit also, aber nicht zur Annahme gedacht.
- Nicht gerade einen Schleier tragen, aber in der eigenen Kleidung den örtlichen Maßstäben Konzessionen machen. Das gilt auch für Männer. Shorts wirken in Ägypten etwa so absonderlich, wie wenn ein Ägypter in Europa im Pyjama rumlaufen würde – und so geschmacklos, als wenn Ihr zu Hause in der Unterhose einkaufen ginget.
- Wasser ist kein Eigentum, sondern Geschenk Gottes: Jeder wird Euch Wasser geben, sofern er hat. Von Euch wird das gleiche erwartet. Aus erwähnten Gründen in den Oasen keine Souvenirs kaufen.
- Müll in der Wüste nicht nur vergraben – die Hunde haben ihn binnen Sekunden wieder freigebuddelt –, sondern vorher mit Benzin übergießen und verbrennen.

Der Dorfvorsteher von Farafra

Das Niltal

Der Fluß ist nach neueren Berechnungen mit 6671 km der längste auf unserem Planeten. Seine Quelle liegt südlich des Äquators in Burundi. Im weiteren Verlauf entwässert der Weiße Nil den Victoria-See, bis er sich bei Khartum mit dem Blauen Nil vereinigt. Wenig später bekommt er mit dem Atbara seinen letzten Zufluß und windet sich die nächsten 2500 km durch die Wüste, damit die längste Oase der Welt schaffend. Seine Wassermenge ist verhältnismäßig gering: Er bringt nicht mehr Wasser ins Mittelmeer als etwa der Rhein in die Nordsee. Daß der Strom von der pharaonischen Zeit bis heute in Ägypten der Vater vielleicht nicht aller, aber doch der meisten Dinge ist, lag früher an der Nilflut.

Die Sommerregenfälle zunächst in Zentralafrika, später in Äthiopien, bewirken einen ausgeprägten Rhythmus in der Wasserführung. Im Mai noch ein kleines Rinnsal, schwillt der Fluß im Juni an, erreicht Anfang September die fünfzehnfache Durchflußmenge gegenüber dem Mai, um danach wieder langsam zurückzugehen. Von den regelmäßigen Überschwemmungen der Felder an den Flußufern werdet Ihr jedoch im Sommer nichts mehr erleben können. Durch eine Kette von Staudämmen, besonders den Hochdamm in Assuan, wird das Wasseraufkommen heute auf das ganze Jahr gleichmäßig verteilt.

In England spricht Jedermann vom Wetter,

und jedes Gespräch wird mit Ausdrücken über Hitze oder Kälte, Regen oder Trockenheit angefangen; in Ägypten aber, wenigstens während eines Theiles des Jahres, bildet das Steigen des Niles den allgemeinen Unterhaltungsgegenstand. Bisweilen steigt der Fluß ungewöhnlich schnell, und dann wird von nichts als Überschwemmungen gesprochen; denn wenn der Fluß zu sehr austritt, werden ganze Dörfer weggeschwemmt; und da sie zum größten Theile aus an der Sonne getrockneten Ziegeln und Lehm gebaut sind, werden sie vollständig vernichtet; und sobald das Wasser sich setzt, sind alle Gränzzeichen verwischt, der Lauf der Kanäle verändert, und Hügel und Dämme weggewaschen. Bei solchen Gelegenheiten haben die kleineren Grundbesitzer große Schwierigkeit, ihr Besitzthum wieder zu bekommen; denn wenige von ihnen wissen, wie weit sich ihre Felder in der einen oder anderen Richtung erstrecken, wenn nicht ein Baum, ein Stein oder irgend etwas Anderes nachbleibt, um die Gränze des flachen Schlammstückes des Einen von dem seines Nachbarn zu bezeichnen.

Das häufigere und weit mehr gefürchtete Unglück aber ist das Ausbleiben des Hochwassers. Dies war der Fall im Jahre 1833, und wir hörten von nichts Anderem sprechen. „Ist es heute sehr gestiegen?" fragt der Eine. – „Ja es ist einen halben Pik (halbe berl. Elle) seit heute Morgen gestiegen." – „Was! Nicht mehr? Im Namen des Propheten, was soll aus der Baumwolle werden?" – Ja, und die Doura (Hirse) wird ganz gewiß von der Sonne verbrannt werden, wenn wir nicht noch vier Piks Wasser bekommen." Kurz der Nil hat in Allem seinen Willen; Alles hängt von der Art ab, wie er sich zu verhalten beliebt, und El Bahar (der Fluß) ist von früh bis Abend in Jedermanns Munde. Während der Zeit des Steigens gehen Ausrufer mehrere Male des Tages durch die Stadt, und geben die genaue Höhe an, auf welche das Wasser gestiegen ist, und die genaue Anzahl der Piks, welche am Nilometer unter Wasser stehen.

(Curzon 1847)

TRANSPORT AM NIL

Drei verschiedenartige Beförderungsweisen bieten sich dem Reisenden dar, der die Monumente aus den Glanztagen der Pharaonenzeit zu besichtigen, die an den Ufern des ungetheilten Nil sich lang hinstreckenden Fluren mit ihren fruchtbaren Aeckern, eigenartigen Dörfern und Städten zu besuchen und die granitene Enge zu überschreiten wünscht, durch die sich der Strom mit wirbelndem Wasser beim alten Syene den Eingang in das eigentliche Aegypten erzwingt. Wer auch den zweiten, nicht ganz zwei Grade südlich vom Wendekreise gelegenen Katarakt zu erreichen begehrt, der wird nur die dritte Beförderungsweise, der auch wir vor den beiden anderen den Vorzug geben, wählen können. Der sogenannte „Tourist", der eben nur reist, um gesehen zu haben und allgemeine Eindrücke mit nach Hause zu nehmen, wähle das Dampfschiff, auf dem er in drei kurzen Wochen, ausgezeichnet verpflegt, von Kairo nach Philae gelangt. In großer Gesellschaft, nach einem vorgeschriebenen Programm, wird er von einer Sehenswürdigkeit zur andern geführt und erreicht seinen Zweck mit dem geringsten Aufwand an Zeit und Geld.

Andere Reisende fahren jetzt mit der Eisenbahn bis zum oberägyptischen Sijût, gehen von dort zu Esel oder in einem Boot nach Theben, quartieren sich daselbst in einem der beiden zu Luksor eröffneten guten Pensions-Hôtels ein und benutzen dann zur Heimfahrt den Dampfer. Wer als sein eigener Herr und mit der Möglichkeit, sich aufzuhalten, wo er mag, zu reisen liebt, der bedient sich eines der Dahabîje genannten Nilboote, die klein und groß, billig und theuer, einfach oder mit allen Bequemlichkeiten ausgestattet, im Hafen von Bûlâk vor Anker liegen und auf Miether warten.

(Ebers 1886)

Zugfahrplan

Zug-Nr.	980	982	160	164	84	86	88	868
Kairo	7.30	12.00	12.25	16.20	19.00	19.35	20.00	20.30
B. Suef	9.24	13.59	14.28	18.15			22.05	22.34
Minia	10.56	15.34	16.00	20.57			23.45	0.18
Assiut	12.46	17.20	17.45	23.37			1.27	2.12
Sohag	13.51	18.28	19.25	1.28			3.21	3.43
Baliana	14.55	19.47	20.47	3.27			4.31	5.03
Kena	17.05	22.03	23.41	5.36		6.06	6.37	7.55
Luxor	18.57	0.20	1.35	7.20	6.06	8.30	8.55	9.30
Esna	19.54			8.48			9.47	10.50
Edfu	21.10			9.54			10.49	11.51
Kom Ombo	22.23			11.09			12.02	13.16
Asswan	23.20			12.12	10.00	12.35	12.58	14.12

Zug-Nr.	983	981	???	85	89	87	163	869
Asswan		5.15	10.15	14.45	16.40	17.40	18.40	20.08
Kom Ombo		6.15	12.03		17.38		19.49	21.04
Edfu		7.31	13.45		18.52		21.08	22.30
Esna		8.49	15.26		19.51		22.13	23.30
Luxor	5.15	10.14	16.55	18.31	20.54	22.25	23.37	1.02
Kena	7.00	11.26	18.56		22.38		1.02	2.19
Baliana	9.06		21.07		0.45		3.53	4.30
Sohag	10.11	14.10	22.29		1.36		4.56	5.43
Assiut	11.20	15.29	0.20		3.25		7.12	7.30
Minia	13.11	17.28	2.28		5.35		9.50	9.38
B. Suef	14.40	19.03	4.21		7.22		11.33	11.20
Kairo	16.35	20.55	6.20	6.30	9.20	9.50	13.30	13.15

Züge 163 und 164 kommen von bzw. fahren nach Alexandria, Nr. 84–89 haben ein Restaurant.
Alle Züge halten auch in Giza und fahren bei Schiffsanschluß in Assuan bis zum Hafenbahnhof.

(Zusätzliche Schnellzüge verkehren zwischen Kairo und Assiut.)

Die Angaben wurden am Bahnhof von Marsa Matruh abgeschrieben, dem anscheinend einzigen, der einen Fahrplan in lateinischer Schrift aushängen hat!

BUSSE

Busse fahren nach Beni Suef und Minia etwa stündlich, seltener nach Assiut, Kena und, am frühen Morgen und späten Abend, bis Luxor – Asswan.

Mehrmals täglich besteht Flugverbindung nach Luxor – Asswan.

ORTS- UND ROUTEN-BESCHREIBUNG

Stadtausfahrt Kairo mit dem Auto:
Am westlichen Nilufer entlang nach Süden (am östlichen geht's auch, wenn man dann in Helwan die Brücke überquert) oder über Sakkara.

115 km: *Beni Suef*. Provinzhauptstadt, Abzweig von Straße und Eisenbahn ins Fayum, Fähre über den Nil zur Straße nach Zafarana (Rotes Meer). Um das alte Zentrum zu erreichen, überquere man die Bahnlinie Richtung Nil. Wie alle Städte im Niltal nördlich Assiut hat auch Beni Suef schon glanzvollere Zeiten gesehen, als nämlich der Großgrundbesitz noch nicht in Ansehn, so in Blüte stand. Die Stadt wird kaum von Fremden besucht, weshalb die Bewohner noch freundlich bis staunend dem Fremden begegnen. Schöner Souk, leider habe ich nie ein gutes Restaurant gefunden.

187 km: *Beni Masar*. Man beachte, wie in den vorhergehenden und nachfolgenden Kleinstädten die Uferpromenade (= Hauptstraße) längs des Kanals. Dies war mir der einzige Anhaltspunkt, die Städte zu unterscheiden.

235 km: *El Minia*. Provinzhauptstadt und touristischer Entwicklungsschwerpunkt Mittelägyptens, wovon allerdings noch wenig zu merken ist.

KURZINFORMATION:

* **Busstation** und Überland-Taxis an der Eisenbahnbrücke südl. des Bahnhofs.
* **Camping:** Mit dem Zelt an der Uferpromenade im Garten eines *Nilcasinos*, gegenüber dem Wasserwerk. Mit dem Wohnmobil in der Sackstraße vor dem Security Department parken, am Nil auf Höhe des Bahnhofs.
* **Essen:** Nichts, was der Bezeichnung Restaurant wert wäre. Am ehesten noch in besagtem *Nilcasino,* aber nur mittags.
* **Hotels:**
Sehr schön das *Palace* in der Bahnhofstraße; auch *Savoy*, direkt am Bahnhof. Weniger gut: *Mt. Everest* (der Bahn entlang 500 m nordwärts des Bahnhofs) und *Seti* (am Bahnhof).
5–10 LE mit Du/WC:
Lotus (hinter Mt. Everest),
Echnaton Tourist Hotel (Corniche).
Im *Omar Khayam* (hinter Savoy) und *el-Shati* (Bahnhofstr., kurz vor dem Nil) ist Halbpension obligatorisch.
* **Information:** Die Tourist Information vergeßt lieber. Wendet Euch statt dessen an Herrn Adly Mikail (T 226 84), neben den Reisebüros der einzige, der sich auskennt und auch eine Führer-Lizenz hat, und gerne hilft.
* **Jugendherberge:** Irgendwo im Norden der Stadt bei den Sportanlagen.
* **Museum:** Einige Exponate stehen im Gebäude der Provinzverwaltung und alle warten auf einen Neubau. Gell, Herr Eggebrecht?

DIE STADT EL-MINIA

Wie alle Städte zwischen Kairo und Assiut liegt El-Minia eingeklemmt zwischen dem Nil im Osten und dem Ibrahimya-Kanal im Westen. Die Hauptstraße führt am Westufer des Kanals entlang, die Bahn am Ostufer. Im Norden wird die Stadt durch das moderne Verwaltungszentrum und schließlich die Universität begrenzt, im Süden schließt sich an die Altstadt ein Industriegebiet und einfache Wohnviertel an.

El-Minia ist in vielem der Zwilling von *Beni*

Suef. Die Stadt ist kaum vom Tourismus berührt und gibt einen guten Eindruck einer mittelägyptischen Provinzmetropole. Haupteinkaufsachse ist die *Sh. Ahmet Mahir,* die im Süden Souk-Charakter hat. Neben dem Stadtbild ist die *Lamati-Moschee* (am Nil etwa auf Höhe der Autofähre) aus dem 12. Jahrhundert sehenswert, in die einige koptisch-byzantinische Säulen verbaut sind.

OSTUFER

Die Fähre zum Westufer fährt am Südteil der Uferstraße etwa im Stundenrhythmus ab. Autofahrer sollten die Rampe mit Vorsicht befahren. Auf dem Westufer etwa 7 km nach Süden, vorbei an Kalksteinbrüchen, die Gräberstadt Sawjet el Maitin, meines Wissens der flächenmäßig größte Friedhof Ägyptens. Eine riesige, menschenleere Ansammlung von Kuppelgräbern, in der Kopten wie Moslems die antike Tradition der Totenstädte fortleben lassen. In dieser Totenstadt versteckten sich mehrere Monate der Führer des Assiut-Aufstandes nach der Ermordung Sadats. Im Süden wird die Gräberstadt durch den „Roten Hügel" (Kom el-Ahmar) begrenzt, der antiken Nekropole.

Fahrt Ihr vom Fähranleger statt dessen nach Norden, erreicht Ihr nach etwa 10 km Tehna el-Gebel mit Felsengräbern aus dem Alten Reich und einer in den Felsen gehauenen Statue Ramses III. Nach weiteren 10 km Deir el-Adra, ein noch bewirtschaftetes koptisches Kloster, dessen Anfänge auf das 4. Jahrhundert zurückgehen.

Der Ausflug auf das Ostufer, obwohl ohne eigenes Fahrzeug mühsam (Sammeltaxis an der Fähre), lohnt besonders für Fotografen, der freundlichen Leute wegen aber auch für andere.

BENI HASSAN

Anfahrt: Bei el-Fikriya, 20 km südl. el-Minia, an der Brücke mit Bahnhof die Hauptstraße verlassen und mit dem Sammeltaxi (5 P.) 4 km zum Nilufer. Dort mit dem Motorboot (2 LE) übersetzen, nicht ohne Zeit für die Rückfahrt auszumachen.

In Beni Hassan finden sich Gräber der Feudalherren aus dem Mittleren Reich, ähnlich denen in Asswan. Der Felsentempel von Speos Artemidos liegt eine halbe Fußstunde südlich von Beni Hassan.

278 km: *Mallawi*. Kreisstadt mit Museum (Funde aus der Region; an der Ost-West-Hauptstraße neben der Stadtverwaltung im neueren Stadtteil; geöffnet 9–16 Uhr; Freitagnachmittag und Mittwoch geschlossen). Übernachtungsmöglichkeiten. Ausgangspunkt für die Besichtigungen von Tel el Amarna und Tuna el-Gebel/Hermopolis Magna, für die das über Beni Hassan Gesagte gilt.

HERMOPOLIS/ TUNA EL-GEBEL

Mit dem Taxi Mallawi Richtung Westen verlassen, nach der Kanalbrücke nach Norden zum Dorf Aschumein. Von dort ca. 10 Min. zu Fuß nach Norden erreicht man einen Hügel mit den Resten der alten Stadt, die ihre Blüte in griechisch-römischer Zeit hatte. Folgt man in Aschumein weiter der Asphaltstraße, kommt nach ca. 10 km Tuna el-Gebel, die Totenstadt des alten Hermopolis, die für Spezialisten durch ihren Verschnitt aus pharaonischen und griechischen Stilelementen interessant ist.

TELL EL-AMARNA

Bei *Deir Mawas* die Hauptstraße verlassen und mit dem Sammeltaxi (5 P.) zum 5 km entfernten Nilufer. Dort Motorboot (2 LE) chartern, Rückfahrt vereinbaren. Am Ostufer Traktor (5 LE) zu den Ruinen.

Daß Tell el-Amarna historisch von höchster Bedeutung war, wird niemand bestreiten wollen. Amenophis IV., der Revoluzzer auf dem Pharaonen-Thron, hatte hier eine neue Hauptstadt errichtet. Er wollte sich dem politischen Einfluß der Amun-Priester Thebens entziehen, und die einfachste Methode, Priester zu entmachten, liegt wohl darin, daß man ihre Götter abschafft. Fortan sei nicht mehr dem Amun und seiner korrupten Priesterschaft zu opfern, fortan, bitteschön, sind die Opfer dem neuen Gott Aton darzubringen, dazu dem obersten Priester, dem Pharao, und den von ihm ausgewählten neuen Aton-Priestern. Und, da wir schon dabei sind, das direkte Anbeten der Götter hört jetzt auch auf, jedermann und -frau wende sich zunächst an den Pharao als Mittler, denn nur dessen Gebete werden von Aton angehört.

Um seine Neuerungen zu unterstreichen, nannte Amenophis sich dann auch *Ech-n-Aton* und gründete eine neue Hauptstadt, weit weg vom verhaßten Theben, Achet-Aton, das heutige Tell el-Amarna. Ich will Echnaton nicht absprechen, daß er tatsächlich davon überzeugt war, was er dem Volk predigen ließ. Im Gegenteil, vieles deutet darauf hin, daß seine Beschäftigung mit theologisch-metaphysischen Problemen ihm gegen Ende seines Lebens keine Zeit zur Politik mehr ließ und fremde Völker ungehindert die Grenzen überschritten, ohne daß der Pharao zu reagieren fähig gewesen wäre. Ich will nur zeigen, daß hinter der vielgerühmten Wende zum Monotheismus ganz handfeste Interessen standen. Auch fielen die Ideen Echnatons nicht vom Himmel, sondern konnten auf eine lange Tradition in der ägyptischen Priesterschaft aufbauen, in der es schon immer Richtungen gab, die das Schwergewicht auf EINEN Gott, den Ur-, Schöpfer-, Ober- oder Sonstwie-Gott legten, meist in Gestalt des Sonnengottes Re.

Doch zurück zu Tell el-Amarna: Nach dem Tode Echnatons setzte bald (genauer: mit Tutench-**amun**) die Reaktion der Amun-Priester ein, die neue Hauptstadt wurde aufgegeben und geschleift. Und was man damals nicht beseitigte, schafften die Jahrtausende danach: Außer einigen Gräbern und Grundmauern sieht der Besucher eine große, flache Sandfläche und sonst nichts – ein Anblick, der angesichts des Aufwandes nur frustrieren kann.

300 km: *Dairut.* Kreisstadt. Sehenswert die Kreuzung von Bahr Yussuf und Ibrahimya-Kanal, ein Gewirr von Kanälen, Schleusen, Schiebern, Wehren usw. (Modell im Landwirtschaftsmuseum, Kairo).

355 km: *Assiut.* Neben Assuan größte Stadt Oberägyptens (250 000 EW), Universität.

KURZINFORMATION:

* **Busstation** und Taxis beim Bahnhof.
* **Camping:** Den gelegentlich empfohlenen Offiziersclub rate ich zu meiden: Die Toiletten gehören zu den dreckigsten im Lande, die Soldaten stehlen, ein Offizier verdient gerne in die eigene Tasche und macht sich an Frauen ran. Besser ist der Sportclub, am nördlichen Brückenkopf der alten Brücke über den Ibrahimya-Kanal. Dort ist auch die beste Küche im Ort.
* **Hotels:** Am besten ist noch das *Omar Khayam* (vom Bahnhof nach Südwesten, dann 2. Straße rechts); in der gleichen Straße *Isis* und *Cleopatra;* direkt am Bahnhof *Savoy*, an der Unterführung *Windsor;* weitere Hotels hinter dem Bahnhof. Wenigstens sind die Hotels in Assiut billig.
* **Konditoreien:** Unerwartet erfreulich. Gleich zwei empfehlenswerte Geschäfte an der Unterführung.
* **Teehäuser:** *El Nil* und *Majestic* am Bahnhofsplatz.

DIE STADT ASSIUT

Ich verarge es niemandem, wenn er Assiut als tödlich langweilig bezeichnet. Die Reize der Stadt offenbaren sich nämlich nicht beim hastigen Durchhuschen, sondern zieren sich und wollen erst entdeckt sein. Erster Pluspunkt sind die Menschen: Daß sich nicht viele Fremde hierher verirren, merkt der Reisende spätestens dann, wenn er sich beobachtet fühlt und sich alle nach ihm umdrehen, obwohl er männlich und anständig unauffällig gekleidet ist. Man wird auch in Assiut angemacht, aber die Anmache hat einen ganz anderen Stellenwert als in Luxor: Die Leute sind nicht auf den Geldbeutel aus, sondern fühlen sich (wenn auch für uns manchmal übertrieben) verpflichtet, dem fremden Gast zu helfen. Und neugierig sind sie natürlich auch. Durch die Uni gibt es verhältnismäßig viele, die Englisch oder Französisch sprechen, und mit denen es sich auch zu diskutieren lohnt. Assiut ist eine konservative Stadt. Alkohol sollte man in der Öffentlichkeit vermeiden, mit der Kleidung besonders vorsichtig sein. Daß sich die Fundamentalisten nach ihrem Attentat auf Sadat gerade Assiut als Ausgangspunkt für weitere Aktionen aussuchten, war kein Zufall.

Hauptattraktion neben den Menschen ist der Souk, meines Wissens die längste überdachte Einkaufsstraße des Landes. Die einzelnen Gewerbe sind noch stark in gesonderten Bereichen konzentriert, man findet noch viele Höfe, in denen wie früher Großkaufleute ihre Waren lagern und umschlagen. Souvenirs sollte allerdings niemand erwarten; die werden zwar auch produziert, aber in die touristischen Zentren zum Verkauf verschickt. Sehenswert sind auch die alte Nil-Barrage (1898, erweitert 1933). Die Felsengräber (Mittleres Reich) in den Hängen südwestlich der Stadt müssen nicht sein.

Wer mit dem eigenen Fahrzeug unterwegs ist, dem sei zur Weiterreise die **Fahrt auf dem Ostufer** empfohlen. Obwohl es dort neuerdings eine Asphaltstraße gibt, der zugunsten viel Natur planiert wurde, ist diese Strecke immer noch von großer landschaftlicher Schönheit. Sie führt teilweise direkt am Nil entlang, der hier ein ungewohntes Bild abgibt: Natürliche (bewohnte) Inseln, Auen und Wiesenflächen, auf denen Rinder weiden.

Der Weg ist einfach zu finden: In Assiut über die Barrage, wenn die Straße aufhört nach rechts (links geht's zum Geburtsdorf Nassers) und dann immer geradeaus, vorbei an der Kleinstadt Badari (vorgeschichtliche Funde), einem Engpaß zwischen Nil und Felsen (auf dem ein Ungeheuer wohnt, das in Ruhe gelassen werden sollte). Wenn sich das Fruchtland wieder weitet und in den Felsen Gräber auftauchen, an einer Gabelung der Asphaltstraße rechts nach Sohag, vorbei an **Achmim,** einer heute für ihre Schals berühmten Kleinstadt, in der sich früher die religiösen Eiferer die Köpfe einschlugen: Athanasius und Schenute wetterten gegen die Unmoral der Bewohner, Nestorius wurde hierher verbannt, wohl weil man dachte, es gäbe nichts mehr zu verderben.

Nach Überqueren der Nilbrücke **Sohag,** das man freilich auch auf dem Westufer (Hauptstraße) erreicht (km 450), und über das es wenig Berichtenswertes gibt; abgesehen von den Ruinen des weißen und des roten Klosters, etwa 10 km außerhalb der Stadt im Nordwesten (es soll auch einen Bus geben, den ich aber nie gefunden habe) am Rande der Wüste. Die beiden Klöster werden heute von koptischen Familien bewohnt, der Priester (und Schlüsselgewaltige) residiert im Weißen Kloster. Dieses ist der größte erhaltene Kirchenbau Ägyptens aus dem 5. Jahrhundert, von außen ein kastenförmiges Rechteck, im inneren jedoch gegliedert mit Säulen, Rundnischen, Nebenräumen usw. Am 14. Juli findet jedes Jahr eine große Wallfahrt statt, an der auch viele Mohammedaner teilnehmen.

ABYDOS

498 km: *Balyana*

Den historischen Bezirk von Abydos erreicht man, indem man in Balyana von der Hauptstraße nach Westen abbiegt nach etwa 10 km am Ende des Fruchtlandes. In der Verlängerung nach Osten geht besagte Stichstraße in die Hauptstraße der Kleinstadt Balyana über, an deren Ende sich der Taxiplatz (von und nach Sohag und Nag Hammadi) befindet.

Abydos war eine der *wichtigsten religiösen Stätten* des alten Ägypten. Schon die ersten Pharaonen ließen sich hier ein Scheingrab anlegen oder gar bestatten. Die Funktionen eines örtlichen Totengottes wurden bald von Osiris übernommen, dessen Kopf man hier begraben glaubte und dem man nah sein wollte. Wer es sich leisten konnte, machte eine Wallfahrt hierher, oder ließ sich wenigstens nach seinem Tode durch eine Devotionalie oder ein kleines Täfelchen dem Osiris in Erinnerung bleiben.

Die Hauptsehenswürdigkeit von Abydos sind der Tempel Sethos I. und das dahinterliegende Scheingrab, die besterhaltensten Tempel aus dem Neuen Reich. Um zu zeigen, zu was so ein Tempel eigentlich gut war und wie er aufgebaut ist, sei am Beispiel Abydos etwas ausgeholt:

TEMPEL

Die Ägypter kannten ursprünglich drei Typen von Tempeln:
- Sonnentempel: Offene Anlage mit Obelisken und Altar zur Verehrung des Sonnengottes
- Totentempel: Im baulichen Zusammenhang mit einem Grab (bzw. einer Pyramide) zum Vollzug des Totenkultes
- Göttertempel: „Häuser" der Götter auf Erden, in denen diese wohnen und verehrt werden.

Ab dem Neuen Reich verwischen sich die Grenzen zwischen Toten- und Göttertempel: Erstere sind nur mehr ideell auf ein Grab bezogen (z. B. *Deir el-Bahari*), letztere dienen auch der Verehrung eines Toten (z. B. *Sethos in Abydos*).

AUFBAU

In seiner Idealform hat ein Tempel ab dem Neuen Reich folgende Gliederung: An der Eingangsfront ein „Pylon" genannter doppeltürmiger Torbau; dahinter ein, oft säulenumstandener, Hof, auf dem sich das Volk an hohen Festtagen versammeln durfte; eine zum Hof hin offene Vorhalle, an die sich als Beginn des eigentlichen Tempels eine Pfeilerhalle anschließt, die nur die Priester betreten dürfen; schließlich ein „Allerheiligstes", die Kapelle des Hauptgottes, die nur der Oberpriester betrat, daneben oder drum herum Kapellen der übrigen hier verehrten Götter und Asservatenräume. In der Kapelle befand sich in einem Schrein oder auf einer Barke das Bild des Gottes.

KULT

Die Ägypter gingen davon aus, daß die Götterstatue im Tempel den Gott nicht nur repräsentiere, sondern der Gott selbst sei. Von diesem wiederum stellte man sich vor, daß er ein Leben liebe, wie es der Pharao am Hof vorexerzierte. Daraus leitete sich das tägliche Ritual her: An hohen Festtagen der Pharao selbst, sonst ihn stellvertretend der Oberpriester, wird morgens mit Weihwasser gereinigt, geht dann vor die Kapelle und öffnet die versiegelte Tür, singt, weihräuchert, rezitiert, öffnet schließlich den Schrein, umarmt die Statue, wäscht sie, salbt sie und kleidet sie an, stellt ihr ein Frühstück hin (dessen „Reste" die Priester später selbst verspeisen). Der Tag des Gottes vergeht mit Gesang und Tanz der Priester, am Abend wird die Zeremonie umgekehrt vollzogen und die Kapelle wieder verschlossen und versiegelt.

Neben diesem seinen Alltag kennt das Leben des Gottes auch noch einige Höhepunkte:
- *Urlaub;* die Götterstatuen besuchten einmal im Jahr die Tempel ihrer Gattinnen

und umgekehrt – so fuhr etwa Horus aus Edfu für zwei Wochen jeweils den Nil runter zu seiner Gattin Hathor in Dendera.
- *Geburtstag;* neben dem des Gottes wurde auch der des Kindes der jeweiligen Götterfamilie gefeiert.
- *Neujahr;* wurde die Statue ins Freie getragen, um dort von den Strahlen des Sonnengottes gestärkt zu werden.
- Krönungsjubiläen des Pharao.
- *Tempelfestspiele;* in Abydos etwa wurde jährlich der *Osirismythos* nachgespielt. Hierzu wurde die Statue in einer Prozession ausgeführt. Beliebt war es auch, die Statue während der Prozessionen orakeln zu lassen – das Volk stellte Ja/Nein-Fragen, die die Statue durch Neigen nach vorne oder hinten beantwortete – steht zu hoffen, daß die sie tragenden Priester immer einig waren und nicht an allen Enden gleichzeitig in die Knie gingen. In Komombo gibt es unter der Hauptkapelle sogar eine kleine Nische, aus der der Oberpriester stellvertretend für die Statue sprechen konnte.

GRÜNDUNG UND BAU EINES TEMPELS

vollzogen sich stets nach dem gleichen Muster. Zunächst wurde die genaue Position astronomisch fixiert. Am nächsten Tag vollzog der König mit seiner Familie die eigentliche Gründung mit den einzelnen Schritten
- „die Schnur spannen" = Festlegen der Tempelachse
- „die Schnur freigeben" = Ausmessen und Fixieren der Eckpunkte mit Pfosten
- „den Boden aufhacken" = Ziehen der Gräben für die Fundamente
- „Ziegel formen"
- Auffüllen der Gräben beidseits der Ziegelfundamente mit Sand und Tonscherben als Wasserschutz
- Versenken symbolischer Ecksteine und von Röhren mit Tonmodellen der Werkzeuge usw.
- Reinigen der Fundamente mit Kalk
- Opferfest mit anschließendem Vergraben der Köpfe der geopferten Tiere

Für den eigentlichen Bau zog man einen Kanal mit anschließender Rampe zum Nil, auf dem die Steinblöcke herangeschifft und gezogen werden konnten. War die unterste Reihe der Mauern aufgestellt, füllte man den Zwischenraum mit Sand, erzielte so wieder eine ebene Fläche, auf der man die Steine umherziehen konnte. So verfuhr man (unter beständigem Erhöhen der Rampe) bis zum Dach. Waren die Mauern vollendet, wurde durch die Türöffnungen der Sand langsam wieder aus dem Tempel entfernt, währenddessen die Steinmetze von oben herab die Wände gestalteten.

SETHOS-TEMPEL

Der Haupttempel von Abydos wurde von *Sethos I.* begonnen und von *Ramses II.* im wesentlichen abgeschlossen. Daß er sieben Göttern gleichzeitig geweiht war und noch einige Sonderfunktionen hatte, macht ihn nicht gerade übersichtlicher. Der Tempel enthält etwa 600 großflächige Darstellungen, nicht gerechnet kleinere Szenen auf Säulen, Durchgängen, Türstürzen u. ä. Alle Bilder zu erklären wäre daher hier ein hoffnungsloses Unterfangen. Statt dessen will ich mich auf ein grobes Aufzeigen der Themen beschränken:

HÖFE

Vom Pylon sind nur noch die Grundmauern erhalten. Thema des 1. Hofes sind die politischen und militärischen Taten des Ramses. An der Westecke der Nordwand beginnend (im Uhrzeigersinn), reitet Ramses zur Schlacht, kloppt sich (Südwand) mit Syrern, Kanaanitern, Asiaten und anderen und schenkt seine Beute schließlich (Südwestecke) dem *Amun* und Vater Sethos (?). An der Front zum 2. Hof sind (links) 29 Söhne und (rechts) 29 Töchter des Ramses verewigt, an denen der Zahn der Zeit aber schon sehr genagt hat. Der 2. Hof ist den religiösen Verdiensten des Ramses gewidmet. An den Nord- u. Südmauern opfert er allerlei Göttern, in der Nordwestecke dem Hausherrn Osiris. An der Außenfront des Tempels wird die Inthronisation des Ramses dargestellt. In der Südhälfte eine ellenlange Inschrift, in der Ramses seine Legitimation für den Thron zu begründen versucht und sich über allen Klee lobt. Um Platz für seine Inschrift zu gewinnen, ließ Ramses von den von Sethos vorgesehenen sieben Tempeltoren die drei südlichen zumauern, ebenso eines der Nordfront.

HALLEN

Die Darstellungen in den beiden großen Sälen gehören zu folgenden Themenkreisen:
– Gründungsritual des Tempels (1. Halle, Ostwand, die beiden nördlichen Register)
– Prozessionsritual
  Szenen aus diesem sind in den Durchgängen, auf den Säulen und auf der Ostwand der 2. Halle dargestellt. Die Darstellungen beziehen sich jeweils auf den Gott, zu dessen Kapelle die Durchgänge führen, also (von Süd nach Nord) auf den toten, gottgewordenen Sethos, den Totengott *Ptah* (sitzender Glatzkopf), den Sonnengott *Re* (Falkenkopf mit Sonnenscheibe), den Reichsgott *Amun* (Mann mit Federkrone), *Osiris* (geschlossene Beine, Krummstab und Geißel), *Isis* und *Horus* (Falkenkopf mit Krone) sowie deren Familien. Mit den Prozessionen hängen auch die Nischen der 2. Halle Westwand zusammen.

✱ Einführung des lebenden Königs in sein Amt

Auch dieses war ein Ritual, das seine feste Abfolge hatte und in allen Tempeln dargestellt ist. Was nun nicht heißt, daß der Betrachter es anhand der Darstellungen so einfach nachvollziehen kann, denn die Ägypter hielten nichts von einer

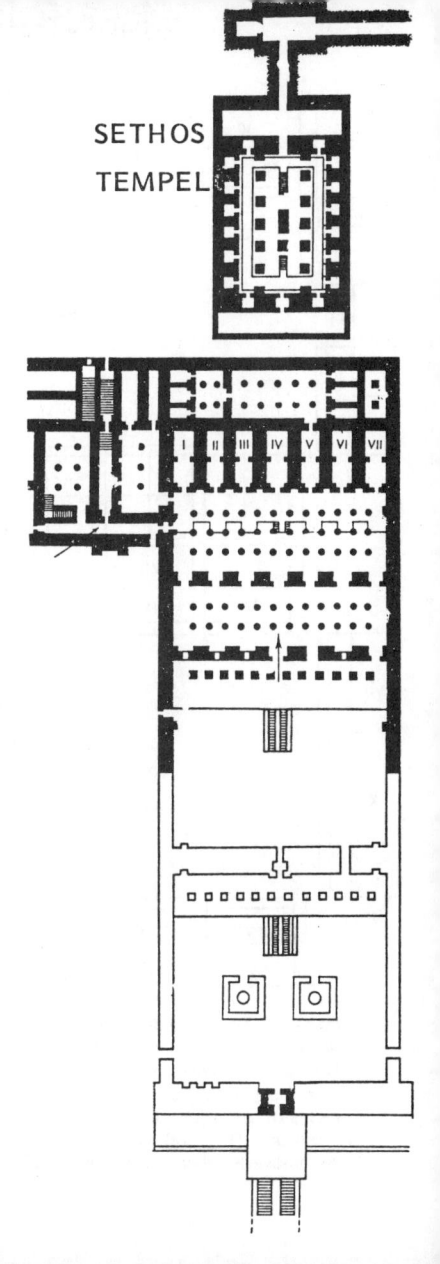

SETHOS-TEMPEL, Logische Lesefolge in den Hallen

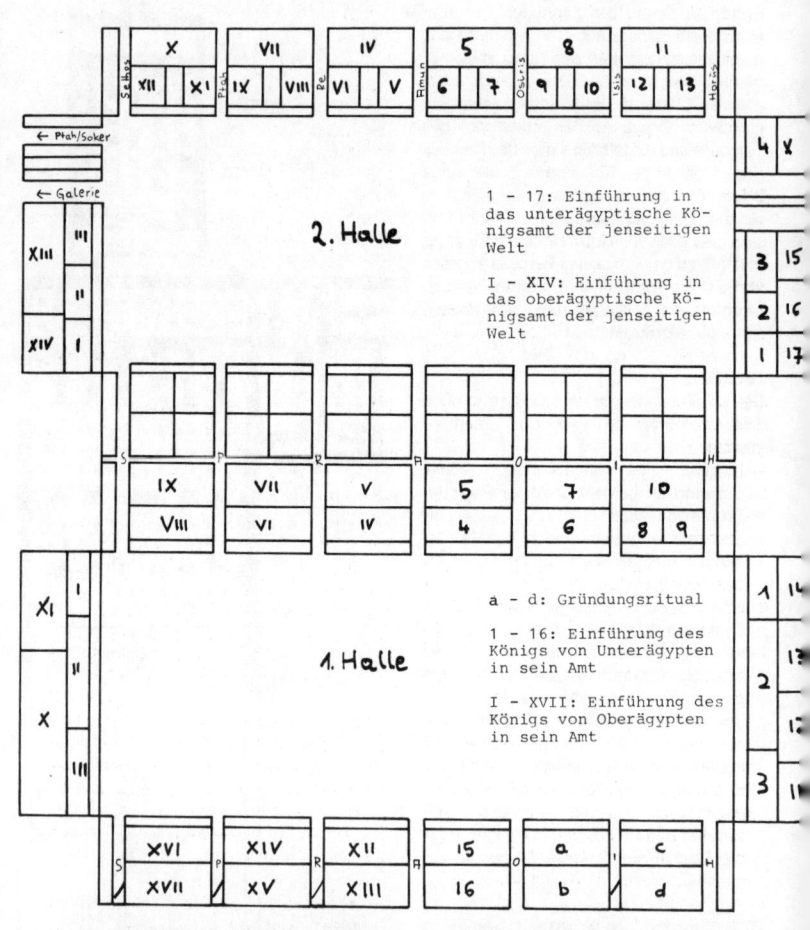

2. Halle

1 – 17: Einführung in das unterägyptische Königsamt der jenseitigen Welt

I – XIV: Einführung in das oberägyptische Königsamt der jenseitigen Welt

1. Halle

a – d: Gründungsritual

1 – 16: Einführung des Königs von Unterägypten in sein Amt

I – XVII: Einführung des Königs von Oberägypten in sein Amt

in unserem Sinne geordneten Reihenfolge ihrer Bilder. Eine logische Lesefolge hätte an der Nordwand der 1. Halle zunächst die untere Reihe von links nach rechts zu lesen, dann die Nordhälfte der Westwand (1. Halle) von links nach rechts jeweils unten – oben im Wechsel, weiter die obere Reihe der Nordwand, und der Rest steht wieder ganz wo anders. Und um die Wirrnis des Betrachters noch zu erhöhen, ist dieses (wie auch andere Rituale) doppelt dargestellt, nämlich in der Nordhälfte des Tempels für den König von Unterägypten und in der Südhälfte nochmals für den von Oberägypten, wie an den unterschiedlichen Kronen leicht zu sehen ist.

* **Einführung des verstorbenen Königs in sein Amt als Totenkönig**
Wiederhole das vorherige Ritual, nun aber für den toten König in der 2. Halle.

DIE KAPELLEN

In den Kapellen ist der tägliche Kult am Gott (wie oben beschrieben) dargestellt. Eine grobe Reihenfolge der Szenen begänne rechts neben dem Eingang die Nordwand im Wechsel unten-oben nach hinten zu lesen, dann die Südwand auf gleiche Art. Von den Kapellen ist als einzige die des Osiris nach hinten offen. Man betritt durch sie das Osiris-Heiligtum, in dem einmal jährlich während der Festspiele ein besonderes Programm ablief, das es in anderen Tempeln nicht gab. An der Ostwand (vom Eingang beginnend) sieht man die Vorbereitungen, die sich wohl in der inzwischen zerstörten 2. Halle fortsetzten. In der mittleren Kapelle der 2. Halle vermutet man die Zeugung des Göttersohnes Horus, dann geht es an der Westwand wieder zurück mit der Errichtung des *djed-Pfeilers*, des Symbols für die Macht und das ewige Leben des Osiris. In der rechten der drei Kapellen an der Nordseite besteigt Sethos den Thron, in der linken (Isis-)Kapelle bekommt er seine Jubiläen gewährt, und in der mittleren (Osiris-/ Sethos-)Kapelle verschmilzt Sethos mit Osiris und wird nun selbst zum Gott der Totenwelt. Die Farben der Reliefs im Osiris-Komplex gehören zum Besterhaltenen ihrer Art und sind, um Mißverständnissen vorzubeugen, sämtlich original und über 3000 Jahre hinweg erhalten.

NEBENRÄUME IM SÜDLICHEN ANBAU

Um einen weiteren Totengott, den *Ptah-Soker*, nicht zu verärgern, hat man auch ihm und seinem Sohn *Nefertem* eine Abteilung gebaut bzw. gewidmet. In den Kapellen ist wiederum die Wiederbelebung und Amtseinführung des toten Königs dargestellt. Die übrigen Nebenräume waren Magazine, Schlachthaus und „Lieferanteneingang" für die Opfergaben. Eine Treppe führt zum Hinterausgang des Tempels, von dem aus man auf das

OSIREION

blickt, ein Scheingrab, das Sethos sich anlegen ließ, um auch in der Nähe des Osiris-Kopfes eine Grabanlage zu besitzen.
Hinweis: Die Tempel öffnen gegen 8 Uhr und schließen mit Sonnenuntergang. Eintritt: 1 LE.
Auf dem Platz vor dem Tempelbezirk kleines Restaurant, Imbiß, Teehaus. An den Souvenirständen findet sich gelegentlich ein aus Korngarben geflochtener Anhänger, ein lokales Glückssymbol, das in dieser Form wohl auf die pharaonische Zeit (Osiris auch als Korngott) zurückgeht.

535 km: Nag Hammadi. Taxiplatz am Bahnhof, Eisenbahnbrücke (auch für Pkw) ans Ostufer, während die Hauptstraße auf dem Westufer bleibt und am Ortsausgang, an einer archaischen Eisenschmelze vorbei, nach etwa 10 km hinter einer Kanalbrücke links abbiegt. Die neuen Gebäude, die am Wüstenrand zu sehen sind, gehören zur Wohnsiedlung der Aluminium-Fabrik, die zeitgleich mit dem neuen Staudamm gebaut wurde; zu einer Zeit, als die Planer wohl eine Energieschwemme für Ägypten befürchteten: Die Fabrik verbraucht ein Viertel der gesamten vom Damm produzierten Strommenge. Ihr Rohstoff kommt aus Australien, und die Masse des Aluminiums geht auch wieder ins Ausland.

585 km: Kreuzung, rechts Stichstraße zum Tempel von *Dendera*, am Wüstenrand nach etwa 1500 m. Auf der Freifläche vor dem Tempel Teehaus mit Restaurant (vorher Preis erfragen). Etwa 100 m vor der Freifläche rechts von der Straße eine der wenigen noch erhaltenen Sakiya-Schöpfräder, die der Bauer inzwischen der Touristen wegen noch instand hält. Camping-Möglichkeit

Ägyptens Gastarbeiter

Kaum 15 Jahre ist es her, daß der Exodus ägyptischer Arbeiter ins Ausland begann, und inzwischen sind die zwei Milliarden Pfund Gastarbeiter-Überweisungen der wichtigste Posten in Ägyptens Zahlungsbilanz: Die zwei Millionen Emigranten schicken mehr Geld nach Hause, als Baumwolle, Suez-Kanal und Staudamm an Devisen bringen.

Der ägyptische Gastarbeiter unterscheidet sich freilich von seinem türkischen oder jugoslawischen Kollegen. Er arbeitet nicht in Europa, sondern in den Golfstaaten, in Libyen oder dem Irak. Die Behörden dieser Länder zwingen ihn, seine Familie zu Hause zu lassen, sofern er für die Frau keinen Arbeitsplatz nachweisen kann. Die ägyptischen Auslandsarbeiter gleichen damit Türken in der BRD vor 20 Jahren: Männer, die – zeitlich befristet – im Ausland Geld verdienen, um dann wieder zu ihren Familien zurückzukehren.

Neben Deviseneinnahmen hat die Auswanderung noch andere Wirkungen auf Ägypten: Arbeitskräftemangel trotz Überbevölkerung. Es sind nämlich die talentiertesten und qualifiziertesten Arbeiter abgewandert (weniger die Hilfskräfte), um im Ausland ein Vielfaches dessen zu verdienen, was daheim möglich wäre. Während Staatsbetriebe der Arbeitsplatzsicherheit und hoher Sozialleistungen wegen noch wenig betroffen sind, kann etwa die private Bauindustrie Arbeiter nur noch mit Löhnen bekommen, die denen der Golfstaaten kaum nachstehen.

1978 arbeitete jeder siebte ägyptische Lehrer im Ausland – gleichzeitig sind Niveau und Ausstattung der Schulen heute schlechter als zu Nassers Zeiten. Nicht, daß es nicht genügend Lehrer gäbe. Aber wiederum sind die Besten ins Ausland gegangen, während der Rest sich einem Zusatz-Job widmet. Für die Ärzte und das öffentliche Gesundheitswesen gilt ähnliches.

Faß ohne Boden

Das Aluminium-Werk ist typisch für die Entwicklungspolitik Nassers: Aufbau eines breiten staatlichen Sektors an Grundstoff- und Schwerindustrien. Da diese Fabriken zwar viel kosten, aber kaum neue Arbeitsplätze bieten, wurden die Abwanderer aus den Dörfern in der öffentlichen Verwaltung beschäftigt oder finden im städtischen Dienstleistungsbereich ihr Auskommen.

Sadats Open-Door-Policy brachte eine Kehrtwendung: Statt Verstaatlichung jetzt Liberalisierung und Privatindustrie, Förderung ausländischer Investitionen. Diese Gelder flossen, wie kaum anders zu erwarten, hauptsächlich in Tourismusprojekte und die Ölindustrie, schufen also auch keine neuen Arbeitsplätze im produzierenden Bereich, sondern die Schicht der „Fetten Katzen", des neuen Geldadels.

Präsident Mubarak steht an der Spitze eines Fasses ohne Boden. Ägypten ist in die Gruppe der zehn meistverschuldeten Staaten aufgerückt und empfängt – neben Israel – den Löwenanteil US-amerikanischer Auslandshilfe. Die Erdölexporte werden, unveränderte Preispolitik vorausgesetzt, noch in unserem Jahrhundert auf Null sinken, denn der inländische Verbrauch wächst um ein Vielfaches der Fördermenge. Die Grundbedürfnisse der städtischen Unterschichten sind, bei sinkenden Realeinkommen, seit Jahren nur noch über öffentliche Subventionen zu befriedigen, die bald 15 % des Budgets aufzehren. Was freilich sinnvoller ist, als diesen Betrag etwa für Panzer auszugeben.

beim Restaurant oder beim weißen Gebäude der französischen Archäologen.

* **Der Tempel von Dendera** ist aus ptolemäisch-römischer Zeit und neben dem von *Edfu* das sehenswerteste Stück seiner Spezies. Seine Besichtigung schließt sich gut an diejenige von Abydos an, um zu vergleichen, was sich in den zwischen beiden Tempeln liegenden 1200 Jahren geändert hat, oder besser, wie wenig sich die Tempel eigentlich über ein Jahrtausend hinweg verändert haben. Hinter dem Eingangstor rechts eine *Mamisi* (Geburtshaus) des Götterkindes *Ihi*, daran anschließend die Ruinen einer koptischen Kirche und eines Sanatoriums aus römischer Zeit (Bäder usw.). Die Krypten unter dem der Göttin *Hathor* geweihten Tempel leiden seit dem Staudamm unter dem gestiegenen Grundwasser.

587 km: Geradeaus weiter zum Westufer von Luxor (in Luxor keine Brücke!), nach etwa 10 km kommt das oberägyptische Töpferzentrum (Wasserkrüge), unschwer an den in den Hauswänden zur Isolation verbauten Bruchkrügen erkennbar.

Biegt man an der Gabelung nach links ab, überquert man den Nil und findet sich in

KENA

Kene. – Sonntag morgen. – Wie Siut liegt die Stadt in einiger Entfernung vom Nil, ein stehender Arm des Flusses zieht sich rings um die Häuser. Doch um von der Canja nach der Stadt zu kommen, gebraucht man zu Fuß eine halbe Stunde, zwanzig Minuten, wenn man sich beeilt; zuerst geht's über Sand, dann über einen hohen Damm. Unter den Bäumen zur Linken finden sich Kassienbäume.

In den Basaren duftet es nach Kaffee und Sandelholz. Als wir herauskommen, geraten wir plötzlich bei der Biegung einer Straße rechts in das Viertel der Tänzerinnen. Die Straße macht eine kleine Krümmung; die Häuser aus grauer Erde haben nicht mehr als vier Fuß Höhe. Links beim Abstieg zum Nil in einer Nebenstraße ein Palmbaum. Blauer Himmel. Die Frauen sitzen auf Matten vor ihrer Tür oder stehen . . . Helle Gewänder, eins über das andere gezogen, die im lauen Winde wehen; blaue Kleider auf den Leibern der Negerinnen. Ihre Gewänder sind himmelblau, leuchtend gelb, rosa, rot, alles das sticht gegen die Farbe ihrer verschiedenen Hauttönungen ab. Halsbänder aus Goldpiastern hängen bis an die Knie herab. Haarfrisuren mit Seidenfäden, in denen Piaster sitzen und aneinander klingen. Die Ne-

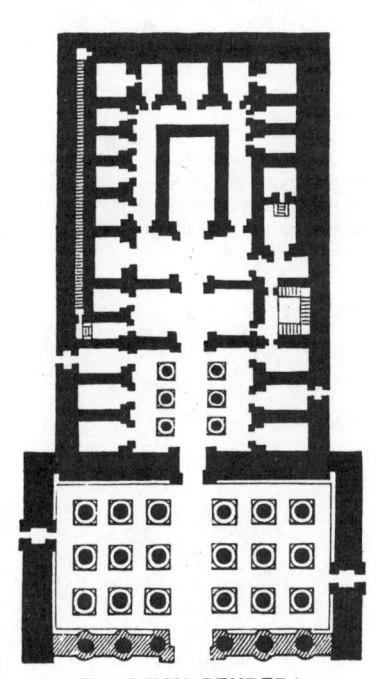

PLAN VON DENDERA.

gerinnen haben auf den Wangen längliche Male von Messerschnitten, gewöhnlich drei auf jeder Wange: das wird in der Kindheit mit einem heißen Messer gemacht.

Dicke Frau (Frau Maurice) in Blau, tiefliegende dunkle Augen, kräftiges Kinn, kleine Hände, die Brauen stark gemalt, liebenswürdiges Äußere. – Kleines Mädchen mit krausem, in die Stirn fallendem Haar und leichten Blatternarben (in der Straße, die den Basar fortsetzt in gerader Richtung, nach Bir-Amber zu, wenn man beim griechischen Krämer vorbei ist). – Eine andere trug einen buntfarbigen syrischen Habar. – Großes Mädchen, sie hatte eine so sanfte Stimme, wenn sie rief: „Cawadja, Cawadja!" ... Die Sonne brannte heftig.

Ungelegene Ankunft Fioranis (Herr von Lauture hat mir gesagt, er sei inzwischen verstorben) und des Herrn Ortalli; wir müssen zu ihnen kommen! – Ortalli schimpft auf Curg. – Ankunft eines englischen Dieners und des Dragoman Abraham bei Fiorani, der uns unter einem Faß in seinem Hof eine ägyptische Statue (der Verfallzeit) zeigt, sie sitzt mit gekreuzten Armen: es ist eine Frau. Am Fenster sehen wir eine kleine weiße, blauäugige Griechin, die ein Kind nährt (ist es Fioranis Frau?). – Fiorani, leinene Hose, Rock; verkrüppelte Hand, spina ventosa. – Ortalli: „Wenn Sie meiner bedürfen?" erinnert mich an François, meinen Führer in Ajaccio.

Wir kehren in die Straße der Tänzerinnen zurück, ich gehe absichtlich dort auf und ab; sie rufen mich an: „Cawadja, Cawadja! Bakschisch! Bakschisch, Cawadja!" Ich gebe dieser und jener Piaster; einige umschlingen mich, um mich mit zu ziehen; ich versage mir ... damit ich tiefer die Melancholie dieser Erinnerung genießen kann, und ich gehe davon.

Der Sohn Issa blind.

Wir haben einen neuen Matrosen namens Mansurh. Bevor wir abfahren, kaufen wir am Ufer von einem Manne eine Schachtel trockener Datteln aus Mekka, die er uns anbot.

(Flaubert)

KURZINFORMATION:

Die Busstation ist im Süden der Stadt, 100 m westlich der zweitürmigen Moschee. Von hier fahren Busse nach Luxor – Asswan, Sohag – Kairo, Safaga – Hurghada – Suez, Qft – Qser.

Nicht weit von der Busstation ist der Platz für die Taxis Richtung Sohag und Luxor-West. Taxis ans Rote Meer und nach Luxor-Ost fahren an der Hauptstraße hinter dem Bahnhof (Kanal überqueren) ab. An der Bahnhofsbrücke gibt es auch ein Hotel samt Restaurant.

Kena lohnt eigentlich keinen eigenen Besuch, auf dem Weg von oder nach Luxor oder beim Ausflug nach Dendera und Abydos kann man trotzdem hierher verschlagen werden. In diesem Fall lohnt sich ein Gang durch den *Souk*, der an handwerklichem Können dem von Luxor um einiges voraus ist. Die Moschee ist zwar in ihren Maßen gewaltig, aber neu und kunsthistorisch bedeutungslos.

Die jetzt auf dem Ostufer verlaufende Hauptstraße passiert bei km 615 Qft (Abzweigung ins *Wadi Hammamat*) und erreicht bei km 650 eine Kreuzung, an der es rechts nach Luxor geht, der riesigen ‚Werbetafeln wegen' unübersehbar.

LUXOR

Luxor ist aus zwei Gründen eine Reise wert: Seiner Altertümer wegen und als Beispiel für 150 Jahre Tourismusgeschichte. Der Ort ist auch heute noch ein besseres Kuhdorf mit kaum 30 000 Einwohnern, die alle, aber auch alle, irgendwo vom Tourismus leben, wie schon ihre Väter und Großväter. Angeblich ist Luxor – am Steueraufkommen pro Kopf gemessen – die reichste Stadt Ägyptens; gleichzeitig dauerte es bis 1983, bis man es für notwendig befand, die Hauptstraße der Neustadt (zum Bahnhof) zu asphaltieren und von einem Staubbad in einen Weg zu verwandeln. Luxor wird Euch die übelste Anmache während der gesamten Ägyptenreise bieten – dem Einheimischen eine kleine alteingesessene Führungsclique, die mit Mafiosi-Methoden ihre Privilegien verteidigt. Um es kurz zu machen: In Luxor sollte sich kein Reisender länger aufhalten als unbedingt nötig.

Der Aufstieg der Stadt, die Homer später das hunderttorige Theben nannte, begann im Mittleren Reich, als eine Lokaldynastie auf den Pharaonen-Thron kam. Während auf dem Westufer die Totenstadt mit ihren Gräbern und Totentempeln lag, war die Stadt am Ostufer durch den Palast der Pharaonen und das Tempelzentrum im Norden, in Karnak, bestimmt. Mit der Verlegung der Hauptstadt ins Delta und der Entmachtung der Amun-Priester durch die Assyrer begann der Abstieg der Stadt, den erst Touristen und Archäologen 2500 Jahre später wieder aufhielten.

Die Anfänge des modernen Tourismus sind mit zwei Namen verbunden: Samuel Shepheard und Thomas Cook. Shepheard, gelernter Bäcker, schwätzte um die Mitte des 19. Jhdts. dem Vizekönig Abbas die Konzession zum Umbau eines alten Palastes in ein Hotel ab: Das legendäre „Shepheard's" entstand, die Kairoer Nobelherberge, wo Europas obere 10000 unter sich waren, bis das Haus 1952 als Symbol der Fremdherrschaft niedergebrannt wurde.

Thomas Cook brachte dann den Massentourismus. Er hatte die ersten Pauschalreisen organisiert, zunächst für Abstinenzler nach Mittelengland, später auch nach Frankreich und in die Schweiz. 1869 die erste Reise ins Heilige Land, Suez-Kanal und Kairo. Damit waren die Pyramiden und Tempel nicht nur Attraktion für die große Europäer-Kolonie Kairos und reiche Einzelreisende, sondern in Reichweite der englischen Mittelschichten gerückt. Werbung besorgten die zeitgenössischen Schriftsteller (z. B. Flaubert, Twain) durch ihre Romane und Reiseberichte. Cooks Konzept bestand darin, dem Reisenden jeden nervenaufreibenden Kontakt mit der fremden Umwelt und ihren Bewohnern abzunehmen. Seine Nildampfer, von denen einige noch heute schwimmen, waren eine Welt für sich und ersetzten die fehlende Infrastruktur zwischen Kairo und Assuan. Diesem Konzept folgt der Pauschaltourismus, egal ob in Luxor oder Acapulco, noch heute.

Doch Cook beließ es nicht beim Tourismus-Geschäft. Aus „Patrioten-Pflicht" stellte er seine Schiffe und gesamte Infrastruktur in Kriegszeiten der englischen Armee zur Verfügung, besonders seine Werft in Bulaq, bis zum 2. Weltkrieg die modernste und größte Dock am ganzen Nil, in dem bald 1000 Soldaten die Fahrzeuge der Wüstenarmee instand setzten.

Cooks Agent ist der erste, dem man in Ägypten begegnet; und man wird ihm auf Schritt und Tritt begegnen. Er führt einen ein, er führt einen hindurch, er führt einen hinaus. Man sieht von hinten einen Turban, lang wallendes blaues Gewand, roten Gürtel, nackte braune Beine: ‚Wie echt orientalisch!' ruft man aus. Dann dreht sich der echte Orientale um, und über seine Brust läuft die Aufschrift ‚Cooks Porter'. ‚Reisen Sie mit Cook, Sir', grinst er, ‚dann klappt's.' Und es klappt.

(Steevens in Blackwoods Magazine, vor 1900)

LUXOR

PS.: Einige von Cooks Raddampfern versehen bis heute ihren Dienst. So etwa, seit über 100 Jahren, die alte „Isis", regelmäßig in Luxor zu treffen.

Kurzinformation:

* **Behörden**
  Visa und Registration im Paßamt an der Corniche, neben dem ETAP-Hotel.
  Tourist-Information und -Police im Shopping Center, neben dem Winter Palace. Altertümerverwaltung beim Museum.

* **Camping**
  Auf dem Ostufer nur im Stadtgarten hinter dem Luxor-Tempel. Besser sind die Hotels auf der Westbank. Mit einem kleinen Zelt könnt Ihr zwar auch in den Garten der Pension *Negem ed-Din,* seid dann aber direkt an der Bahnlinie.

* **Essen**
  Es gibt in Luxor keine einheimischen Lokale, die in Küche und Aufmachung nicht Rücksicht auf die vermeintlichen Bedürfnisse der Touristen nähmen. Am besten sind *Chez Farouk* (neben der Fähre; Fisch!) und *Merhaba* (Shopping Center; Gemüse!). Die Nil-Casinos am Südende des Luxor-Tempels bieten schöne Aussicht, Live Music, aber ein gräßliches Essen.
  An billigen Lokalen bieten sich an:
  Bread and Butter (Bahnhof) mit gutem Service, aber Sprachproblemen;
  el-Patio (Sh. Mahatta/Sh. Merkez) mit gutem Essen, aber mäßigen Portionen;
  New Karnak (Bahnhof) – zum Sattwerden doppelte Portionen bestellen;
  Mensa (Sh. Mahatta) – wie der Name sagt, zwar Air Condition, aber Kellner auf ortsüblich miserablem Niveau;
  Radwan (um die Ecke des New Karnak), ein wunderschöner Garten, leider bei zwei Besuchen nur die Auswahl zwischen fish und chicken, von den Kellnern nicht zu reden.

Hotels/Unterkunft
Neben einer Unmenge kleiner Pensionen:
New Karnak (Bahnhof) – freundliches Personal, sauber, aber winzige Räume; wer abends noch zu lesen pflegt, kann sich um die Ecke eine stärkere Glühbirne kaufen.
Negem ed-Din (vom Bahnhof 50 m nordwärts) – alte Villa mit Garten, aber direkt neben der Bahn; Küchenbenutzung möglich; sehr billig, aber im Mobiliar auf das Notwendigste, nämlich Betten, beschränkt; sauber.
Amun Hotel (Sh. Mahatta) – so billig wie Negem ed-Din, aber große Räume mit Ventilator und immerhin Schrank und Tisch; die hinteren Räume sind ruhig, und alles ist außerordentlich sauber.

Mittelklasse-Hotels sind in Luxor teurer als andernorts.
● 5–10 LE: *Dina* (auf Höhe ETAP in einer östlichen Seitenstraße der Sh. Merkez), mit Du/WC.
● 10–15 LE, alle mit Du/WC und Air Condition
  Ramosa (Sh. Mahatta);
  Mina Palace (Corniche an der Fähre), mit vielen Hetzel-Gästen;
  Philippe (Sh. Nefertiti, hinter dem ETAP);
  el-Nil (daneben);
  Windsor (um die Ecke), mit Badewannen!, Garten, ruhiger Lage, das beste Haus seiner Preislage;
  Santa Maria (TV-Straße).

* **Jugendherberge**
  An der Hauptstraße nahe dem Taxi-Platz.

* **Obermoneychanger**
  Mr. Rady im Shopping Center

* **Post**
  Am Westende der Sh. Mahatta. Telefonamt vor dem Old Winter Palace, Direktwahl vom New Winter Palace aus.

* **Schwimmen**
  Am billigsten (2.50 LE) im Garten des Luxor-Hotels.

SOUVENIRS
Nichts, was es nicht woanders besser, preiswerter und weniger aufdringlich gäbe, ausgenommen Juwelier Ghaddis, dessen Arbeiten gut, aber nicht billig sind (Old Winter Palace Passage).

Ich warne vor so genannten ‚echten' Antiquitäten. Die wenigen tatsächlich alten Stücke gehen sowieso an die internationale Kunsthändler-Mafia, Ihr bekommt sie also nicht zu sehen. Und wenn, könntet Ihr sie von guten Fälschungen auch nicht unterscheiden.

Ich warne sogar vor guten Fälschungen. Die sind schon manchem Touristen vom Zoll abgenommen worden, der sie für echt hielt, und die Nachweise werden dann zeitraubend, da sind Flugzeug oder Schiff längst weg.

Unbedenklich sind nur Antiquitäten mit Echtheitszertifikat und Ausfuhrgenehmigung der Altertümer-Verwaltung, die bei lizenzierten Händlern zu erstehen sind.

ZEITUNGEN
Im Bahnhof und vor dem New Winter Palace.

VERKEHR (Nahbereich)

Feluqa Angeboten werden gerne Fahrten zur „Banana-Island". Wem nicht unaufschiebbar nach einer Segelboot-Fahrt ist, der sollte mit diesem Vergnügen bis Assuan warten.

Fähre Touristenfähre ab Savoy-Hotel, 7–16 Uhr, 25 P. (Westbank) Autofähre (neuerdings eingerichtet, die nächsten Brücken sind in Esna und Kena): 6–18 Uhr, Pkw 30 P., Mensch 5 P. ‚Normale' Fähre, neben „Farouk", Sonnenaufgang, bis gegen 22 Uhr Pendelverkehr, danach bei Bedarf (will sagen, genügend Leute sind zusammengekommen, der Nachtzug aus Kairo kommt an usw.), zwischen 1 Uhr und Morgendämmerung bedarf es eines kräftigen Bakschischs für die Mannschaft.

Die Fähre kostet 5 P.; Fahrräder, Motorräder und Lasten sind umsonst. Ab 22 Uhr fahren die Fährleute auf eigene Rechnung und nehmen, noch lieber als am Tage, erhöhtes Fahrgeld.

Droschke ist das übliche Fortbewegungsmittel in der Stadt. Offizieller Tarif 25 P., für den allerdings kein Ausländer je befördert

werden wird. Realistisch sind 50 P. – 1 LE.
Taxi verdrängt neuerdings die Droschken; doch kommt man sowieso überall gut zu Fuß hin, da die Stadt nicht sehr weitläufig ist.
Fahrrad gibt's zu mieten (Paß als Depot, 1 LE pro Tag; technischen Zustand überprüfen!!) in einigen Läden in der Bahnhofstraße und am Südende des Souks.

VERKEHR
(Long Distance)

Bus Überlandbusse halten hinter dem Luxor-Tempel. Verbindung nach: Asswan, Kena–Kairo
Flug Egypt-Air Stadtbüro: Old Winter Palace
Flughafen 11 km nordöstlich der Stadt, Busverbindung ab Winter Palace zu den Flügen.
Verbindung nach: Assuan, Kairo (mehrmals tgl.), Charga (zweimal wöchentlich), Sh. el Sheich (Air Sinai), Hurghada
Schiff Linienschiff, für die, denen selbst 3. Klasse Bahn zu teuer und komfortabel ist; Schiffe nach Asswan neben der Fähre – Anschauen sollte genügen. Feluqa nach Assuan, in Esna aber billiger zu chartern.
Taxi Bahnhof: Sh. Mabad/Sh. Thutmos regelmäßige Verbindung nach: Assuan, Esna, Edfu, Kena.

STADT-
BESCHREIBUNG

Von den historischen Stätten abgesehen, bietet Luxor kaum Interessantes. Der *Souk* ist auf touristischen Bedarf zugeschnitten und eher Verkaufs- denn Produktionsort. Besuchenswert ist der Garten des inzwischen als Hotel benutzten ehem. königlichen Winterpalastes (durch die Hotelhalle durchgehen und tun, als ob man dazugehöre).
Ein ‚Muß' für den halbwegs archäologisch Interessierten ist der **Karnak-Tempel** am nördlichen Ende der Uferstraße, die größte Tempelanlage des Landes. Der Aufstieg der dem Amun geweihten Tempel begann mit dem Mittleren Reich, als eine Provinzfamilie aus Theben auf den Pharaonenthron kam. Von da an bis in die römische Zeit haben alle Herrscher, die was auf sich hielten, hier gebaut, was den Überblick nicht gerade vereinfacht. Die hiesigen Priester waren einer der wichtigsten Machtfaktoren der alten Zeit und bald auch die größten Grundbesitzer des Landes. Neben *Amun* wurden seine Gattin *Mut* und Sohn *Chons* verehrt.
Geöffnet 7–17 Uhr, Eintritt 3 LE.
  Die Sound- & Light-Show hebt sich wohltuend von dem Spektakel an den Pyramiden ab. Deutsch So + Mi 20 Uhr, 4 LE.
  Gleiches gilt für das **Museum** (geöffnet 16–22 Uhr, Eintritt 1 LE), das Gegenstück des Kairoer Ramschladens: Wenige Stücke gut präsentiert – man merkt, hier waren Museumsdidaktiker am Werk.

Der Luxor-Tempel im Stadtzentrum wurde im Neuen Reich begonnen. An ihm sind deutlich die Höhenniveaus der verschiedenen Siedlungsphasen Luxors nachvollziehbar, gipfelnd in der Moschee eines Lokalheiligen, die sich mitten im Tempel erhebt, zum Leidwesen der Ausgräber.

*

„Der Provinzler sperrte das Maul auf und maß die Macht der Könige nach der Zahl der Sphinxe. Ich denke mir die Anlage ein wenig in der Art der Pariser Weltausstellungen, wenn auch großartiger und weniger lustig. ... Als ich zum ersten Mal vor Jahren die große Widderallee vor dem Eingang von Karnak in einer Abbildung sah, wie war das herrlich, wie hüpfte einem das Herz, wie sehnte ich mich! Etwas von Parade-Marsch beschwingte die Eingeweide und setzte alles, was Beine hatte, in Gang. Ach, richtig, die Widder-Allee, na ja! Theaterkulissen am Tag wirken immer fatal, und an diesen hier stört gerade das Wesentliche, die Seßhaf-

tigkeit der steinernen Tore, die nicht mehr im Lot sind. Die Infamie der nachgemachten Sockel ernüchtert. Das wird im Altertum schon ein bißchen anders gewesen sein."

(Meier-Gräfe 1927)

WESTBANK

Der Hitze und der langen Wege wegen kann ein überzogenes Programm auf der Westbank leicht zur Strapaze ausarten. Dem zu entgehen, schlage ich folgenden Zeitplan vor: Jeweils so früh als möglich morgens beginnend, am ersten Tag mit dem Pick-Up-Taxi bis auf die Höhe des *Hatshepsut*-Tempels fahren. Nach Besichtigung desselben zu Fuß über den Bergrücken ins Tal der Könige. Wer danach noch nicht entnervt ist, wieder über den Berg zurück zur *Deir el-Medina*.

Für den zweiten Tag ein Fahrrad nehmen, mit den *Noblen*-Gräbern beginnen, und dann je nach Ausdauer und Vortagsprogramm noch die Deir el-Medina anschließen.

Wem das nicht langt, der komme ein drittes Mal (wieder mit dem Rad) für das Tal der Königinnen und *Medinet Habu*.

KURZINFORMATION

* **Billette:**
  Sind nur für den Tag gültig, an dem sie gelöst wurden. Die Verkaufsstelle für Normalsterbliche befindet sich bei der Ankunft der Touristenfähre auf dem Westufer. Für Studenten gibt es Eintrittskarten bei der Antiken-Verwaltung hinter den Memnonkolossen; manchmal gewährt man dort Vollzahlern zwei Studentenbillette. Ohne gültigen Studentenausweis läuft keine Ermäßigung. An den Monumenten selbst gibt es keine Eintrittskarten!!

* **Essen**
  bekommt man in den Hotels und im Tal der Könige, dort allerdings zu sündhaften Preisen. Trinkwasser mitnehmen – im Tal der Könige ist das Wasser abgedreht, damit die Touristen die teuren Flaschen kaufen.

* **Hotels**
  Ruhiger und romantischer als in Luxor übernachtet sich's auf der Westbank:
  Sheich Ali – abends am meisten los. Der Patriarch aus alter Grabräuberfamilie führt sein Hotel der Unterhaltung und Gastfreundschaft wegen; Geld und Grundbesitz hat er genug.
  Medinet Habou – ruhiger als bei Sheich Ali.
  Memnon Hotel

* **Verkehr**
  Die Entfernungen zwischen den Sehenswürdigkeiten auf der Westbank sind nicht von Pappe. Man sollte ein Fahrrad mitbringen; möglich auch, an der Fähre einen Esel samt Treiber (ab 4 LE) zu mieten. Taxis stoppen geht ebenfalls, braucht aber oft viel Geduld.
  Öffnungszeiten täglich von 7–16 Uhr.

Nach der Ankunft auf der Westbank, egal mit welcher Fähre, werdet Ihr von Horden geschäftstüchtiger Verkäufer, Vermieter und sonstiger Schlitzohren überfallen. Wenn Ihr Euch nicht in dem kleinen Teehaus an der Volks-Fähre kurz erholen wollt: Die Esel stehen links dieser Anlegestelle. Wer Autos bevorzugt, nimmt einen der planbedeckten Pick-Ups nach Gurna. Der offizielle Fahrpreis beträgt 25 P.

Wenn das Auto die Uferböschung erklommen hat und im Gewühl steckenbleibt, dann ist's Dienstagvormittag und hier gerade Markt. 3 km nach der Fähre passiert Ihr eine kleine Brücke und kommt auf das eigentliche Ufer (davor wart Ihr auf einer Nilinsel). Direkt nach der Brücke kreuzt die Hauptstraße des Westufers, die Esna im Süden mit Kena verbindet. Ihr haltet Euch geradeaus,

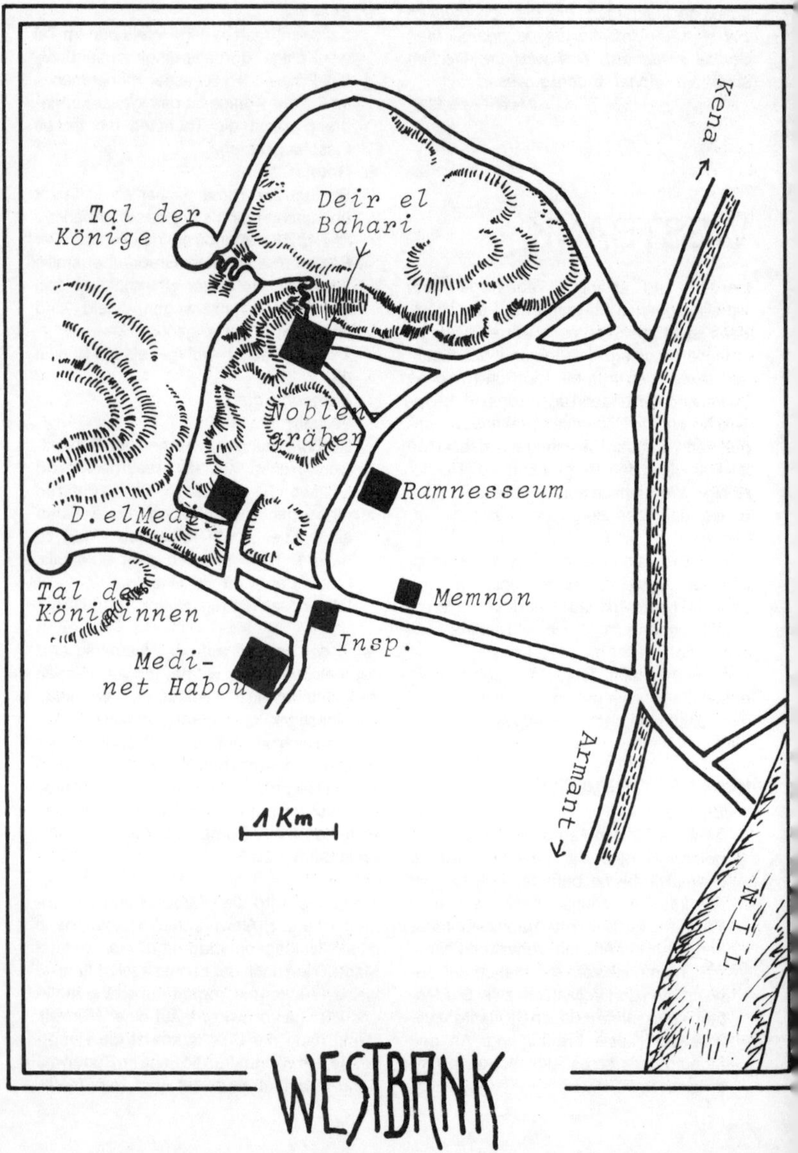
Tal der Könige
Deir el Bahari
Kena
Noblen gräber
Ramnesseum
D. elMedi
Tal der Königinnen
Memnon
Insp.
Medinet Habou
Armant
1 Km
NIL

WESTBANK

quert die Schienen der Zuckerrohrkleinbahn und seht rechts eine Ansammlung großer Lehmgebäude, an denen schon der Zahn der Zeit nagt.

Diese Siedlung ist Neu-Gourna, in den fünfziger Jahren von Hassan Fathi, dem berühmtesten zeitgenössischen Architekten Ägyptens gebaut. Gegenstand vieler Filme und Artikel in Architekturzeitschriften. Fathis Baukonzept ist kurz auf den Nenner zu bringen, daß Architektur sich in Material und Form an den traditionellen Lösungen der Region zu orientieren hat, da diese als gewachsen den klimatischen, ökologischen und sozialen Erfordernissen am besten entsprechen.

Im dritten Jahr der Arbeit an Neu-Gurna wurde es zunehmend schwieriger, den Sabotageakten der Antikenverwaltung zu begegnen. Ich versuchte deshalb, das Projekt in die Zuständigkeit des Landwirtschaftsministeriums zu bringen, aber die wollten damit auf keinen Fall etwas zu tun haben. Ich versuchte es dann beim Ministerium für Wohnungsbau, das ebenfalls dankend ablehnte. Sie erzählten mir „Wir bauen nur mit Beton", was eine moderne Version von Marie Antoinettes „sie sollten Kuchen essen" ist.

Die Obstruktion erreichte ihren Höhepunkt, als zwei Angestellte, die dem Projekt feindlich gesonnen waren, in leitende Positionen aufrückten, und der letzte mir wohlgesonnene Beamte, der damalige Unterstaatssekretär Shafik Ghorbal, ins Sozialministerium wechselte. Ich dachte, daß das Projekt unter ihm im Sozialministerium besser aufgehoben sei, und wandte mich an die Abteilung für Dorfangelegenheiten des Sozialministeriums.

Es wurde bald klar, daß auch diese Abteilung an den Bauern – zumindest an ihren Häusern – kein Interesse hat, und so wandte ich mich wieder an das Ministerium für Wohnungsbau. Hier kam unser Siedlungsprojekt dann zum völligen Stillstand.

Es gab eine Reihe weiterer Mißgeschicke. Da war ein Wettbewerb für den Entwurf eines billigen Bauernhauses ausgeschrieben. Zwei Entwürfe waren gefordert, und meine Entwürfe gewannen. Das Sozialministerium hatte 250 LE bereitgestellt, um einen der Entwürfe als Experiment zu bauen. Auf dem Gelände der Sozialstation in Marg, nahe Kairo, wurde ein Grundstück dafür gefunden. Ich beeilte mich mit den Kostenvoranschlägen und Detailentwürfen, um sie fertig zu haben, bevor es sich jemand anders überlegen würde, und brauchte nur eine Woche. Das Sozialministerium baute das Haus jedoch nie, obwohl alles bereitstand – Geld, Grundstück, Pläne. Sie konnten sich nämlich nicht entscheiden, über welchen Titel des Haushaltsplanes die 250 LE zu verbuchen seien. (Hassan Fathy 1973)

Ob Hassan Fathi allerdings noch gerne nach Gurna kommt, wage ich zu bezweifeln: Die Bewohner Alt-Gournas, die hierher übersiedeln sollten, haben sich nämlich striktweg geweigert, so daß hier inzwischen Beamte, Arbeiter aus Luxor und andere wohnen, nur nicht, für die die Siedlung gebaut wurde. Die Bewohner Gournas sind geschäftstüchtig und stur: Warum sollten sie den Archäologen den Gefallen tun und ihre alten Häuser aufgeben, die teilweise nicht nur auf den antiken Gräbern stehen, sondern diese als Stall oder Wohnraum miteinbeziehen? Warum sollten sie, die seit Jahrtausenden vom Grabraub leben, sich diesen Ast selbst absägen? Die Regierung hat jedoch noch nicht aufgegeben und für gesamt Alt-Gourna eine Veränderunssperre erlassen – kein Haus darf dort mehr neu gebaut werden, kein Dach erneuert; man darf gespannt sein, wie der Clinch weitergeht.

MEMNON-KOLOSSE

Nach Neu-Gourna kommt eine Weile nichts und dann rechts die *Memnon-Kolosse*. Die beiden bildeten einst die Wächter zum Tempel *Amenophis III.*, dessen Grundfläche man noch erahnen kann. Zum Weltwunder und zur Touristenattraktion wurden sie kurz vor

Memnon-Koloß, nach der Reparatur durch Septimus Severus

unserer Zeitrechnung, als ein Erdbeben den nördlichen Kollegen derart mitnahm, daß die Risse im Stein bei morgendlichen Temperaturschwankungen einen ("Singen" genannten) Pfeifton von sich gaben. *Septimus Severus* meinte es gut und ließ den Koloß im 3. Jhdt. reparieren. Wenig kunstvoll, wie man sieht, und das Singen verging ihm dann auch darob.

Die Memnon-Kolosse sind sehr dick; aber sie verfehlen ihren Eindruck. Welch ein Unterschied mit dem Sphinx! Die griechischen Inschriften lassen sich gut lesen, es war nicht schwierig, sie zu entziffern. Steine, die so viele Menschen beschäftigt und so viele Leute herbeigelockt haben, betrachtet man nicht ohne Vergnügen. Wie viel Blicke von Spießern haben nicht darauf geruht! Jeder sagt seine Meinung darüber und geht weiter.

(Flaubert)

Von zwei hier nahe bei einander stehenden kolossalen Standbildern aus einem Steinblock ist das eine erhalten, von dem andern aber sind infolge eines Erdbebens, wie es heißt, die oberen Teile vom Sitze aufwärts herabgefallen. Man glaubt, daß einmal an jedem Tage von dem auf dem Thronsessel und dem Piedestal verbliebenen Teile ein Ton, wie von einem nicht starken Anschlage, ausgehe. Auch ich, der mit Ä'lius Ga'llus und einer Menge ihn begleitender Freunde und Soldaten an dem Orte zugegen war, hörte um die erste Stunde den Ton: ob er aber aus dem Piedestal oder aus dem Koloß (selbst) kam oder ob einer der im Kreise um das Piedestal Herumstehenden absichtlich den Ton hervorbrachte, kann ich nicht entscheiden; denn bei der Ungewißheit der Ursache will ich alles lieber glauben, als daß der Ton von den so geordneten Steinen ausgesendet werde.

(Strabo)

Nach den Kolossen an der Weggabelung links das Gebäude des Antiken-Inspektors. Wenn Ihr Euch nun immer links haltet, kommt Ihr nach **Medinet Habou,** mit dem beginnend ich die Monumente im Uhrzeigersinn beschreiben will. Medinet Habou besteht zur Hauptsache aus dem Totentempel *Ramses III.* Die gesamte Anlage hat etwas Grobschlächtiges an sich, wie Ramses III. ja auch eher Soldat denn Politiker war. Im Tempelbezirk siedelte sich bald die Verwaltung aller Anlagen auf der Westbank an, er war einer der wenigen bewohnten Orte des Westufers; auch die Pharaonen unterhielten einen Palast. Berühmtheit erlangte die *Schreiber-Schule* des Tempels.

TAL DER KÖNIGINNEN

Das *Tal der Königinnen* enthält eine Reihe Gräber, in denen Mitglieder der Herrscherfamilien bestattet sind, vornehmlich aus der Ramnesiden-Zeit. Im Unterschied zu den Königsgräbern sind die Anlagen bescheidener, es herrschen statt der Reliefs großflächige Malereien vor. Am sehenswertesten das Grab der *Nefertari*, allerdings seit Jahren geschlossen. Die Besichtigung der Gräber ist ein eindrucksvolles Erlebnis. Immer wieder bezweifeln Besucher, daß die Farben noch echt und über 3000 Jahre alt seien. Gerade die Besichtigungen bringen jedoch

Tänzerinnen (Malerei aus einem Grab im Tal der Königinnen)

den beschleunigten Verfall der Malereien mit sich: Die Bilder vertragen die Feuchtigkeit des Besucheratems nicht, genausowenig wie die Temperaturschwankungen und den aufgewirbelten Staub, dessen Partikelchen wie kleine Geschosse die Farben ausschlagen. Die Erhaltung der Gräber setzt, selbst wenn es gelänge, den Besuchern ihre Unvernunft wie Anfassen, Entlangstreifen usw. abzugewöhnen, letztlich die Schließung voraus. Sind die Gräber allerdings niemandem oder nur ausgewählten Experten noch zugänglich, frage ich mich, was den Kostenaufwand zu ihrer Erhaltung noch rechtfertigt, wenn man sich nicht auf den Standpunkt des Erhaltens um seiner selbst willen stellen will. Aus dem Dilemma zwischen Schließung und Verschleiß der Gräber hat die Antiken-Verwaltung noch keinen Ausweg gefunden. Kleinere Schutzmaßnahmen (Glaswände, Schutzschichten auf den Wänden), häufiger Wechsel der zu besichtigenden Gräber, horrende Eintrittspreise sind nur Tropfen auf den heißen Stein. Lang debattierter, aber aus Geldmangel nicht beschrittener Ausweg: Kopien der Gräber anlegen und nur diese zur Besichtigung freigeben. (Eine Kopie des Nefertari-Grabes entdeckte ich übrigens kürzlich, allerdings in Marseille und nicht in Luxor.) Hervorzuheben im Tal der Königinnen: Grab der *unbekannten Königin* (Nr. 40) und der beiden Ramses-Söhne *Chamenweset* (44) und *Amunherchopshef* (55).

DEIR EL-MEDINA

Die Stadt der Grabarbeiter liegt in einem kleinen Tal unterhalb eines weißen, langgestreckten Gebäudes, in dem die französischen Ausgräber ihr Quartier haben. Die Gräber am Südhang dieses Tales sind deshalb interessant, weil sie von den Vorarbeitern und Ingenieuren, die ihr Leben lang mit dem Anlegen von Pharaonengräbern beschäftigt waren, für sich und ihre eigene Familie quasi nebenbei gebaut wurden (z. B. Grab des *Senodjem* – Nr. 1 – an der Südwestecke der Stadtmauer). So unscheinbar die Grundmauern der Grabarbeiterstadt heute erscheinen mögen, sie war für die Archäologen eine der wichtigsten Quellen über das Alltagsleben der Ägypter. Man fand eine Vielzahl von Tonscherben, auf denen Gerichtsverhandlungen bis zu Rechnungen notiert waren. Auch der älteste, historisch belegte Streik fand unter Ramses III. in der Deir el-Medina statt, als aufgrund der allgemeinen Wirren die Nahrungsmittellieferungen (und damit der Lohn) die Stadttore nicht mehr erreichten.

NOBLEN-GRÄBER

Die Gräber sind in Gourna von der Deir el-Medina direkt zu erreichen, wenn man den Sattel am Ende des Tales überquert (links einen ptolemäischen Tempel liegen lassend). Die einzelnen Gräber nach einer Skizze finden zu wollen ist in dem unübersichtlichen Gelände sinnlos. Man nehme sich einen Jungen oder ein Mädchen als Führer oder frage sich durch. In dem gesamten Gebiet gibt es an die 500 Gräber von Privatleuten aus dem Neuen Reich und der Spätzeit, von denen jedoch nur wenige zu besichtigen sind. Ich möchte mich hier auf eine noch kleinere (durchaus subjektive) Auswahl beschränken.

Die Gräber der *18./19. Dynastie* (und um solche handelt es sich bei den direkt in Gourna gelegenen ausschließlich) folgen im Grundriß einem stereotypen Muster, nämlich einem ,T', wobei der Eingang am Schnittpunkt der Achsen liegt. Da der Kalkstein sich schlecht zum Bearbeiten eignete, sind die Innenwände der Felsengräber mit Nilschlamm verputzt und gekalkt – erst auf diese Schicht wurde die Farbe aufgetragen (die einzelnen Arbeitsschritte sieht man am besten im unvollendet gebliebenen Grab des *Ramose*). Die Gräber gehören damit zu den wenigen Beispielen reiner Malerei im Alten Ägypten, die – notgedrungen – auf jedes Relief verzichtet. Die dargestellten Szenen sind aus dem Alltagsleben der Grabherren gegriffen, weniger abgehoben und weniger mythologisch-religiöses Vorwissen implizierend als die Ausstattung der Königsgräber, damit dem wenig vorgebildeten Betrachter leichter zugänglich. Allmählich werden alle Gräber elektrifiziert. Die aber noch gelegentlich zu beobachtende Spiegeltechnik, mit der die Wächter die Gräber für den Besucher ausleuchten, wurde schon in der Bauphase der Gräber genauso praktiziert.

✱ **Eines der schönsten Gräber** ist dasjenige des Nacht (Nr. 52), Hofastronom *Thuthmosis IV*.

In etwa die gleiche Richtung geht *Mena* (auch: Menea, Menena; Nr. 69), während *Senefer* (Nr. 96) vom üblichen Kanon abweicht. Statt der T-Form finden wir ein über eine tiefe Treppe erreichbares unterirdisches Grab mit einem kleinen Vorraum, der als Weinlaube ausgestaltet ist. Im Grab des Ramose (Nr. 55), Wesir unter *Echnaton,* ist der Stilwandel der beginnenden *Amarna*-Zeit deutlich nachvollziehbar.

DER TERRASSENTEMPEL

Nördlich von Gourna liegt, weithin sichtbar, der *Terrassentempel* der Königin *Hatshepsut*. Sie war die bedeutendste unter den wenigen auf den Pharaonen-Thron gelangten Frauen. Ihre Erbfolge regelten die Pharaonen, wenn alles glatt ging, so: Nachfolger wurde der Gatte der ältesten legalen Tochter des amtierenden Pharao. Um die Herrschaft in der Familie zu halten, verheiratete der Pharao deshalb gerne seine halbverschwisterten Kinder miteinander, die er mit verschiedenen Frauen gezeugt hatte. Um beim Beispiel Hatshepsut zu bleiben: Sie war die Tochter *Thuthmosis I.*, ihr Halbbruder und Gatte *Thuthmosis II.* (des I. Nachfolger), der – wiederum mit einer anderen Frau – *Thuthmosis III.* als Sohn hatte, dessen Stiefmutter und Halbtante sie damit war. Beim Tode ihres Gatten war der zum Nachfolger ausersehene Thuthmosis III. noch minderjährig. Hatshepsut übernahm die Regentschaft und ließ sich bald selbst zum Pharao krönen, wie sie in allen Darstellungen auch als Mann gezeigt wird. Thuthmosis III. scheint kein gutes Verhältnis zu ihr gehabt zu haben: Nach ihrem Tod endlich an den Thron gekommen, ließ er ihren Namen überall ausmeißeln und sogar ihren Obelisken in Karnak zumauern, um das Andenken an sie zu tilgen. Bis heute berühmt geblieben ist Hatshepsut durch die von ihr veranlaßte (phönizische) Expedition nach Punt (Somalia/Jemen) und ihren Tempel, der in der Anlage weder Vorbild noch Nachahmer hat und von dem Hofarchitekten *Senmut* entworfen worden war, der mit der Königin – wie der Ägyptologen-Tratsch wissen will – nicht nur ein Angestellten-Verhältnis hatte. Rechts vor dem Aufweg zum Tempel findet sich übrigens ein Grab von ihm, doch wurde er hier – weil später in Ungnade gefallen – nie bestattet.

Der eigentliche Tempel mit seinen drei Terrassen wurde von polnischen Archäologen restauriert – der zahlreiche Beton der Bauten ist also neueren Datums. Die durch die Rampe geteilte Halle am Westende der 2. Terrasse zeigt im Nordteil Geburt und Legitimation der Königin, im Südteil Szenen der Punt-Expedition.

Südwestlich des Hatshepsut-Tempels liegt ein Tempel *Mentuhoteps* aus dem Mittleren Reich, dazwischen hat noch Thutmosis III. eine Anlage gequetscht. Seinen Namen „*Deir el Bahari*" hat der gesamte Komplex übrigens von einem koptischen Kloster, das mit der Christianisierung in die Gemäuer einzog.

TAL DER KÖNIGE

Hinter dem Deir el Bahari liegt in einem versteckten und brütend heißen Kessel das *Tal der Könige*. Mit dem Fahrrad folge man der ausgeschilderten Autostraße. Der Fußgänger suche auf dem Kamm über dem Deir el Bahari einen einsamen Telegrafenmasten, von dem aus der Weg auf der Rückseite des Bergrückens hinunter ins Tal der Könige führt. Der Telegrafenmast ist vom Deir el Bahari über einen Pfad zu erreichen. Ein weiterer Aufstieg beginnt bei der Deir el Medina unmittelbar links vom Grabeingang des Senodjem. Die Mühe des kleine Kletterkünste erfordernden, der Hitze wegen aber dennoch anstrengenden, ca. halbstündigen Aufstiegs wird mit einer wunderbaren Aussicht über das Niltal belohnt (wenn das Wetter keinen Streich spielt). Im Sandstein, besonders auf dem Kamm, finden sich noch viele Versteinerungen und Korallen.

Daß die ägyptischen Pharaonen sich im Neuen Reich hier bestatten ließen, hatte mehrere Gründe: Man wollte die Gräber in der Nähe der neuen Residenz *(Theben)* haben. Gleichzeitig sollten sie abgelegen und relativ geschützt gegen Grabräuber sein. Schließlich war für die Grabanlagen eine stabile und gleichzeitig nicht allzu schwer bearbeitbare geologische Formation notwendig, wie sie der bei Luxor-West unter dem Sandstein liegende Kalk beispielhaft bietet.

GRAB VON TUTENCHAMUN

Hauptattraktion ist das Grab des *Tutenchamun* – zwar von Größe und Ausstattung so unbedeutend wie der Grabherr zu Lebzeiten, aber durch den Bauschutt Ramses VI. dermaßen verschüttet gewesen, daß es als einziges Grab den Grabräubern entging und uns ungeplündert überkam. Als das größte und am reichsten ausgestattete Grab sei *Sethos I.* erwähnt, auch *Amenophis II.* (Nr. 35, an der westlichen Felswand) sollte man sich noch reinziehn. Was das Verständnis der in den Gräbern dargestellten Szenen und Begebenheiten erschwert, ist, daß im Gegensatz zu den Noblen-Gräbern hier die Texte der verschiedenen Totenbücher breiten Raum einnehmen, nämlich, welche Gefahren und Ungeheuer dem König auf seiner Fahrt in die jenseitige Welt begegnen und wie er sich dagegen wappnen kann – ein Verstehen setzt also nicht gesunden Menschenverstand, sondern Kenntnis der Texte oder einen guten Führer voraus.

Von der Vielzahl der sonstigen Monumente auf der Westbank sei noch das *Ramnesseum* genannt, dessen schlechter Erhaltungszustand mich angesichts der Repräsentationssucht Ramses II. immer mit gewisser Befriedigung erfüllt hat. Wer Zeit hat, sollte auch einen Blick auf die Arbeitsbedingungen und -techniken in den *Alabaster-"Fabriken"* werfen.

DAS GEHEIMNIS DER HIEROGLYPHEN

Irgendwann steht Ihr vor Eurer ersten Tempelinschrift, sucht oben rechts links unten den Anfang und kapiert dann nichts mehr. Vielleicht wißt Ihr noch, daß Hieroglyphen keine Bilderschrift sind, der Bildcharakter der Buchstaben also nur äußerlich ist, aber für einen Laut steht, wie unsere Buchstaben auch.

An der nächsten Ecke fällt Euch ein kleines Büchlein in die Hände „Wie lese ich Hieroglyphen?" das auch noch billig ist, Ihr kauft's, tretet wieder vor Eure Inschrift, und seid geleimt: Ihr könnt nicht mehr entziffern als zuvor.

In Eurem Büchlein stehen nämlich nur die Zeichen, die jeweils einen Konsonanten bedeuten – die Vokale haben die Alten – wie heute die Araber – sowieso nicht geschrieben. Die Ägypter hatten jedoch auch Zeichen für Konsonantenfolgen, also zwei oder drei Konsonanten hintereinander, und hielten nicht viel von Rationalisierung. Damit kamen die Schreiber auf mehrere hundert Zeichen, doch genügte ihnen das noch nicht.

Nehmen wir das deutsche Beispiel „Nase". In Hieroglyphen würde die Nase mit einem Zeichen für die Folge „ns" geschrieben, denn die Vokale fallen ja unter den Tisch. „ns" kann aber auch „naß", „Nuß", „ins", „uns" und was nicht noch alles heißen. Um die Mehrdeutigkeiten zu vermindern und die Lesegeschwindigkeit zu erhöhen, benutzen die Schreiber deshalb noch eine Art Klassifikationszeichen. Diese, ans Ende des Wortes gestellt, zeigen, in welchen Begriffsbereich es gehört. Hinter „ns" = Nuß käme also der Klassifikator für „Frucht", hinter „ns" = naß der Klassifikator für Wasser usw. Insgesamt gab es an die 700 Schriftzeichen, Ihr braucht Euch also keine Hoffnungen machen, jemals eine Inschrift lesen zu können. Für den Alltagsgebrauch waren die Hieroglyphen auch zu umständlich – sie blieben der Repräsentation vorbehalten, während sonst eine Kursivschrift benutzt wurde, die *Hieratische* Schrift.

WEITERREISE AUF DEM WESTUFER

Nach Norden: Will man den Tempel in Dendera per Tagesausflug von Luxor aus besichtigen, kommt man über das Westufer schneller ans Ziel, da man sich die Stadtdurchquerung und Taxi-Suche in Kena spart. Ab Fähre oder Kanalbrücke mit dem

Kleinbus nach Kena und vor der Nilbrücke aussteigen. Von hier zu Fuß zum Tempel 30 Min.
Nach Süden: Etwas umständlicher Weg nach Assuan, zu empfehlen, wenn man ein eigenes Fahrzeug hat und sowieso auf dem Westufer steht. Mit dem Taxi geht's – wieder von der Fähre oder Brücke aus – nach Süden und gleich über die nächste Brücke auf die Nilinsel zurück. Über eine Staubstraße erreicht man nach ca. 20 km *Armant*, das vor dem Aufstieg Thebens Provinzmetropole war. Die Kleinstadt bietet neben zwei Tempelruinenfeldern eine stinkende Zuckerfabrik und eine Villa mit großem Park im Süden, wo – streng abgeschirmt von aller Welt – der Schah von Persien sein ägyptisches Exil verbrachte. Von Armant (Taxi wechseln) weiter auf der Staubstraße nach Süden, bis man in *Esna* auf dem Staudamm den Nil querend wieder die Hauptstraße am Ostufer erreicht. Landschaftlich ist dieser Weg auf dem Westufer erheblich reizvoller, aber eben zeitraubend und staubig.

VON LUXOR NACH ASSWAN

ca. 50 km nach Luxor: *Esna*. Auf dem Westufer mitten in der Stadt der Tempel des Widdergottes *Chnum*. Ptolemäische Anlage, wesentlich schlechter erhalten als Dendera, Edfu und Philae. Schöner Souk. An der Abzweigung der Straße über den Damm in die Stadt von der Hauptstraße am Ostufer Tomatengroßmarkt und gelegentlich ein Schlangenbeschwörer.

85 km: *El Kab*. Große, ummauerte, verfallene Stadtanlage zwischen Straße und Nil. Die Stadt war der Geiergöttin *Nechbet* geweiht, der Schutzgöttin Oberägyptens, und das älteste politische und kulturelle Zentrum südlich von *Abydos* (Thiniten-Zeit). In dem sich östlich der Stadt weitenden Talkessel, an den Hängen deutlich sichtbar, Felsengräber aus der *Hyksos*-Zeit und dem Beginn des Neuen Reiches, die nur Spezialisten interessieren.
Auf dem Ostufer, nicht sichtbar, eine kleine Pyramide, die älteste überhaupt, über deren Zweck die Ägyptologen noch grübeln.

105 km: *Edfu* (Westufer, Brücke), 25 000 EW. Einfache Hotels am Bahnhof und (Edfu-Hotel) südlich der Brücke am Ostufer. Der sehenswerte Tempel findet sich am Westrand der Stadt. Wer nicht schon den von Dendera besichtigt hat, schaue ihn sich als Beispiel einer ptolemäischen Tempelanlage an. Er war dem Falkengott Horus geweiht und wurde anstelle einer älteren Anlage errichtet, von der noch der Eingangspylon in der östlichen Umfassungsmauer erhalten ist. Im Hof fallen die vielen leeren Kartuschen auf, für die mir noch niemand eine befriedigende Erklärung gegeben hat. Auch das frühe Christentum hat seine Spuren hinterlassen, indem es die Gesichter und Gliedmaßen der Götter und Pharaonen zerstörte, um die jenseitigen Ebenbilder lahmzulegen und hilflos zu machen.

Im Zentrum des Tempels, dem Allerheiligsten, steht noch der alte Schrein des Götterbildes, in einem Raum dahinter eine Nachbildung der Barke, mit der der Gott auf Prozessionen ausgeführt wurde und seine jährliche Urlaubsreise zu Gattin Hathor in Dendera antrat.

An der westlichen Umfassungsmauer verschiedene Szenen aus dem Helden-Epos des Horus, der sich mit seinem bösen Bruder Seth balgte – ein Schauspiel, das ähnlich Oberammergau an hohen Festtagen im Tempelhof aufgeführt wurde. Der große Krieger auf dem Eingangspylon ist *Neos Dionysos*, der Vater *Kleopatras*, dessen Beiname „der Flötenspieler" den martialischen Darstellungen, die er von sich bevorzugte, ziemlich kontrastiert. Vor dem Tempel Cafeteria „Andrea", dessen Besitzer, ein Grieche, gerne aus seinem bewegten und typisch levantinischen Leben plaudert.

Der Horus-Tempel bei Edfu

EDFU

Edfu. – Das Dorf liegt links um den riesenhaften Tempel und klettert zum Teil auf ihn hinauf. Ungeheure Pylonen, die größten, die ich gesehen habe; innerhalb der Pylonen mehrere Säle. Rechts schöne Isis. Vom Pylonentor Blick auf die Kolonnaden zu beiden Seiten. Der Hof mit unregelmäßigem Boden, Anhäufungen von grauem Staub.

Von den Pylonen prachtvolle Aussicht: nach Norden verläuft die nach Esne führende Straße; unter sich erblickt man das Dorf, dessen Häuser mit Strohmatten gedeckt sind. Überall dasselbe Bild regen Lebens: eine Frau tränkt einen Esel aus einem Kürbis; zwei Ziegen stoßen einander kämpfend mit den Hörnern; eine Mutter trägt ihr Kind auf der Schulter und bereitet Essen. Oben am Pylon Namen französischer Soldaten.

Der Tempel von Edfu dient dem ganzen Dorf als öffentliche Latrine.

In den Pylonen sind ungeheure Scharten in Kehlleistenhöhe angebracht und erhellen die Säle von oben, das Licht streicht über die Fliesen.

Die im Sande steckenden Kapitäle des Pronaos, auf dessen Dach Häuser gebaut sind, wechseln zwischen einem ägyptischen Mischstil und Palmblattverzierungen. Nicht weit davon liegt abseits so verschüttet, daß man ihn kaum erkennen kann, der kleine Tempel; er ist zerstört und hält sich nur noch durch eine Säule, die aus einem Trümmerhaufen von Steinen besteht. An den Wänden Malereien: Darstellungen der Isis, wie sie Horus die Brust reicht. Die Isisbilder von Edfu wie die von Philä zeigen meist ein nach unten verlängertes Gesicht, dicke Backen und eine spitze Nase; das ist der Typus der Berenike und Arsinoe, deren Gesichtszüge angeblich diesen Darstellungen zugrunde liegen.

(Flaubert)

135 km: *Silwa.* Nubische Kleinstadt mit schönen Häusermalereien der *Hadjis,* die ihre Pilgerfahrt nach Mekka hier dokumentieren.

165 km: *Komombo.* Zentrum des Beckens von Komombo, Zuckerfabrik. Das um die Stadt liegende Land wurde um die Jahrhundertwende in Erbpacht an eine Investorengemeinschaft gegeben, die es erschloß, be-

Asswan

Aufgrund seiner reizvollen Lage und seiner Bewohner ist Asswan eine der schönsten ägyptischen Städte. Heute direkt unterhalb des 1. Kataraktes am östlichen Nilufer gelegen, gehören zu Asswan vier Farben in ihrem Kontrast: Das Gelb der unmittelbar auf dem Westufer sich erhebenden Wüste, das dunkle Blau des Nils, das Weiß der Segelboote und nubischen Dörfer, das Grün der Kulturflächen und Gärten.

Erst gegen Ende der pharaonischen Zeit verlagerte sich das weltliche Zentrum Asswans von der Insel *Elephantine* auf das heutige Ufer. Hier endete auch noch für Griechen und Römer die zivilisierte Welt, gleichwohl man die Barbaren aus dem Süden gerne als Pilger (Isis-Kult) und Handelspartner sah, die ihre Waren in Asswan ägyptischen Händlern übergaben.

Asswan hatte schon immer viele Fremde zu ertragen: Griechische Wissenschaftler (Erdumfang-Bestimmung des Eratosthenes), römische Beamte, eine jüdische Garnison (Perserzeit), später türkische und englische Soldaten, und natürlich beständiges Zusammenleben von Nubiern und Ägyptern. Vielleicht hat dieser Traditionsstrang Asswan heute so offen für und tolerant gegenüber Fremden gemacht, wie wohl keine andere Stadt abseits der Küsten.

Das moderne Asswan ist geprägt von einer rapiden Entwicklung im Zusammenhang mit den beiden Staudämmen: Während der alte Damm die Grundlagen für eine industrielle Entwicklung legte, brachte der Bau des Sadd el-Ali einen Großteil der heutigen Bevölkerung nach Asswan, das damit neben Assiut zur größten Stadt Oberägyptens wurde (ca. 250 000 Ew.) – neben Beamten und Bauarbeitern auch viele Nubier, deren Dörfer im Stausee ertranken.

Der Tourismus geht in Asswan bis auf die Jahrhundertwende zurück, als es bevorzugter Winterurlaubsort für reiche Engländer war, berühmt als Rheuma-Kurort (des Kli-

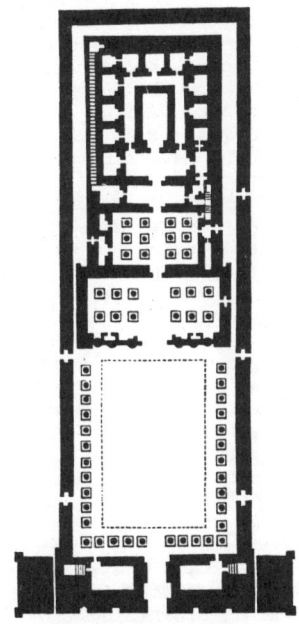

PLAN VON EDFU.

wässerte und Zuckerrohr anbaute. Um den etwa 10 km Radius messenden Halbkreis der Komombo-Gesellschaft liegen neuerdings die Siedlungen der hierher umgesiedelten Nubier aus dem Stauseegebiet. Am Südende der Stadt ein ptolemäischer Doppeltempel, dem Krokodilgott Sobek und dem Haroeris (einer Horus-Variante) geweiht. Schlechter erhalten als Dendera und Edfu – wer dort war, kann sich den Komombo-Tempel sparen, auch wenn ihm balsamierte Krokodile entgehen.

170 km: *Darau.* Sehenswerter Markt der Ababda und Bisharin-Beduinen (hinter dem Obstmarkt). Markttag ist Dienstag. Angeblich neben Kairo größter Kamelumschlagsplatz des Landes.

208 km: *Assuan* (Asswan, Aswan)

mas und der hohen natürlichen Radioaktivität wegen). Da der Tourismus aber nicht das einzige Bein Asswans (im Gegensatz zu Luxor) ist, hat die Stadt darunter weit weniger gelitten.

Spötter behaupten, das Schönste an Asswan seien seine Schwimmbäder. Nur dort könne man sich im Sommer den Tag über aufhalten, während man an anderen Stellen der Stadt vor Hitze, Staub und Dreck umkomme. Zumindest für die Zeit von April bis Oktober setzt der Besuch von Asswan einen südeuropäischen Tagesablauf mit langer Siesta und robustem Kreislauf voraus.

KURZINFORMATION

✳ **Behörden**
Registration und Visa im Paßamt, Corniche neben Continental-Hotel. Tourist Information im Tourist Market, Corniche.

✳ **Camping**
Campingplatz an der Stichstraße zum Unvollendeten Obelisken. Möglich auch im Nil-City Hotel, falls wieder geöffnet.

ESSEN

Als bestes einheimisches Lokal gilt *el-Masri* in der Sh. al-Matar. Gut und billig bei *Marwa*, gegenüber der Jugendherberge. Für Fisch-Fans sei das Restaurant des Hotels *Abu Shelebi* (Sh. el-Souk/Sh. Abbas Fuad) empfohlen. An der Corniche bieten eine Reihe Lokale die übliche Touristenspeisung. Zum Frühstück bietet sich ein Ecklokal am Bahnhofsplatz an, oder Marwa. Ein guter Imbiß, *el-Hamam*, findet sich in den Kolonnaden der Corniche.

HOTELS

Continental an der Corniche ist der absolute Preisbrecher – die Laken sind sauber, der Rest dürftig; Statiker und Seismologen sollten, zwecks Meidung von Alpträumen, lieber andernorts nächtigen.
Saffa (nördlich des Bahnhofs).
Roswan (daneben) – die pompöse Eingangshalle und die Preise täuschen über die Qualität der Räume. Was nutzt eine private Dusche, wenn der Abfluß verstopft ist?
Kairoer Studenten bevorzugen das *Khatab* (Sh. el-Souk nördl. Sh. el-Matar), während im *Hamarem* (Aptal Tahrir, nahe Busstation) und *Victoria* (neben Poste Restante, Aptal Tahrir) der Typ „einfacher Dienstreisender" absteigt.

● **5–10 LE**
Nil City (hinter dem Katarakt-Hotel auf dem Hügel), das schönste Hotel in Asswan; Bungalows (teilw. Air Condition) mit Park.
Ramses – bietet den gleichen Standard wie die anderen Hotels dieser Preisklasse, liegt aber an der unteren Preisgrenze; so auch das
Mena-Hotel (nördlich des Bahnhofs, hinter der Tankstelle) – neu, Herbst 1984, die Zimmer 20% unter dem Listenpreis. Leider stört der 5-Uhr-Zug etwas.
Hathor (Corniche), und (gegenüber) *El-Salam*.
Cleopatra (in einer Seitenstraße vor dem Ramses), *Happy* (Aptal el-Tahrir) und *Abu Simbel* (Corniche) sind ein wenig zu teuer, ebenso das *Abu Shelib*.

✳ **Jugendherberge**
In der Sh. Aptal el-Tahrir kurz vor dem Bahnhof. Nicht zu empfehlen, da ein Höllenlärm und laufend Leute von und zu den Nachtzügen kommen und gehen.

✳ **Museum für Nubische Kultur**
ist vor dem Nil City Hotel im Bau. Architekt ist Mahmud el-Hakim, der schon das Luxor-Museum entworfen hat. Wir sind gespannt.

✳ **Post**
Hauptpost an der Corniche neben dem Kulturpalast. Poste Restante im alten Postamt, Sh. Aptal el-Tahrir hinter dem Kaufhaus Benzion. Telefonamt am Südende der Corniche, Direktwahl im New Cataract.

* **Schwimmen**
Neben der Post ist ein öffentliches Freibad, doch manchmal off limits für Ausländer. Dann bleibt nur der Garten des New Cataract.

* **Souvenirs**
Gewürze und die Produkte freundlicher Schneider.

* **Unterhaltung**
Nubisches Volkshaus an der Corniche mit regelmäßigen Ausstellungen, guter Folklore-Show, gelegentlich ausländischen Filmen.

* **Zeitungen**
An der Corniche beim Droschken-Platz und an der Ecke el-Souk/Abbas Fuad.

Verkehr

Der Busbahnhof ist in der Sh. Aptal el-Tahrir, nicht weit vom Ramses-Hotel. Dort fahren auch die Überland-Taxen ab.

Außerhalb der Hochsaison könnt Ihr für etwa 100 LE ein *Segelboot* (Feluqa) nach Luxor bekommen. Der Preis schließt das Essen für 5–7 Leute mit ein. Die Fahrt dauert 4 Tage. Für Segeltouren im Nahbereich rechnet 1 LE pro Person und Stunde, ab 4 Personen etwas weniger. Empfohlen sei Bootmann Abdallah (Boot Egypt), der meistens gut drauf und ein Sprachgenie ist.
Fahrräder gibt es in der Aptal el-Tahrir neben dem Hotel Victoria zu mieten.
Für eine einfache Innenstadtfahrt mit dem *Taxi* (ohne Umweg und Warten) beträgt der Tarif 50 P., fürs ganze Auto.
Vom Flughafen könnt Ihr nach Luxor – Kairo und Abu Simbel fliegen. Da er auch vom Militär benutzt wird, ist die Anfahrt mit Privatautos verboten, ebenso wie ein Fußmarsch.
Züge zum Hafenbahnhof fahren um 12.42 und 14.37 Uhr hin, 16.00 und 18.30 Uhr zurück.

DAS STADTZENTRUM

zieht sich heute am Westufer des Nils entlang. Lassen wir einen Rundgang an der *Corniche* auf der Höhe des Bahnhofs beginnen, etwa der nördliche Abschluß des Zentrums. Zwischen Bahnhof und Nil großzügige Verwaltungsgebäude, deren Gelände wie die gesamte Corniche mit dem Aushub des Staudammbaues aufgeschüttet wurde. Ganz im Süden, auf dem höchsten von mehreren Hügeln, das Nil-City, ein Bungalow-Hotel mit einem Park, von dessen Terrasse man den schönsten Ausblick auf die Nilinseln, das andere Ufer und den Katarakt hat, das nur leider bis 1985 von den französischen Kraftwerksingenieuren gemietet und deshalb gesperrt ist. Sonnenuntergangfans müssen sich daher vorerst mit der Terrasse des alten *Katarakt-Hotels* samt seiner Orientexpreß-/Agatha-Christie-Atmosphäre begnügen – oder einem kleinen Park, direkt nördlich des Katarakts auf dem ersten Hügel.

Wem dieses Naturerlebnis zu idyllisch war und wer Kontraste liebt, der gehe vor dem Rückweg durch das *nubische Dorf* am Fluß zwischen Nil-City- und Katarakt-Hügel. Die Abfallhalden hinter dem Hotel (von der Direktentsorgung in den Nil sind die Hotels neuerdings abgekommen) reichen auch: Hiervon ernähren sich nicht nur die Ziegen, sondern auch die Bewohner des Dorfes.

Auf dem Rückweg bietet sich, noch bevor die Straße wieder eben wird, rechts eine *koptische Kirche* zum Reinschaun an. Nicht weil sie sehenswert wäre, sondern weil die Leute gern zu einem Gespräch über ihre Situation bereit sind.

Wieder unten angelangt, das Telefonamt, danach eine Ampel, die im Unterschied zu Kairo auch respektiert wird. Über die Kreuzung auf der rechten Seite ein Kirchlein mit Eisentor und schlüselgewaltigem Zerberus: Der Eingang zum *Spital der deutschen* (evangelischen) *Nubier-Mission*. Ein Besuch nach vorheriger Terminabsprache mit dem Pfarrer lohnt sich: Die Leute zeigen gern ihre

Einrichtungen und erläutern/diskutieren ihr Konzept, das weniger Wert auf die sowieso verbotene klassische Missionsarbeit legt, als vielmehr Krankenbetreuung und Sozialarbeit in den Armenvierteln der Stadt betont.

Dem Spital schließt sich die Ruine des Grand-Hotels an, gute Toiletten hinter der Bar, das ist vorbei: abgebrannt! In der Ladenfront ein altertümelnder, aber reichhaltiger Postkartenladen. Daneben das Teehaus der nubischen Bootsleute. Im weiteren Verlauf verbreitert sich die Straße, Billighotel Continental und Teehäuser der Rucksacktouristen. An der nächsten Ecke nach rechts und wieder parallel zur Corniche, die *Sharia el Souk*, die alte Einkaufsstraße. Auch wenn das Angebot zusehends auf Touristen zugeschnitten wird, ist noch viel vom ursprünglichen Flair erhalten: Das breite Angebot an exotischen Gewürzen, an dem sich wohl schon die hierher abkommandierten römischen Beamten versorgten, die Aufteilung in branchenspezifische Bezirke (erste Querstraße zum Nil: Metall; zweite Querstraße: Textilien usw.). An der Abzweigung der „Straße der Stoffbuden" kündigt sich der Obst- und Gemüseabschnitt mit den Limonenhändlern an, die Touristen gern übers Ohr hauen. Der Markt liegt links ein wenig versteckt, die Abfallberge geben Hinweise. Allmählich verliert die Straße ihren Bazarcharakter, passiert noch ein Kino und endet am Bahnhofsplatz.

INSELN UND WESTUFER

Anfahrt: Mit Feluqa. Die klassische Tour berührt Elephantine, Kitchener Island und Westufer (Aga Khan).

ELEPHANTINE

Auf der Südhälfte der Insel befinden sich der alte Tempelbezirk und die Verwaltung des pharaonischen Asswan. Für die (deutschen) Archäologen ist die Insel ein Eldorado, da die Ruinen nicht überbaut sind und dem Buddeln keine Grenze gesetzt ist. Dem Nicht-Fachmann bietet sich eher wenig. Zwei Nilometer aus ptolemäischer und römischer Zeit am Ostufer bestimmten einst das Schicksal der Bauern. Hier wurde früher der Wasserstand des Flusses gemessen und die Steuern entsprechend festgesetzt. Eine günstige Überschwemmung erwarteten die Ägypter, wenn der Strom auf 24 Fuß und 3 Zoll anstieg. Der Fluß entschied über die mageren und fetten Jahre.

[Nun folgt] Sye'ne und Elephantine, jene auf den Grenzen Äthiopiens und eine Stadt Ägyptens, diese eine im Nil, ein halbes Stadium [92,5 m] vor Sye'ne gelegene Insel, und auf ihr eine Stadt mit einem Tempel des Knu'phis und einem Nilmesser, wie in Me'mphis. Dieser Nilmesser ist ein an dem Ufer des Nils aus gleichmäßigen Quadersteinen erbauter Brunnen, in welchem man die Anschwellungen des Nils, sowohl die größten, als die kleinsten und mittleren bezeichnet; denn das Wasser im Brunnen steigt und fällt mit dem Strome. An der Mauer des Brunnens nun sind Merkzeichen als Maße der vollkommenen und der anderen Anschwellungen. Diese beobachtet man und macht sie den anderen bekannt, damit sie es wissen; denn aus solchen Zeichen und Maßen erkennt und verkündigt man die zukünftige Anschwellung schon lange vorher. Dies aber ist sowohl den Ackerbauern nützlich der Wasserbenutzung, der Dämme, der Kanäle und anderer dergleichen Dinge wegen, als auch den Statthaltern der Staatseinkünfte wegen; denn größere Anschwellungen verheißen auch größere Einkünfte. – In Syene ist auch der Brunnen, welcher die Sommersonnenwende anzeigt, weil diese Orte unter dem Wendekreise liegen. Denn gehen wir aus unseren Gegenden, ich meine die von He'llas, weiter gegen Süden, so steht uns hier zuerst die Sonne im Scheitel und macht die Schattenzeiger am Mittage schattenlos; steht sie uns aber im Scheitel,

so muß sie auch in den Brunnen, wenn sie auch noch so tief sind, ihre Strahlen bis auf den Wasserspiegel werfen; denn so wie wir in senkrechter Linie stehen, so sind auch die Gruben der Brunnen [in derselben Richtung] gegraben. Übrigens stehen dort drei Kohorten Römer der Grenzbewachung wegen.

(Strabo)

KITCHENER-ISLAND

Horacio Herbert Kitchener befehligte zwischen 1896 und 1898 die englischen Truppen, die den Sudan unterwarfen und von der Mahdi-Herrschaft „befreiten". Damals wohnte er, weitab von der gefährlichen Front, in Asswan. Von 1900 bis 1902 wurde er als Schlächter im Burenkrieg berühmt und hätte wohl besser getan, sich weiter mit seinem Garten auf der Nilinsel zu beschäftigen. Im 1. Weltkrieg Kriegsminister, ging er im nördlichen Eismeer mit einem Schiff unter.

Aus Kitcheners Zeit stammen die Anfänge des dort befindlichen Botanischen Gartens, der nicht nur der Erbauung dient, sondern in dem fremde Pflanzen auf ihre Eignung für das ägyptische Klima untersucht werden. Im Inselrestaurant vor Verzehr nach Preis erkundigen, um Überraschungen zu vermeiden.

SEHEL

wird während der „Katarakt-Tour" gelegentlich von den Seglern angelaufen. Sehenswert neben dem Ausblick die Graffiti der Insel, auf der schon Händler und Militärs der Pharaonen-Zeit ihre Durchreise notierten. Die Dorfkinder sind durch die häufigen Touristenbesuche ziemlich aufdringlich geworden und weniger mit Kinderliebe als mit guten Nerven zu ertragen.

AGA-KHAN-MAUSOLEUM

geöffnet ab 8.00 Uhr, Eintritt frei.
Schon von weitem sieht man auf einer Erhebung am Westufer das Grabmal des Aga Khan, dem 1957 verstorbenen Oberhaupt der Hodscha-Ismailiten.

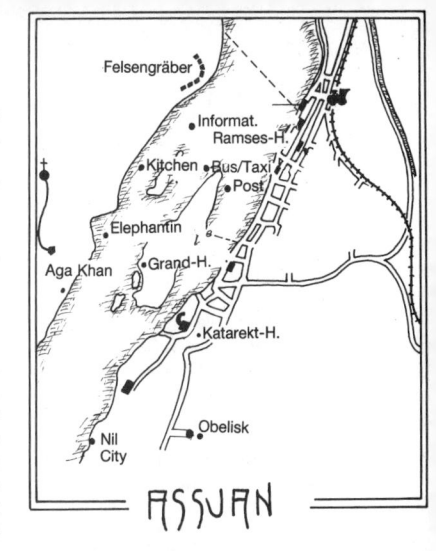

Vor dem Aufstieg zum Grabmal links das Haus seiner Witwe.

SIMEONS-KLOSTER

Zugang vom Aga Khan Richtung Norden oder direkter Aufstieg über alten, dennoch erkennbaren Klosterpfad von der Bootsanlegestelle, jeweils etwa 30 Min. Verfallene, aber noch imposante Klosteranlage, die jedoch nur für einschlägige Spezialisten von Interesse sein dürfte.

FELSENGRÄBER

Zugang über den nach Norden führenden Asphaltweg vom Kloster aus oder direkt mit dem Boot. Gräber der Provinzgrößen Asswans aus dem Mittleren und Alten Reich, die man sich auch sparen kann.

DIE LEHRE DER ISMAILITEN

Die *Ismailiten* sind eine Sekte, die sich im 8. Jahrhundert von der schiitischen Hauptrichtung abspalteten. Ihre Lehre ist eine ziemlich esoterische Angelegenheit, die sich in aller Kürze und der damit verbundenen Flachheit so darstellen läßt:

Es gibt einen höchsten Gott, dessen Tätigkeit sich jedoch auf die Schaffung zweier anderer göttlicher Wesen beschränkt hat, die wiederum unsere Welt schufen. Diese Götter sind jederzeit durch einen besonders erleuchteten Menschen auf der Erde vertreten. Einer der Erleuchteten war *Mohammed*, von dem aus die Linie über *Ali* und die *Imame* bis zu *Aga Khan* und seinem Sohn als derzeit amtierenden Imam sich fortsetzt. Der Koran und jede göttliche Offenbarung hat einen doppelten Sinn, den äußeren, für jedermann erkennbaren, der sich historisch bedingt wandelt, und andererseits den inneren, unwandelbaren und verborgenen Sinn, der menschlicher Erkenntnis nicht zugänglich ist und über den allein der Imam aufgrund seiner Erleuchtung verfügt.

Die Ismailiten waren für Ägypten insofern von Bedeutung, als die Herrscher der *Fatimiden*-Dynastie sich zu dieser Lehre bekannten. Aus dieser Zeit stammt ein Großteil der in Asswan auf beiden Nilufern zu findenden alten Kuppelgräber. Die geistig führende ‚Clique' der islamischen Welt im 12. Jahrhundert um *Nazir-i-Khusrau, Omar Khayam* und die Assassinen-Bewegung, die „Haschisch-Esser", gehören ebenfalls in den ismailitischen Dunstkreis. Heute gibt es in Ägypten keine Ismailiten mehr. Untergruppen der Sekte leben noch in Syrien, dem Iran, Nord-Pakistan/Afghanistan, Indien, dem Jemen. Nur ein Teil erkennt die Linie des Aga Khan als Oberhaupt an. Wie viele religiöse Minderheiten zeichnen sich die Ismailiten durch einen starken inneren Zusammenhalt der einzelnen Gemeinden aus, die auch ein relativ gut organisiertes eigenes System medizinischer und sozialer Hilfe für die verarmten Mitglieder haben. Die Sunniten erkennen nur noch wenige ismailitische Gruppen als „islamisch" an.

Warum der aus Indien stammende Aga Khan Asswan als seine Grabstätte bestimmt hat, ist einfach zu erklären. Einmal suchte er die Verbindung zu den fatimidischen (Glaubens-)Vorfahren, zum andern hatte er Asswan während seiner Rheumakuren schätzen gelernt.

AGA KHAN
Junior

DER SÜDEN

Wenn Ihr an der koptischen Kirche der Hauptstraße folgt, an einem kleinen Neubauquartier vorbei, dessen Häuser der schlechten Zementqualität wegen teilweise vor Bezug (zum Glück) wieder zusammenfielen, erreicht Ihr nach etwa 20 Min. Fußweg eine Abzweigung zum **Unvollendeten Obelisken.**

Nach dem alten Namen Asswans, Syene, wird der hier gefundene Granit „Syenit" genannt. Überall im Land sind in den Tempeln oder Statuen die grauen, roten oder schwarzen Granite aus Asswan zu finden. „In den alten Granitbrüchen finden sich heute noch bemerkenswerte Spuren des Fleißes und Geschicks der für die Pharaonen tätigen Steinmetzen, hier ein gewaltiger Block, weiterhin ein auf drei Seiten bearbeiteter Obelisk. Beide hängen mit ihrer unteren Seite mit dem lebenden Felsen zusammen, und liefern den Beweis, daß die alten Ägypter ihre graniten Denkmäler schon in den Brüchen fertigstellten. Wie groß muß die Sicherheit der Handwerker gewesen sein, das riesige, mit großer Mühewaltung bearbeitete Steinstück aus der Granitwand, von der man es abgearbeitet hatte, loslösen zu können.

Lange sind wir in diesen Brüchen, die übrigens weit weniger großartig erscheinen als die zu Turra und Gebel Silsile, weil man den Granit von den äußeren Flächen der Berge abbaute, suchend umhergestiegen, haben aber nirgends ein zerbrochen am Felsen hängendes, verarbeitetes Steinstück gefunden als Zeugnis eines mißlungenen Absprengversuches. Dagegen erweckt die Sparsamkeit, mit der die bearbeiteten Blökke, solange sie noch im Felsen hingen, eingeteilt wurden, unsere Begeisterung.

Auf der dem Himmel zugewandten Fläche eines an drei Seiten behauenen Werkstükkes kann man genau die Vorzeichnung des Meisters erkennen, welcher es zu einer Deckplatte und zwei Pfeilern oder Tragbalken bestimmt zu haben scheint. Da, wo die einzelnen Stücke voneinander getrennt werden sollten, hat man, wahrscheinlich mit Hilfe des Schmirgelbohrers, Löcher, die einander in gerader Linie folgten, in den Stein gedreht." (Ebers 1886)

Der Unvollendete Obelisk zeigt gut die Arbeitstechnik der alten Ägypter: Mit Steinwerkzeugen schlugen sie in den Granit rechteckige Schlitze, füllten diese mit Holz und gossen Wasser darauf: Das Holz quoll und sprengte den Stein ab. Die Oberfläche wurde anschließend mit Sand geglättet und poliert. Für den Transport rollte man die Steine auf große Schlitten und über schiefe Ebenen zum Nil.

Der Obelisk wurde wahrscheinlich wegen der querlaufenden Risse im Material nicht vollendet. Auch der (mißlungene) Versuch, ein kleineres Objekt rauszumeißeln, ist an der Oberfläche zu sehen.

Nach dem Obelisken führt die Straße weiter zum **Alten Staudamm.** Ihr könnt trampen oder ein Taxi anhalten, über den zwei Kilometer langen Damm aber auf jeden Fall zu Fuß gehen.

Um die Funktion des Dammes zu verstehen, müßt Ihr Euch den neuen, den Hochdamm, zunächst einmal wegdenken. Das Volumen des alten Stausees betrug 4,9 km^3, etwa 7% der jährlichen Wassermenge, die den Nil runterkam. Im Januar verschloß man die Tore ganz und setzte den dahinterliegenden Fluß auf Niedrigstwasser. In dieser Zeit wurden (und werden noch heute) die Kanäle entschlammt, die Uferbefestigungen erneuert, Brücken repariert usw. Von Februar bis zum Beginn der Flutwelle wurden einige Tore geöffnet und das Wasser des Stausees langsam abgelassen. Mit Eintreffen der Flut öffnete man alle 180 Tore: Das gesamte Wasser mit dem fruchtbaren Nilschlamm rauschte durch, der Nilschlamm konnte in den Unterlauf gelangen. Nach der Flut, in den immer noch wasserreichen Monaten bis zum Jahresende, füllte man den See langsam wieder auf.

Alter Asswan-Staudamm

Im Frühjahr 1889 begannen die Arbeiten am Alten Damm. 800 italienische Steinmetze, Tausende Nubier und Ägypter schufteten Tag und Nacht, um das Projekt zu vollenden, die „Pyramide" des 19. Jhdts. Nach vier Jahren war der Damm fertig, hatte rund 36 Mill. Mark verschlungen und hob das Wasser um 21 m auf 106 m über dem Meeresspiegel. Der dadurch gebildete Stausee war ein Winzling, verglichen mit den nach zwei Erweiterungen des Dammes (1912, 1932) aufgestauten Mengen oder gar in Relation zum Nasser-See. Die heutige Dammkrone hat eine Höhe von 51 m, die Sohlenbreite beträgt 30 m und verjüngt sich bis zur Krone auf 11 m.

„Dieser Staudamm ist keine gewöhnliche Sache", schrieb Julius Meier-Gräfe 1927. „Er hat die Breite einer anständigen Straße und zwei Geleise, eins für die besagten kleinen Wagen und ein viel breiteres für den Kran. Er ist ganz aus Stein und seine schnurgerade Länge beträgt fast 2 km.

Nach der einen Seite, nach Süden, überragt er nur wenig die große Wasserfläche. Das andere Steingeländer steht in gewaltiger Höhe über dem fast leeren Felsenbett des Nils. Und das Wasser, das die Siebe in Kaskaden durchließen, war eine Winzigkeit neben der Ausdehnung des steinigen Flußbettes, das einem hingelegten und auseinandergefallenen Riesengerippe glich.

Als Material für den Damm hat man Granit verwendet. Es bleibt erstaunlich, daß der Damm der Wassermenge, die auf Hunderte von Kilometern nach Nubien hineingestaut wird, standhält. Obwohl sicher alles doppelt und dreifach kalkuliert ist, wird man nicht sein Unbehagen los und fühlt sich als Seiltänzer.

In kurzen Abständen folgen am Rande der steinernen Straße die schwarzen Eisenriegel, mit denen unten in der Tiefe die 180 Wassersiebe gelöst und geschlossen werden. Der Kran ist bestimmt, zu den Riegeln zu fahren und sie mit seinem schräg herausragenden Hebelbalken zu öffnen. Dieser schwarze Fahrapparat ist mit den in Ketten laufenden Galgen eine groteske Vergrößerung der Maschine, mit der einem der Zahnarzt in die Zähne bohrt.

Als wir kamen, stand der Kran etwa auf der Mitte des Damms und schien außer Betrieb. Plötzlich fuhr er mit krächzendem Gebell und ziemlich schnell los, kam uns entgegen und drehte während der Fahrt den Galgen. Die Gleichzeitigkeit der Bewegungen überraschte. Ebenso plötzlich hielt er und blieb auf der Lauer.

Für Menschen mit einiger technischer Erfahrung hat so ein Kran nichts Besonderes, und ich habe ähnliche zu Hunderten in Häfen, auch in dem Eisenhüttenwerk meines Bruders in Westfalen gesehen. In Shellal legt der Breitengrad die Beachtung nahe, und ich muß sagen, daß mich das schwarze Eisenmöbel höchst befremdete."

Das „Eisenmöbel" hat inzwischen einen blauen Nachfolger gefunden . . .

Von der Staumauer habt Ihr einen guten Blick auf den **Katarakt,** den ich mir allerdings (von Schaffhausen verwöhnt) gewaltiger vorgestellt hatte. Die Nubier behaupten,

ALTER STAUSEE (ASSUAN)

Am Anfang des Staudammes steht ein von seiner Idee besessener Ingenieur: *Adrien Daninos,* ein Levantiner. 40 Jahre rannte er mit seinen Entwürfen der Ministerial-Bürokratie und den Politikern die Tür ein, 40 Jahre wurde er günstigenfalls belächelt. Erst mit der Revolution war die Zeit reif für seine Idee – jetzt paßte sie den frischgebackenen Volksführern, den Freien Offizieren, ins Konzept und er konnte sie von der Realisierbarkeit seiner Pläne überzeugen. Heute ist er tot und vergessen – die Gedenktafeln in Asswan sind anderen gewidmet.

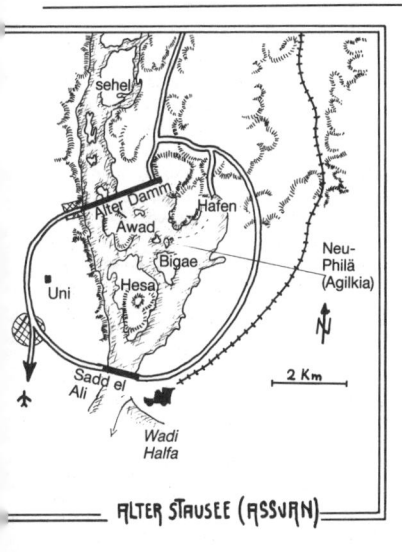

ihre Großväter wären noch mit Segelbooten den Katarakt runtergeschippert. Auf der anderen Seite bietet sich ein guter Blick auf *Philae,* über das später noch zu sprechen sein wird.

Am Westende des Dammes wird derzeit ein neues Kraftwerk gebaut, das die Provinz Asswan vom Hochdammstrom abkoppeln soll. Ihr seht auch noch die alte Schleuse, über die die Schiffe auf den kleinen Stausee kommen.

Nach dem Damm windet sich die Straße auf eine Anhöhe. Wenn Ihr Glück habt und Euch wieder ein Auto mitnimmt, kommt eine kurze Fahrt durch die Wüste, an einem nubischen „Modellhaus" vorbei, links eine weitere Baustelle, die neue Universität von Asswan, schön außerhalb, damit die Studenten das Volk nicht verderben.

Es wird wieder grüner und Ihr seid in der Siedlung, die für die russischen Experten des Hochdammbaues hingestellt wurde. Rechts zweigt die Straße zum Flughafen ab, links geht's zum **Hochdamm (Sadd el-Ali).**

DIE GESCHICHTE EINER VER-DAMM-NIS!

1952 lebten im Niltal auf jedem Quadratmeter nutzbaren Bodens im Durchschnitt zehnmal soviel Menschen wie in Frankreich, viermal mehr als auf einem Quadratkilometer BRD. Und diese Zahl wuchs mit jeder Minute um einen Menschen, jedes Jahr um mehr als eine halbe Million.

Dieses Problem der Überbevölkerung sollte durch ein Bewässerungsprojekt gelöst werden, das die Ackerfläche des Niltals um 8000 km^2, also ein Viertel, erhöhte. Der Asswan-Staudamm ist nicht der größte der Welt – für ein Land, das zu 95% aus Wüste besteht, jedoch ein entscheidender Einschnitt in seiner Geschichte.

1954 waren die Vorbereitungen im wesentlichen abgeschlossen – ein deutsches Konsortium hatte den Zuschlag erhalten, doch die Finanzierung barg noch mancherlei Schwierigkeiten. 1955 erklärten sich Amerikaner und Engländer zu einer Anleihe bereit, ebenso die Weltbank, die dafür allerdings die Kontrolle über den ägyptischen Staatshaushalt bis zur Tilgung der Anleihe verlangte, was Nasser gezwungenermaßen zusagte.

Da kündigten die Amerikaner am 16. Juli 1956 ihre Versprechungen. Das ägyptische Regime sei augenblicklich nicht gefestigt genug und man habe kein Vertrauen in die Rückzahlung der Anleihe. England und die Weltbank schlossen sich dem amerikanischen Schritt an.

„Ich werde den Damm dennoch bauen", soll Nasser in einem Gespräch mit Tito und Nehru nach jenem 16. Juli gesagt haben.

DIE TECHNIK DES STAUDAMMES

Zahlen:

Länge (Dammkrone)	3600 m
Höhe (über Flußbett)	111 m
Breite (Krone)	40 m
Breite (Basis)	980 m
Volumen	0,42 km^3
der See:	
Länge	ca. 500 km
Breite	10–30 km
max. Höhe Wasseroberfläche ü. M.	182 m
Volumen	162 km^3
davon	
– für zwischensaisonalen Ausgleich	37 km^3
– für zwischenjährlichen Ausgleich	90 km^3
– toter Raum (für Schlamm, Ablagerungen)	37 km^3
das Kraftwerk:	
Turbinenzahl	12
Turbinendurchmesser	6,3 m
Spannung	15 kV
Kapazität	2100 MW

Am 26. Juli sollte Nasser in Alexandria auf dem Mohammed-Ali-Platz eine Rede zum Revolutionsjubiläum halten, auf dem gleichen Platz, auf dem 1954 ein Attentat der Muslimbrüder gegen ihn gescheitert war. „Nassers Rede war als historisches Ereignis von größter weltpolitischer Bedeutung angekündigt worden", schreibt Augenzeuge Wolfgang Bretholz. „Als Nasser, begleitet von seinen engsten Mitarbeitern, auf der Tribüne erschien, brach die Menge, die wir auf 100–150 000 Menschen schätzten, in begeisterten Jubel aus. Der Präsident sprach diesmal nicht im klassischen Arabisch, sondern in der volkstümlichen, fast ein wenig vulgären Sprache des kleinen Mannes aus den Vororten von Alexandria und Kairo.

‚Und nun werde ich euch einmal erzählen, wie ich mit den amerikanischen Diplomaten umgehe', sagte er, und schon brüllten seine Zuhörer vor Lachen. ‚Da kam also eines Tages Mister George Allen zu mir, der stellvertretende amerikanische Staatssekretär. Wir hatten gerade das Waffengeschäft mit der Sowjetunion abgeschlossen – hört gut zu, ich habe Sowjetunion gesagt und nicht Tschechoslowakei.' Tosender Beifall begrüßte diese Enthüllung, die die bisherige offizielle ägyptische Version dementierte, daß nicht die Sowjetunion, sondern die CSSR Ägyptens Geschäftspartner sei.

‚Ich wußte im voraus, daß Mister Allen mir eine scharfe Note seiner Regierung wegen unserer Waffenkäufe im Osten übergeben würde. Ich wußte auch, daß diese Note für mich als Ägypter beleidigend war. Daraufhin ließ ich Mister Allen durch die amerikanische Botschaft in Kairo sagen:

Wenn er es wage, mir diese beleidigende Note zu übergeben, würde ich ihn aus meinem Büro hinauswerfen. Und nun stellt euch den armen Mister Allen vor: Wenn er mir die Botschaft von Dulles übergibt, werfe ich ihn aus meinem Büro hinaus, und wenn er sie mir nicht übergibt, dann wirft ihn Dulles aus seinem Büro hinaus. Schließlich kam er und hat nicht gewagt, den Mund aufzumachen. Da regt man sich im Westen darüber auf, daß wir in den kommunistischen Ländern Waffen kaufen. Ich habe bisher gar nicht gewußt, daß es kommunistische und nichtkommunistische Waffen gibt. Ich habe immer geglaubt, alle Waffen, die sich in Ägypten befinden, sind ägyptische Waffen.'

Schon glaubten wir, Nassers Rede werde

in diesem Ton und in diesem Stil weitergehen, als plötzlich, im Zusammenhang mit dem Präsidenten der Weltbank, Eugene Black, der Name Ferdinand de Lesseps, des Erbauers des Suez-Kanals, fällt.

Die Kanalgesellschaft, so hören wir Nasser sagen, habe Ägypten ausgeplündert. Sie sei eine imperialistische Gesellschaft, an der die ausländischen Aktionäre reich geworden seien, während das ägyptische Volk gehungert habe. 120 000 seien beim Bau an Erschöpfung gestorben. Und dann schreit Nasser in das Mikrophon: ‚Ich verkünde euch, daß in diesem Augenblick die imperialistische Suez-Kanal-Gesellschaft zu bestehen aufgehört hat, daß sie zugunsten des ägyptischen Volkes nationalisiert worden ist, und daß der Kanal von heute ab Ägypten und den Ägyptern gehört. Es ist der Kanal, der für den Damm bezahlen wird ... auf den Schädeln der 120 000 ägyptischen Arbeiter, die beim Bau umgekommen sind, werden wir den Assuan-Damm errichten ... Wir brauchen nicht mehr bei den Engländern und Amerikanern Almosen betteln zu gehen ... Ich nehme heute, im Namen des Volkes, die Suez-Kanal-Gesellschaft, ich nehme den Suez-Kanal. Der Suez-Kanal ist unser, der Suez-Kanal gehört Ägypten, den Ägyptern, und jeder Ägypter wird für ihn bis zum Tode kämpfen.'"

Und zur gleichen Stunde besetzt ägyptisches Militär die Hauptgebäude der Gesellschaft in Kairo, Port Said, Ismailiya und Suez, die Kanalzone wird zum Militärgebiet erklärt und unter Kriegsrecht gestellt.

Frankreich und England zeigen sich bestürzt: Die Briten, weil ihre Regierung ⅜ der Kanal-Aktien besitzt, die Franzosen, da der Hauptanteil der von Lesseps gegründeten Kanalgesellschaft in ihrem Privatbesitz ist. Entweder beugt sich Nasser und macht die Maßnahme rückgängig, die er getroffen hat, und gesteht so seinen Fehler ein, oder er beugt sich nicht. In diesem Fall müssen alle Maßnahmen getroffen werden, um ihn zur Unterwerfung zu zwingen. So erklärte der französische Außenminister Pineau vor der Nationalversammlung. Nasser beugte sich nicht, und „Maßnahmen" wurden getroffen.

Am 29. Oktober greifen israelische Soldaten die Ägypter an, zwei Tage später bombardieren die Engländer Port Said. Die Sowjetunion droht mit einer Intervention, die Amerikaner geben den Europäern eins auf die Finger, die Rolle des Weltpolizisten künftig den Supermächten zu überlassen, und die UNO-Truppen landen am Kanal, um einen Waffenstillstand und den Rückzug der Invasoren zu überwachen.

„Time" erklärte Nasser zum „Mann des Jahres". Begründung: Niemand habe es wie er geschafft, aus zwei Niederlagen als Sieger hervorzugehen.

Zweiter Sieger war die Sowjetunion. Sie erklärte sich zur Finanzierung des Asswan-Dammes bereit, vereinfachte die alten Pläne, und am 9. 1. 1960 feierte man den Baubeginn mit der ersten Sprengung. Daß der politische Einfluß der UdSSR auch in Zeiten engster Zusammenarbeit zwischen beiden Ländern begrenzt war und Nassers „arabischer Sozialismus" in Moskau auf Skepsis traf, machte Chruschtschow anläßlich eines

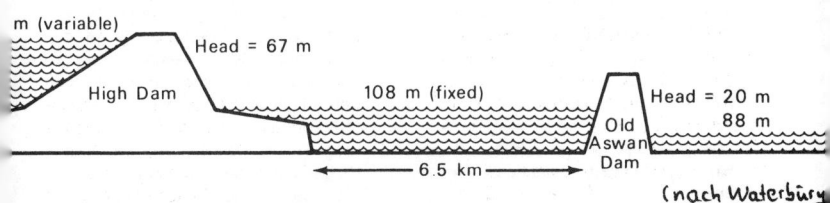

(nach Waterbury)

Staatsbesuchs 1960 deutlich: „Die sogenannte ‚kommunistische' Politik Präsident Nassers wird ihm keinen Sieg bringen. Und wenn der Präsident der VAR über Kommunismus und die Kommunisten spricht, bedient er sich der Sprache der Imperialisten", worauf Nasser konterte, daß, wenn überhaupt jemand eine solche Sprache gebraucht habe, dies Herr Nikita Chruschtschow selbst sei.

VORTEILE UND NACHTEILE DES ASSWAN-DAMMS

Die Vorteile des Dammes liegen auf der Hand:
- 12 Turbinen am Ostufer erzeugen (wenn sie alle funktionieren) 2100 Megawatt **Strom** (entspricht drei AKW-Blöcken) und versorgen das Land bis hinauf nach Alexandria.
- Der Wasserstand des Nils ist nun das ganze Jahr über gleichmäßig **(Schiffahrt).**
- Früher rauschte während der Flut eine riesige Menge Wasser ungenutzt ins Mittelmeer, während das Land in Jahren mit geringem Wasseraufkommen Mangel litt; heute gleicht der Stausee nicht nur das Wasseraufkommen innerhalb eines Jahres aus, sondern auch zwischen „guten" und „schlechten" Jahren. Damit war es möglich, auch in Oberägypten die **Dauerbewässerung** (d.h., nicht nur während der Flutwelle) einzuführen. Die Anbaufläche des Landes steigerte sich um 5000 km², also bald 5%. Ebenso kann sich Ägypten heute mit Reis selbst versorgen, für den es früher vielerorts nicht genug Wasser gab.

Dem stehen jedoch gewichtige, oft vorher nicht erwartete Nachteile gegenüber:

- Der **Nilschlamm,** der früher während der Flut auf die Felder geschwemmt wurde oder sich wenigstens noch im Fluß und den Kanälen ablagerte, gelangt heute nicht mal mehr in die untere Hälfte des Stausees: Durch den im See verlangsamten Wasserfluß lagert er sich schon an der sudanesischen Grenze am Seegrund ab. Um den fehlenden Stickstoff zu ersetzen, sind die Bauern ausschließlich auf Kunstdünger angewiesen, der wiederum zum großen Teil importiert werden muß.
- Während sich früher durch die Ablagerungen an der Nilmündung die Landfläche ständig vergrößerte, schrumpft das Delta nun. Mangels Gegendruck sickert das salzhaltige Meerwasser an der Küste ins Grundwasser ein – das **Delta versalzt.**
- Ebenso ist der **Fisch**reichtum der Delta-Küste dahin, den Fischen fehlen die Nährstoffe des Schlamms. Dieser Ausfall wird auch durch die neuerdings reichen Fangergebnisse im Nasser-See noch nicht wettgemacht.
- Gesteigerte **Erosion** im Flußbett gefährdet Uferböschungen, Brückenpfeiler. Die alten Staudämme werden durch das „absinkende" Flußbett unterhöhlt.
- Der Druck der riesigen Wassermassen im Stausee hat den **Grundwasserspiegel** in Oberägypten gehoben. Dies gefährdet nicht nur die Ruinen der Archäologen, sondern fördert auch die Versalzung der Böden, wie gleich erklärt wird.
- Diese **Versalzung** Oberägyptens hat zwei Ursachen: Einmal das Grundwasser, durch die Kapillarwirkung an die Erdoberfläche gezogen, verdunstet dort in der enormen Hitze und läßt (wie am Rand jedes Heizkörperverdunsters zu beobachten) Mineralien und damit auch Salz an der Oberfläche zurück. Ein weiterer Grund ist die mangelnde Bewässerungstechnik der Bauern, der falsche Umgang mit dem Wasser. Es genügt nicht, das Wasser einfach auf die Felder

zu leiten und dort verdunsten und versickern zu lassen. Dann versalzen die Felder nämlich analog der Grundwasserverdunstung. Vielmehr müssen die Felder einige Zeit unter Wasser gesetzt und dann das Wasser wieder über Ablaufkanäle abgeführt werden. Diese Drainagen fehlen in weiten Teilen Oberägyptens. Zeigen sich erste Salzspuren, schütten die Bauern nur noch mehr Wasser auf die Felder und beschleunigen damit den Prozeß. Das Ausbleiben der Überschwemmung, die den Boden jährlich „entsalzte", der Übergang zur künstlichen Dauerbewässerung erfordert einen Bruch mit den jahrtausendealten Agrartechniken – darauf hat die Bauern niemand vorbereitet.

- Die Flut ertränkte früher alljährlich die zahllosen **Ratten,** Mäuse und anderen Nager. Diese sind nun zu einer Landplage geworden und tun sich am Getreide gütlich.
- Auf der großen Oberfläche des Nasser-Sees verdunsten 17,5% des ankommenden Nilwassers, jährlich also 14 km^3. Auch wenn die Meteorologen sagen, um eine **Klima**veränderung in Asswan „gesichert" nachzuweisen, brauche man Meßdaten über einen längeren Zeitraum, und was bisher geschehe, könne alles „Zufall" sein, ist doch der subjektive Eindruck der Einheimischen, daß es seit dem Staudammbau feuchter geworden ist, öfter regnet und mehr Wolken am Himmel zu finden sind.

Am Westufer des Staudammes findet Ihr eine riesige betonierte Lotusblume, das Denkmal der ägyptisch-sowjetischen Freundschaft.
Rechts im Stausee auf einer Insel die hierher versetzten Ruinen des *Kalabsha-Tempels.* Kurz vor dem Ostufer, gegenüber dem E-Werk (Fotografieren wird nicht gern gesehen) die Einlaßschächte für das Wasser, das von hier über die Turbinen in den Untersee läuft. Wenn Ihr noch nicht schlapp seid, in dem etwas unübersichtlichen Gelände hinter dem Kraftwerk findet Ihr ein kleines Museum, das die technischen Aspekte des Dammbaues und der Auswirkungen gut dokumentiert. Der mehr künstlerisch orientierte Reisende möge sich an der Mischung aus altägyptischen Stilmitteln und sozialistischem Realismus delektieren. Das Museum findet Ihr am besten, wenn Ihr vom Damm aus den Rundbau fixiert und Euch den Weg dorthin einprägt. Unten im Gelände ist jede Übersicht verloren.

Am Ende des Dammes ein langes Wellblechgebilde: Keine Lagerhalle, sondern die Endstation der Niltaleisenbahn, der *Sadd el-Ali* Bahnhof. Von hier werden die Waren aufs Schiff umgeladen und über den See nach *Wadi Halfa* zur Sudan-Bahn geschippert. Der Hafen ist Zollgebiet (Betreten verboten). Einen Eindruck vom ägyptisch-sudanesischen Handel bekommt man allerdings über die auf der Freifläche vor dem Hafeneingang gelagerten Güter.

Für die Rückfahrt nach Asswan entweder auf dem Ostufer nach Norden trampen, oder den Zug benutzen. (Abfahrt 16 Uhr; 10 P.) Während die Straße ziemlich langweilig ist, fährt der Zug durch die riesige Militärzone Asswans, die Wohnviertel für die Werksangehörigen der Kimya-Düngemittelfabrik (dem größten Industriewerk Asswans) und die Vorstädte Asswans.

PHILAE

✳ **Anfahrt:** Wie zum alten Staudamm, jedoch an der Gabelung vor dem Damm nach links der Straße zum Sadd el-Ali folgen. Etwa nach einem Kilometer rechts Abzweig einer Stichstraße zum Osthafen des unteren Stausees.

Tickets ab 7.30 Uhr am Hafen, der Tempel schließt um 17 Uhr. Für den Ausflug empfiehlt sich wegen Temperatur und Lichtverhältnissen ein Vormittag, je eher, desto besser. Am Hafen habt Ihr zwei Möglichkeiten: Entweder mit einem der regelmäßig verkehrenden Schiffe nur die Insel Philae zu besuchen, oder ein Schiff zu chartern und eine größere Rundfahrt zu machen.

Von der eigentlichen Insel Philae ist heute nichts mehr zu sehen: Sie ging in den Fluten des unteren Stausees unter. In alten Büchern oder auf Postkarten seht Ihr manchmal eine Tempelanlage, deren Fundamente unter Wasser sind und die mit Booten durchfahren wird. Das war der Zustand Philaes nach dem Bau der Staumauer bis vor wenigen Jahren. Nur zur Niedrigwasserzeit tauchte der Oberteil der Tempel aus den Fluten auf und konnte besichtigt werden. Dieses siebzigjährige Wasserbad hat zwar alle Farben ausgewaschen, aber den Stein gehärtet. Erst nach dem Bau des Sadd el-Ali drohte der Anlage akute Gefahr: Der Wasserstand des Sees veränderte sich jetzt täglich analog der von den Kraftwerken angeforderten Leistung – die mit dem Wechselbad verbundenen Temperaturschwankungen gefährdeten die Bauwerke. Man entschloß sich, ähnlich wie in *Abu Simbel* die Tempel zu versetzen. Dafür wurde die benachbarte höher gelegene Insel *Angilkia* im Terrain dem alten Philae angeglichen, die Tempel Stein für Stein vom eingedockten Philae abgetragen und auf Angilkia wiederaufgebaut.

Philae war der Hauptkultort der Göttin Isis und ein großes Pilgerzentrum, in dem sich die alte Religion bis zur Zeit Justinians (6. Jhdt.) hielt. Die heutige Anlage stammt aus ptolemäisch-römischer Zeit. Im Haupttempel finden sich Spuren der späteren Verwendung als koptische Kirche, im hinteren westlichen Seitenausgang auch hebräische In-

KALABSHA-TEMPEL
Der im Nasser-See gelegene *Kalabsha-Tempel* lohnt nur für Spezialisten ptolemäischer Baukunst. Für den Besuch ist eine Sondergenehmigung erforderlich, die von allen Reiseagenturen besorgt wird. Damit bewaffnet, muß man im Hafen am Westende des Sadd el-Ali ein Schiff chartern, eine ziemlich teure Angelegenheit also.

schriften, die zeigen, daß die Steine von Asswan hierher gebracht wurden, wo sich zur Perserzeit eine jüdische Synagoge befand. Im Tempel und im Trajans-Kiosk auch viele Graffiti berühmter Touristen des letzten Jahrhunderts (Soldaten Napoleons, Wilhelm Busch, der in den Mahdi-Aufstand im Sudan

Insel Philae – einst

verwickelte Kolonialoffizier Gordon; Karl May war nicht hier).

Wenn Ihr ein Schiff gechartert habt, könnt Ihr den Besuch von Philae mit dem der benachbarten (großen) Insel *Biggae* verbinden. Am Südende die Reste eines Osiris-Heiligtums, von den Felsen herrlicher Ausblick, am Hauptweg über die Insel ein kleiner Friedhof, und zum Nachdenken die Frage, wovon die Menschen, die hier noch wohnen, eigentlich leben. Anschließend könnt Ihr mit dem Bootsleuten auf *Awad* oder *Hesa* ein nubisches Dorf besuchen und Tee trinken. Auch wenn das nur wenige Touristen machen und die Dörfer deshalb noch nicht zu „verdorben" sind, spricht aus meiner Sicht für einen Besuch, daß Euer Teegeld den Lebensunterhalt der nächsten Tage sichern wird.

NUBIEN

So bezeichnet man das heute großteils vom Nasser-See überflutete Nilufer zeischen Asswan und dem 5. Katarakt im Sudan, unter „Nubier" wird der Teil der Sudanneger zusammengefaßt, deren Sprache zur nubischen Sprachfamilie gehört, auf ägyptischem Gebiet die *Kenusi* und im Süden ein Teil der *Mahas,* die der verschiedenen Dialekte wegen zur Verständigung das Arabische benutzen, dazu eine kleine Sondergruppe, die von jeher arabisch sprechenden *Aleqat.*

Bedeutend durch seine Goldminen, war Nubien zur Pharaonenzeit nahezu ständig unter direkter oder indirekter ägyptischer Kontrolle, brachte jedoch auch eigene Herrschaftssysteme wie die Reiche von *Kusch, Napata* und *Meroe* hervor, deren Kultur und Religion allerdings stark ägyptisch beeinflußt war, wie die zahlreichen Tempel zeigen. Dieser Kontakt scheint auch im letzten Jahrtausend v. Chr. nicht abgebrochen zu sein, obwohl vieles darauf hindeutet, daß das Niltal zwischen Asswan und Wadi Halfa während 900 Jahren von allen Bewohnern verlassen war und erst die römische Zeit mit ihrer verbesserten Agrartechnik (saqia!) wieder Möglichkeiten zum Ackerbau und zur Bewässerung erschloß.

Der religiöse Wandel ließ bei den Nubiern stets länger als in Ägypten auf sich warten. Hier blühten die alten Kulte bis ins 6. Jhdt., und der Übergang vom Christentum zum Islam ist nicht vor dem 12. Jhdt. anzusetzen, als unter den Fatimiden eine Periode starker Penetration seitens arabischer Händler und Reisender einsetzte. Seit Mohamed Ali gehört Unter-Nubien endgültig zu Ägypten.

Die nubische Arbeitsemigration insbesondere nach Kairo und Alexandria ist kein junges Phänomen, sondern findet seit Jahrhunderten statt. Schon lange konnte der schmale Streifen Fruchtland das Volk nicht mehr ernähren, hinzu kam die Auspressung durch Grundbesitzer und Steuerpächter. Diese Auswanderung verstärkte sich schubweise 1902, 1912, 1933:

Jedesmal hatte der alte Stausee die im Norden siedelnden Kenusi gezwungen, neue Dörfer höher am Ufer anzulegen, jedesmal war der Damm noch erhöht worden und die Nubier zum erneuten Umzug gezwungen bzw. Siedlungsgebiete weiter flußauf betroffen.

Wenn es je eines war, dann war das Leben in Nubien schon seit der Jahrhundertwende kein Vergnügen mehr. Nur noch während der Flutmonate, solange in Asswan alle Dammtore offen, wenn der See abgelassen war, konnten die Felder bebaut werden. Diese drei Monate waren etwa für die Getreidereife zu kurz. Bedingt durch die Unwägbarkeiten des Flutverlaufs wurden in Asswan die Dammtore gelegentlich auch früher als erwartet geschlossen, womit in Nubien die Ernte unterging. Während der Hochwassermonate des gefüllten Sees kam wöchentlich das Postboot mit einem bescheidenen Angebot an Grundnahrungsmitteln, die vom Geld der in den Städten arbeitenden Verwandten gekauft wurden.

Allem Romantizismus, der wunderbaren Landschaft, dem Verbrechen der Zwangsumsiedlung von 60 000 Menschen zum Trotz: Die nubische Kultur war schon vor 1962 von der Auflösung oder Assimilation an die Werte ägyptischen Stadtlebens erfaßt. Zwar gepaart mit Nostalgie, schien die Aufgabe der alten Heimat der Mehrheit der Nubier nicht nur unvermeidlich, sondern angesichts der Lebensverhältnisse wünschenswert. Diese endgültige (?) und gänzliche Umsiedlung kam mit dem Bau des *Sadd el-Ali,* der das alte Niltal nun bis in den Sudan hinein unter Wasser setzte. Während neben den Emigrantenkolonien in den Großstädten schon seit den ersten Vertreibungen neue nubische Dörfer aus Eigeninitiative im Norden der Provinz Asswan entstanden waren, legte die Regierung nun systematisch einen Ring nubischer Siedlungen im *Komombo-Tal* an, gewährte jedem Umsiedler Land und ein Haus. Freilich bedeuten die neuen Lebensverhältnisse eine große Umstellung: Von der Überschwemmungs- zur Dauerbewässerung, Flurzwang, Genossenschaften, Fabrikarbeit, Konfrontation mit der Staatsautorität. Wie schon die Arbeitsmigranten in den Städten werden die Nubier hier in der Auseinandersetzung mit der neuen Umwelt eine neue kulturelle Identität herausbilden – am „Aufgehen" in den arabischen Ägyptern hindert sie schon ihre Hautfarbe.

Die alten nubischen Häuser, wie auf den Inseln bei Asswan, findet Ihr in Komombo freilich nicht. Hier wurden die Gebäude kompakt und ohne Innenhöfe gebaut, traditionelle Nachbarschaften auseinandergerissen, Witwen, Geschiedene, von ihren Verwandten getrennt, ans andere Dorfes „gesiedelt", kurz: Die aufgezwungenen Siedlungsmuster sorgen für Unmut unter den Bewohnern.

Am See selbst wohnen, noch oder wieder, nur wenige. Die meisten im sudanesischen Wadi Halfa. Die Halfas waren die einzigen, von denen ein Teil allen Umsiedlungsplänen trotzte und einfach blieb – unter den Bedingungen eines jahrelangen Kleinkrieges mit den Behörden und eines steigenden Wasserstandes, der dazu zwang, jedes Jahr die Häuser zurückzuversetzen, denn keiner wußte, wie hoch das Wasser letztendlich steigen werde. Inzwischen haben sich Wasserstand und Staatstreue stabilisiert, eine neue Stadt wurde gebaut. Geblieben ist, trotz FAO und internationalem Hilfsfonds, die schlechte Versorgungslage. Den Halfanern fehlen Anbauflächen und Proteine.

Nubische Küche

Seit 1976 sind auch an die ägyptischen Ufer wieder Nubier zurückgekehrt, und die Behörden haben, wenn auch zögernd, einer Wiederbesiedlung zugestimmt. Pilotprojekt ist das nubische Dorf in *Abu Simbel,* doch auch nach *Abindan, Ustul* und vielleicht anderen Plätzen, ohne daß wir Kenntnis hätten, sind Menschen zurückgekehrt und haben neue Häuser oberhalb der alten Siedlungen angelegt.

Weiter leben auf dem See, je nach Saison,

bis 7000 *Arraqa,* Fischer aus Kena und Sohag, die einige Monate in Camps oder auf ihren Booten leben, eine reine Männergesellschaft. Bis 1960 waren die Arraqas arme Schweine in der Hand einer reichen Asswaner Familie, die das Fischereirecht in Nubien gepachtet hatte. Dann wurde die Fischpacht an eine Genossenschaft gegeben, die inzwischen die Fischer kaum weniger ausbeutet als die alte Konzessionistenfamilie. Zur Genossenschaft gehört nur noch ein erlauchter Kreis von Bootsbesitzern – die Abhängigkeit derer, die nichts als ihre Arbeitskraft besitzen, bleibt bestehen.

ABU SIMBEL

Anreise: Kein Schiff mehr! Wer ein eigenes Auto oder Motorrad hat, kann die Teerstraße von Asswan benutzen, braucht dazu aber eine *tesriah* samt amtlichem Begleiter der Militärbehörden in Asswan.

Der übliche Trip ist einer der Höhepunkte an Abartigkeit des modernen Massentourismus: Eine Maschine fliegt vollgepackt mit Touristen nach Abu Simbel, nimmt von dort eine Gruppe wieder mit zurück. Den Ankommenden verbleiben etwa 90 Min. zur Tempelbesichtigung – danach kommt der nächste Flieger mit einer neuen Gruppe und lädt die des vorherigen Fluges bereits wieder zum Rückflug.

Wollt Ihr diese Massenabfertigung umgehen, bietet sich folgender Trick an: Zwar werden Einzeltickets, die noch dazu Flüge „überspringen", ungern verkauft und Reservierungen gern zugunsten von Gruppen wieder gestrichen, verkehren die Maschinen nach Bedarf und Buchung, so daß erst einen Tag vorher verläßliche Auskunft über die Flugzeiten zu bekommen ist, doch ist von Asswan aus im letzten Flugzeug des Tages immer Platz – denn diese Maschine holt nur noch Gruppen aus Abu Simbel ab. Umgekehrt (Rückflugdatum offenlassen) könnt Ihr von Abu Simbel nach Asswan jeweils mit der ersten Maschine fliegen, die am Morgen Gruppen bringt und leer nach Asswan zurückfliegt. Wenn Ihr nicht so früh aufstehen wollt, einfach in Abu Simbel am Airport warten, bis in einer Maschine noch was frei ist.

Auch wenn der Besuch alles drum und dran etwa hundert Mark kostet, ist der Abstecher lohnend – nicht nur der Tempel wegen, sondern auch wegen der wunderbaren Lage mitten in der Wüste am Nasser-See und den Kontrasten zwischen der Tagesgeschäftigkeit am Tempel und Flughafen und der Stille und Öde, die nach dem letzten Flugzeug einkehrt.

KURZINFORMATION

* **Unterkunft:** Das einzige Hotel *(„Nefertari")*, während der Bauarbeiten Quartier der höheren Expertenchargen, verlangt für ein Doppelzimmer, incl. obligatorischer Halbpension, mehr als 40 LE. Die Leute sind jedoch freundlich und erlauben das Campen im Hotelgarten. Für die Benutzung der sanitären Einrichtungen wird ein kleines Bakschisch erwartet. Alternative, aber weniger schön: In der stillgelegten Cafeteria am Abgang zum Hafen.

* **Essen:** Im Hotel (wiederum sauteuer), in einem kleinen Restaurant (nachmittags anmelden!) in der ‚Shop-Galerie' auf der Hälfte der Straße zum Hafen, oder im einzigen Teehaus des Dorfes an der Straße zum Flughafen.

* **Einkauf:** An der Flughafenstraße, dorfauswärts kurz hinter den ehemaligen Arbeiterbaracken, Bäckerei und zwei Gemischtwarenhandlungen. Frisches Obst und Gemüse bei Bedarf aus Asswan mitbringen. Die Läden öffnen bei Einbruch der Dunkelheit.

* **Nachtleben:** Die Honoratioren treffen sich im Hotel, die männliche Dorfbevölkerung im Teehaus.

* **Verkehrsmittel:** Zwischen Flughafen und Hotel am Dorfende verkehren Busse (winken, dann hält er). Im Dorf alles zu Fuß erreichbar.

VOGELINSEL

* **Sonstiges:** Kein Telefon nach draußen, Postabgang einmal pro Woche. Für den Notfall kleines Krankenhaus vorhanden. Ausländer müssen eine „Kurtaxe" in Höhe von 2 LE berappen.

● **Geheimtip ist eine Vogelinsel,** etwa 15 km südlich Abu Simbel, mit Reihern, Störchen, Enten, Adlern und vielen Zugvögeln. Da Ihr kaum ein Boot dabei haben werdet, fragt im Hotel nach Leuten im Ort, die mit Euch den Ausflug machen.

* **Schwimmen:** Der Krokodile wegen niemals im Stausee. Im Flachwasser der Bucht hinter dem Hotel möglich, aber auch dort Augen offenhalten. Ebenso ist der Strand beliebter Tummelplatz von Sandvipern und Skorpionen, die nur so lange friedlich sind, als man sie nicht erschreckt. Also besser, gute Schuhe; und keine losen Steine durch die Gegend kicken.

* **Tempel** sind am eindrucksvollsten am Abend (im Scheinwerferlicht) oder frühen Morgen (Sonnenaufgang über dem See) zu besichtigen. Eintritt: 1 LE; „Guide Fee" (obligatorisch): 2 LE.

Im großen Tempel zeigt das linke Schiff schöne Darstellungen von Wagen, der Kopfschmuck der Pferde ist kompliziert und die Pferde selbst sind meist lang und haben einen Senkrücken.

Gründonnerstag beginnen wir mit den Abräumungsarbeiten, um das Kinn eines der äußeren Kolosse freizulegen.

Freitag. Abtragungsarbeiten „auafi, auafi". – Schlanke Gestalt eines kleinen, krausköpfigen, häßlichen Negerknaben (dessen Augen vom Staub gelitten haben); er trug einen Krug mit Milch auf dem Kopfe.

In dem kleinen Tempel eine Menge Wespennester, besonders in den Ecken.

Betrachtung: die ägyptischen Tempel langweilen mich fürchterlich. Wird das ebenso sein, wie mit den Kirchen der Bretagne und den Wasserfällen der Pyrenäen? Oh, über den Zwang! Tun was man tun muß; immer den Umständen entsprechend sich benehmen (obschon der Widerwille des Augenblicks einen davon zurückhält), gerade wie ein junger Mann, ein Reisender, ein Künstler, ein Sohn, ein Bürger usw. sich benehmen soll! (Flaubert)

Um den Nubiern ein bleibendes Zeichen imperialer Größe zu setzen, ließ Ramses II. hier einen großen (seinen) und einen kleinen (seiner Frau geweihten) Tempel in den Felsen schlagen. Wie die meisten der von ihm veranlaßten Bauten zeichnet sich auch Abu Simbel eher durch Monumentalität als durch liebevolle Details aus.

Die Hauptachse des großen Tempels war früher so ausgerichtet, daß genau am 21. Oktober (dem Krönungstag des Königs?) die aufgehende Sonne bis ins Allerheiligste strahlte – durch die Versetzung hat sich dieses Datum um einen Tag verschoben: auf den 22. 10. und 22. 2.

Die Tempel imponieren auch durch ihre Mischung aus altägyptischer und neuzeitlicher Ingenieurkunst. Ursprünglich nahe dem heutigen Platz, aber 64 Meter tiefer gelegen, drohten die Tempel in den Fluten des neuen Stausees unterzugehen. In einer aufwendigen, internationalen Aktion wurde deshalb der gesamte Tempelfelsen in kleine Blöcke zersägt und am heutigen Standort wiederaufgebaut. Um den Tempel am neuen Standort Halt zu geben, hängen sie quasi in zwei Hohlkuppeln aus Stahlbeton, die nach außen der Landschaft angeglichen wurden und dem Nichteingeweihten als natürliche Hügel erscheinen mögen. Sie nehmen den Druck der künstlich aufgetürmten Massen vom Tempelinneren. Im Anschluß an die Tempelbesichtigung sollte man auf jeden Fall auch einen Blick in eine der Kuppeln (meines Wissens die weltgrößten derartigen Gewölbe) werfen.

Araberin mit Kind

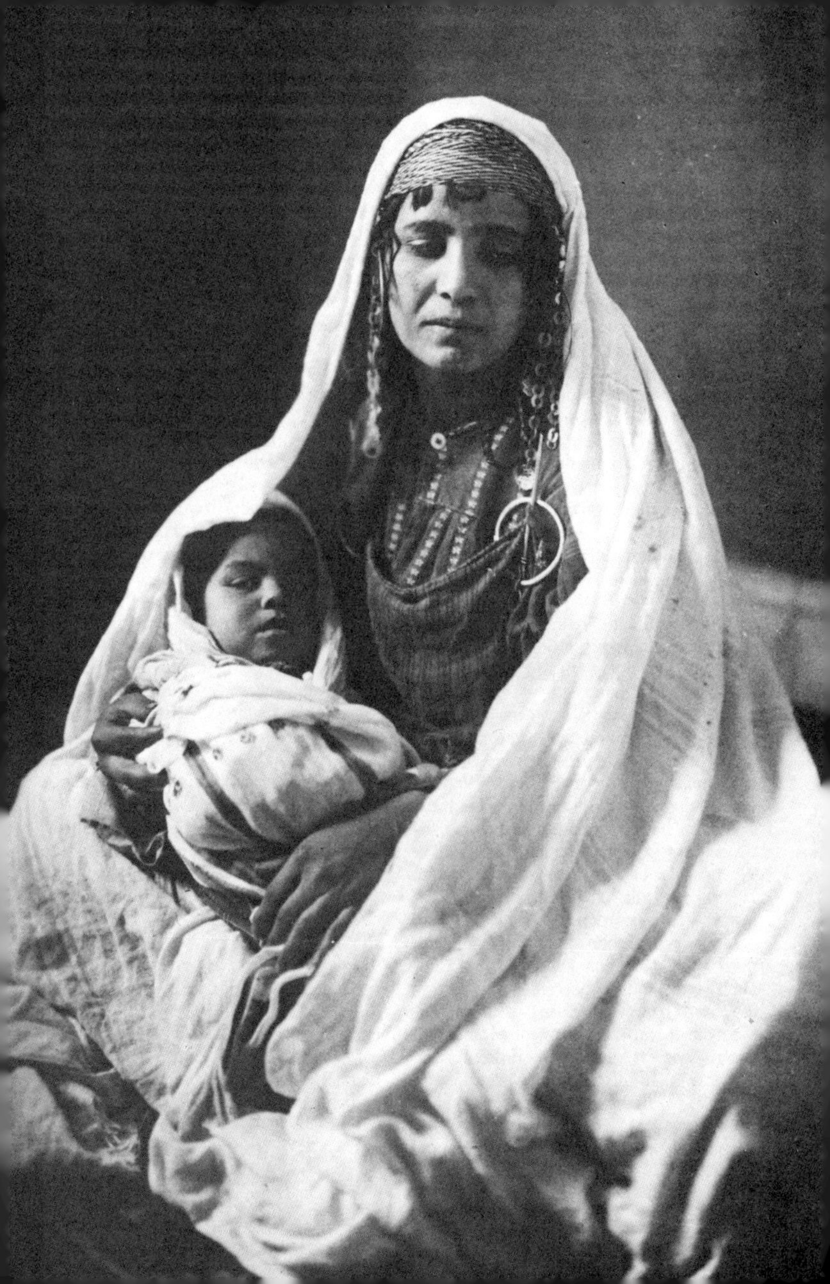

WEITERREISE IN DEN SUDAN

Vergeßt alle Schauermärchen über das Fährschiff auf dem Stausee – zumindest bis Wadi Halfa hat der Komfort Einzug gehalten. Es fahren zwei neue Schiffe, zweimal die Woche. Billette kosten 36 LE (Doppelkabine pro Person) oder 15 LE (Sessel). Decksklasse wird nur noch in der Hochsaison verkauft, wenn die sudanesischen Studenten zur Uni oder nach Hause unterwegs sind. Autos werden auf den regulären Kursen nicht mehr befördert. Alle ein bis zwei Monate fährt dafür ein Lastkahn. Kommen sechs bis acht Fahrzeuge zusammen, läßt die Reederei mit sich um eine Sonderfahrt verhandeln. In jedem Fall ist aber vor der Abfahrt alles Benzin aus den Tanks abzulassen, und ob Ihr in Wadi Halfa welches bekommt, ist zweifelhaft.

Tickets verkauft in Asswan die *Nile River Navigation Authority* im Tourist Market; T 233 48 oder, mit Anschrift-Kürzel *WADNIL,* über den öffentlichen Telex 236 02 PBASW UN erreichbar. Die reine Fahrzeit beträgt 16 Stunden, nachts wird geankert. Die Gesellschaft unterhält in Kairo ein Büro im Bahnhof, über das Ihr, unter Vorlage Eures Visums, Plätze reservieren könnt. Die Bearbeitung der Visaanträge durch die sudanesische Botschaft dauert zwei bis drei Wochen. Habt Ihr danach noch kein Visum, zögert nicht, die Unterstützung der BRD-Botschaft in Anspruch zu nehmen.

Autofahrer können, nach Genehmigung durch die Grenzpolizei in Asswan, die Teerstraße über Abu Simbel benutzen.
Die Reise entlang der Küste des Roten Meeres in den Sudan wird derzeit nicht gestattet, auch wenn sich, aus dem Sudan kommend, immer wieder Autofahrer hier viel Ärger einhandeln. In diesem Fall ist die zuständige Zollbehörde in *Hurghada*.

Von Suez aus verkehren wöchentlich die Schiffe *Syria* oder *el-Gezair* nach Port Sudan. Die Passage kostet ab 70 LE. Autos werden, von etwa 120 LE aufwärts, mitgenommen (Kranverladung!). Reederei ist die *Egyptian Navigation Company* mit Büro in Kairo (Kasr el-Nil/Sherif), Telex 541 31 ARNAV UN. Reederei-Agent in der BRD ist Peter W. Lampke GmbH, Deichstr. 23, 2000 Hamburg 11, Tel. 040-36 15 20.

LESEHINWEISE

Speziallliteratur zu den Tempeln:

Abydos – Davids, Rosalie „A Guide to the Religious Ritual at Abydos" Warminster 1981

Edfu – Fairman, H. W. „The Triumph of Horus" London 1974

Cauville, Sylvie „Edfou" Kairo 1984 (Inst. d'Arch. Orientale)

Luxor – Barguet, P. „Le temple du Amon-Re à Karnak" Kairo 1962 (Inst. d'Arch. Orientale)

Brunner, Helmut „Die südlichen Räume des Tempels von Luxor" Mainz 1977

Murnane, William „United with Eternitiy. A Concise Guide to the Monuments of Medinet Habu" Kairo/Chikago 1981

Philae – MacQuitty, W. „The Island of Isis" London 1976

Der Nil – Waterbury, John „Hydropolitics of the Nile Valley" Syracuse N.Y. 1979

Nubier – Fahim, Husein „Egyptian Nubians" Salt Lake City 1983

Der Nordwesten

ALEXANDRIA, MITTELMEER UND WÜSTE

TRANSPORT

Bus: Kairo – Wadi Natrun – Alexandria; mehrmals täglich; Abfahrt ab Nil-Hilton und Flughafen.
Kairo – Tanta – Alexandria; mehrmals täglich ab Ahmet Helmi.
Alexandria – Marsa Matruh – Siwa; ab Cecil Hotel.
Flug: Kairo – Alexandria
Kairo – Marsa Matruh (nur Juli–Sept.)
Taxi: Alexandria – Marsa Matruh
Kairo – Alexandria
Zug:
Kairo – Alexandria – Kairo; Abfahrt in beide Richtungen ab 6 Uhr stündlich; Fahrtzeit ca. 3 Std., Zwischenhalt in Benha, Tanta, Damanhur; Expreß (nonstop) 2,5 Std.; letzter Abendzug ab Alexandria 19.45 Uhr, ab Kairo 21.30 Uhr.
Kairo – Marsa Matruh – Kairo (nur Juli bis Sept.)
Alexandria – Marsa Matruh – Alexandria

WÜSTENSTRASSE

Da die autobahnähnliche Strecke durch das Delta (via Tanta) hoffnungslos überlastet ist, empfiehlt sich die Benutzung der *Wüstenstraße* (aber: nach Sandstürmen oft gesperrt) für die Fahrt ab Kairo. Die Ausfahrt ist einfach zu finden: Giza, Pyramiden-Straße bis unmittelbar vor das Mena-House, dort rechts abbiegen und immer geradeaus.
89 km: Kreuzung. Rechts zur Großbaustelle *Sadat-City*.

Hält man sich am **km 92** links, erreicht man nach etwa 5 km das Makarios-Kloster *(Deir Abu Makar)*, das eine Sonderstellung unter den koptischen Klöstern Ägyptens einnimmt. Einzelreisende können im Gästehaus gegen eine Spende übernachten, die Mönche freuen sich über deutsche Bücher. Während der Fastenzeit vor Weihnachten und Tage vor Ostern) ist das Kloster geschlossen.

MAKARIOS-KLOSTER

Das Kloster geht auf die Zeit des *heiligen Makarios* zurück, der hier mit seinen Schülern in Felshöhlen wohnte. Bei seinem Tod (390) soll deren Zahl 4000 betragen haben. Diese Gemeinschaft gründete das Kloster mit dem Grab des Heiligen als Zentrum. Während der Auseinandersetzungen mit dem Patriarchen von Konstantinopel verlagerte sich das Zentrum der ägyptischen Kirche von Alexandria in die geschütztere Wüste des *Wadi Natrun*, doch gab man der häufigen Beduinenangriffe wegen die Anlage im 6. Jahrhundert für einige Zeit auf.

Erst in den ruhigeren Zeiten der arabischen Besetzung wurde das Kloster wieder bewohnt und die heutige Hauptkirche gebaut (650).

Zwischen dem 11. und 14. Jhdt. war es erneut Sitz des Patriarchats, danach schloß sich eine bis in die Gegenwart andauernde Verfallsperiode des Klosters an, über die uns verschiedene Reisende aus Europa berichteten. So berichtet der französische

Mönch Du Bernat (1710) von nur mehr vier Bewohnern. Parallel ging die Plünderung der Klosterbibliothek: Von Cassien (1631) bis Evelyn-White (1921) führt eine lange Reihe von Buchräubern unter wissenschaftlichem Vorwand.

Der Aufschwung des Klosters aus seinem Dornröschen-Schlaf ist im wesentlichen Pater *Matta el Meskin* zu verdanken, dem „geistigen Vater" der Mönche und – obwohl lange kein Abt – unbestrittenen Chef des Klosters. Er hatte mit einer kleinen Gruppe von Mönchen über ein Jahrzehnt in einer Einsiedelei in einem Wadi zwischen *Fayum* und *Bahreiya* gelebt, die ihm angetragene Patriarchenwürde abgelehnt und statt dessen mit seinen Wüstenfreunden 1969 das Kloster bezogen.

Die heute hier lebenden über 100 Mönche sind (im Gegensatz zu den Mönchen der anderen Klöster) relativ jung und überwiegend Akademiker (Mediziner, Ingenieure Lehrer usw.), die aus ihrem weltlichen (sprich Kairoer) Leben ausgestiegen sind, ohne nun in die reine Kontemplation zu versinken. Statt dessen versucht die Gemeinschaft, ihren Beitrag zur Entwicklung des Landes zu leisten und steht mit der Regierung auf gutem Fuß. Zu diesen Beiträgen gehört in erster Linie die Farm des Klosters. Mehrere hundert Hektar Wüste wurden urbar gemacht, Versuche mit neuen Pflanzen (Zuckerrüben, Futterrüben, Melonen) und Züchtungen laufen, friesische und Appenzeller Kühe wurden mit einheimischen Rassen gekreuzt. Zum Kloster gehört eine große Berufsbildungsstätte für die Bereiche Landwirtschaft und Bewässerungstechnik. Derzeit bemühen sich die Mönche um den Aufbau einer Unfallklinik für den Bereich der Wüstenstraße.

Die kulturellen Aktivitäten liegen bei der Übersetzung und dem Nachdruck religiöser Schriften, daneben werden Zeitschriften

Lesesaal im Kloster Suriani

herausgegeben. Nach der Lichtsatzmaschine des Klosters würde sich manche hiesige Druckerei die Finger lecken.

Woher das Geld für dieses Unternehmen, insbesondere die zahllosen neuen Gebäude, stammt, ist mir nie offenbart worden – die Mönche wissen diesbezüglich nur von göttlichen Wundern zu berichten.

Das Kloster kennt keine Mönchsregeln. Aufgenommen werden alle „die an Gott glauben", ungeachtet, ob Katholiken, Protestanten usw., man gibt sich betont ökumenisch. Der Tageslauf beginnt um 2 Uhr nachts mit Gebeten, ab 6 Uhr wird gearbeitet, die erste Nahrung als gemeinsames Mittagessen zu sich genommen. Gelegentlich trifft man sich zur „geistigen Unterweisung" durch Matta el Meskin, sonntags zur Eucharistie.

Das Kloster verfügt über weltweite „Außenbeziehungen" – ich traf einmal einen Mönch auf dem Frankfurter Flughafen, der zu einer Druckmaschinen-Messe unterwegs war.

BESICHTIGUNG IM KLOSTER

Der Besucher kommt nach dem Haupttor zunächst in den Garten des Klosters. Direkt hinter dem Eingang findet sich (brackiges) Grundwasser in schon 1,50 m unter der Wüstenoberfläche, das für die Gärten genutzt wird, während das Trinkwasser aus Tiefbrunnen gepumpt wird. Auf dem Wege zum Kloster rechts die Stallungen und die Wohnungen der Arbeiter, vor dem Kloster das Maschinenhaus. Die eigentliche Klosteranlage ist von einer hohen Umfassungsmauer umgeben, der Eingang (mit einer hierher versetzten alten Tür) auf der Nordseite. Im Eingangsbereich das Gästehaus und die Empfangsräume. Die Rosenlaube führt zum Wohntrakt der Mönche, während eine breite Treppe zu den historischen Gebäuden des Klosters hinunterführt.

Der neue Turm steht symbolisch für die Mischung aus geistigem und praktischem Leben: An der Spitze eine Lampe, um in der Nacht als Orientierung in der Wüste zu dienen, darunter der Glockenstuhl und schließlich der Wasserspeicher des Klosters. Die Gebäude neben dem Turm beherbergen die Bibliothek und eine kleine Sammlung von während der Ausgrabungen und Restaurierungen gefundenen Antiquitäten.

Der *Kasr* (Wehrturm), zu betreten über eine Zugbrücke im 1. Stock, dürfte etwa aus dem 10. Jahrhundert stammen und ist in drei Etagen geteilt. Hier zogen sich die Mönche und Einsiedler der Umgegend während der Beduinen-Überfälle zurück. Die vier Kirchen des Kasr sind mittlerweile von den Mönchen selbst restauriert worden und enthalten sehenswerte Wandmalereien, teilweise von äthiopischen Mönchen im Mittelalter gefertigt.

Die Hauptkirche ist St. Makarius geweiht und birgt den nach Auffassung der Mönche größten Schatz des Klosters, Skelettteile Johannes des Täufers. Besucherinnen sollten – wie in Moscheen – Arme, Ausschnitt und Haupt verhüllen. Obwohl das Betreten der Altarräume üblicherweise Laien nicht gestattet wird, sollte man wenigstens einen Blick hinter die *Ikonostase* werfen.

Die Kuppeln sind neueren Datums, doch sind sie auf eine für die Region untypische, persisch beeinflußte Unterbaukonstruktion aufgelegt. Im mittleren Altarraum beeindruckt der Cherubim im Dreieck unter der Kuppel. Die rechte Kapelle der Hauptkirche ist erst mit den Restaurierungen wiederaufgebaut worden und diente davor als Garten. Die sich anschließende Kirche des heiligen *Iskhirun* ist wegen ihrer einzigartigen Kuppelkonstruktion sehenswert.

WADI NATRUN

Das Kerngebiet des *Wadi Natrun* erreicht man entweder vom Deir Abu Makar aus über eine nach Norden führende Piste (die auch mit Zweiradantrieb befahren werden kann, allerdings etwas Pistenerfahrung voraussetzt) oder zurück zur Hauptstraße, diese Richtung Alexandria beim Resthouse mit Tankstelle (km 105) links verlassen.

Das Resthouse bietet neben Restaurant, Cafeteria auch Übernachtungsmöglichkeit. Hinter der Tankstelle einige Läden, darunter ein Depot der *Gianaklis*-Kellerei: der preiswerteste Ort, um Wein zu kaufen.

Das westlich der Straße liegende Wadi Natrun, das *Natron-Tal*, ist eine ovale Senke, die sich in Nordwest-Richtung über 40 km erstreckt und eine Breite von 8–10 km hat und unterhalb des Meeresspiegels liegt, so daß der – im Kapitel über die Westlichen Oasen näher erläuterte – Grundwasserstrom hier zutage tritt. Was von ferne den Eindruck einer Winterlandschaft hervorruft, entpuppt sich (auch unter den Stichen der Moskitos) als Salz.

Der Name hängt mit dem im Sommer an einigen Salzseen und -tümpeln gewonnenen Natron (Natriumoxyd) zusammen, das schon in der pharaonischen Zeit für die Mumifizierung von Bedeutung war. Andere liefern gewöhnliches Kochsalz (NaCl), wieder andere auch Soda. Das Natron wird heute zur Leinen- und Glasproduktion auch in einigen Werkstätten im Wadi selbst benutzt. Daneben leben die etwa 20 000 Bewohner von der Landwirtschaft; als Durchgangsstation der Karawanen von den Westlichen Oasen zum Delta ist das Wadi seit Bestehen der Autostraße und dem Seßhaftwerden der Beduinen nicht mehr wichtig. Von den um die Jahrtausendwende angeblich 50 Klöstern sind heute noch vier in Benutzung: neben dem schon beschriebenen Deir Abu Makar das *Deir Amba Bschoi, Deir es-Surjan* und (am nördlichsten gelegen) *Deir el-Baramus*.

DEIR EL-BARAMUS

Das *Deir el-Baramus* ist vom Surjan-("Syrer"-)Kloster aus über eine Piste zu erreichen (im Dorf oder am Resthouse Jeep mieten) und geht der Legende nach auf zwei Söhne des römischen Kaisers *Valentian* zurück (daher die gelegentliche Bezeichnung als „Römer-Kloster"). Am Felsrand, einige Kilometer westlich, leben Einsiedler, die vom Kloster versorgt werden.

DEIR ES-SURJAN

Das *Deir es-Surjan* liegt 500 m nordwestlich des *Amba Bschoi* und entstand im 6. Jhdt., als ein Teil der Mönche das Amba Bschoi aufgrund theologischer Streitigkeiten verließen und ein eigenes Zentrum gründeten. Im 8. Jhdt. wurde das Kloster von einem syrischen Kaufmann gekauft, der es Mönchen aus seiner Heimat zur Verfügung stellte – daher der Name und die reichen Schätze der Klosterbibliothek an aramäischen Handschriften. Infolge der das Wadi Natrun heimsuchenden Pestepidemie scheint das Kloster im 14. Jhdt. für kurze Zeit aufgegeben worden zu sein. Ein Reisender des 17. Jhdts. berichtet, daß nunmehr alle Mönche sich zur ägyptischen Kirche bekennen. Die seither immer häufigeren Besucher aus Europa sind an den Handschriften der Klosterbibliothek interessiert, die sie nach Rom oder (Curzon) London verschleppen. Aus dem 19. Jhdt. wird vom Bestehen einer kleinen Gemeinschaft äthiopischer Mönche berichtet.

Wie alle anderen Klöster hat sich seit dem Ansteigen der Zahl der Mönche in den sechziger Jahren eine rege Bautätigkeit entfaltet, die den Charakter des Klosters erheblich verändert hat. Allerdings erkennt man noch die merkwürdige Form der Gesamtanlage, die der Legende nach den Grundriß eines Schiffes (der Arche Noah) zum Vorbild hatte.

DEIR AMBA BSCHOI

Das *Deir Amba Bschoi* erreicht der Reisende, indem er vom Resthouse aus ins Dorf fährt, immer geradeaus zum Tiefpunkt der Senke, zwischen zwei Salzseen hindurch und sich am Ende nach links wendend, wonach das Kloster auf der rechten Seite des Weges sichtbar wird. Das Kloster ist auch zu erreichen, indem man die Salzseen im Süden umrundet, d. h. im Dorf bei der

Polizeistation links, nach 1,5 km Bahngleis, dem der Weg eine Weile folgt, bis rechts der Salzsee und das Kloster am anderen Ufer sichtbar werden.

Das Amba Bschoi war Sitz des Koptischen Patriarchen während seiner 1981 von Sadat verhängten Verbannung.

Speziallliteratur zu den Klöstern: Evelyn-White, Hugh „The Monasteries of the Wadi Natrun" New York 1926–33, 3 Bde. (reprint durch Metropolitan Museum);
Burmester, K. H. S. „A Guide to the Monasteries of the Wadi'n-Natrun" Kairo o. J. (Soc. d'Arch. Copte), kleines Heftchen, mit Glück noch zu finden.

TAHRIR-PROVINZ

km 150: *Weingut Gianaklis*
Während zur römischen Zeit Ägypten ein Zentrum der Weinproduktion war und noch unter den Fatimiden *Omar Khayam* dem Rebensaft frönte, war der Anbau in den folgenden Jahren in der spätislamischen Zeit stark zurückgegangen. Das änderte sich erst, als um die Jahrhundertwende der Grieche Gianaklis südlich des *Mariut*-Sees mit europäischen Rebstöcken zu experimentieren begann. Bei der Verstaatlichung im Zuge der Revolution 1952 war das Gianaklis-Gut einer der größten Landwirtschaftsbetriebe: Über 7000 ha Rebfläche werden heute in der Erntezeit von 6000 Beschäftigten bearbeitet. Einer Produktionsausweitung des schmackhaften Weines stehen allerdings der begrenzte einheimische Markt und die Handelshemmnisse der EG entgegen.

km 154: (Am Ende des Gutes): Rechts Abzweigung über *Abu el-Matamir* nach *Damanhur,* über die auch die (koptischen) Ruinenfelder von *Kellia* zu erreichen sind, deren Besuch aber nur in Begleitung eines Archäologen lohnt. Weg: Am Nordostende des Gutes von der Straße rechts ab, vorbei an einem kleinen Flughafen zum Dorf *Ezbet el-Rubumaya,* dort fragen.

ca. km 160: Links im ersten Abschnitt unmarkierte Piste zum *Menas*-Kloster, nur mit Führer. Einfacher ist die Anfahrt über die Küstenstraße.

Die Straße durchzieht jetzt die *Neuland-Projekte* der Tahrir-Provinz, die vom westlichen Nilarm über Kanäle und durch Tiefbrunnen mit Wasser versorgt werden. Dazu, je mehr man sich der Küste nähert, die mediterranen Winterniederschlägen die im Durchschnitt zwischen 100 und 200 mm Niederschlag jährlich bringen. Neben großen Staatsfarmen gibt es auch Pachtland und Kleinbesitz, das der Staat jedoch erst dann verkauft oder verpachtet, wenn die (von einem Privatmann kaum zu finanzierenden) Erschließungsmaßnahmen abgeschlossen sind und das Land bebaubar ist. Dennoch ist die ökonomische Situation dieser (unter ehemaligen Landarbeitern und Kriegsveteranen ausgewählten) Kleinbetriebler problematisch, da sie unterhalb der Kostengrenze zu produzieren begannen und erst im Laufe der Zeit Erträge erwirtschafteten. Dabei mag eine Rolle gespielt haben, daß gerade die hier angesiedelten untersten ländlichen Schichten gegenüber sozialem und technologischem Wandel besonders zurückhaltend sind und sich nur langsam auf die hier gegenüber dem Niltal veränderten natürlichen Voraussetzungen des Landbaus anpassen. Ebenso fehlt – anders auf den Staatsfarmen – eine gesunde Infrastruktur an Handwerkern, Werkstätten, Händlern innerhalb der Kooperativen, zu denen die Bauern zusammengeschlossen sind.

Auf dem Papier sollen hier, am Westrand des Deltas, 2000 km² erschlossen werden, wovon bisher real höchstens 500 km² kultiviert sind. Ob die vorhandenen Pläne noch voll verwirklicht werden, ist zweifelhaft, denn die Schwierigkeiten des Projekts wurden unterschätzt. Der sandige, stark was-

UMGEBUNG ALEXANRIA

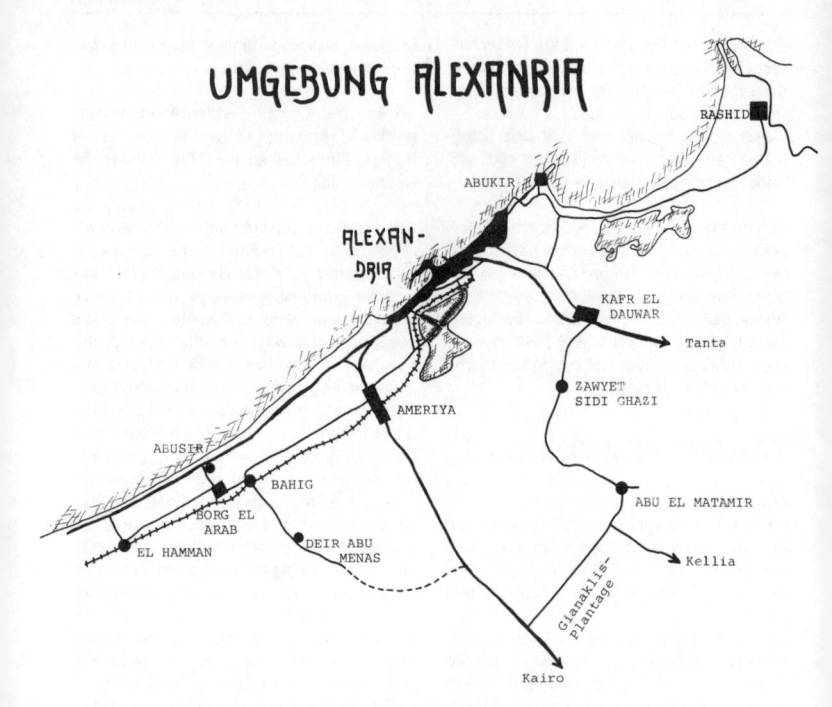

(Karte mit folgenden Orten: RASHID, ABUKIR, ALEXANDRIA, KAFR EL DAUWAR, Tanta, ZAWYET SIDI GHAZI, AMERIYA, ABUSIR, BAHIG, BORG EL ARAB, EL HAMMAN, DEIR ABU MENAS, ABU EL MATAMIR, Kellia, Gianaklis-Plantage, Kairo)

serdurchlässige Boden „verbraucht" um 30% mehr Wasser als im Altland des Niltales. Veränderungen im Grundwasserspiegel und -fluß bedrohen auch die neuerschlossenen Böden mit Versalzung, Böden, die zudem – auch kultiviert – von schlechterer Qualität und ertragsärmer sind als die des Niltales.

km 180: *Ameriya,* Hauptort des Tahrir-Gebietes, Bahnlinie. Einige km nach der Bahn links (vor einem riesigen ummauerten Fabrikkomplex) Abzweigung nach *Bahig* (Menas-Kloster) und *Borg el Arab.*

km 187: Küstenstraße, rechts nach Alexandria (ca. 10 km).

MENAS-KLOSTER

Zu erreichen, indem man im Dorf Bahig auf den Bahnhof zuhält, vor diesem links abbiegt, nach dem Bahnübergang der ausgeschilderten (!) Piste zum Kloster folgt. An Feiertagen oder sonntags ist die Anreise ab Bahig per Anhalter möglich, sonst kein Verkehr.

Zunächst besichtige man das neue Kloster, in dem auch übernachtet werden kann. Die Mönche führen dann gerne über das benachbarte Ruinenfeld. Das neue Kloster wurde 1959 vom neugewählten Patriarchen *Cyril VI.* aufgrund eines Gelübdes gegründet. Die erste Neugründung eines Klosters nach mehreren Jahrhunderten markierte einen Wendepunkt in der Agonie der koptischen Kirche und geschah mit breiter politischer Unterstützung durch die Regierung. Nach dem Tode Cyrils, dessen Grabkapelle einen guten Eindruck des „Zeitgeistes" gibt (Fotos von Cyril mit Nasser, dem Papst usw.), scheint der Ausbau sich verlangsamt zu haben, so daß die Anlage noch heute ein wenig an eine unvollendete Baustelle erinnert. Kunsthistorisch bietet das neue Kloster nichts Besonderes. Die Zahl der Mönche dürfte zwei Dutzend nicht überschreiten, und lebhaft wird es nur, wenn am Wochenende die Alexandriner ihre Ausflüge hierher unternehmen.

Abu Menas war im frühen Mittelalter ein berühmter Pilgerort der Christenheit, das „Lourdes" Ägyptens, dessen wundertätiges Wasser bis zu den fernsten Reichsgrenzen exportiert wurde. Der Kalender der Koptischen Kirche sagt uns, der heilige Menas sei am 11. 11. 296 zu Tode gemartert worden. Das Kamel, das seinen Leichnam trug, habe sich an der Stelle der heutigen Ruinen strikt geweigert, noch einen Schritt zu tun. Die Begleiter führten dies nicht auf die Sturheit des Viehs, sondern auf göttlichen Ratschluß zurück, und bestatteten den Märtyrer. Ob es die Figur des Menas und sein Kamel wirklich gab oder nicht, hat wenig Bedeutung – die Menschen glaubten daran, und ab dem 4. Jhdt. besuchte ein wachsender Pilgerstrom das Grab des Heiligen.

In der Folgezeit wurde Abu Menas zu einer kaiserlichen Stiftung. Um immer größere Kirchen wuchs allmählich eine ganze Stadt mit Häusern, Bädern, Karawansereien. Die wahrscheinlich unter *Zeno* (480) fertiggestellte „Große Basilika" hatte erstaunliche Dimensionen, auch wenn man bedenkt, daß alles Material kilometerweit herangeschafft werden mußte. Die Grundfläche der Kirche entspricht einem halben Fußballplatz, das Flachdach war aus Holz.

Der Niedergang begann, nachdem die Pilger ausblieben, im Anschluß an die arabische Eroberung und immer häufigere Überfälle der Beduinen aus der Wüste. Die alten Bauten wurden zu Steinbrüchen, und mit der Überführung der Gebeine des Heiligen im 14. Jahrhundert nach Kairo wurde die Stadt wohl aufgegeben.

Die Grabung ist seit ihrer Entdeckung durch *Kaufmann* fest in deutscher Hand, heute in der *DAI* Kairo, dessen Ausgräber jeweils im Winter einige Monate hier arbeiten.

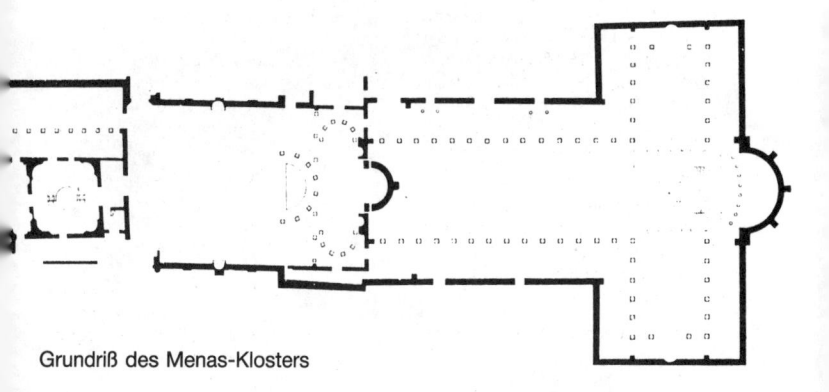

Grundriß des Menas-Klosters

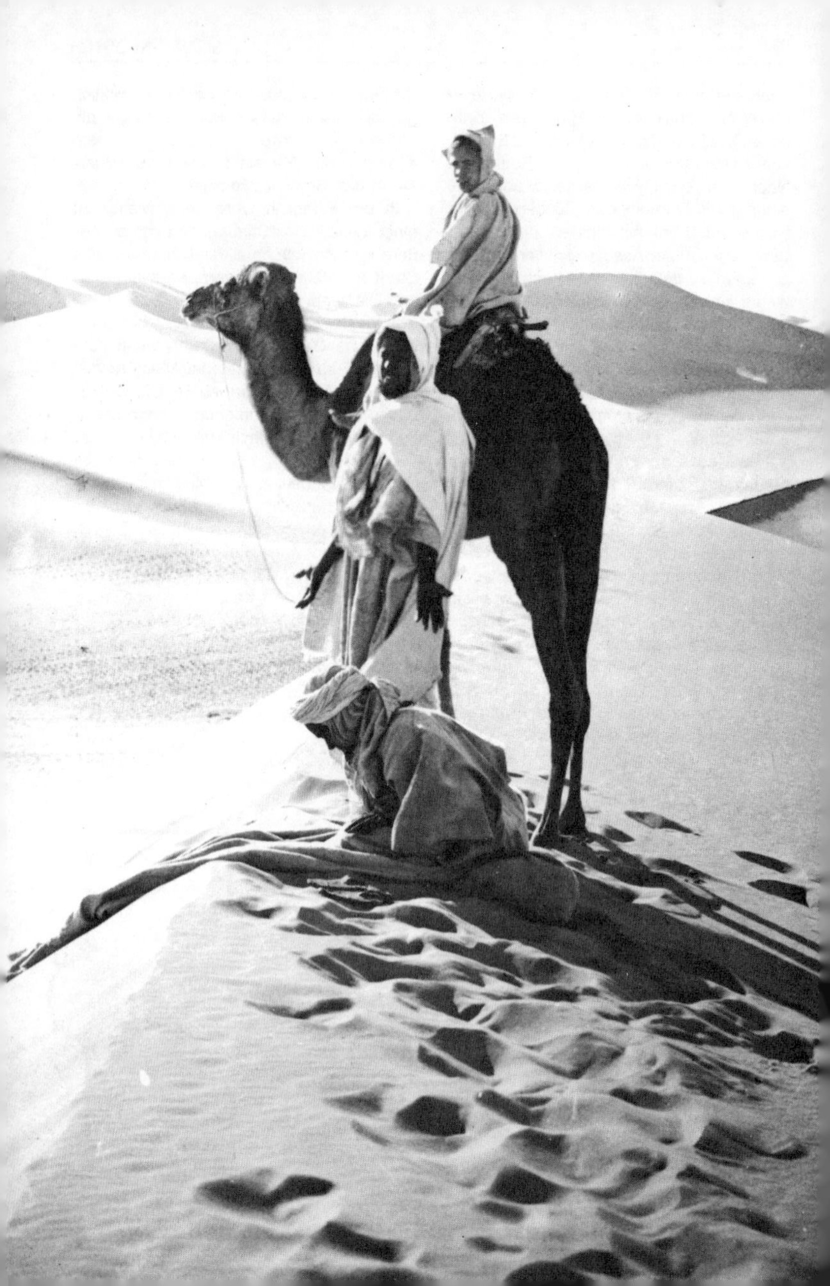

Alexandria

Wer das Leben des Orients kennen zu lernen wünscht, der wird in Alexandria, dieser Stätte des Weltverkehrs, seine Rechnung nicht finden, der schnüre schnell sein Bündel und wende sich südwärts nach der schönen Chalifenstadt, denn in Alexandria hat der Araber nur in den bescheidensten und ärmlichsten Vierteln sein Heim, und zahlreicher fast, als die Quartiere, in denen er wohnt, sind die Friedhöfe, in denen seine Verstorbenen ruhen.

Auch die Türken kommen wenig zur Geltung. Viele von ihnen bewohnen die in den schrecklichen Julitagen von 1882 viel genannte und schwer beschädigte Insel Pharus, und zwar in bescheidenen, doch dabei oft recht freundlichen Häusern, welche stattlich von dem Palais des Chedîw überragt werden, welches auf der Landzunge Râs et-Tîn (Feigenkap) gelegen, seine Erbauung Muhamed 'Ali, seine Erneuerung Isma'il Pascha verdankt; aber auch dies vom Meere bespülte Bauwerk, eine Nachahmung des Serail zu Konstantinopel, ist stillos und würde kaum an den Orient erinnern, wenn sich nicht neben ihm das Haremsgebäude mit seinen Gärten erhöbe. Hier darf der neugierige Europäer nicht hoffen, den Blick eines schönen, von Schleiern und Gittern halb verborgenen Auges zu erhaschen, wohl aber wird er einem von jenen Eunuchen begegnen können, welche in keinem vornehmen ägyptischen Hause als Frauenhüter fehlen, und denen in älterer Zeit in allen morgenländischen Reichen die höchsten Staatsämter zuzufallen pflegten.

(Ebers 1886)

„Nachruf auf eine Stadt" ist das Alex-Kapitel im Merian betitelt. Und vom antiken Alexandria ist tatsächlich kaum etwas übrig geblieben. Von *Alexander* 332 v. Chr. in Auftrag gegeben und von *Deinokrates,* dem führenden Stadtplaner seiner Zeit, am Reißbrett entworfen, muß die Stadt schon nach fünfzig Jahren ihre Gestalt gehabt haben, die uns Strabo plastisch beschrieben: Im Schachbrett-Muster zwischen Mittelmeer und *Mareotis*-See angelegt, durch einen Damm mit der Insel *Pharos* verbunden, der den Ost- vom Westhafen trennte, bot sie über einer Million Menschen Heimat.

Alexandria war Hauptstadt des Ptolemäer-Reiches, angefangen mit Alexander selbst liegen sie hier irgendwo begraben, wahrscheinlich unter der Kreuzung *Hurriya/Nebi Daniel.* Aber die Stadt war auch das geistige Zentrum und Geburtsstadt des Hellenismus: Die Bibliothek mit fast einer Million Handschriften, das *Museion,* eine Art Gelehrtenpension, die ihren Insassen die Alltagsarbeiten abnahm, damit sie sich ungestört ihren Studien widmen konnten. *Euklid, Eratosthenes, Zenon* und *Plotin, Lukian* und *Demetrios* lebten hier. Auf der Insel stand eines der Weltwunder, der Leuchtturm von Pharos mit einer Höhe von 180 m, dessen Holzfeuer erst nach zwei Erdbeben im 14. Jahrhundert erlosch. – Sein verkleinertes Abbild noch heute in Abusir zu sehen.

Nach der römischen Besetzung war Alexandria die große Nebenbuhlerin Roms und theologisches Zentrum des frühen Christentums. Der Legende nach durch den Apostel *Markus,* tatsächlich durch einen Kollegen des *Paulus* (Apollos) am Beginn des 2. Jhdts. hier begründet, fand es seine ersten Anhänger unter den städtischen Juden und Griechen. In Konkurrenz zum 215 geschlossenen Museion trat die *Katecheten*-Schule, „Brutstätte" diverser Abweichungen vom römischen Dogma, in der Verbindungen zwischen heidnischer Philosophie und Chri-

ALEXANDRIA

stentum gesucht wurden (Gnosis, Neo-Platoniker). *Arius* und sein Kontrahent *Athanasius,* auch *Origines* lehrten an dieser ersten religiösen Hochschule.

Der Niedergang der Stadt begann im 3. Jhdt. Kaiser *Caracalla* schloß Museion und Theater und brachte dazu einen Großteil der jugendlichen Intelligenz um, denen er ihre Spottverse („Alexandriner") nicht verzeihen konnte. In den Kämpfen zwischen *Zenobia,* der Wüstenkönigin aus dem syrischen *Palmyra,* und *Aurelian* wurde die Stadt arg mitgenommen. Weiterer Aderlaß waren die Christenverfolgungen unter *Valerian* und *Diokletian,* nachdem *Trajan* schon 150 000 städtische Juden geschlachtet hatte. Und die Christen, mit dem Toleranzedikt 383 endlich öffentlich anerkannt, ließen sich in der Folge auch nicht lumpen: Die Bibliothek wurde erneut geplündert und heidnische Schriften verbrannt, das *Serapeum* zerstört, die Priester umgebracht und ihre Tempel (zuletzt durch Justinian 551) günstigenfalls in Kirchen umgewandelt, ansonsten geschleift. Auch die Pest besuchte in diesen Jahrhunderten mehrfach die Hafenstadt.

Als 641 *Amr ibn al-As* die Stadt eroberte, hatte der Patriarch seinen Sitz längst in die Wüste des Wadi Natrun gelegt. Amr machte es ihm nach, und die neue Hauptstadt wurde *Fustat* bei *Kairo.*

Im Hochmittelalter erlebte Alexandria eine kleine Nachblüte als Umschlaghafen im Indienhandel, doch als Napoleon 1798 landete, fand er nur mehr ein Fischerdorf vor – die Süßwasserkanäle versandet, die großen Segler nach *Rosetta* abgewandert.

Mohammed Ali war es, der ihr den Weg in die Moderne mit Brachialgewalt aufzwang. Er schloß die Stadt wieder ans Kanalsystem und damit den Nil an, baute sie zum Haupthafen für den Baumwollexport aus, errichtete eine Freihandelszone, beauftragte französische Kapitäne mit dem Aufbau einer Marine. Im 19. Jahrhundert war es, als die Stadt ihr modernes Gesicht bekam. Im Westen der Hafen mit den Industriebetrieben und Lagerhallen sowie den Wohnvierteln der Armen. Im Osten das vornehme Europäer-/Levantiner-Viertel.

Doch auch dieses Alexandria, das uns *Durrell* literarisch erhalten und in den Satz gefaßt hat „Justine und ihre Stadt gleichen sich darin, daß sie beide eine starke Atmosphäre besitzen, ohne einen Charakter zu haben" ist heute nur mehr Geschichte, die sich freilich von der Antike dadurch unterscheidet, daß wir sie durch die verkommenen Fassaden noch ahnen können. Alexandria und Beirut waren vielleicht die Städte, in denen sich der dekadente Geist des Fin du siècle am längsten gehalten hat, ein Geist, der etwa im Lebensstil König *Farouks* seinen traurig pervertierten Höhe- und Endpunkt fand.

Immerhin, obwohl arabisiert und afrikanisiert, ist *Iskanderiya* noch die Stadt mit dem höchsten Ausländeranteil Ägyptens. An die 60 000 Griechen, Italiener, Libanesen und Armenier leben noch hier, viele Geschäfte tragen griechische Namen. Neben den Kopten gibt es griechisch-orthodoxe, armenische, maronitische, syrische und katholische Kirchen verschiedenen Ritus, die freilich nur noch von Alten besucht werden. Die Werkstatt des armenischen Feinmechanikers liegt über dem griechischen Kaffeeröster. Doch das große Geld ist weniger geworden, der Hafenumsatz gesunken, und zumindest außerhalb des Sommers bietet die Stadt einen trostlosen Eindruck: Südlich der Bahn die Slums, die denen Kairos nur an Pittoreskheit, nicht in Dreck und Elend nachstehen. Im Westen die alten Lagerschuppen des Hafens, viele geschlossen. Die 17 km lange Corniche mit ihren von den Salzbrisen zerfressenen Fassaden, trostlos und leer, da hier nur Zweitwohnungen der Kairoer Geschäftsleute und des arabischen Geldadels sind. Nur von Juni bis September kehrt hier Leben ein, die Privatstrände, Clubs und Flanierboulevards füllen sich mit denen, die auf sich halten können. Im Winter dagegen zu allem noch häufiger Regen und Temperaturen, die es ohne Heizung ungemütlich werden lassen.

ALEXANDRIA

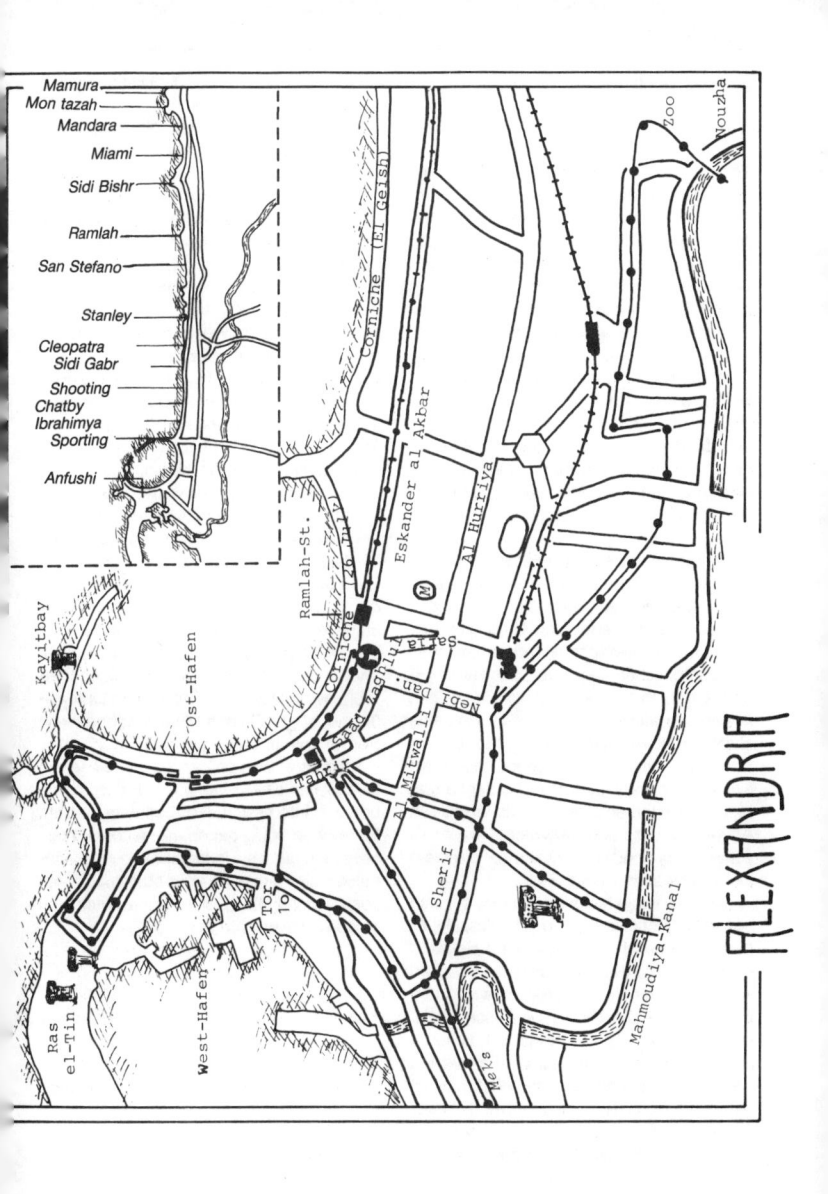

- Mamura
- Mon tazah
- Mandara
- Miami
- Sidi Bishr
- Ramlah
- San Stefano
- Stanley
- Cleopatra
- Sidi Gabr
- Shooting
- Chatby
- Ibrahimya
- Sporting
- Anfushi

Kayitbay
Ras el-Tin
West-Hafen
Ost-Hafen
Ramlah-St.
Corniche (El Geish)
Eskander al Akbar
Al Hurriya
Nebi Dan
Saad Zaghlul
Tahrir
Al Mitwalli
Sherif
Mahmoudiya-Kanal
Meks
Zoo
Nouzha

KLEOPATRA – wessen Porträt?

Tochter Ptolemaios II. Neos Dionysos der Flötenspieler, der mit Sulla, Crassus, Pompeius und anderen römischen Großkopferten um den Bestand eines unabhängigen Ägypten pokerte. Die Schwester und zwei Schwager vom Vater ermordet, als sie sich an die Spitze eines Volksaufstands gegen ihn, seine Steuereintreiber und die Römer stellten.

Ihr Bruder und Mitregent ertrinkt „zufällig" im Nil, seinen Nachfolger und Halbbruder hat sie mit Sicherheit auf dem Gewissen, den dritten Bruder auch. Nein, nicht etwaiger Verrohung in der Kindheit wegen; solcherart Lösung von politischen und familiären Problemen war durchaus üblich, damals.

Mit *Cäsar* hat sie ein politisch-persönliches Verhältnis und einen Sohn. Mit Nachfolger *Antonius* ein ebensolches und drei Kinder, was zur Vermutung Anlaß gibt, daß sie zwischen herrschaftlich-geschäftlichen und persönlichen Angelegenheiten nicht getrennt hat. Das spricht für sie, in meinen Augen, ein ganzheitliches Leben. Und eine kluge Politikerin muß sie auch gewesen sein oder gute Beraterinnen gehabt haben, als sie sich mit Antonius einließ: Weder kam er beim rom-internen Streit um Cäsars Erbe an Ägypten vorbei, noch Ägypten – wollte es seine Unabhängigkeit bewahren – an einem ihm gewogenen Chef in Rom.

Antonius verliert gegen *Octavian,* der sich später Augustus nennt und mit Volkszählungen begonnen hat. Mit ihm kam sie nicht mehr zurecht, was ich gut nachvollziehen kann, zumal er sie und Ägypten auch nicht mehr braucht. Der Thronerbe, Cäsars Sohn, soll per Schiff nach Punt ins Exil fliehen – auch hier zeigt sie sich als Sohn, Familie und dem Land gegenüber verantwortungsvoll handelnd. Doch dieser, ein siebzehnjähriger Teenie, meint, mit Octavian kooperieren zu können und kehrt auf halber Strecke um, nur um in die Hände von Octavians Hinrichtungskommando zu fallen.

Der Schmach, den Triumphwagen durch Rom ziehen zu müssen, zieht sie den Selbstmord vor. Ob durch Gift oder eine Schlange, ist umstritten. Ihr Land wird Privatkolonie des Augustus, das zu betreten den römischen Senatoren bei Strafe verboten ist.

Sie ist Gegenstand von zwei Dutzend Biographien, kaum ein römischer Schriftsteller hat sich nicht über sie ausgelassen, sie wurde verfilmt, vercomict, Shakespeare und Shaw fielen über ihre Legende her. Von der lesenswerten Ausnahme Martha Rofheart's abgesehen, bezeichnenderweise immer Männer, die unterm Strich mehr zum Thema „Männerphantasien" aussagen als über die letzte ägyptische Königin.

In ihrer Heimat lebt sie weiter: Die gängigste und beste Zigarettenmarke ist nach ihr benannt, und noch vor kurzem stand man ihretwegen Schlange.

An der Rückwand des Tempels von *Dendera* enttäuscht sie regelmäßig die Touristen, denn auf dem Bild von ihr, das es – wie uns Du Mont sagt – dort gibt, ist sie nicht anders dargestellt als ihre männlichen Pharaonenvorfahren auch. Und überhaupt: Außer auf abgegriffenen Münzen gibt es kein Porträt von ihr und auch kein Foto.

Kleopatra, was soll ich da schreiben auf zwei Seiten eines alternativen Reiseführers, und wen interessiert das überhaupt, aus am Ende noch völlig danebenliegendem Interesse? Ich hätte sie jedenfalls lieber kennengelernt als Ramses – aber ob Neos Dionysos wirklich Flöte spielen konnte, wüßte ich beispielsweise auch gern.

KURZINFORMATION

BEHÖRDEN
Registration – Visa: Passport Office, 28 Talaat Harb, Telefon 808699, geöffnet 8.30–13, 19–21 Uhr, Fr. zu.
Tourist Information: Saad Zaghlul Sq., Hafen; Misr Station; Sidi Gabr.
Tourist Police: Hafen Montazah, Saad Zaghlul Sq.

BUCHHANDLUNGEN
Dar al-Maaref, S. Zaghlul 44;
Gen. Egyptian Book Org., S. Zaghlul 51;
Al Ahram, Hurriya/Nebi Daniel;
einen Führer zu den historischen Stätten gibt es an der Kasse des Museums.

CAMPING
Montazah-Park neben Zalamlek-Hotel.
Mamura: außerhalb der Saison am Strand; mit Wohnmobil beim Palace-Hotel

DEUTSCHSPRACHIGE EINRICHTUNGEN
Konsulat (BRD): 5 Mina (Roushdy), Telefon 845443
Konsulat (Österr.): 8 Debbana, Tel. 807500
Konsulat (Schweiz): 8 Mokhtar Abdel Hamid Kalaf, Tel. 47132 (nicht regelmäßig geöffnet)
Goethe-Institut: 10 Ptolémée, Tel. 809870
Deutsche Schule: 32 Salah ed-Din
Seemannsheim: 12 Sultan Husen
Lufthansa: 6 Talaat Harb, Telefon 807958
Swiss Air: 20 Mahmout Azmi, Tel. 808574
DDR-Kulturinstitut: 628 Gamal Abdel Nasser

ESSEN
Sokrat (Sh. Eskander al-Akbar, Chatby) ist das beste (und teuerste!) Restaurant der Stadt. Zahlreiche gehobene Restaurants findet Ihr auch an der Corniche. Der Wirt des *Union* behauptet, sein Lokal (Sh. Boursa, zw. Tahrir und Telefonamt) sei das älteste am Ort.

In mittlerer Preislage:
Hassan Bleik (gg. 18 S. Zaghlul, neben dem Kaffeegeschäft), libanesische Küche;
Eino (66 Safia Zaghlul), Kebab;
Ala Kefak (1 Saad Zaghlul), Meerestiere;
Laurentos (44 Safia Zaghlul), Tintenfisch;
Asteria (40 Safia Zaghlul), italienisch;
Taverna Diamantakis (Ramlah Station);
billig:
Moh. Ahmed Foul (neben Bank of Alexandria in Sh. Abdel Ftan el Hadari, Seitenstr. der Saad Zahglul beim Hotel Metropol);
Fischröstereien an der Corniche Richtung Anfushi.

FOTOREPARATUR
Missak, Saad Zaghlul 28

GESUNDHEIT
Italienisches Hospital: Hadra (= südl. der Bahnlinie auf Höhe Chatby), Victoria-Hospital, 18 Philip Galad, Md. Isfar, Victoria (24 Stunden)
deutschspr. Ärzte:
Dr. Sidhom, 18 Sesostris, Tel. 806259, 261 85
Dentist Dr. Kassem, Saad Zaghlul Sq., 849 144

HOTELS
Hyde Park und *Ailema*, beide 21 Ahmed Fikri (Ramlah St.)
5–10 LE mit Du/WC: *Union*, 164 26. July (Corniche) und *New Capri*, am Md. Saad Zaghlul im Haus der Tourist Information.

JUGENDHERBERGE
15 Bur Said (Chatby)

KONDITOREIEN
Es gibt einige in Gebäck und Ausstattung hervorragende Cafés in Alexandria. Am schönsten das wieder restaurierte *Trianon* (Md. Saad Zahglul), die besten Kuchen bei *Delice* (ebenda). Einen Besuch wert ist auch, immer noch, *Pastroudis* (14 Horriya). Sehr heruntergekommen ist der Service im Imperial (neben Cecil Hotel).

ÖFFNUNGSZEITEN
Geschäfte, anders als in Kairo, von 10–14 und 17–21 Uhr.
Montazah-Park – Sonnenaufgang bis Sonnenuntergang;
Katakomben, Pompeius-Säule, Museum, Theater Kom ed-Dik – 9–16 Uhr, fr. mit Gebetspause;
Kayitbay, Aquarium – 9–13.30, fr. bis 11.30 Uhr;

POST
Poste Restante: Midan Ismail (Endstation Tram 12)
Telefonamt: Westende Saad Zaghlul
Direkt-Wahl: Hotel Alexandria, 23 El Nasr (westl. Tahrir)

RUNDFUNK
Fremdspr. Lokalprogramm (Schwerpunkt Französisch) auf 98 MHZ; BBC 1320 kHz

UNTERHALTUNG
Von Juli bis September spielt das Reda National Folk Ensemble im Abdul Wahab Theater (Corniche, Ramlah St.)

ZEITUNGEN
Ramlah Station

VERKEHR (Nahbereich)
Tramlinien
1 El Meks – Sherif – Misr Station – Zoo
2 Pompeius-Säule – Misr Station – Zoo
3 El Meks – Sherif – Tahrir – El Meks
4 Ras el-Tin – Anfushi – Tahrir – Misr St. – Zoo
5 Ras el-Tin – Anfushi – Tahrir – Pompeius Säule
6 Ras el-Tin – Hafen – Sherif – Misr St. – Zoo
7 El Meks – Tahrir – Misr St. – Zoo
9 El Meks – Tahrir – Misr St.
10 wie 7
11 Misr St. – Zoo
Vorgenannte Linien kosten 2 Piaster.

Für 1 Piaster fährt Linie 12 (Doppeldecker) von der Ramlah Station zum Md. Ismail
5 Piaster kosten:
14 Ramlah St. – Tahrir – Misr St. – Zoo
15 Ramlah St. – Orabi – Anfushi – Ras el-Tin
16 Ramlah St. – Tahrir – Pompeius-Säule
Schnellbahnen fahren von der Ramlah Station nach Osten bis Ramlah und Sidi Bishr.
Vorortbahn von der Misr Station nach Abukir über Sidi Gabr, Gebrial, Sidi Bishr, Mandara, Montazah, Mamura.
Bus 20 fährt ab Md. Orabi die Küste entlang bis nach Mamura. Bus 83 vom Hafen (Tor 10) über Anfushi, Orabi, Ramlah Station zur Misr Station.

FERNVERKEHR
Busse nach Kairo, Port Said, Suez, Ismailiya, El Arish, Marsa Matruh, Rashid und Kairo-Flughafen fahren vor dem *Hotel Cecil* ab. Busse ins Delta und alle Taxis halten am Bahnhofsplatz.

Alle **Züge** beginnen in der Misr Station und halten auch in Sidi Gabr. Nach Kairo siehe S. 153.
Züge nach Rashid (nur III. Klasse), Abfahrt 5.45, 16.20, 19.15, 21.00 Uhr; Rückfahrt 5.15, 15.50, 18.05, 22.10 Uhr; Fahrtdauer ca. 2 Stunden.
Züge nach Marsa Matruh fahren, entgegen dem Fahrplan, etwa 11 Stunden und verlassen die Misr Station um 10.10 (II. u. III. Klasse) und 13.45 (II., III. und II. Klasse Air Condition ohne Reservierung). Tickets auch im Zug.
Zusätzliche Züge während der Badesaison bis September.
Flugverbindung besteht nach Kairo. Der Airport befindet sich südlich der Stadt in Nusha, das Egypt-Air-Stadtbüro in 19 Saad Zaghlul.

SEHENSWÜRDIG-KEITEN

Wer mehr von der Stadt haben will, lese unbedingt die im Anhang genannte Literatur, wenigstens aber das Buch von *Forster*.

NORDWEST-STADT

Ein Stadtspaziergang könnte am *Ras el-Tin*-Palast beginnen, der Sommerresidenz der ägyptischen Könige, in der Faruk seine Abdankung unterzeichnete. Der Palast ist allerdings nur Staatsgästen zugänglich. Am Platz davor, hinter dem Tram-Wartehäuschen, der Eingang zur Nekropole *Anfushi*, einer Grabanlage aus ptolemäischer Zeit. Folgt man den Tram-Gleisen nach Osten, vorbei an der Fischmarkt-Halle, werden das auf einer Landzunge liegende Aquarium und das Fort *Kayitbay* erreicht. Im Aquarium Fische und Fanggeräte vom Nil und dem Mittelmeer. Das Fort, aus den Steinen des alten Leuchtturms gebaut, beherbergt ein kleines Schiffsmuseum. Die Hauptstraße führt jetzt nach Süden um die Bucht des Osthafens herum, der von Fischerbooten und Yachten benutzt wird. Die – in der Parallelstraße zur Corniche – liegenden Moscheen *Abu el-Abbas* und *Terbana* sind kaum eines Besuches wert. Das

ZENTRUM

liegt etwa zwischen dem *Tahrir* und dem *Saad Zaghlul*-Platz. An der Nordseite des Tahrir ein kleiner Souk (Textilien, Schmuck), in den östlichen Seitenstraßen der Lebensmittelmarkt. Die modernen Geschäfte konzentrieren sich eher in der Saad Zaghlul.

Auf der Mitte des Tahrir, früher einfach „La Place", die Reiterstatue Moh. Alis, 1872 von einem französischen Bildhauer geschaffenes Meisterstück, kurioserweise nie mit einer Inschrift versehen. Das Stück spricht für sich selbst, nur macht der Verkehr ein Bestaunen nicht einfach. Am Südende des Platzes noch 1981 die Börse, jetzt ein Parkplatz. Statt der Französischen Gärten eine

Pompejus-Säule von Alexandria

Busstation, und im Ausländergericht an der Westseite richten heute Ägypter. Etwa schräg gegenüber, hinter Bäumen und einer Galerie Briefkästen, die anglikanische Kirche, eine verstaubte Oase der Ruhe. Versäumt nicht den Blick in das Gästebuch zu werfen. Geht Ihr die Front weiter, vorbei am Börsenparkplatz, kommt das Gebäude der Nationalbank, einst Banco di Roma, eine Kopie von Michelangelos Palazzo Farnese. Mit der Tram im Südosten des Tahrir kommt Ihr zur Pompejus-Säule, dem letzten Rest des *Serapeums*, einer dem Gott Serapis geweihten Tempelanlage. Auf der Säule sollen 1832 angeblich 22 Leute diniert haben – der Durchmesser beträgt 2,70 m. Mit Pompeius hat sie nichts zu tun. Statt dessen stammt sie aus der Zeit Diokletians, dem sie als Unterwerfungsgeste von der Stadt gebaut wurde, die er zuvor in Schutt und Asche gelegt hatte, weil sie mit seinen Feinden (den *Palmyrern*) zusammengearbeitet hatte. Bei einer kleinen Moschee in der Nähe des Ruinenfeldes geht's in die Unterwelt der Katakomben von *Kom esch-Schukafa.* Die Grabanlage ist 300 Jahre nach Anfushi gebaut und im römisch-griechisch-ägyptischen Stilgemisch ausgeführt. Sie gehörte einem Kult-Verein, der hier seinen religiösen Verschnitt aus verschiedenen damaligen Kulten betrieb.

Wem es nach mehr Altertümern ist, der fahre weiter zum **Hauptbahnhof**, halte sich hier, zu Fuß, nordwärts, lasse den *Atari*-Flohmarkt rechts liegen und finde hoffentlich die Reste des römischen Theaters *Kom ed-Dik.* Weiter nordöstlich das Griechischrömische Museum, dessen neoklassizistischer Bau die Bestimmung von weitem erkennen läßt. Das Haus ist renoviert und die Objekte sind neu gruppiert, so daß die Beschreibungen in den Führern – auch dem vor Ort erhältlichen – nicht mehr stimmen.

OSTEN

Um die zwei Welten der Stadt kennenzulernen, empfiehlt sich ein Ausflug nach *Montazah.* Für die Hinfahrt nehme man einen der Busse, die an der Schokoladenseite "Corniche" entlangfahren – für den Rückweg die Bahn, die andere Anblicke ermöglicht – südlich von ihr liegen die "einfachen" Viertel. Die Badestrände der Stadt sind in der Hochsaison leicht verschmutzt, jedoch hygienischer als die Adria. Wer länger baden will, sollte dies auf jeden Fall außerhalb (siehe Abschnitt "Küstenstraße") tun. Im Montazah-Park, dem ehemaligen Lustgarten der Könige, kann heute das süße Nichtstun der Reichen beobachtet werden: Im Bikini Wimpy-Burger schmatzend. Hinter dem Montazah-Park schließt sich *Mamura* an, eine Zweitwohnungssiedlung, deren Bewohner mittellose Gäste über einen Eintrittspreis fernhalten. Dafür ist der Strand dann gratis. Möblierte Vierzimmerwohnung am Meer: Im August 2750 (!) LE, im Winter noch 250. Zu mieten über Mena-Tours.

Nach Mamura ist das Ende des städtischen Lindwurms erreicht. Die Straße führt weiter zum Badeort *Abukir* und nach *Rashid.*

MANAGER
GEORGE CHARALAMBIDIS

Formerly Boxing and Wrestling
Promoter in the Near East   R.C. 7796

STALINGRAD Hostel

7 Rue Eglise Copte. Phone 20035
CENTRE OF ALEXANDRIA
Perfect Cleanliness Excellent Service
REASONABLE PRICES

Werbung von 1943

LESEHINWEISE ALEXANDRIA

Forster, E. M. "Alexandria – a History and a Guide" zuletzt London 1982 (in Ägypten erhältlich)

Durrell, Lawrence "Das Alexandria-Quartett" Reinbek 1977 (Rowohlt)

Keeley, Edmund "Cavafy's Alexandria – Study of a Myth in Progress" London 1977

Mahfouz, Naguib "Miramar" (in Ägypten erhältlich)

Küstenstraße und westliches Mittelmeer

Die Straße läuft nicht direkt am Meer, sondern ist durch eine Hügelbarriere von der Küste getrennt. Auf der Südseite zieht sich eine zweite Kette parallel, hinter der eine Nebenstraße, Eisenbahn und die Trinkwasserpipeline nach *Marsa Matruh* verlaufen. Aus dem Kalksand der Ketten werden die wenigen Häuser des Gebietes gebaut. Die Küste selbst ist bis El Alamein ein flacher Sandstrand – erst danach kommen die Felsen bis ans Wasser und bilden einen abwechslungsreicheren Küstensaum mit Buchten, Steilhängen usw. Die Vegetation ähnelt in ihrer Zusammensetzung der Griechenlands, die Palmen-, Pinien- und Zypressenhaine sind sämtlich von Menschen angelegt und bedürfen ständiger Pflege.

Die Bevölkerung lebt von Schafen, Ziegen, Kamelen, ihren Gärten und den sorgsam bewässerten Feigenkulturen, denen es in anderen Landesteilen zu heiß ist. Wer die Menschen aufmerksam beobachtet, entdeckt Unterschiede in der Kleidung gegenüber den Fellachen des Niltales: Die *Galabiyas* sind enger, die Frauen bevorzugen knallige Buntheit: Mehr als 90% der etwa 150 000 Menschen zwischen Alexandria und der libyschen Grenze sind – seßhaftgewordene – Beduinen. Ein Teil betreibt noch Halbnomadismus: Im Winter, der Regenzeit, werden Felder bebaut; im Sommer machen sich einige Männer mit den Tieren auf Wanderschaft, während Frauen und Kinder in den Siedlungen bleiben. Die Dörfer liegen – mit Ausnahme Marsa Matruhs und *Sollums* – nicht an der Küste, sondern einige Kilometer im Hinterland an der Bahnlinie und der Wasserleitung.

Wassermangel ist eines der Haupthindernisse für eine weitere Erschließung der Region. Ein Stichkanal vom Nil ist bis nach *El Hammam* (östlich *Borg el Arab*) geführt. Mit ihm endet die Grünzone. Der Rest der Küste wird per Leitung mit Trinkwasser versorgt: Ein altes Stahlrohr bringt ca. 80 m^3/h nach Marsa, viel zuwenig für 20 000 Menschen. Eine – stärkere – Eternitleitung ist im Bau, doch werden Euch auf der Bahn noch lange die Kesselwaggons der Trinkwasserzüge begegnen.

Pflanzen und Tiere werden über Zisternen versorgt. Von den etwa 3000 Anlagen aus der Römerzeit sind noch 500 in Betrieb. Sie sammeln im Winter das Regenwasser, um im Sommer geleert zu werden. Daneben gibt es mit Windrädern getriebene Grundwasserpumpen, die jedoch nur beschränkt zu gebrauchen sind. Wird zuviel Grundwasser abgepumpt oder der Brunnen zu tief getäuft, zieht die Pumpe das unter dem Süßwasser liegende Brackwasser nach. Auch müssen zwischen den Brunnen größere Abstände liegen, um die Versalzung zu vermeiden.

In Marsa Matruh und Sollum existieren Meerwasserentsalzungsanlagen mit kleiner Kapazität.

Die zwischen Alexandria und der Grenze bestehende Mikrowellen-Richtfunkstrecke dient bisher nur den „Sicherheitskräften". Der zivile Telefonbenutzer kann Ferngespräche über ganze drei Leitungen führen.

Industrie gibt es westlich Alexandrias keine, sieht man von kleineren Erdölvorkommen in der Nähe el Alameins ab. Das soll sich ändern, wenn der Regionalplan für die Küste verwirklicht wird. Da sind – bis zum Jahr 2000 – für Borg el Arab ein Kernkraftwerk samt Zementfabrik geplant, für die Küste eine Raffinerie, chemische Industrie, für Marsa eine Freihandelszone. Die Bevölkerung soll sich durch Umsiedler aus dem Niltal verfünffachen und durch einen 10–15 km breiten Neulandgürtel längs der Küste zwischen el Alamein und der Grenze ernährt werden. Auch an den Tourismus wird gedacht: Mehrere Feriendörfer im Stil des Club Mediterrané sollen die bisher karge Bettenzahl erhöhen.

Stadtausfahrt Alexandria: Vom Unbekannten Soldaten kommend den Tahrir überqueren (am Reiterdenkmal links vorbei) und der Tram folgen, Richtung West-Südwest. An der Brücke über den *Mahmudiya-Kanal* (rechts der Kohlehafen) machen Tram und Straße einen leichten Knick und führen nun gerade nach Westen. Vorbei an der Raffinerie, zwei Chemie-Fabriken durch den Vorort el-Meks gelangt man stadtauswärts.

km 18: Links Abzweigung der Desert Road nach Kairo, rechts Feriensiedlung **El Agami**. Vor 80 Jahren kein Baum, kein Strauch, kein Mensch, nur kilometerweite Dünen. Den touristischen Beginn machte, wen wundert's, ein Schweizer. Teehändler Blaire erwarb Gelände im Westen der heutigen Siedlung, gefolgt von dem in Baumwolle tätigen Italiener Bianchi und (km 25 **Hanoville**) dem Ägypter Hano. Alle drei parzellierten und erschlossen ihren Grund und verkauften weiter an die levantinische und europäische Geschäftswelt Alexandrias, die Villen und Gärten anlegte. Mit Nassers „Ägypten den Ägyptern" geschah Agami kein anderes Schicksal als Alexandria selbst.

Der Strand ist öffentlich, doch teerübersät und während der Schulferien total übervölkert. Außerhalb der Saison könnt Ihr von den Beduinen ab etwa 30 LE pro Woche Wohnungen oder Häuser mieten. An Restaurants sei „*Tschakos*" empfohlen (Meerestiere und griechische Küche); *Chez Michel*, Spezialität Fondue (!) à la Blaire, ist etwas teuer. Für die folgende Küste gilt: Baden nur dort, wo Stichstraßen direkt ans Meer führen – oder nach Verständigung mit der allgegenwärtigen Küstenwache.

km 33: Sidi Kreer. Bungalow-Hotel mit Camping-Möglichkeit.

km 48: Links Abzweigung nach Borg el-Arab, unmittelbar davor Ruinen von *Abusir (Taposiris Magna)*, dem alten Hafen von Abu Mena. Von der Stadt ist kaum etwas erhalten – mächtig nur noch die Anlage des Orisis-Tempels auf dem Hügel. Etwa 100 m östlich des Tempels ein (renovierter) Leuchtturm, der den Pilgern aus dem *Orbis Romanum* die Hafeneinfahrt zeigte.

Folgt man der abzweigenden Straße, kommt nach wenigen Kilometern die Kleinstadt **Borg el-Arab.** Am Ortseingang rechts ein früher von Sadat genutztes „Ferienhaus", gegenüber ein Hubschrauberlandeplatz. In der Ortsmitte geht's links nach *Bahig* (Abu Mena) und *Ameriya* ab. Geradeaus zum Bahnhof und zur Piste nach El Alamein.

Auf einer Anhöhe ein Gebilde, das einer mittelalterlichen Burg ähnelt. Als Alterssitz von Mr. Jennings-Bramly gebaut, einem englischen Offizier, der Borg el-Arab gründete und lange als Deputy Commissioner tätig war. 1956 mußte er Ägypten verlassen, und seither ging es auch mit der Stadt bergab. Für Bramlys Träume eines Beduinen-Zentrums ist im heutigen Nationalstaat kein Platz.

km 51: Feriensiedlung mit Hotel und Camping-Möglichkeit.

km 64: Links Abzweigung nach **El Hammam**. Tankstelle, Teehaus, Werkstatt. Auf dieser Höhe endet der Bewässerungskanal – auch die Feigenbäumchen längs der Straße werden seltener.

km 105: El Alamein
Tankstelle, Teehaus, Polizeiposten.
Resthouse: Ausgezeichnetes Restaurant (Makkaroni! Gemüse!) mit Bar. Im Seitengebäude Übernachtungsmöglichkeit (Strom: 110 V von Sonnenuntergang bis 24 Uhr).

EL ALAMEIN

Hier fand im Herbst 1942 die entscheidende Schlacht zwischen den Alliierten und den deutsch-italienischen Truppen statt, die den faschistischen Vormarsch auf den Suez-Kanal stoppte und den Rückzug der Invasoren einleitete. Etwa 80 000 Soldaten sind hier gefallen, und bei Exkursionen in der Umgegend ist noch heute zahlreicher Kriegsschrott zu finden, aber auch noch intakte Minen! Ein kleines Museum im Dorf erläutert das Kampfgeschehen – neuerdings um eine Abteilung zum „Gedenken" an den Oktober-Krieg 1973 erweitert.

An die Gefallenen erinnern mehrere Anlagen: Am Ortseingang (Osten) eine kleine Anlage für das griechische Kontingent der Alliierten; danach südlich der Straße ein großer **Soldatenfriedhof** der Commonwealth-Streitkräfte. Verläßt man den Ort Richtung Westen, bei *km 116* Abzweigung einer Piste (Wegweiser) zum auf der Höhe gelegenen **deutschen Ehrenmal,** dessen achteckiger Bau das **Kastell** *del Monte* Friedrichs II. zum Vorbild hat, um die kulturelle Verbindung zwischen Arabern (Sarazenen), Italien und Deutschland zu betonen, aber auch ganz praktisch um die im Innern befindliche Gedenkstätte vor Sandverwehungen zu schützen. Nähert man sich dem Mahnmal, kommt ein benachbarter Beduine mit dem Schlüssel.

km 120: Italienisches Ehrenmal, das sich in drei Teile gliedert: neben der Hauptstraße ein kleines Museum, eine Moschee und ein Friedhof für die islamischen Hilfstruppen.
– Auf einem Hügel, der „Höhe 33", das Gästehaus für offizielle Delegationen.
– Das eigentliche Ehrenmal, ein achteckiger Turm mit symmetrischen Seitenanbauten, zum Meer hin mit großen Fenstern.
Das provisorische Gräberfeld *Tell el-Eysa (km 126)* ist mittlerweile aufgelöst.

Sofern Ihr mit dem Zug oder Bus nach El Alamein kommt, könnt Ihr zu den letztgenannten Ehrenmälern gut per Anhalter fahren.
Vom Bahnhof aus führt eine Piste zu den Ölbohrungen in der Wüste und weiter durch die Kattara-Senke nach Siwa. Befahren nur mit Sondergenehmigung, die nicht erteilt wird.

ca. km 123: An der Küste **Ras Shakik,** Endpunkt der Rohöl-Pipeline und Tanker-Hafen.

km 130: Sidi Abdel-Rahman. Links Piste zum Dorf (am Bahnhof), das sich um die kleine Moschee eines Lokalheiligen schart. Rechts Asphaltstraße zum Hotelkomplex (Camping-Möglichkeit) mit Strandbungalows.

km 160: El Dabaa, 4500 Ew., Tankstelle, Teehaus, Werkstatt, Telefon, Bahnhof. Die gelegentlich im Sommer noch in Zelten wohnenden Beduinen dieser Oase sind als Schwammfischer bekannt. Hier wird das erste ägyptische Atomkraftwerk entstehen.

km 210: Fuka. Bahnhof und Ortsschild, aber keine Häuser!

km 217 (2–3 km nach dem Bahnübergang) rechts Abzweigung. Nachdem die Piste erneut die Bahn überquert, *Abu Haggag* mit Tankstelle und (jedenfalls manchmal) großem Beduinenlager. Ca. 15 km von der Hauptstraße *Ras el-Hekma,* kleines Rasthaus (einst von Farouk gebaut) mit Camping-Möglichkeit am Meer, aber unregelmäßiger Trinkwasserversorgung.

km 235: Sidi Heneish (Bahnhof)

km 247: Hauala, ausnahmsweise **kein** Bahnhof im Dorf. Zwischen hier und dem nächsten Bahnhof *(Garaula)* zweigt eine Piste in die Kattara-Senke ab (Benutzung nicht gestattet). Den Plan, in die bis 134 m unter Meeresniveau liegende Senke über einen Kanal Meerwasser zu leiten, um durch das Gefälle Kraftwerke betreiben zu können, hat man zum Glück mittlerweile aufgegeben. Von den ökologischen Ungewißheiten dieser riesigen (Salz-)Wasserfläche ganz abgesehen: Das Kanalbett sollte mit Atom-Explosionen gesprengt werden!!

MARSA MATRUH

Von Alexander 332 v. Chr. unter dem Namen „Amonia" gegründet. Lieblingsresidenz Kleopatras. Die Stadt liegt, nur durch einen Badestrand getrennt, an einer zum Meer hin offenen Lagune, in deren Ostteil ein kleiner Militär- und Fischereihafen liegt. Die wirtschaftliche Bedeutung beruht zu einem kleinen Teil auf dem Umschlag der Waren von und nach *Siwa*, in der Hauptsache aber auf dem (inländischen) Tourismus. Dessen Anfänge liegen in den 30er Jahren, als englische Offiziere die feinen Sandstrände Marsas entdeckten. Seit etwa 30 Jahren hat sich während der Sommermonate ein Massentourismus entwickelt. Neben etwa 1700 Hotelbetten bietet die Stadt Privatquartiere und mehr als 2000 Campern Platz. Die älteren Hotels, oft umgewidmete Wohnhäuser, sind einigermaßen ansprechend mit örtlichem Baumaterial (Kalkstein) gebaut, schön ist die Anlage „Marin Fuad" auf der östlichen Landzunge direkt am Meer. Die neuen Hotels sind im Allerweltsstil aus Ziegeln und Stahlbeton.

Durch den neuen Hafen in der Westlagune, mit dessen Bau schon begonnen ist, sägt die Stadt jedoch am Fundament ihres Fremdenverkehrs, den sauberen Stränden. Zwar weiß noch keiner recht, was dieser Hafen eigentlich soll (zum Niltal ist es viel zu weit), doch würden die Hochsee-Schiffe unweigerlich die Strände verschmutzen, zumal die Geologen in der Nähe auf Öl hoffen.

KURZINFORMATION

* **Camping**
  Beim *Marine Fuad*, außerhalb der Saison nur mit Genehmigung der Polizei. Wohnmobile auch neben dem Hotel *Blue Gulf*.
* **Essen**
  Im *Blue Gulf* auf Vorbestellung sog. Beduinen-Menüs. Als Attraktion gilt die Küche des *Beau Site,* besonders aber sein Wirt.
* **Hotels**
  Nicht zu empfehlen sind die Hotels an der Alexandria-Straße, besonders in der Nähe der Moschee – ein Höllenlärm des Nachts.

  Beau Site gilt vielen als das beste Hotel Ägyptens, doch ist leider Vollpension obligatorisch.

  Außerhalb der Saison bieten *Reem* und *Blue Gulf* Hotelzimmer mit Bad und TV für 5 LE pro Person, ein echter Knüller. Während der Saison für etwa den gleichen Preis Bungalows (Hotel *Marine Fuad*), oder Hotel *Rose* (gegenüber Rommel House). Daneben zahlreiche Billig-Hotels in der ganzen Stadt.
* **Museum** (Rommel's Cave),
  Sa–So 10–16 Uhr; Rommels Hauptquartier beim Vormarsch; Militaria-Sammlung.
* **Transport**
  In der Stadt mit Muli-Droschken, Taxis sind rar.
  Bus nach Alexandria um 7, 9 und 11 Uhr; nach Siwa um 15 Uhr.
  Züge nach Alexandria um 10.10 und 13.45 Uhr.
  Während der Saison gibt es zusätzliche Busse und Züge (auch nach Kairo) und eine *Flugverbindung* nach Kairo. Ebenso verkehren Elektrobusse zu den Stränden bis Agiba.

DIE STRÄNDE

liegen entweder an der Lagune (flach, ruhiges Wasser) oder zum offenen Meer hin. Die etwas nervöse Küstenwache gestattet Baden und Aufenthalt nur von Sonnenaufgang bis Sonnenuntergang. Ansonsten sind die Strände die schönsten im Land, Ihr findet, je nach Geschmack, Sand, Felsen, Brandung, ruhiges Wasser und seid ab Anfang Oktober die einzigen weit und breit, da sich die Handvoll Ausländer an den 30 km Strand verlieren und Einheimische nur in der Lagune baden. Leider gibt es nach der Saison

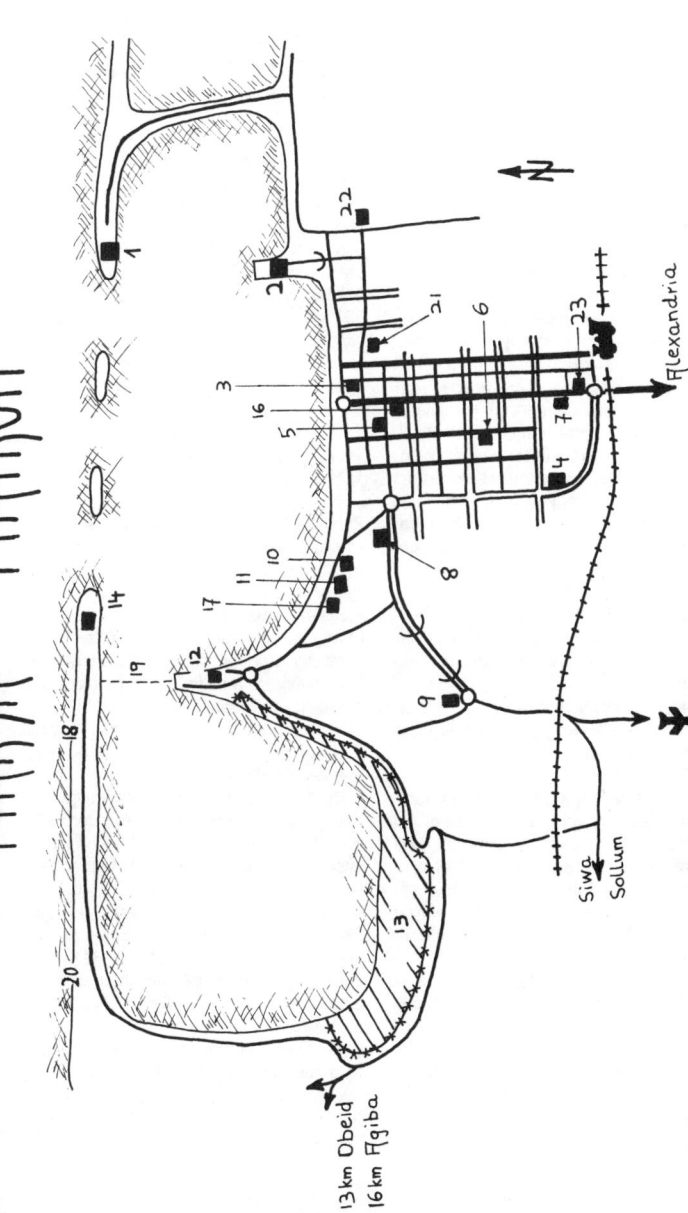

LEGENDE: 1 Museum 'Rommels Cave' und Hotel Marine Fuad 2 Hafen mit Bierkneipe 3 Spital 4 Busstation
5 Fahrradverleih 6 Taxis 7 Hotel Adaba 8 Bank 9 Tankstelle 10 Hotel Arous el-Bahr 11 Hotel Reem(Air Sinai)
12 Hotel Beau Site 13 Neuer Hafen/Militärgelände 14 Entsalzungsanlage 15 Bahnhof 16 Griech. Lokal 17 H. Blue Gulf
18 Kleopatras Bad 19 Fähre (Juni – Sept.) 20 Strand 21 Post 22 Nachrichtendienst (grünes Tor) 23 Geheimdienst

keinen Bus mehr, Ihr müßt trampen oder ein Rad leihen.

* **Rommel's Beach**
  Konservativer Strand an der Lagune mit Publikum aus der Stadt. Zum Meer hin eine kleine Bucht mit viel Müll und lästigen Soldaten.
* **Kleopatras Bad**
  Außerhalb der Saison ist eine *tesriah* der Polizei zum Besuch notwendig. Feiner weißer Sand mit Felsplatten im Wasser. Attraktion ist ein großer Felsen im Wasser, der innen hohl und nach oben offen ist. Zur Meerseite hin ist in römischer Zeit (Kleopatra?) ein Tunnel geschlagen worden, so daß das Wasser vom Meer her in den Felsen kommt und durch ein Loch an der Westseite wieder austritt. Während am übrigen Strand das Wasser wild und der Felsen wegen nicht ungefährlich für Schwimmer ist, kann im Felsen, unbeobachtet in ruhigem Wasser geplanscht werden.
* **Strand** (ohne Namen)
  Etwa 3 km langer Sandstrand, der Felsen und Strudel im tieferen Wasser wegen eher zum ufernahen Planschen geeignet.
* **Ubaiyid (Obeid)-Strand**
  Flacher Sandstrand mit Restaurant und Duschen (während der Saison).
* **Agiba**
  Zunächst ein langer Sandstrand mit ruhigem Wasser, dann, nach Westen, ein Steilabschnitt und schließlich eine Bucht, die Mündung eines ausgetrockneten Wadis. Dort ist das Wasser kristallklar, und Ihr könnt etwa zwanzig Meter weit reinlaufen. Von dieser Bucht zum Hauptstrand könnt Ihr unten am Felsen entlanglaufen. Auf einem „Balkon" über dem Wasser oder, einen Stock tiefer, einer natürlichen Terrasse, knöcheltief im Meer. Dort aber Vorsicht: Im Stein sind Löcher, und der Rand fällt steil in die Brandung ab.
* **Stadtstrand**
  An der Corniche.

MARSA MATRUH – EL SOLLUM (GRENZE)

Der letzte Abschnitt der Küstenstraße ist für Touristen derzeit ebensowenig freigegeben wie der einmal täglich zwischen Marsa und Sollum verkehrende Zug.

294 km: Flughafen
305 km: Posten, Gabelung – links nach Siwa, rechts nach Sollum.
427 km: Sidi Barrani (2500 Ew.), Tankstelle.
501 km: Sollum (6000 Ew.), Tankstelle, Fischerei-, u. Militärhafen, Grenzort.

SIWA

Zunächst müßt Ihr Euch in Marsa Matruh eine Genehmigung holen. Beginnt mit dem Militär (Sa–Do ab 10 Uhr). Die geben ein Papier, mit dem die zivile Dienststelle dann die *tesriah* ausstellt. Alles ist an einem Vormittag zu schaffen, auch wenn Ihr insgesamt drei Stunden sitzen und warten müßt. Die tesriah ist auf drei Tage befristet und persönliches Erscheinen ist nicht erforderlich, Ihr könnt auch jemand anderen mit Eurem Paß und gegebenenfalls Auto-Papieren vorbeischicken.

Die Straße nach Siwa ist schnurgerade, wenig befahren und astrein. Auf der Hälfte der 300 Kilometer ein Rasthaus. In Siwa angekommen müßt Ihr Paß und tesriah beim Polizeichef abgeben (in einem dreistöckigen Neubau am südl. Ortsausgang, gg. dem Generator), der ihn bis zu Eurer Abreise verwahrt, Euch einen Platz im Resthouse anweist und einen persönlichen Begleiter zuteilt, der die nächsten Tage Euer Schatten sein wird.

Zur Oase gehören neben dem Hauptort noch vier weitere Dörfer. Eine Ausdehnung der von bald 250 Quellen bewässerten Kulturfläche (700 ha) stehen die Entwässerungsprobleme der 16 m unter Meeresspiegel liegenden Siwa-Senke entgegen. Die Bewohner sind Berber und sprechen einen schriftlosen hamitischen Dialekt. Sie leben von ihren Dattelpalmen, Oliven und Gemüsegärten. Um falscher Wüstenromantik vorzubeugen: 1982 wurden noch ganze vier Kamle gezählt – und die gehörten dem Fleischer.

Zu sehen sind: Die Reste des *Amun-Tempels* (26. Dyn.), das Fort von *Agumi* mit den Bauten des alten Orakels, Gräber (26. Dyn.) und die Ruinen des alten Siwa. Eine Tankstelle ist vorhanden. Das Leitungswasser ist brackig, entsalztes Wasser liefert der Tankwagen. Ob Euch Siwa einen Besuch wert ist, solltet Ihr angesichts der Umstände gut überlegen. Und wenn, ihn anhand der Literatur vorbereiten. In der Oase wird Euch niemand auch nur einen Deut erklären, statt dessen sind alle, einschließlich Kinder und Soldaten, höflich zurückhaltend.

Qara (Qaret Umm al-Sughayar)
Die ärmste und isolierteste Oase Ägyptens. Ein Lkw fährt wöchentlich ins 130 km entfernte Siwa zum Einkaufen, Trinkwasser wird aus der Kattara-Senke geholt.

LESEHINWEISE
Bliss, Frank „Kulturwandel in der Oase Siwa" Bonn 1984 (PAS)
Fakhry, Ahmed „The Oasis of Egypt", Band 1, „Siwa Oasis" Kairo 1973 (AUC-Press)

Die Karawanserei Bir Amber

Das Nil-Delta

Obwohl touristisch von wenig Interesse, ist es doch neben Kairo die volkswirtschaftlich wichtigste Region Ägyptens. Hier konzentriert sich die Landwirtschaft, hier gibt es zahllose mittlere und kleinere Industriestädte. In der Antike gewann das Delta ab der Ramnesiden-Zeit gegenüber Oberägypten an Bedeutung. Ramses II. gründete in *Tanis* eine prachtvolle Residenzstadt, und bis zur Ptolemäer-Zeit regierten die verschiedenen Dynastien vom Delta aus. Dennoch ist von *Bubastis, Sais, Tanis* und wie sie alle hießen, heute kaum mehr ein Stein auf dem andern. Seit dem Hochmittelalter sind die Tempelquader zu Bausteinen verwandelt worden oder in die Kalköfen gewandert, die Veränderungen im Flußlauf der Nilarme haben ihren Teil an den Zerstörungen geleistet, und die „Tell" genannten Hügel aus Abfällen und Hausruinen sind entweder noch heute von einer Siedlung gekrönt – was Grabungen verhindert – oder der fruchtbaren Erde wegen von den Bauern als Dünger abgetragen worden.

Im äußersten Norden bietet das Delta einen in Ägypten unerwarteten Eindruck: unter im Winter häufigen Wolkenbrüchen eine kahle, brettelebene Salzsteppe, von Brackwasser-Seen durchzogen, menschenleer und unfruchtbar. Mit dem Rückgang der Bevölkerung seit der römischen Zeit hat sich die Natur im Delta wieder weite Gebiete einstigen Kulturlandes zurückgeholt, ein Prozeß, der erst im 19. Jhdt. wieder zum Stehen kam. Da das Delta nur 3–5 m über dem Meeresspiegel liegt, gibt es kaum noch Gefälle, welches das Wasser aus den Kanälen ins Meer zieht. Die Kanäle bedürfen also gerade im Delta beständiger Pflege – bleibt diese aus, bringen Wasserrosen und Verschlammung auch den geringen Fluß noch zum Erliegen – der Kanal wird zum Sumpf und versalzt. Heute behilft man sich, indem das Delta zum Meer hin durch Dämme gesichert wird und die Entwässerung in den Mariut-See bei Alexandria geleitet wird, der tiefer als der Meeresspiegel liegt. Von hier wird das Abwasser dann mit Pumpen ins Mittelmeer geleitet. Damit können große Flächen wieder für die Landwirtschaft genutzt werden, insbesondere den Reisanbau.

Die Landwirtschaft ist nach wie vor Grundlage der ägyptischen Volkswirtschaft. Nahezu die Hälfte aller Erwerbstätigen ist im Agrarbereich beschäftigt und erwirtschaftet ein Drittel des Nationaleinkommens. Daneben ist die Landwirtschaft Voraussetzung für wichtige Industriezweige, wie den gesamten Textilbereich, oder die Nahrungsmittelindustrie.

Die bald 50 Millionen Ägypter ernähren sich von einem Bruchteil der Landesfläche: ca. 40 000 m² kämen theoretisch dafür in Frage, doch ist ein großer Teil des Fruchtlandes durch Straßen, Häuser, Militäranlagen usw. überbaut, so daß der Landwirtschaft im Endeffekt nur 28 000 km² zur Verfügung stehen.

In der Nasser-Ära unternahm die Regierung große Anstrengungen, durch Neulandgewinnung diese Fläche zu erhöhen, wobei man allerdings die Kosten unterschätzte. Für die Umwandlung eines Hektars Wüste in Fruchtland werden heute ca. 1000 LE veranschlagt – dazu dauert es 15 Jahre, bis das Land für den Bauern den ersten Gewinn abwirft. In den zwanzig Jahren nach der Revolution wurde der Wüste nur wenig mehr Land abgerungen (1700 km²), wie im Niltal durch Überbauung verlorenging (1400 km²). Es wäre nützlicher gewesen, dieses Geld und die Mühe statt in die Neulandprojekte in die Verbesserung des Landbaus im Niltal zu stecken.

Hier verschlechtert nämlich die Versalzung seit den 60er Jahren die Bodenqualität in einem Ausmaß, das unserem Waldsterben nicht nachsteht. Etwa 80% der einst als „sehr gut" qualifizierten Böden sind des Salzes wegen in schlechtere Kategorien abgerutscht. Einzige Hilfe gegen die Versalzung ist der Bau von Entwässerungskanälen oder -röhren, der pro Hektar mit Kosten von 80 LE veranschlagt wird. Daß die Regierung diesen Bereich lange gänzlich und auch heute noch zu sehr vernachlässigt, hat mehrere Gründe:

Einmal haben sich die Planer und Wissenschaftler beim Bau des Assuan-Staudammes schlichtweg getäuscht: Anstatt daß das Grundwasser – wie erwartet – sank, begann es zu steigen. Ebenso ist die Qualität der Wüstenböden um ein Vielfaches schlechter als geplant. Die falsche Politik der Neulandgewinnung anstelle von Entwässerungsanlagen liegt aber auch im Planungsprozeß begründet: Ein Technokrat am Reißbrett bevorzugt die Tabula rasa der Wüste und Großprojekte gegenüber der mühsamen Wirklichkeit eines Fellachendorfes, in der die „rückständigen" Bauern erst vom Sinn der Pläne überzeugt und zur Kooperation gebracht werden müssen. Technokraten bevorzugen technische Lösungen und schlagen sich nicht gern mit den Unsicherheiten, Gewohnheiten und Traditionen des Faktors Mensch rum. Dabei ist Ägypten zumindest dort, wo bewässert wird, von der Natur gesegnet: Klima und Sonnenschein erlauben im Durchschnitt zwei Ernten pro Jahr – es gibt ja keinen Winter.

Über mehr als ein Jahrhundert war die Baumwolle das A und O der ägyptischen Landwirtschaft. Zwar schon seit der Antike bekannt, kam der große Boom in der Zeit Mehmet Alis. Er ließ sich von Jumel, einem französischen Hobby-Gärtner, eine neue Züchtung aufschwätzen, die erheblich längere Fasern hatte als die bisher üblichen Sorten. Mit Gewalt wurden die Bauern gezwungen, Baumwolle anzubauen und an den Staat abzuliefern. Mit den Erlösen aus dem Export finanzierte der König die Armee, den Beginn der Industrialisierung und natürlich den Hofstaat. Höhepunkt des Baumwollbooms war der amerikanische Unabhängigkeitskrieg, als die Konkurrenten in Georgia, Alabama und Florida mit einer Blockade belegt waren: Von je zehn LE Deviseneinnahmen stammten neun aus dem Verkauf von Baumwolle an die europäischen Märkte.

Heute ist die Baumwolle für den ägyptischen Bauern nicht mehr so wichtig wie früher. Das Land erzielt auf 2% der Weltanbaufläche 4% der Weltbaumwollernte, ist aber neben den USA der wichtigste Exporteur von Rohbaumwolle geblieben. Die Baumwolle wird hauptsächlich im Delta angebaut – und hier von Groß- und Mittelbetrieben, die für den Markt und nicht um der Subsistenz willen produzieren.

Was für den Norden die Baumwolle, ist in Oberägypten das Zuckerrohr. In jedem Teehaus seht Ihr, welche ungeheuren Mengen Zucker die Ägypter verbrauchen – im Schnitt 30 kg pro Nase und Jahr. Trotz der riesigen Zuckerrohrfelder müssen davon 15 kg importiert werden, weshalb es in Kairo in regelmäßigen Abständen zu „Versorgungskrisen" kommt: Die Geschäfte bieten für entsprechendes Geld alles, nur Zucker findet Ihr ohne Beziehungen nicht.

Günstiger sieht die Lage beim Reis aus. Auch hier schlagen die Ägypter mit 40 kg Durchschnittsverbrauch kräftig zu. In den letzten Jahren wurde die Anbaufläche, konzentriert im Norddelta, aber so erweitert, daß man neuerdings Reis exportiert.

Von der Erntefläche her ist die wichtigste Pflanze der Futterklee. Im Spätsommer nach der Baumwollernte ausgesät, kann der Bauer bis zum Frühjahr drei oder vier Schnitte machen. Den Klee ißt der Fellache natürlich nicht selbst und verkauft ihn nicht über die Genossenschaft zu festgelegten Preisen, sondern füttert damit seine Tiere. Wenn

Eine Wasser-Destillations-Anlage, 19. Jh.

wir annehmen, daß die Kühe heute nicht gefräßiger sind als früher, gleichzeitig mehr Klee produziert wird, heißt das, es gibt mehr Vieh. Wissen wir weiter, daß die Zugtiere zunehmend durch Traktoren ersetzt werden, können wir sagen: Es gibt mehr Schlachtvieh. In den Städten wird das Fleisch jedoch immer teurer, und die einfachen Leute verdienen weniger als früher, können sich also weniger Fleisch leisten. Es sind die Reichen, die heute mehr Fleisch essen als früher. Um die Beweiskette abzukürzen: Wenn der Bauer mehr Klee anbaut, heißt das, die Reichen sind reicher geworden.

Spötter sagen, der Fellache habe drei Möglichkeiten: Baut er Baumwolle an, macht er den Staat reicher, der das Ankaufsmonopol hat. Baut er Klee an, siehe oben, und will er dem Volk in den Städten etwas Gutes tun, setzt er auf Weizen. Brot ist die Ernährungsgrundlage des kleinen Mannes. Eine Erhöhung des auf einen symbolischen Piaster heruntersubventionierten Brotpreises kann niemand wagen – es wäre Signal für einen Volksaufstand und käme an Wirkung einer gleichzeitigen Abschaffung von Fußball und Fernsehen in der BRD gleich. Wenn der Ägypter im Durchschnitt 150 kg Mehl im Jahr verbraucht, hat er dabei freilich statistisch nicht erfaßte Mitesser: Damit meine ich weniger Mäuse und Ratten, sondern das Vieh. Brot ist das billigste überhaupt – und so füttert mancher Bauer sein Großvieh nicht nur mit Klee, sondern auch mit Brot vom Bäcker nebenan.

Ägypten produziert nur etwa ein Drittel des benötigten Weizens selbst – der Rest kommt aus dem Ausland und verschlingt, trotz umfangreicher amerikanischer Geschenklieferungen, 20% aller Devisen. Experten mögen einwenden, Ägypten fahre finanziell günstiger, wenn es im Land statt

Weizen mehr Baumwolle anbaue und diese im Ausland verkaufe, den Weizen sich aber von den Amerikanern schenken lasse. Für einen Buchhalter mag diese Rechnung aufgehen – der Politiker zementiert damit die Abhängigkeit vom Ausland und einem unsicheren Weltmarkt.

An sonstigen Feldfrüchten sind Mais, Hirse und Gemüse wichtig, daneben auch Zitrusfrüchte. Daß sich der Anbau seit Jahren von Baumwolle und Weizen weg und zu Klee, Gemüsen, Reis und Früchten hin entwickelt, ist kein Zeichen dafür, daß die Ägypter sich hochwertiger ernähren als früher, sondern resultiert aus der staatlichen Preispolitik. Weizen und Baumwolle kauft der Staat zu künstlich niedrigen Preisen auf, für den Reis bezahlt er besser, und so gibt es einen gut entwickelten Schwarzmarkt. Bei Gemüse und Früchten hat der Bauer keine Zwangsabgaben zu machen, sondern kann auf dem freien Markt verkaufen und muß sich auch nicht nach dem Flurzwang der Genossenschaften richten, sondern kann frei Schnauze anbauen. Aber auch diese von vielen Agronomen befürwortete „Gemüseoption" hat im Markt ihre Grenzen: An einen Export in die EG-Staaten ist nach dem Beitritt Griechenlands und Spaniens noch weniger zu denken als früher, denn die wollen ihre eigenen Bauern keiner Konkurrenz aussetzen. Dem Export in die Ölstaaten steht die katastrophale Infrastruktur Ägyptens entgegen: Wer den einzigen Kairoer Gemüsegroßmarkt gesehen hat, die überfüllten Straßen und überlasteten Häfen, der weiß, daß die Tomaten für Saudi-Arabien schon verfault wären, bevor sie noch das Land verlassen haben. Im Inland schließlich fehlt den kleinen Leuten das Geld, um sich mehr hochwertige Nahrung leisten zu können.

Die Zukunftsaussichten für die Speisekarte der Ägypter sind also düster: Der Anteil der Landwirtschaft an den Gesamtinvestitionen ist unter 10% gerutscht, niedrig wie nie seit dem Weltkrieg. Die Böden werden durch das Salz immer schlechter. Die Bevölkerung wächst und wächst, und das durch Düngung und ertragreichere Sorten erzielte Mehr wird dadurch mehr als weggefressen. Die (subventionierte) Verbreitung der Hochertragssorten erhöht das Risiko für die Kleinbauern – wenn das Wetter nicht mitspielt oder der Fellache Fehler macht, gibt's bei diesen Sorten gleich Totalausfall, während die alten, „robusten" Sorten auch unter schlechten Bedingungen noch was bringen und weniger heikel sind. Das Land wird also, wenn kein grundlegender Wandel in der Agrarpolitik stattfindet, in Zukunft noch stärker von ausländischer Hilfe abhängig sein. Der Entwicklungsplan der Regierung, von der Weltbank unterstützt, setzt auf die erwähnte „Gemüseoption" zusammen mit erhöhtem Reisexport und Ertragssteigerung durch Dünger und Mechanisierung. Diese Mechanisierungsmanie ist ein weiterer Unsinn in einem Land, in dem es genügend Arbeitskräfte gibt. Subventioniertes Diesel und Traktoren oder Landmaschinen begünstigen Großbauern. Der Kleinbauer wäre zudem töricht, seine Tiere abzuschaffen – sie sind seine Lebensversicherung in schlechten Jahren, in denen er sie zur Not verkaufen kann. Die Ziegen, die überall zu fressen finden, geben über Milch und Käse zudem einen guten Nebenverdienst und die notwendigen Proteine, an denen es den Ägyptern – bisher – im Unterschied zu Kalorien nicht mangelt.

„*Time goes by, and in the course of this time, Shahhat does little but go to his fields and return . . . Here is his past and present, and he can no longer imagine any other future . . .*" läßt Richard Critchfield sein Buch über das Leben eines Fellachen enden und spielt damit auf die Jahrtausende alte Kontinuität, Tradition und Technologie ägyptischen Landlebens an. Dieses Landleben ist jedoch, entgegen Critchfield und vielen älteren Autoren, in den fünf Jahren, die ich das Land kenne, einem radikalen und sichtbaren Wandel unterworfen gewesen, der noch andauert.

Elektrifizierung, Mechanisierung, Wasserleitungen und Kanalisation sind die augenfälligsten Änderungen. 98% der Dörfer haben Strom, Traktoren ersetzen Zugtiere, die Sakiyas rufen sich nicht länger knarrend zu, daß Alexander Eselsohren hat, sondern Motorpumpen tuckern. Ebenso sichtbar integriert sich der dörfliche Haushalt in den Markt – TV, Kühlschrank, Ventilatoren, Milch aus der Molkerei, Hähnchen von der Geflügelfarm, alles in einem Ausmaß, das Präsident *Mubarak* von der verdrehten und gefährlichen Situation sprechen ließ, in der nicht länger das Dorf die Stadt versorge, sondern umgekehrt.

Einerseits also sichtlich gestiegener Wohlstand und Kaufkraft, andererseits sinkende Realerlöse für landwirtschaftliche Produkte. Kein Widerspruch. Die Kaufkraft des ägyptischen Dorfes kommt nicht aus seiner eigenen Ökonomie, sondern von außen – Überweisungen und Ersparnisse der Gastarbeiter. Geldtransfer, Mitgebrachtes und geschätzter Schmuggel zusammen, kommen so pro Einwohner jährlich über 300 DM aus dem Ausland, ein 13. Monatsgehalt für Anschaffungen.

Das Konsumwunder steht damit auf tönernen Füßen, solange dieses Geld nicht für produktive Investitionen benutzt wird, wozu ich die Mechanisierung angesichts der vielen Unterbeschäftigten nicht zähle. Jede politische Veränderung wie ein Ende des Golfkrieges und damit die Rückkehr irakischer Soldaten an ihre Arbeitsplätze muß erneut das Problem aufwerfen, daß das ägyptische Dorf auf Dauer nicht mehr ausgeben kann, als es tatsächlich erwirtschaftet.

Doch zurück ins Delta. Das Delta ist für den Fremden kaum einen gezielten Besuch wert, bietet sich aber zur Durchreise an, insbesondere für Selbstfahrer. Ich will drei dieser „Durchreisestrecken" kurz vorstellen:

KAIRO – ALEXANDRIA (DELTASTRASSE)

(entspricht dem Verlauf der Eisenbahn)
Die auch „route agricole" genannte Deltastraße ist zwar vierspurig, hat aber zahlreiche niveaugleiche Kreuzungen und dichten Verkehr. Es ist also besonders zur Nacht und bei schlechtem Wetter äußerste Vorsicht geboten, zumal die Ägypter in ihrer Fahrweise auf Regen oder Nebel (der im Delta am frühen Morgen nicht selten ist) keinerlei Rücksicht nehmen. Schon bei leichtem Nieseln verwandelt sich der allgegenwärtige Staubfilm auf Straßen in Schmierseife. An einem Nebelmorgen konnte ich Dutzende von Fahrzeugen im Straßengraben sehen, daneben resignierte bis verzweifelte Chauffeure auf den Abschleppdienst wartend.

Stadtausfahrt Kairo: Am Ostufer des Nils immer nach Norden fahren, nahezu die einzige unfehlbare Stadtausfahrt.

km 50: *Benha,* Brücke über den Damietta-Nilarm.

km 95: *Tanta,* wichtigste Stadt des Deltas (340 000 Ew.) und trotzdem ein langweiliges Nest, ausgenommen im Monat „Rogeb" (1985: ab Ende März, 1986: 10 Tage früher), in dem das Fest eines Lokalheiligen, *Ahmed el-Badawis,* gefeiert wird und um die Hauptmoschee rum, in der er begraben ist, der Bär los ist. Ansonsten gibt es ein SOS-Kinderdorf und an der Ortsausfahrt Richtung Alexandria, wo die „Autobahn" an einer per Ampel geregelten Kreuzung nach rechts abbiegt, neben Rasthäusern und Restaurants an Kiosken eine wunderbare Mischung aus Nüssen, Sesam und Zucker zu kaufen: tellergroße runde Scheiben, in Plastik verpackt, das sich nur zögernd löst, dann aber einen für ägyptische Süßwaren überraschend genießbaren – da nicht zu süßen – Inhalt freigibt. Das gleiche Zeug gibt's übrigens auch auf dem Bahnhof, wenn die Züge zwischen Kairo und Alexandria ihren Zwischenstopp einlegen.

km 112: *Kafr el-Zayat,* Brücke über einen Kanal und wenig später über den Rosetta-Nilarm.

km 160: *Damanhur*

km 197: *Kafr el-Dauwar*

km 225: *Alexandria*

Wer in den Osten von Alexandria (Montazah) will, spart sich den Stadtverkehr, indem er in *Kafr el-Dauwar* die Schnellstraße verläßt und, durch die Stadt fahrend, den Kanal überquert. Auf dem Nordufer geht's Richtung Westen (links) weiter. Die Uferstraße führt dann an den Misr-Textilwerken vorbei, einem sich über bald 15 km erstreckenden Komplex, in dem sich alles um die Baumwolle dreht, die hier von der Entkörnung bis zum Hemd durch alle Produktionsstufen verarbeitet wird.

MISR-TEXTILWERKE

Die Misr-Textilwerke sind ein Meilenstein in der Geschichte der ägyptischen Bourgeoisie und der Arbeiterklasse. Bis zum Ersten Weltkrieg gab es in Ägypten keine nationalen Industriekapitalisten: Die Reichen lebten vom Großgrundbesitz, das Aktienkapital der Fabriken war in ausländischen Händen. Parallel zur politischen Sammlung des ägyptischen Bürgertums in der nationalistischen Wafd-Partei, die unter Saad Zaghlul schließlich die formelle Unabhängigkeit von England durchsetzte, formulierte das Bürgertum auch seine ökonomischen Interessen gegenüber den ausländischen Konkurrenten: Die ägyptische Bourgeoisie gründete unter Talaat Harb die Misr-Bank und finanzierte damit die zahlreichen Industriebetriebe des Misr-Konzerns, von denen die Textilwerke einer der wichtigsten waren.

Die Sozialeinrichtungen der Fabrik galten in den dreißiger Jahren als vorbildlich: Billige Werkswohnungen, Kindergärten, betriebliche Alters- und Krankenversorgung. Eher traurige Berühmtheit erlangten die Textilfabriken von Kafr el-Dauwar im August 1953, als die Freien Offiziere, gerade einen Monat an der Macht, hier mit Terror und Standgerichten einen politisch motivierten Streik zusammenschlugen. Auch 1984 kam es hier wieder zu Brotunruhen.

Wenige Kilometer nach dem Fabrikareal zweigt rechts eine Asphaltstraße entlang einem kleinen Kanal ab, der man folge. Längs des Kanals zeigt sich das ägyptische Landleben von seinen wenig idyllischen Seiten: hohe Siedlungsdichte, Dreck und Schlamm, Fliegen und dazwischen der Kanal als Müllkippe, Badeplatz, da wird die Wäsche gewaschen und das Geschirr gespült, es müssen die Menschen hier äußerst abgehärtet und widerstandsfähig sein, um nicht nur neben, sondern geradezu mit und aus diesem Infektionsherd zu leben, in dem die Ratten noch die Rolle des gesundheitsfördernden Abfallvertilgers spielen.

Mohamad Talaat Harb Pasha

Mohamad Taher Pasha

Die Asphaltstraße biegt irgendwann nach links ab und führt an Orangenplantagen vorbei Richtung Norden, auf die Hauptstraße Rosetta–Alexandria, über die bequem die östlichen Stadtteile zu erreichen sind.

KAIRO – PORT SAID
(über Damietta)

Auf der Schnellstraße bis km 93, Tanta. Hier gabelt sich die Autobahn, es führt rechts ein Zubringer nach km 120, Mahalla el-Kubra (35 000 Ew.), nach dem Stadtzentrum rechts (östlich) halten. Bei km 130 vor dem Ort Sammanud wieder links (nördlich) abbiegen, nach km 145 rechts Abzweigung nach Mansura (300 000 Ew.) auf dem Ostufer des Nilarmes. Will man den kürzeren Weg über Mansala und den Damm nach Port Said benutzen, fahre man in Mansura auf dem Ostufer bis zum Stadtausgang (ab der Brücke ca. 6 km) und dort an der Gabelung rechts.

Die längere, aber schönere Strecke bleibt auf dem Westufer des *Damietta-Nils* und erreicht nach 215 km **Damietta**. In der Altstadt (auf dem Ostufer) noch einige alte Holzhäuser aus der Blütezeit des Hafens, der heute nur noch für die Fischer von Bedeutung ist. Zur Weiterfahrt halte man sich im Zentrum nach Norden. Die Straße führt über einen neu angelegten Damm vierspurig auf die Landzunge zwischen Meer und Mansala-See. Dieser ist dreimal größer als der Bodensee, stark salzhaltig und nur an wenigen Stellen tiefer als 1–2 m. Auf dem See leben viele Pelikane, Flamingos und andere Arten, die des Vogelkundlers Herz hüpfen lassen. Die wenigen Menschen, die auf der Landzunge zwischen Meer und See leben, ernähren sich vom Fisch- u. Krabbenfang. Man sieht noch viele Zerstörungen aus den letzten beiden Kriegen. Etwa 75 km nach Damietta wird Port Said erreicht.

Mit öffentlichen Verkehrsmitteln:
Zug Kairo–Tanta–Damietta;
Taxi Damietta–Port Said

oder: Bus/Taxi Kairo–Mansura, Mansura–Mansala–Port Said (6 × tgl.)

ALEXANDRIA – ISMAILIYA

Über die Deltastraße bis *Tanta*. Von Alexandria kommend die nächste Ausfahrt nach dem *Mahalla al-Kubra*-Zubringer links ausfahren. In *Zifta* wird auf einer antiquierten Eisenbahnbrücke der Nil überquert. Von *Mit Gamr* über *Zagazig* durchs *Wadi Tumilat* nach *Ismailiya*. In Zagazig gibt es eine sehr fotogene, aber kunsthistorisch bedeutungslose Moschee am Hauptkanal, ebenso einige schöne Zugbrücken nach holländischem Vorbild. Im *Wadi Tumilat* verläuft heute der *Ismailiya-Kanal,* der die Bauarbeiter des Suez-Kanals mit Trinkwasser versorgte. Doch hat ein Kanal an dieser Stelle Tradition:

„Necho begann die Arbeiten am Kanal, der in das Rote Meer führt. Darius, König der Perser, hat den Bau später weitergeführt. Die Länge beträgt vier Tagesreisen, er ist breit genug, daß zwei Schiffe nebeneinander rudern können. Das Wasser fließt aus dem Nil, oberhlb der Stadt Bubastis. Der Kanal endet im Roten Meer. Beim Bau sind nicht weniger als 100 000 Ägypter ums Leben gekommen", weiß Herodot 440 v. Chr. zu berichten, und Strabo ergänzt 400 Jahre später: *„Der Kanal führt durch die Bitterseen, deren Wasser in früherer Zeit wirklich bitter war. Doch jetzt, da Nilwasser darin fließt, schwimmen darin delikate Fische in großer Menge."*

In der Folgezeit wurde der Kanal immer dann erneuert bzw. instand gehalten, wenn es einen regen Handelsaustausch zwischen Mittelmeerwelt und Arabien gab. Im 8. Jhdt. gaben ihn die Araber endgültig auf.

Suez-Kanal

„Mit Kanälen ist es etwas Merkwürdiges: Nach außen hin nichts als technische Meisterleistungen, Verkehrswege allenfalls, die helfen, Entfernungen zu verkürzen. Im politischen Sinne aber sind sie Symbole geworden für politische Krisen, für Revolutionen, Ängste und Emotionen, ja, für Kriege. Kanäle verkürzen zwar Entfernungen, Kanäle aber können Völker trennen. Die Beispiele sind zahlreich. So war der Rheinseitenkanal Streitapfel zwischen Frankreich und Deutschland. Der Nord-Ostsee-Kanal erzeugte bei der einstigen maritimen Weltmacht Großbritannien Besorgnisse wegen des unproblematisch gewordenen Seeweges von der Ost- in die Nordsee. Der Bau des Panama-Kanales war nur möglich, weil sich unter dem Einfluß der USA erst ein Staat Panama bildete, der dann an die Vereinigten Staaten einen Streifen Landes quer durch Mittelamerika eben zum Bau dieses Kanales abtrat. Der Suez-Kanal aber ist wohl diejenige Wasserstraße, die mehr als alle anderen in ihrer rund hundertjährigen Geschichte Triumphe und Niederungen der Weltpolitik direkt berührte. An dem 161 Kilometer langen, 50 m breiten Streifen Wassers entzündeten sich hemmungsloser Nationalismus genauso wie Früh- und Spätfolgen des Kolonialismus. Zu den Pläneschmieden gehörte kein Geringerer als Napoleon I. und Österreichs Kanzler Metternich. Die strategische Bedeutung eines solche Kanals leuchtete nicht nur ihnen, sondern auch den Briten ein, die in Indien gewichtige wirtschaftliche und politische Interessen hatten. Immerhin würde ein solcher Kanal den Seeweg nach Indien um mehr als 7000 Kilometer verkürzt haben. Dem genialen Franzossen Lesseps, der auch den Panamakanal (freilich mit dem Blutzoll von 50 000 toten Arbeitern) baute, gelang auch die Realisierung dieses Kanals von Port Said durch den Großen Bittersee nach Suez. Zur Eröffnung am 17. November 1869 kamen die gekrönten Häupter Europas auf prächtigen Galeeren. Guiseppe Verdi komponierte sogar eigens für diesen Tag die Oper „Aida". Die einzigen, die praktisch keine Rolle spielten bei der Feier, waren die Ägypter. Zwar hatte man auch ihnen Sitze im Direktorium der Verwaltung angeboten – freilich in so geringer Zahl, daß es nicht mehr als eine schöne Geste war.

Sehr schnell ergab sich ein wirtschaftlicher Erfolg des Kanals. Genauso schnell aber zeigte sich auch, daß die europäischen Kolonialmächte ihre Rechte über das ihnen zustehende Maß hinaus nutzen wollten. Als es 13 Jahre nach der Eröffnung des Kanals zu Unruhen in Ägypten kam, gründeten die europäischen Großmächte zusammen mit der Türkei die Suez-Konvention, die das Kanalgebiet praktisch der ägyptischen Souveränität entzog. Großbritannien hatte in der Kanalzone zeitweise über 80 000 Soldaten stationiert. Nassers Enteignungsversuch 1956 beantworteten Großbritannien und Frankreich mit einem Luft- und Seelandemanöver. Dieser Angriff war ein Menetekel: Zum letztenmal hatten zwei Kolonialmächte des alten Kontinents versucht, mit der seit Jahrhunderten erprobten Methode Weltpolitik zu machen. Die USA aber und die UdSSR pfiffen Paris und London zurück. Am Suez-Kanal zeigte sich, daß Europas große Zeit vorbei war."

(Südkurier 1. 6. 1974)

In den Kriegen war der Kanal geschlossen, zuletzt von 1966 bis 1975. Außer dem Streckenverlauf hat das heutige, schleusenlose Bauwerk mit der Anlage vor hundert Jahren nur noch wenig gemein. Konnten früher nur

Schiffe bis 8 m Tiefgang im Einbahnverkehr den Kanal passieren, gibt es heute mehrere Ausweichstellen, an denen die Konvois aus den beiden Richtungen aneinander vorbei können. Sie werden von Lotsen begleitet – große Tanker sogar von Schleppern durch den Kanal gezogen.

Der Öltransport spielt heute aber nicht mehr die Rolle wie noch vor 1966 – dafür gibt es die Pipeline von Suez nach Alexandria. Hauptnutzer des Kanals sind mittelgroße Container-Schiffe zwischen Europa und Asien, wobei ins Mittelmeer mehr Fracht gebracht wird als in umgekehrte Richtung. Der Staat berechnet den rund 22 000 Schiffen, die den Kanal jährlich passieren, für jede Tonne Wasserverdrängung im Schnitt 3 LE, was sich im Jahr auf mehr als 1 Milliarde LE summiert.

ISMAILIYA

250 000 Ew., wie alle Städte am Kanal nicht älter als dieser selbst. Die Stadt hat in ihren Nobelvierteln noch den Charakter eines „Cantonment" bewahrt, der Siedlung englischer Kolonialherren, die überall auf der Welt gleich aussehen. Die Straßen sind großzügig mit Grünzonen angelegt, im Norden gibt es eine Trabantenstadt, deren Hochhäuser bevorzugt an Kriegshinterbliebene und Veteranen vergeben wurden, die in den Sinai-Kriegen obdachlos wurden. Die Quartiere sind nach den „Spendern" benannt (etwa Sheikh Sayed City), die das Geld für den Wiederaufbau der zu 40% zerstörten Stadt gaben, und unterschiedlich gelungene städtebauliche Lösungen für den Bau von Massenquartieren fanden.

KURZINFORMATION

CAMPING
Im Club am Timsah-See oder bei den Strandbädern in der Gumhuriya. Zuvor aber bei den Sicherheitsbehörden anmelden.

DEUTSCHSPR. EINRICHTUNG
Friedrich-Naumann-Stiftung, 158 Tahrir.

ESSEN
Man trifft sich bei *Georges* (Tharwa). Nicht weniger gut sind (nebenan) *Nefertari* und *King Edward* (Tahrir). Backwaren und Torten vom Groppi aus Kairo täglich frisch im *Groppi*-Café. Dazu gehört auch ein Supermarkt, der sogar Schweinefleisch führt. Nicht weit davon ein griechischer Bäcker mit europäischem Brot.

HOTELS
✽ Des Voyageures (Sh. Orabi am Bahnhof)
✽ New Palace (Bahnhof)
✽ Minerva (Tharwa)
 5–10 LE mit Du/WC: Am besten el-Salam, auch Nefertari (Tharwa).
✽ Ein Bungalow-Hotel ist am Strand im Bau.

TRANSPORT
Direkt am Bahnhof fahren die Luxus-Busse nach Kairo und Alexandria. Vom Busterminal geht es nach Suez (dreimal tgl.), Port Said (stündl.), Kairo (stündl.) und Manusra.

ZÜGE:
Kairo	6.25	18.45	9.55	21.25
Ismailiya	9.15	21.25	7.00	18.38
Port Said	10.55	23.05	5.15	16.50

Nach Suez fahren mehrere Züge pro Tag – nur III. Klasse und über zwei Stunden Fahrtzeit.

SEHENSWÜRDIGKEITEN

im eigentlichen Sinn bietet Ismailiya nicht – höchstens als Ganzes, als *Stadt* ist es sehenswert. Um einen Eindruck von der Stadt zu gewinnen, bedarf es der Entfernungen wegen allerdings eines Wagens. Eine Stadtrundfahrt könnte am *Mohammed Ali Kai* beginnen, an der Kanalverwaltung und dem

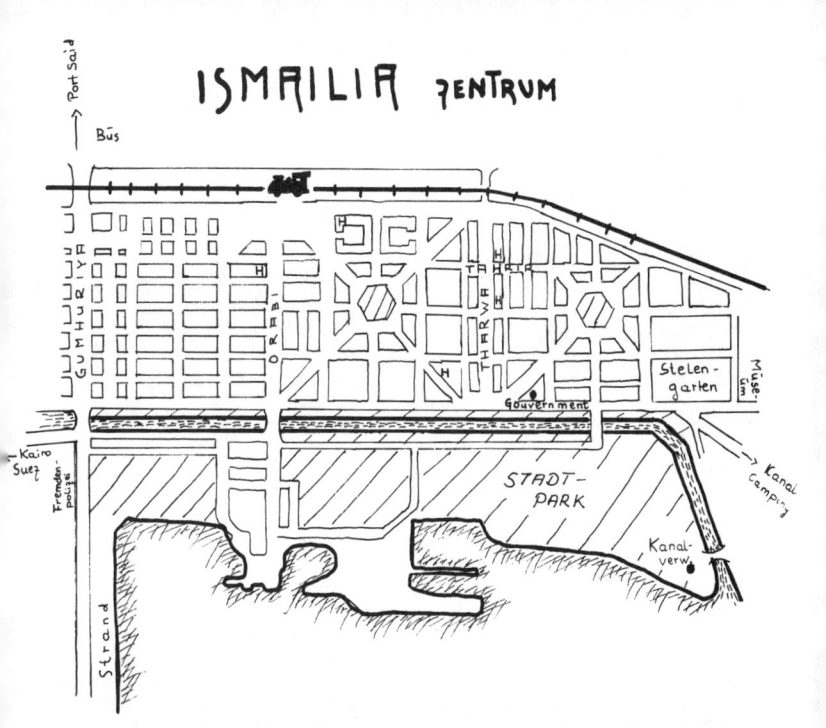

Kanal-Forschungsinstitut vorbei zu einer Siedlung auf der Anhöhe, von der aus sich ein guter Blick über den Kanal bietet. Auch im Club könnt Ihr die Schiffe schier anfassen.

Das kleine Kirchlein gehörte zum einst von französischen Schwestern betriebenen Spital der Siedlung, die Moschee wurde auf Betreiben *Sadats* gebaut, der hier über sein Verhältnis zu Israel zu sinnieren pflegte. Wenn man die Siedlung wieder in nordwestlicher Richtung verläßt, kommt das Neubaugebiet. Als Kontrast anschließend ein von Briten initiiertes „housing project": Jeder kann auf billigem Grund in Selbsthilfe bauen, wie er kann und mag. Von diesem, nach einem Bahnübergang, wieder über eine vierspurige Straße zurück in die Stadt, wo man in der Nähe des Bahnhofs rauskommt.

Vom Zentrum aus bequem zu Fuß zu erreichen ist der Stelengarten, in dem einige Gedenksteine aus dem Neuen Reich rumstehen. Nördlich schließt sich das Museum an (geöffnet 9–14 Uhr, Di zu) mit Funden aus der Region. Vor dem Stelengarten auf einer Verkehrsinsel ein Luftwurzelbaum, den die Engländer aus Fernasien nach hier verschleppten.

Wem nach Kriegerischem ist: An der Kanalstraße nach Suez ein Denkmal für die im Ersten Weltkrieg hier gefallenen Deutschen. An der Nebenstraße nach Serapeum, hinter dem Vorort Nifisha, ein Denkmal für den Oktoberkrieg, und das beste Kriegerdenkmal, das mir je vor Augen kam, an der Sh. Tharwat vor dem Haus der Kunst: Ein Soldat in Siegespose auf einem Haufen Schrott, er selbst völlig durchlöchert – zu Tode gesiegt!

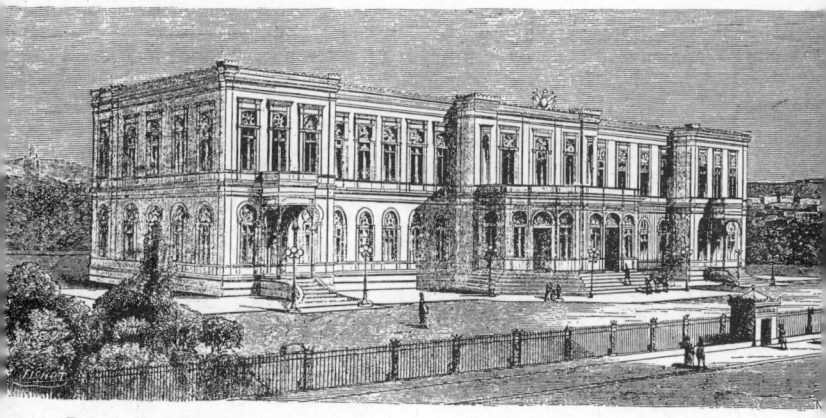

Palast des Vize-Königs in Ismailia

WEITERREISE MIT DEM AUTO

Nach Kairo über die Autobahn (ca. 100 km): Auf dem linken Kanalufer stadtauswärts, bis nach ca. 6 km die Schnellstraße kreuzt, dann auf dieser nach Süden. In Kairo kommt man beim Flughafen raus.
Von Kairo aus findet man die Wüstenautobahn, indem man kurz vor dem Flughafen links abbiegt, an der nächsten Ecke wieder rechts.

Die Straße ist langweilig, bietet außer Wüste, Radarkontrollen, zwei Rasthäusern, Militäranlagen und der Baustelle von Ramadan-City keine Abwechslung.

Über die Landstraße: Immer dem Ismailiya-Kanal folgen, bis man nach 125 km in Kairo auf der Sh. Port Said landet.

Nach Port Said
Die direkt am Kanal entlangführende Dammstraße ist für Ausländer verboten. Benutzt statt dessen die Hauptstraße, die ein bis zwei Kilometer neben dem Kanal verläuft. Stadtausfahrt über die Verlängerung der von Kairo kommenden Schnellstraße oder unter einer Bahnunterführung durch (Richtung Nordwesten).

km 34: El Kantara, einmal wöchentlich großer *Beduinenmarkt* für die Sinai-Bewohner. Früher überquerte hier die Bahn zwischen Kairo und Jerusalem den Kanal, heute verbindet nur stundenweise eine Pontonbrücke die auf beiden Kanalufern gelegene Stadt. Im weiteren führt die Straße durch den *Mansala-See*. Vor dem Kanal sieht man noch die Reste der Schanzanlagen aus den Kriegen, als die nur durch das Wasser getrennten Israelis und Ägypter wetteiferten, wer dem anderen hinter die Befestigungen schauen könnte.

km 80: Port Said

Nach Suez
Den Ismailiya-Kanal entlang bis zur Schnellstraße, diese Richtung Kairo, dann aber links halten.
Gelegentlich ist die Hauptstraße wegen Sandverwehung gesperrt. Dann bietet sich als Umgehung: Richtung Serapeum aus der Stadt ausfahren – die Straße folgt der Eisenbahn und einem Süßwasser-Kanal. Nach 12 km kreuzt die Teerstraße die Bahnlinie und führt 5 km westlich auf die Hauptstraße.
km 25: die Straße durchzieht jetzt ein Gebiet, das immer noch von den Spuren der

Kriege gezeichnet ist: zerschossene Häuser, aufgegebene Gärten, mehr Militärlager als zivile Siedlungen.

Links der Straße der **Große Bittersee**, in dem am 5. Juli 1967 ein absurdes Drama der christlichen Seefahrt begann:

DRAMA IM BITTERSEE

„Ein Konvoi von 14 Schiffen fuhr gerade in den See ein, als der Funkkontakt mit der Leitstelle abriß. Die erfahrenen Lotsen hatten aber vor dem Verstummen des Sprechfunks noch Nachricht vom israelischen Angriff erhalten und ließen die Maschinen stoppen: Wie bei einer Übung halten die Frachter im Bremsvorgang den Abstand von einem Kilometer ein; zwischen den Kanalkilometern 100 und 120 werfen die 14 Schiffe ihre Anker.

Die Fahrrinne in den Bitterseen liegt drei Kilometer vom Ostufer entfernt, das die Israeli besetzt halten; die Distanz zum ägyptisch gebliebenen Ufer beträgt fünf Kilometer. In den ersten Tagen nach Kriegsende kümmern sich die Ägypter um die Schiffe: Spezialisten der Nachrichtenübermittlung machen die Funkanlagen der Frachter unbrauchbar, sie versiegeln die Funkräume. Von keinem der Schiffe sollen unzensierte Berichte über die militärische Lage am Suezkanal gesendet werden können. Die Verbindung zur Außenwelt regelt die ägyptische Polizei. Hat einer der Kapitäne eine Nachricht an seine Reederei zu verschicken, so läßt er eine gelbe Signalflagge setzen. Wenn er Glück hat, entdecken die Beobachtungsposten bei Fayed das vereinbarte Zeichen. Oft genug dauert es einen halben Tag, bis sich das Motorboot zeigt, das den für die Schiffe zuständigen Offizier bringen soll. So große Lust haben die Ägypter nicht, sich den israelischen Linien zu nähern. Besonders im ersten Vierteljahr bleiben tagelang die Boote aus, die Trinkwasser liefern sollen. Erst die Drohung aller Kapitäne, demnächst gemeinsam die Israeli um Wasser zu bitten, machte die Ägypter nachgiebiger; sie wußten, daß die israelische Armee sofort zugestimmt hätte, ihren Einfluß auf die Mitte des Großen Bittersees auszudehnen.

Für die Verpflegung der Mannschaften gibt es zunächst keine Probleme. Die Bestandsaufnahme ergibt, daß für die rund 400 Seefahrer genügend Lebensmittel zur Verfügung stehen: 828 000 frische Eier, 40 Tonnen Gefrierfleisch, 108 Tonnen Obst mit zusätzlich 6 Tonnen Weintrauben, 4 Tonnen Butter. Auch die Mehlvorräte reichen aus. Der Koch des deutschen Schiffes „Münsterland" hat eine Methode entwickelt, aus Eiern und Milchpulver Speiseeis zu produzieren; er beliefert reihum die Köche der anderen Schiffe zur Bereicherung der Speisezettel.

Die Kapitäne der 14 Schiffe schließen sich zusammen zur „Great Bitter Lake Association", zu einem Schutzbündnis; Solidarität soll die Vertretung gemeinsamer Interessen erleichtern. Der „Great Bitter Lake Association" untersteht auch die Verwaltung der Vorräte. In den ersten Monaten erlauben die Ägypter den Schiffen einmal im Monat eine langsame Fahrbewegung vorwärts und rückwärts. Noch ist die Suezkanalbehörde daran interessiert, die Schiffe funktionsfähig zu halten. Sie rechnet immer noch mit der baldigen Öffnung der Wasserstraße.

Im Sommer 1968, nach einem Jahr Blockade im Großen Bittersee, verbietet der ägyptische Offizier die monatlichen Fahrversuche. Inzwischen sind auch die Mannschaften reduziert worden, nur noch das allernötigste Personal bleibt auf den Frachtern. Der Aufenthalt zwischen den beiden Fronten des Abnützungskriegs ist ungemütlich, auch wenn der Abschnitt des Großen Bittersees zu den ruhigen in der Suezkanalzone zählt; hier liegen die Artilleriepositionen weit auseinander. Die Reedereien entwickeln schließlich ein System der Ablösung: die Schiffsoffiziere und Matrosen werden jeweils nur noch für sechs Monate verpflichtet. Länger ist keinem das triste Leben an Bord zuzumuten. Die Eigentümer der beiden deutschen Schiffe „Münsterland" und

„Nordwind", die Hapag-Llyod AG und die Nordstern Reederei GmbH, sorgen dafür, daß beide Frachter gepflegt werden; sie liefern die nötige Menge Farbe und geben Anweisung, den Anstrich ständig zu erneuern. Nur für den Zustand der Bordwand unter dem Wasserspiegel kann nichts getan werden: Muscheln und Algen setzen sich an, Rost frißt an der Außenhaut der Stahlrümpfe.

Mit der Steigerung des Abnützungskriegs lösen sich auch die Fußballgruppen der „Great Bitter Lake Association" auf. Der britische Frachter „Port Invercargill" hatte gleich im Herbst 1967 seine außergewöhnlich große freie Deckfläche von 8×30 Metern für sportinteressierte Mannschaften aller Schiffe zur Verfügung gestellt. An den Mittwochnachmittagen fanden Meisterschaftsspiele statt. Netze rings um das Deck verhinderten, daß der Ball in den Großen Bittersee fiel. Die Deutschen, die Tschechen und die Polen stellten starke Mannschaften. Als immer mehr Männer aus dem Gefahrenbereich abgezogen wurden, fehlte es an Spielern. Um Personal zu sparen, legen sich die Schiffe in Gruppen nebeneinander; der Zusammenschluß der Versorgungsleitungen gestattet weitere Reduzierung der Mannschaften. Erst am 7. Mai 1975 können die Schiffe über den wiedereröffneten Kanal den Bittersee verlassen." (Konzelmann)

km 63: Völlig überdimensionierte Kreuzung: rechts nach *Kairo,* links zum *Sinai* (Tunnel).
km 90: Suez

PORT SAID

Auf dem Sand des Kanalaushubs gebaute Hafenstadt. Für die Ägypter als Freihandelszone große Attraktion, findet ihr kaum etwas billiger als bei uns angeboten. Die Stadt hat durch ihre Holzfassaden und Kolonnaden noch viel altes Flair behalten, und noch immer gibt es zahlreiche Italiener, Griechen, Armenier und andere Ausländer.

An der Einmündung des Kanals ins Mittelmeer stand einst eine riesige Statue von Lesseps, die in den fünfziger Jahren gesprengt wurde. Die Umgebung wirkt, auch durch die aus mir unbekannten Gründen etwas kümmerlichen Palmen, irgendwie trostlos. Einige Gebäude sind von Einschüssen durchsiebt und verlassen. Am Kanal entlang nach Süden zieht sich die Sh. Palestine, in deren unterem Abschnitt die französischen und englischen Beschriftungen eines alten Kaufhauses an früher erinnern. Der Bahnhof im Süden ist eine weitere Sehenswürdigkeit – von ihm sind noch Moschee und Toiletten in Betrieb, auf den Gleisen wachsen Bäume und gähnen Granattrichter.

Nach *Port Fuad,* auf der anderen Kanalseite, kommt man mit dem Fährschiff. Hier hat der Krieg weniger zerstört. In den Villen der ausländischen Kanalbeamten wohnt inzwischen die Handelsbourgeoisie der Stadt.

KURZINFORMATION

BEHÖRDEN
Tourist Information und Police sind in der Sh. Palestine neben dem Telefonamt.
Visa und Registration beim Paßamt, Sh. Palestine

CAMPING
An den Stränden Richtung Damietta.

DEUTSCHSPR. EINRICHTUNG
BRD-Konsulat in der Sh. Palestine, leider ist der Honorarkonsul selten anwesend.

ESSEN
Seahorse (Corniche);
Auch ein gutes griechisches Lokal über einem Hotel in der Gumhuriya, dessen Name mir leider entfallen ist

GELDWECHSEL
Lizenzierter Geldwechsler in der Sh. Safia Zaghlul, kurz vor dem Kanal

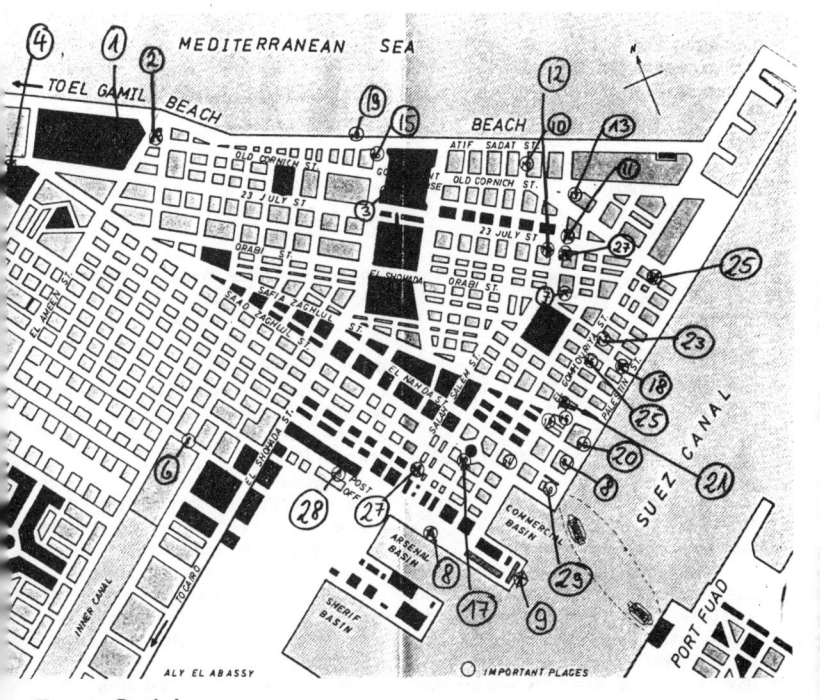

Port Said

1 Stadion
2 Jugendherberge
3 Museum
4 Taxis und Busse nach Damietta
5 Governorate
6 Taxis nach Kairo
7 Busse nach Kairo
8 Tourist Information
9 Kanalbehörde
11 Moschee
12 Katholische Kirche
13 Restaurant Sea Horse
14 Restaurant Gianola
15 Restaurant Beau Rivage
16 Restaurant Ritz
17 Restaurant Abu Traya
18 Schiffsagentur
19 Restaurant Cleopatra
20 Misr Travel
21 Holiday Inn
22 Grand Hotel
25 Unterkünfte
27 Ghazli Hotel
28 Bahnhof
29 Paßbüro

HOTEL
* Palm House (23. July 34)
* El Ghazli (23. July 23)
* Hotel de la Poste (Gumhuriya, gg. Holiday Inn)

JUGENDHERBERGE
Corniche/El Ameen

POST
Gumhuriya, Höhe Firial-Garten
Telefonamt in der Sh. Palestine

SCHIFFE GUCKEN
im Strandcafé beim Museum

SCHWIMMEN
ab Mai an den Stränden Richtung Damietta

VERKEHR
Port Said liegt auf einer Halbinsel, die als Freihandelszone gilt, weshalb man an den drei Stadtausfahrten vom Zoll kontrolliert wird. Was für Ägypter normalerweise eine leidige Prozedur ist, sich nahezu bis aufs Hemd ausziehen zu müssen, damit nur ja dem Zöllner(innen)auge nichts entgeht, wird Ausländern erspart, sofern sie sich als solche zu erkennen geben. Trotzdem ist für einen Besuch der Stadt der Paß mitzubringen.

Hauptreisetage nach Port Said sind Donnerstag bis Sonntag. Da scheint halb Kairo hierher zu einem Kurzausflug auf den Beinen. Wer Donnerstag mit dem Bus nach Port Said will oder Sonntagnachmittag zurück, unbedingt vorher Platz reservieren.

Bus: Bahnhof in der Sh. Orabi am Firial-Garten. Verbindung nach Kairo, Alexandria, Suez.
23. Juli: nach Damietta.
im Westen: Mansala und Delta.

Bahn: 30 Min. vor Abfahrt der Züge fährt ein Bus vom Stadtbahnhof zum provisorischen Endpunkt der Bahn auf dem Festland (ca. 5 km).

Taxi: Nach Suez, Ismailiya und Kairo. Abfahrt neben dem alten Bahnhof. Nach Damietta Abfahrt in der Sh. 23. July gegenüber dem Stadion.

SUEZ

Wir sind im Orient, der alten Heimat der Gegensätze, und auch in Suez treten sie grell genug hervor. Im Westen des Ortes dehnt sich die schmutzige arabische Stadt mit ihrem elenden Bazar, aber längs des seichten Hafens zieht sich eine Reihe von eleganten Gebäuden: Hotels, Consulate, Agentien, und mitten unter ihnen steht der elegante Bahnhof.

Das englische „Peninsular and Oriental Company's Hotel" nimmt unter den Gasthäusern den ersten Rang ein. Der grösste Sybarit würde hier kaum etwas von dem entbehren, was nur überhaupt „präservirt" und aus England hergeschafft werden kann. Die Diener sind fast durchaus Inder, die sich in jeder Beziehung vortheilhaft von den Arabern unterscheiden.

Unter solchen Verhältnissen kann jedem Touristen der Aufenthalt selbst in Suez ganz erträglich werden. Für den Künstler und Ethnographen aber ist er besonders interessant. Beim jeweiligen Eintreffen der Peninsular and Oriental Company's Mail wird nemlich der kleine Ort von einer wahren Sturzwelle von Passagieren aus allen Welttheilen überfluthet, und da gäbe es der Studien genug zu machen, bis zum Eintreffen des nächsten Dampfers – und so weiter.

(Ransonnet-Villez 1863)

KURZINFORMATION
* **Tourist Information und Police** in der Sh. el-Shodada.
* **Visa** und Registration im Paßamt, Sh. el-Shodada (nördlich der Tourist Information).

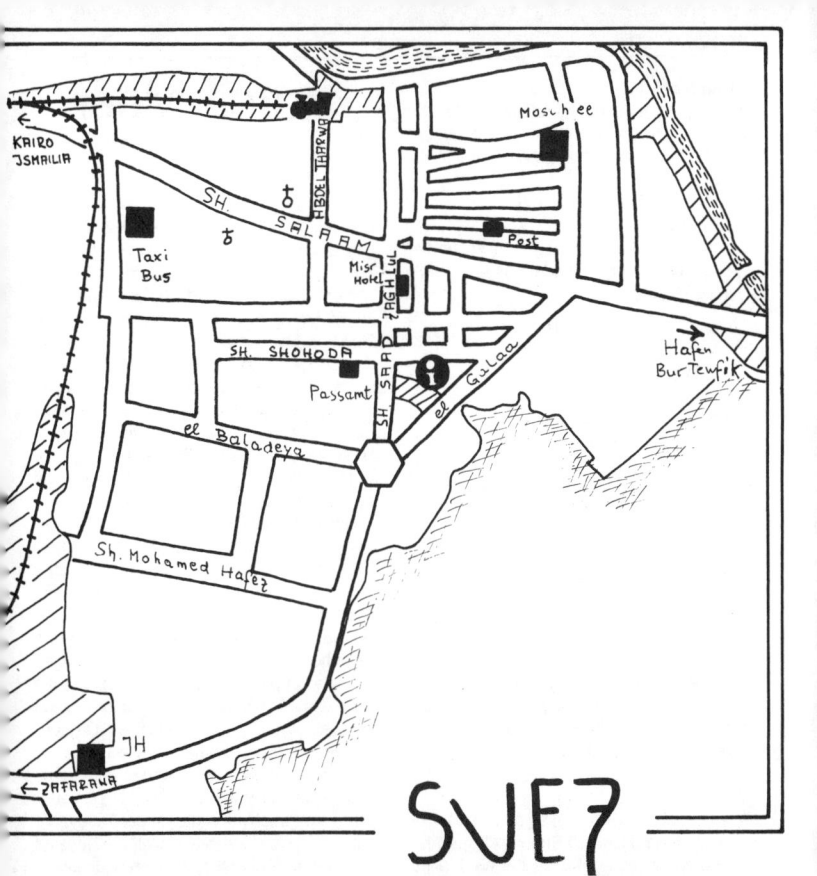

SUEZ

✱ Camping
im Garten der Jugendherberge

ESSEN
Am besten die Küche des Hotels *White House*. *St. James* hat noch guten Fisch, aber sonst die beste Zeit hinter sich. Gute Torten führt *Champs Elysee,* und nicht versäumen solltet Ihr den *Yoghurt* des Herrn Parnassis.

GELDWECHSEL
Lizenzierte Geldwechsler an der Hauptstraße auf Höhe Sh. Saad Zaghlul

HOTELS
Misr Palace und *Bel Air* (beide am Anfang der Sh. Saad Zaghlul), alte Häuser mit großen Räumen und guten Möbeln, neues Sanitär. Im *Bel Air* noch eine Churchill-Suite, doch stiege der heute andernorts ab.
Von den vielen Pilger-Hotels rate ich ab.
(5–10 LE): Hotel *Spina* und (teurer) *White House*.

JUGENDHERBERGE
Wird als sauber und gut geführt gelobt. Beim Stadium.

Rotes Meer

Strandcafé
In *Tewfik* Hotel Summer Palace oder bei den Chalets (kurz davor) mit Blick auf die Bucht; die Clubs am Kanal nehmen kräftigen Eintritt.

ZEITUNGEN
Am Kiosk in der *Saad Zaghlul* (Westende), gelegentlich in einem Laden neben dem St. James Restaurant.

TRANSPORT

ZUG
(nur II. und III. Klasse)

Kairo	5.50	10.00	15.35	19.35
Suez	8.35	13.05	18.20	20.40
Suez	5.50	9.40	14.50	19.15
Kairo	9.00	12.35	18.05	22.00

Auch vier Züge tgl. nach *Ismailiya*.

BUSSE
Stündlich nach *Kairo,* zweimal täglich nach *Alexandria,* halbstündlich nach *Ismailiya* und zweimal weiter nach *Port Said,* nach *Mansura, Sharm el-Sheikh,* um 6 Uhr ein Bus nach Hurghada – Kena.

SCHIFFE
Nach Akaba (Jordanien) an geraden Tagen (Einschiffung 8 Uhr, 20 Std. Fahrt) Autofähre. Personen ab 55 LE, Autos ab 170 LE. Reederei ist die *Misr EDCO* Sh. Company. Tickets und Buchung über *Mena-Tours,* Kairo, Talaat Harb 14, Telex 925 65 MEDNIL UN und 93889 MENAT UN, auch über die Filiale in Alexandria (Cecil Hotel) oder die Hafenagentur (Mena Tours, 3 el-Marwa, Bur Tewfik, Tel. 37 11).
nach Jeddah (Saudi-Arabien) 1–2mal (Autofähre) wöchentlich ab 68 LE, Reederei und Generalagent wie oben.
Nach Port Sudan (wöchentl.) Hafenagent: *Blue Sky Travel,* 7 el-Marwa, Bur Tewfik, Tel. 293 94.

Die östliche Wüste ist erheblich abwechslungsreicher als ihr westliches Gegenstück. Zum großen Teil gebirgig (bis 2200 m), schiebt sich erst südlich Zafarana eine 10–20 km breite Ebene zwischen Meer und Gebirge. Das Gebiet ist nahezu ohne Niederschläge, und an der Küstenebene ist selbst das Grundwasser nicht genießbar, so daß die wenigen Brunnen sich auf die alten Karawanen-Routen im Landesinneren konzentrieren. Die festen Siedlungen längs der Küste sind an zwei Händen abzuzählen – in den Bergen leben noch einige Nomaden.

Das Rote Meer hat seinen Namen von den Sandsteinfelsen der Wüste, die in der Antike „Das rote Land" (im Unterschied zum „schwarzen" des Niltales) genannt wurde. Das Wasser ist also nicht rot, sondern wechselt je nach Licht, Tiefe und Untergrund zwischen tiefblau über türkis nach grün. Es hat eine Länge von über 2000 km, bis es am Horn von Afrika in den Indischen Ozean mündet und ist – als Teil eines Grabenbruchs – bis 2300 m tief.

Interessant wird es durch seine meeresbiologischen Besonderheiten: Ungewöhnlich warm (auch im Winter in der Tiefe nicht unter 21~) und salzhaltig bietet es ideales Nährboden für Wasserpflanzen und Fische, insbesondere aber Korallen, die sich an den Riffen vor der Küste angesiedelt haben. Die Inseln sind unbewohnt.

Wegen seines warmen Wassers, der ständigen Sonne, vernachlässigbaren Gezeiten, der Unterwasserwelt und den feinen Sandstränden sollte die Küste eigentlich ein Paradies für Badende und Taucher sein, doch hat sie auch ihre Schattenseiten. Im Winter weht an vielen Tag ein heftiger Wind, der nach dem Pullover greifen läßt. Durch den regen Schiffsverkehr und die Ölbohrungen ist die Küste – besonders zwischen Safarana und Hurghada – auf weiten Abschnitten **mit Ölschlamm und Teer** verdreckt. Auch wenn die Regierung einige Strände gereinigt hat, kommt bald neuer Dreck: Tanker verklappen ihren Ölschlamm lieber nachts auf dem Meer, als in den Häfen für die Reinigung zu zahlen. Unmittelbar lebensgefährlich können die **Minenfelder** aus den Kriegen werden, die zu räumen niemand für notwendig hält. Deshalb nie in die stacheldrahtumwehrten Strandabschnitte gehen, auch wenn sie noch so schön und unberührt aussehen – die Einheimischen wissen, warum sie nicht hier, sondern an anderen Stellen baden.

Unmittelbar tödlich können auch die **Haifische** werden, die im gesamten Roten Meer eine hohe „Bevölkerungsdichte" haben. Die Haie wagen sich zwar nur selten über die Riffe (sofern vorhanden), schrecken aber auch vor Flachwasser nicht zurück, wenn sie Hunger haben. Sie sind nicht unbedingt auf Menschenfleisch aus, besonders in der Mittagshitze eher träge, schlagen aber mit Sicherheit zu, wenn sie Blut (offene Wunden) schmecken.

Über die Riffe zu laufen wird ja hoffentlich auch niemandem einfallen – da lebt ein wahres Gruselkabinett an ätzenden, stechenden, beißenden Wesen, die sich wehren, wenn man sie tritt.

Und daß man keine Korallen abbrechen und sammeln sollte, versteht sich auch von selbst. Sie wachsen nur langsam wieder nach, es ist eine ökologische Sünde und verboten dazu. Korallensammler sollten lieber in die Berge von Luxor-West gehen, dort finden sich genug versteinerte Korallen.

Damit will ich die Küste niemandem vermiesen – nur etwas Vorsicht und Behutsamkeit anempfehlen.

TRANSPORT
Busse
Kairo – Helwan – Wadi Araba – Ras Zafarana – Hurghada – Safaga – **Qser;**
Asswan – Edfu – **Marsa Allam;**
Kena – Safaga – Hurghada – **Suez;**
Qser – Qft – **Kena.**

FLÜGE
Kairo – Hurghada – Kairo (tägl.);
Hurghada – Sh. el-Sheikh – Hurghada (Fr);
Hurghada – Luxor – Hurghada (zweimal wöchentl.);
Hurghada – St. Katharina – Hurghada (Mo).

SCHIFF
Von *Hurghada* aus können Fischerboote nach *Sh. el-Sheikh* gechartert werden; Preis etwa 10 LE pro Preson, etwa acht Leute müssen mindestens zusammenkommen. Die Fahrt dauert einen halben Tag. Einen regulären Schiffsverkehr gibt es (noch) nicht.

VERBINDUNGEN NILTAL – KÜSTE
Vom Niltal zum Roten Meer bieten sich von alters her ein halbes Dutzend (heute geteerter) Pisten an, die schon in der pharaonischen Zeit für den Handel mit Indien, Punt und Saba von Bedeutung waren. Welche der Pisten jeweils „favorisiert" wurde, hing auch von den politischen Verhältnissen ab. So wickelte sich im Alten Reich, als das politische Zentrum im Norden (Memphis) lag, der Verkehr weitgehend über das Wadi Tumilat und Suez ab. Im Mittleren und Neuen Reich, jetzt liegt das Zentrum in Theben, benutzen die Karawanen das Wadi Hammamat mit seinen Steinbrüchen. Perser und Ptolemäer bevorzugen die Piste von Kena nach Safaga, während die Römer gleich fünf Pisten mit Brunnen und Zisternen instand halten. Mit der arabischen Besetzung versinkt die Wüste in einen Dornröschenschlaf, der nur von den Mekka-Pilgern (ab 13. Jhdt.) noch gestört wird, die sich in Qsir einschiffen.

Kairo – Helwan – Wadi Araba – **Zafarana** (254 km), die schnellste Verbindung zur Küste mit gutem Straßenzustand.

Ras Gharib – Sheikh Adel (Fähre nach Beni Mazar), neue Teerdecke, kaum befahren.
Kena – Safaga (160 km), guter Zustand. 40 km nach Safaga Abzweigung (Asphalt, 25 km) zum röm. Bergwerk *Mons Claudius*.
Edfu – Marsa Allam (230 km), Lebensader der *Abada*. An der Strecke der Wüstentempel *Sethos' I.*, Grab des marokkanischen Heiligen *Hassan Abu el-Shasli* und einige Bergwerke.

Qft – Qser (181 km), die landschaftlich schönste und interessanteste Strecke.
km 181: Qser
km 173: Phosphatbahn-Übergang
km 163: Brunnen Bir el Inglez
km 133: Brunnen Bir es Seyala
km 144: rechts Piste nach Safaga, nur mit Allrad.

Im weiteren Streckenverlauf erkennt man außer den in regelmäßigen Abständen angelegten Brunnen, die zuletzt von den Pilgerkarawanen benutzt wurden, auf den Hügeln neben der Straße die Reste von Türmen (in Abständen von ca. 10 km). Diese stammen aus der Zeit Moh. Alis, der zwischen Qser und dem Niltal eine Kette optischer Telegrafen („Semaphoren") unterhielt – mittels Lichtzeichen oder Signalbalken konnten Nachrichten von Turm zu Turm übermittelt werden.
km 92: Beginn des Bergwerk-Gebietes Fawachir. In der Antike wurde hier Gold geschürft, 1939 die Grube wieder eröffnet.
km 83: Bir Um el Fawachir. Siedlung der Ababda-Beduinen, in denen manche die Nachfahren der antiken Bergwerksarbeiter sehen.

Wadi Hammamat
km 84: Eingang in das eigentliche *Wadi Hammamat*, dem antiken Steinbruchgebiet, dem aufmerksamen Beobachter an der Felsstruktur und dem Abraum erkennbar. An den Felswänden rechts und links des Wadis sowie in den Seitentälern ungezählte **Felsgraffiti**. Angefangen von prähistorischen Jagdszenen über Karawane-Inschriften und Dankinschriften der Steinbruch-Arbeiter, die hier von der 5. Dynastie bis zur Perserzeit den grau-grünen Prophyr und Schiefer für die Bauten des Niltales brachen. Im Wadi längs der Straße ist kaum ein Stein mehr in „natürlicher" Lage, sondern Abraum und Bruchstein. In der Zeit Ramses' IV. sollen 8000 Arbeiter hier tätig gewesen sein, die über Wasser-Karawanen vom Nil her versorgt wurden. Neuerdings wird das Wadi zum beliebten Ausflugsziel seitens der Antiquitätenjäger, die die Graffiti aus den Felsen sägen und verkaufen. Am Ausgang des Wadis eine versiegte römische Brunnenanlage.

km 81: *Bir el-Hammamat*, begehbar; in 30 m Tiefe (Wendeltreppe) gutes Wasser.
km 50: Rechts *Qasr el-Benat*, Sandsteinfelsen mit röm. Fort und Felszeichnungen.
km 38: *Oase Laketa*, Abzweigung einer Piste nach Berenice und zu aufgelassenen Smaragdsteinbrüchen.
km 0: Hauptstraße am Nil, rechts nach 2 km Qft.

ABABDA

Die „Eingeborenen" der Wüste zwischen Nil und Rotem Meer sind heute nur noch selten zu treffen – etwa auf dem Weg von *Edfu* nach *Marsa Allam* oder an der *Bir el-Fawachir* im Wadi Hammamat. Anders als die Beduinen des Sinai und der Libyschen Wüste sind sie keine Araber, sondern *Hamiten* – die Urbevölkerung Ägyptens vor der Pharaonenzeit. Sie gehören zum Volk der *Beja*. Die nördliche Gruppe, die *Ababda*, haben inzwischen die arabische Sprache angenommen – allerdings mit einem Dialekt, der jedem Niltalbewohner die Haare zu Berge stehen läßt. Die an der sudanesischen Grenze nomadisierenden *Bisharin* dagegen sprechen noch die alte Sprache, die mit der der Berber, aber auch der Hottentotten Südafrikas verwandt ist.

Noch etwa 15 000 Ababda ziehen als Nomaden durch die Gebirgswüste und leben von ihren Schafen, Ziegen, Kamelen und trinken im Winter den an Plastikfolien gewonnenen Morgentau, der nicht selten vereist ist. Auf dem Markt von *Darau, Edfu* oder anderen Städten des Niltales verkaufen sie ihre Tiere und handeln dafür Agrarprodukte ein. Ein Teil der Männer arbeitet jährlich für drei bis vier Monate in den Phosphatminen von Qser.

Eine kleine Gruppe, die wohl mit Plinius' *Ichthyopagi* identisch ist, lebte bis in die fünfziger Jahre vom Fischfang am Meer.

„Die Fischer werden von ihren Stammesgenossen nicht als ‚wahre' Ababda anerkannt – ihr Vorfahre sei auf einem Baumstamm an den Strand gespült worden. Sie fangen ihren Fisch mit Speeren und Netzen, denn sie haben keine Boote oder Kanus und fürchten sich vor dem Meer. Aber, weil sie vom Fisch leben, bleiben sie stark und fett, wenn die Gebirgsbewohner aus Mangel an Getreide Hunger leiden. Sogar ihre Kamele füttern sie mit Fisch, und wenn das Wasser warm genug ist, gehen ihre Kamele ins Meer und fressen Wasserpflanzen. Diese Leute haben sich seit Generationen an das brakige Wasser gewöhnt, das sie an den Mündungen der Wadis aus dem Boden holen. So leben sie heute von einem ‚Trink'wasser, das kein anderes menschliches Wesen genießen oder damit überleben kann", berichtet Murray 1935.

Hinter dem Hafen des Eumenes wohnen bis Dire und bis zur Meerenge der sechs Inseln Fischesser, Fleischesser und Verstümmelte bis ins innere Land hinein. Hier finden sich auch mehrere Elefantenjagden, unbedeutende Städte und kleine Inseln vor der Küste. Die meisten sind Wanderhirten, nur wenige Ackerbauer. Bei einigen von ihnen wächst ziemlich vieler Sto'rax. Die Fischesser sammeln die Fische während der Ebbe, werfen sie auf Steine und rösten sie an der Sonne. Wenn sie nun dieselben so durchröstet haben, werfen sie die Gräten auf einen Haufen zusammen, das Fleisch aber treten sie und machen Kuchen daraus, die sie, nochmals an der Sonne getrocknet, speisen. Bei stürmischem Wetter aber, wo sie keine Fische sammeln können, zerstoßen sie die aufgehäuften Gräten, machen Kuchen daraus und verzehren sie; die frischen aber saugen sie aus. Einige essen auch Muscheln, welche Fleisch enthalten, indem sie dieselben in Pfützen und Meerlachen einsetzen, ihnen Fischbrut zur Nahrung vorwerfen und sie bei Mangel an Fischen verzehren. Sie haben auch allerlei Fischbehälter, aus welchen sie haushälterisch nehmen. Einige von den Bewohnern der wasserlosen Küste ziehen immer nach fünf Tagen mit ihrem ganzen Hause unter Jubelgesang zu den Cisternen und trinken, auf den Vorderleib hingeworfen, gleich den Rindern, bis ihr Bauch wie eine Trommel aufschwillt; dann kehren sie wieder ans Meer zurück. Sie wohnen in Höhlen oder Hütten, die mit Balken und Sparren von Walfischknochen und Gräten und mit Laubwerk vom Ölbaum gedeckt sind. (Strabo)

Früher wanderten etwa 3000 Ababda zwischen dem nubischen Nilufer (Sommerweide) und den Quellgebieten von Abrak, Wadi Hadien und Ain Shalatin (Winterweide) im Gebirge. Vom Staudammbau wurden die Nomaden völlig überrascht: Niemand hatte es für wert befunden, ihnen die Konsequenz (Überflutung der Sommerweiden) auseinanderzusetzen oder für Alternativen zu sorgen. Planer und Politiker hatten die Ababda schlichtweg vergessen, und eines Jahres standen sie vor dem steigenden Wasser.

Die Ababda reagierten mit ganzjährigem Aufenthalt in den alten Winterweidegebieten. Übervölkerung, Überweidung und blutiger Streit um Wasserrechte waren die Folgen. 1972 wurden Familien mit Gewalt von den Abrak-Quellen vertrieben und wanderten nach Daraw aus. Inzwischen haben einige die alte Wanderbewegung wieder aufgenommen und verbringen den Sommer an den Ufern des Stausees.

KÜSTENSTRASSE

Stadtausfahrt Suez: Immer an der Küste lang nach Westen, durch das Industriequartier.

ca. km 33 kommt von Westen ein breites Wadi. Zwischen Straße und Meer eine Wintersiedlung von Sinai-Beduinen.

km 45: Rechts Piste nach *Maadi*.

km 55: *Ain Suchna*. Vor dem Krieg beliebter Wochenend-Badeort der Kairoer upper class. Der Hotelkomplex ist im Wiederaufbau.

Davor *warme Schwefelquellen*. Auf der rechten Straßenseite die Endstation der (neuen) Pipeline nach Alexandria. Die Schiffe werden vor der Küste im Tiefwasser entladen und lassen dabei wohl den Ölschlamm ab, den es an die Küste schwemmt.

Von Ain Suchna bis Zafarana über Zustand der Straße, Bauarbeiten bis 1986.

km 85: *Bir Abu Darag*. Rechts der Straße etwas versteckter Brunnen mit der letzten Palme für die nächsten paar hundert Kilometer.

km 95: *Ras Abu Darag*, Leuchtturm und Militärposten.

km 130: *Ras Zafarana*, Leuchtturm, Tankstelle, Arzt, Teehaus, Funkstation, ein Dutzend Bewohner und Unmengen wilder Hunde. Hier zweigt rechts die Teerstraße nach Helwan (Wadi Araba) ab, über die das Antonius-Kloster erreicht werden kann.

ANTONIUS-KLOSTER

Wer mit dem Bus kommt, kann ab Zafarana trampen. Ins Wadi Araba, vorbei an einem Friedhof für die Opfer eines israelischen Angriffs 1969, bis km 35. Dort zweigt nach Süden eine Staubstraße ab, die nach 14 km das von weitem sichtbare Kloster am Berghang trifft. Im Kloster Übernachtungsmöglichkeit, es wird jedoch Selbstverpflegung erwartet.

Das Kloster wurde von den Schülern des *Antonius* nach dessen Tod begründet (ca. 360), die in Höhlen in der Nähe des Einsiedlers gelebt hatten, um einmal die Woche mit ihm die Messe zu feiern und sich belehren zu lassen. Im Fels oberhalb des Klosters die Grotte, in der er gelebt haben soll. Die 1600jährige Abgeschiedenheit der Mönche fand mit dem Bau der Küstenstraße (1946) ein abruptes Ende und sie werden jetzt von Pilgern und Touristen heimgesucht. Im Kloster ist besonders die Kirche des Antonius sehenswert, in ihr die Fresken der Seitenkapelle. Die Wandmalereien der Hauptkirche haben durch Beduinen-Bedienstete des Klosters gelitten, die im 15. Jhdt. das Kloster zu ihrem machten, alle Mönche töteten und in der Kirche mit den Beständen der Bibliothek als Brennmaterial ihre Küche einrichteten. Die reiche Schüttung der Klosterquelle erlaubt einen großen Garten.

VOM PAULUS- ZUM ANTONIUSKLOSTER

Eine Zweitagestour bietet sich an, aber auch die Tageswanderung ist möglich (reine Gehzeit mit leichtem Gepäck: ca. 10 Stunden). Die einzige wirklich kritische Stelle ist Punkt (3) auf der Kartenskizze, der Abzweiger von einem gut erkennbaren Pfad über wegloses Gelände hin zur Westkante des Hochplateaus. Deshalb sei auch vorweggesagt: Wer die Tour ohne Wegkundigen machen will, sollte einen Sonntag opfern, von der Antonius-Seite aufsteigen und den Punkt (3) ausfindig machen. Damit müßte jedes kalkulierbare Risiko ausgeschaltet sein.

Die Tour beginnt unmittelbar am Pauluskloster (310 m). Man geht links (W) an der Klostermauer vorbei, hält sich in dem welligen Gelände hinter dem Kloster rechts und trifft auf einen Pfad, der – immer wieder einmal durch Steinmännchen markiert – in nördlicher Richtung verläuft und nach etwa einer halben Stunde ein Wadi (400 m) quert, auf der Gegenseite den Hang hinaufführt und auf 790 m einen auffallenden Grat (11) erreicht, über Serpentinen einen Steinhang bewältigt und auf 910 m zu einem kleinen Sattel gelangt. Nach weiterem Aufstieg – der Weg verliert sich hier immer wieder in Fels und Geröll – kommt man auf 1040 m zu einem Tafeleinschnitt bzw. -kessel, hält sich am besten links und folgt dem Steig auf das Hochplateau; auf 1120 m findet man wenige Meter links vom Pfad einen in eine Tonne gepackten Vermessungsblock (9) nahe am Abbruch zur Klosterseite hin (Blick auf das Klostertal mit Palmen, Wadis, den Golf). – Gehzeit vom Kloster bis zur Tonne: 2–2¼ Stunden.

Nach weiteren 45 Minuten in westl. Richtung kommen auf 1150 m durch zahlreiche Steinmännchen markierte Felsspalten. Der Weg wendet sich weiter nach Norden, bleibt aber im ganzen in der NNW-Richtung, steigt zunächst noch leicht an, weicht einem Wadi (rechts) aus, schwenkt schließlich um eine Kuppe und gibt den Blick auf ein Wadi frei und die Gegenhänge, wo man in NNW-Richtung den weiteren Wegverlauf erkennen kann. Zunächst aber geht es steil hinab zum Talboden (ca. 975 m) mit Sträuchern und Büschen (Felsspalten – Wadibett: 1 Stunde). Man folgt dem Weg, solange er sichtbar bleibt. Sobald er sich im Geröll verliert, hält man auf den Hang mit dem deutlich erkennbaren Weg zu. Vom Talboden bis zu einem Sattel am Gegenhang (1190 m) braucht man 55 bis 60 Minuten. Auf kaum erkennbarem Weg geht es hier weiter empor (links halten!) über einen felsigen Rücken bis zu einer Mulde (besser: Taleinschnitt) auf 1220 m, die man vom Sattel in 15 Minuten erreicht. Dort ist der Pfad gut sichtbar, steigt wieder empor, schwenkt dann zunächst fast nach Norden, verläuft in der Nähe eines NO-Abbruchs (das ‚durchbrochene Steinmännchen' der Karte [6] ist nicht mehr vorhanden), wo man – 30–40 Minuten von der Mulde – auf 1370 m/ 1390 m einen weiten Blick auf Golf, Safarana, Wadis und Wüste hat und mit dem Fernglas die Vermessungstonne (9) über dem Pauluskloster ausmachen kann.

Der Weg verläßt die Kante, ist oft nur schwer zu erkennen (auf Steinmännchen achten!), hat auf 1440 m links unterhalb ein Wadi mit einem Weg (nicht absteigen!!!), erreicht auf 1450 m einen auffallenden Steinhaufen (Grab? [5] und wenig später – 30 Minuten vom NO-Abbruch – die Nordkante (4) des Hochplateaus (1440 m); bei guter Sicht läßt sich die Zufahrtsstraße zum Antoniuskloster erkennen; das Kloster bleibt verdeckt.

Von hier führt der Pfad – fast immer etwas fallend – an der Kante entlang oder in ihrer Nähe, über welliges Gelände, weicht Wadis aus, bis er nach ca. 1 Stunde vom Abbruch weg nach SSO abbiegt. In noch ziemlich weiter Entfernung kann man bald rechter Hand am Horizont einen großen Steinmann ausmachen, der den Einstieg in das Wadi zum Antoniuskloster anzeigt. Dennoch sollte man dem Weg folgen bis zu der auffälligen Markierung (3) neben Steinhaufen und

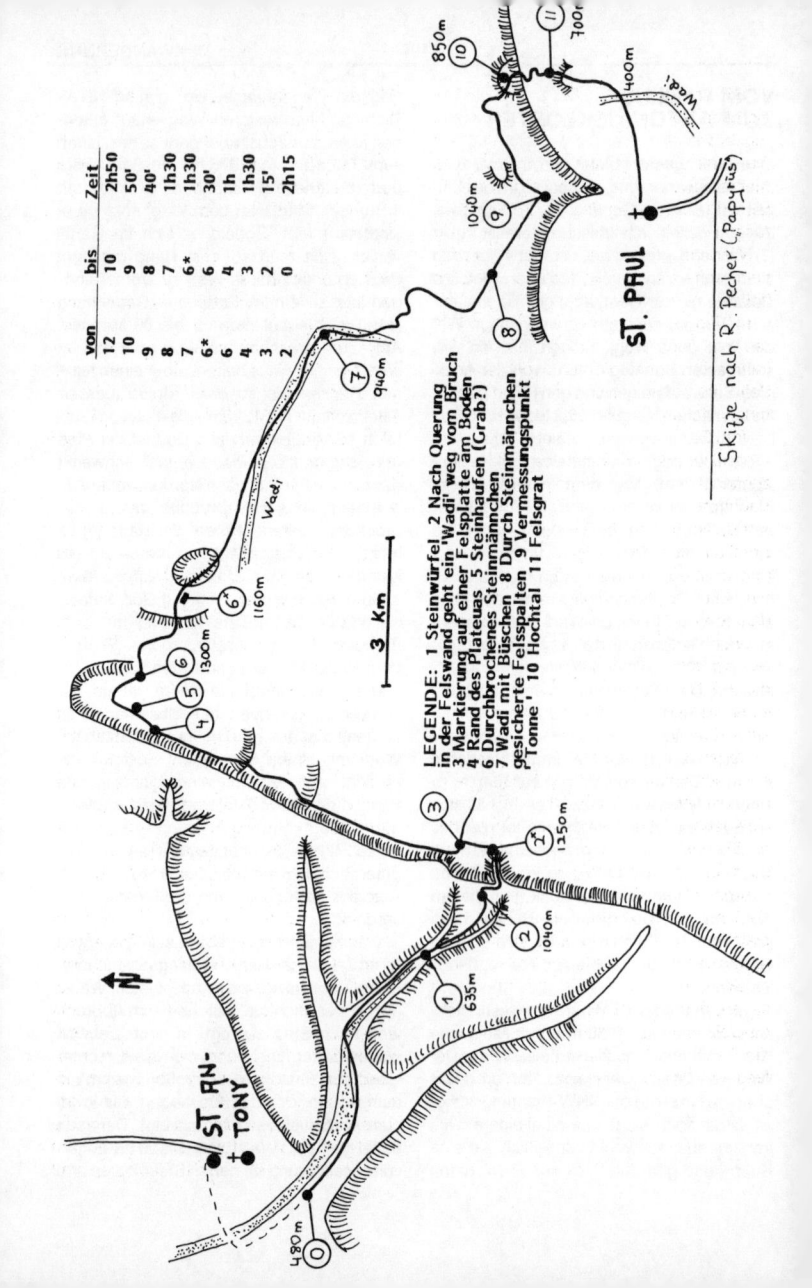

von	bis	Zeit
12	10	2h50
10	9	50'
9	8	40'
8	7	1h30
7	6*	1h30
6*	6	30'
6	4	1h
4	3	1h30
3	2	15'
2	0	2h15

LEGENDE: 1 Steinwürfel 2 Nach Querung in der Felswand geht ein 'Wadi' weg vom Bruch 3 Markierung auf einer Felsplatte am Boden 4 Rand des Plateus 5 Steinhaufen 6 Durchbrochenes Steinmännchen 7 Wadi mit Büschen 8 Durch Steinmännchen gesicherte Felsspalten 9 Vermessungspunkt 'Tonne' 10 Hochtal 11 Felsgrat

Skizze nach R. Pecher (Papyrus)

einem umgestürzten Steinmann (1290 m), sich von dort erst im rechten Winkel nach rechts wenden, weglos 10 bis 15 Min. bis zum Abbruch bzw. den inzwischen durch mehrere Steinmännchen gekennzeichneten Einstieg (von der Nordkante bis zur Markierung: 1–1¼ Std.).

(Wer die Markierung übersieht, kommt nach weiteren 10–15 Minuten zu einer nicht hohen, auffallenden Steinpyramide links vom Weg. Hier müßte er spätestens umkehren und suchen. – Diese Steinpyramide kann auch für jemand, der von der Antonius-Seite herkommt, eine wichtige Orientierungshilfe sein.)

Vom Einstieg (1310 m) in das Wadi ist der Weg nicht mehr zu verfehlen. Man gelangt zunächst in ein glattgeschliffenes trockenes Bachbett (1170 m [2]) und an eine Steinwand; hier hält man sich rechts; man quert, ziemlich exponiert, den Hang; an zwei großen (Feld-)Spatstöcken vorbei steigt man auf Naturstufen hinab auf eine Art Absatz, dann den Schotterrücken immer weiter hinunter, bis man auf 810 m ein Plateau erreicht und, dem Weg weiter folgend, nach ca. 1¼ Std.–1½ Std. in 680 m Höhe auf einen auffälligen großen Steinquader (mit einer röm. I) stößt (1).

Gegenüber läuft der Weg weiter, gabelt sich nach ein paar Metern. Am besten nimmt man die untere Spur und steigt bei nächster Gelegenheit (etwa nach 10–15 Minuten, auf ca. 670 m) in den Wadiboden ab. Von hier ist es noch ein einstündiger unangenehmer Fußmarsch immer talabwärts, bis man zu dem auf der Karte markierten Autostandplatz auf einer Schottererhöhung (520 m) neben dem Hauptwadi (ca. 6 km vom Antoniuskloster) kommt. – Es erübrigt sich zu sagen, daß es unterwegs noch keinen Coca-Cola-Stand gibt, daß man für alle Fälle die Taschenlampe einstecken sollte, daß festes Schuhwerk empfehlenswert ist.

R. Pecher (Papyrus)

PAULUS-KLOSTER

Ab der Küstenstraße (Wegweiser, überdachtes Wartehäuschen) auf einer geteerten Stichstraße 12 km durch ein Wadi zum Kloster.

Das Kloster ist – der Quelle wegen – kleiner als dasjenige des Antonius. Ich empfand die Mönche hier als freundlicher und die Atmosphäre entspannter. Das Gründungsdatum ist unklar, die Bausubstanz der ältesten Teile (Pauluskirche) stammt wohl aus dem 7./8. Jhdt. Die Fresken der Hauptkirche lassen die Kunsthistoriker kalt bis wütend, weil sie über eine ältere Schicht drübergemalt wurden, die nur an einigen wenigen Stellen (gegenüber der Altarwand) wieder freigelegt wurden und alten Glanz erahnen lassen. Im Kloster Übernachtungsmöglichkeit. Die Mönche finanzieren sich durch ein großes Gut in der Nähe von Beni Suef, das der Gemeinschaft gehört und von ihr bewirtschaftet wird.

km 155: Abzweigung zum Paulus-Kloster
km 212: Ölfelder und Verladeeinrichtung *Abu Bakr.* Hier beginnt das Ölfördergebiet, das sich bis *Ras Gemsa* erstreckt. Um das Rohöl zur Verarbeitung zu bringen, ist eine Pipeline (samt Erdgasleitung) nach Suez im Bau.
km 235: Kreuzung. Rechts zum Nil, links *Ras Gharib* (2 km links der Straße), durchaus einen Besuch wert. Zentrum des Ölbooms, eine moderne Goldgräberstadt. An der Stadteinfahrt zunächst die Müllhalden, dominiert von Plastik und Konservendosen. Es folgen Tankstelle und die Einkaufsstraße. Bevor es zum Meer runter geht, ein Platz mit einem richtigen Supermarkt. Am Meer wende man sich südwärts: die Straße durchquert nun das Industriequartier mit den Versorgungslagern und Werkstätten der Ölgesellschaften, deren Mechaniker auch gerne knifflige Autoreparaturen übernehmen. Am Ortsende noch ein kleiner Flughafen, und

der Zivilisationsschrott hat ein vorläufiges Ende.

Neben dem Flughafen *Badestrand*.

km 267: *Ras Shukheir*, Hafen und Verladung für das im Meer liegende Morgan-Ölfeld. Die Straße verläßt jetzt die Küste.

km 305: Links zur Bohrung *Zeituna*.

km 330: Links nach *Ras Gemsa*. Im Vergleich mit Ras Gharib geradezu geschmackvolles Fischerdorf mit beschränkten Versorgungsmöglichkeiten und chronischem Wassermangel. Über dem Meer die Südspitze des Sinai, der allerdings nur bei gutem Wetter (nachmittags) zu sehen ist.

km 375: Abzweigung *Mons Porphyrites*.

MONS PORPHYRITES

Hat man ausreichend Zeit – weniger als drei Tage einzuplanen, hat gar keinen Sinn, fünf sind besser – und möglichst einen Geländewagen, dann fährt man, von Norden kommend, auf der neuen Küstenstraße Richtung Hurghada. Ungefähr 20 km vor diesem Ort (Straßenmarkierungen beachten!) wechselt man auf die landeinwärts parallel dazu verlaufende alte Straße. 18 km vor Hurghada macht diese eine deutliche Linkskurve, an deren Beginn die Vorgängerin (ihr Teerbelag ist noch deutlich sichtbar), einmündet. Ihr folgt man 500 m und fährt dabei auf einen alten Aussichtsturm zu, vergleichbar mit einem Hochstand unserer Jäger. Nun kommt man auf eine breite Piste, auf die man scharf rechts abbiegt. Man fährt jetzt ein Stück parallel zur Küstenstraße Richtung Norden und biegt dann links ab, einer breiten und ausgefahrenen Piste folgend, die auf einen deutlichen Einschnitt in den Bergen zuführt. Den erwähnten Hochstand läßt man dabei links liegen (bzw. stehen). Nun geht es 29 km fast geradeaus, bis man halbrechts vor sich den ersten deutlichen Hügel oder kleineren Berg sieht. Kurz danach macht die Piste eine scharfe Linkskurve. Zuvor biegt man rechts ab, muß meist seinen Weg zwischen Büschen, vor dem erwähnten Berg vorbei nach Norden, selbst suchen, hat aber nach 200 m die Via Porphyrites wieder gefunden. 11 km geht es nun nach Norden, bis zu einer großen Verladerampe aus römischer Zeit, danach eine etwas schwierige Anhöhe hinauf, kurz danach links, in westlicher Richtung, ins Waadi Umm Sidri, und dort hat man nach ein bis zwei km die Grenze eines Pkw erreicht, es wird immer steiniger, und die alte Straße ist an vielen Stellen weggespült, so daß mehrere ca. 1 m hohe, sehr steile Abbrüche entstanden sind. Hier ließen wir den Pkw zurück, errichteten ein kleines Lager und fuhren mit dem Geländewagen insgesamt 8 km durch dieses Tal. Man kommt dabei an den Mauerresten des *Deir Umm Sidri* vorbei, einer römischen Station, die später einige Zeit von christlichen Mönchen bewohnt war und deshalb den Namen Deir = Kloster erhielt. Die vier Sidri-Bäume hier sind sicher sehr alt. Die Beduinen glauben sogar, daß sie von den Römern gepflanzt wurden, weil sie sonst nirgends in der Wüste gedeihen und nur im Niltal häufig vorkommen. Kurz danach biegt man links ab, ins *Waadi Abu Ma'amel,* und erreicht nach weiteren 7 km Fahrt in südlicher Richtung die Arbeitersiedlung.

Sie liegt links am Berg, etwa 6 m hoch über dem Talniveau, und ist ziemlich zerfallen, stärker als die des Mons Claudianus. Ein Stück waadiabwärts befindet sich der alte Friedhof, aufwärts zunächst das Badehaus, dann ein kleiner Isistempel und 200 m weiter ein Serapistempel. Beide Tempel wurden durch Erdbeben(?) zerstört, es sind aber einige hübsche Säulen und Architrave, z. T. mit griechischen Inschriften, zu sehen. Im Waadigrund liegt der antike Brunnen, umgeben von fünf weißen, mit Mörtel verputzten Säulen. 300 m oberhalb des Serapistempels sind auf der anderen Waadiseite die Reste eines weiteren Isistempels zu sehen.

Anderthalb Kilometer oberhalb der Stadt findet man den alten Hauptzurichteplatz und eine Laderampe mit einigen großen Brocken roten und lila Porphyrs. Von hier aus führt ein steiler Weg auf den (von Schweinfurth so genannten) Lykabettus, an dessen Gipfel sich eine große Zahl von Steinbrüchen und ein altes Dorf befinden. Zuletzt wurde hier 1930 für König *Fuad* Prophyr abgebaut.

(aus: Papyrus/W. Pape)

km 390: *Abu Shar,* vergammeltes Aquarium und Naturaliensammlung aus dem Roten Meer, Jugendherberge.

km 395: *Hurghada* (Gardaga, Ghardaga).

HURGHADA

Wiedersehen nach drei Jahren, doch kaum Wiedererkennen. Früher nur die Alternative zwischen Sheraton und einem schmuddeligen Rest House, die Stadt aus Lehmbauten bestehend, fünf Kneipen, Tankstelle, Protz-Moschee und Verwaltung, ein leeres Einkaufszentrum. Heute mehrere hundert Touristen (Hochsaison im August). Ein Dutzend Hotels, drei Tauchzentren, Seetrophäenhandlungen, die Kneipen umgebaut und die Preise verdreifacht, das Touristengeld förmlich zu riechen.

Das Publikum wird von Italienern dominiert, die durchschnittliche Verweildauer ist mit über einer Woche relativ hoch. Erklärlich mit der besonderen Stellung Hurghadas unter den Touristenzentren um das Rote Meer und am Sinai: Einzig hier Sonne, Strand, Tauchen, billige Unterkunft *und* Shopping samt einem Ansatz von Nachtleben, ein Abbild der Adria, bevor sie teutonisiert wurde. Das lockt Italien.

Mangelhaft noch immer die Trinkwasserversorgung. Gereinigt, doch schon wieder neu verdreckt, der Stadtstrand.

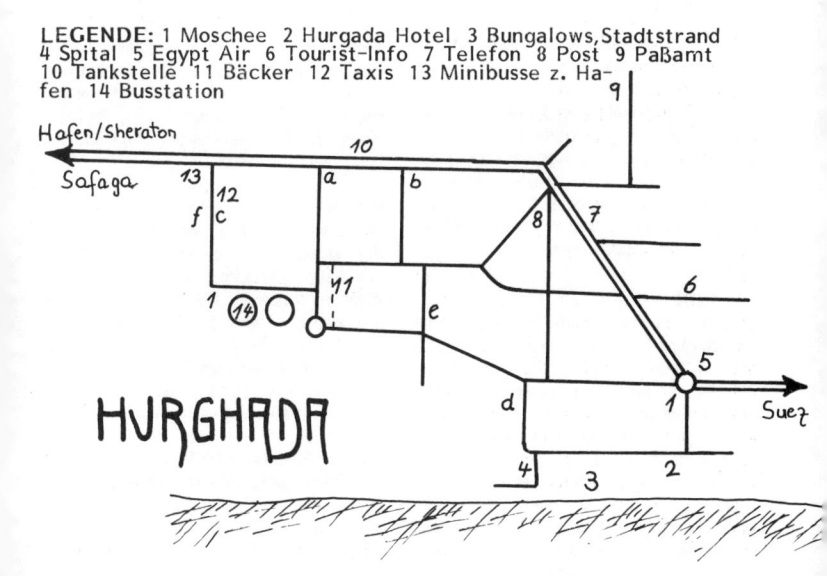

LEGENDE: 1 Moschee 2 Hurgada Hotel 3 Bungalows, Stadtstrand 4 Spital 5 Egypt Air 6 Tourist-Info 7 Telefon 8 Post 9 Paßamt 10 Tankstelle 11 Bäcker 12 Taxis 13 Minibusse z. Hafen 14 Busstation

KURZINFORMATION

CAMPING
Am Strand vor dem Sheraton (kein Trinkwasser, das Hotel gibt sich geizig).

ESSEN
* *Red Sea,* mit 3 LE für die örtlichen Verhältnisse teuer, dafür dezente Beleuchtung.
* *Happy Land,* 2–2.50 LE.
* *Weshahy,* 1.20 LE mit Gratis-Nachschlag.

Probieren solltet Ihr das örtliche *Sauerteigbrot.*

HOTELS
Sind alle eine Mischung aus italienischen Ferienwohnungen und Herbergen für Rucksacktouristen. Meist klein mit Küche zur Selbstverpflegung und einem zentralen Gemeinschaftsraum. Von den besichtigten Hotels hat mir am besten gefallen:
* *Shakespeare House,* 3–4 LE, Kü, Kühlschrank, Garten, Disco geplant, 20 Betten, sauberstes Hotel.
* *Happy Land,* 2 LE, sauber, aber schon etwas abgewohnt, Kü, 35 Betten, Disco, Manager mit großen Plänen.
* *Mina House und Happy Home,* 2 LE, ohne ständiges Personal, Kü, gelegentliche Wasserprobleme (Pumpe zeigen lassen!), ca. 20 Betten, intime, kontaktfördernde Atmosphäre.

STRÄNDE
Vergeßt den Stadtstrand; Schwimmen ist neben dem Sheraton möglich. Für 7 LE werden Tagesausflüge in die Inselwelt angeboten, wo Ihr auch tauchen und schnorcheln könnt. Brille, Schnorchel und Lunch werden von den Bootsleuten gestellt. Am besten ist die Insel *Abu Munquar* – als einzige etwas grün (Mangroven).

Obwohl es Korallen gibt, ist Hurghada kein ideales Tauchgebiet. Drei Tauchbasen findet Ihr am Hafen. Exkursion mit zwei Tauchgängen und allem Drum und Dran ab 26 LE (Preisvergleich!).

TROPHÄENLÄDEN
Meidet Ihr hoffentlich, nicht nur, weil ausgestopfte Haie nicht in den Rucksack passen – je mehr Ihr nämlich kauft, desto mehr Exoten-Nachschub wird aus dem Meer geholt. Nicht nur Haie, sondern auch Korallen und andere seltene Lebewesen.

TRANSPORT
Minibusse zwischen Stadt und Hafen. Mehrere Geschäfte verleihen Fahrräder.
* **Abfahrt der Fernbusse:**
  nach Kairo 4 Uhr; nach *Suez* 10 Uhr; *nach Safaga – Qser* 15.30 Uhr; *nach Safaga – Kena* 8 und 10 Uhr.

Zum Flughafen gibt es nur teure Taxis, wenn Ihr nicht den Hotelbus des Sheraton benutzen wollt – der freilich voraussetzt, erst mal zum Sheraton zu kommen.

km 401: Kreuzung, rechts zum Flughafen, links unübersehbar zum *Sheraton.*
km 403: Feriendorf Magawish, eine Anlage des **Club Mediterranée,** völlig isoliert und mit einer hohen Mauer geschützt, die nur gegen Eintritt zu überwinden ist. Prototyp eines Tourismus, der Devisen bringt und das Land nicht „verdirbt".

Sollten im weiteren Verlauf der Straße noch Rohre verlegt werden, handelt es sich um die Wasserleitung von Kena nach Safaga und Hurghada/Qser, mit der endlich das Wasserproblem der Region gelöst werden soll. Bisher wurde das Wasser per Schiff (Hurghada), oder Lkw (Safaga) gebracht. Die Entsalzungsanlagen in Qser und Hurghada sind veraltet und halten mit der wachsenden Bevölkerung nicht Schritt.

km 460: Safaga (3000 Ew.)
Am Ortseingang links das „Safaga-Hotel" der Aluminium-Gesellschaft, etwas teurer zwar, aber mit Tauchbasis und Campingmöglichkeit am Strand (WC und Trinkwas-

ser). Danach rechts Straße nach Kena. Auf der linken Seite der Küstenstraße (= Dorfstraße) folgen Eisfabrik und Postamt (keine Telefonverbindung nach „draußen", auch nicht vom Hotel aus). Auf der gegenüberliegenden Straßenseite Tankstelle und Parkplatz der Getreide-Lkw, auch zwei kleine Restaurants und Teehäuser, Safagas Hafen ist auf Getreide spezialisiert – hier werden über 50% der Kornimporte Ägyptens abgefertigt. Von den Schiffen wird der Weizen in die zwei großen Alu-Silos gesaugt, hier in Säcke abgefüllt und auf die Lkws geladen, die zum Niltal fahren. Manche der Brummis haben über 40 Tonnen geladen.

Nach dem Getreidehafen kommt noch eine alte Phosphaterz-Verladung. Der „Bazar" des Dorfes beginnt nach der kleinen Moschee an der Hauptstraße. Am Ortsausgang rechts die Bäckerei, danach ein etwas exotischer Militärstützpunkt, dessen Kommandant in einem ausrangierten U-Boot residiert.

km 482: Am Wasser einige Hütten, davor ein Blechschild: *Wadi Gazus*, der Hafen, in den Hatschepsuts Punt-Expedition begann.
km 520: *Hamrun*, Phosphatfabrik und Tankstelle.
km 525: Eine kleine Bucht, in der das Wasser fast bis an die Straße kommt, auf deren rechter Seite sich die Bucht (nun trocken) in einer Senke fortsetzt. Hier war, bei offensichtlich höherem Wasserstand, der römische Hafen Leukos Limen. Einige Grundmauern sind ausgegraben, viele Tonscherben.
km 535: *Qser* (20 000 Ew.)

QSER

UNTERKUNFT
An der Hauptstraße gegenüber dem Südende der Festung vermietet Herr *Abdel Samir* Zimmer. Im Norden vor der Stadt ist ein *Bungalow-Hotel* im Aufbau. Das städtische Resthouse liegt im Süden der Stadt direkt am Wasser (dort auch Camping möglich); Schlüssel während der Bürozeit in der Stadtverwaltung (meklis), Hauptstraße.

STRÄNDE
Flach und zum Schwimmen ausgezeichnet der Strand vor dem Resthouse. Korallen im Norden zwischen Stadt und Leukos Limen. Obwohl die Strände absolut sauber und leichter zugänglich als etwa in Hurghada sind, keine Touristen am Ort.

In Kosser, einem kleinen, aber freundlichen Städtchen von kaum 1000 Einwohnern, verbrachte ich einige Tage, um die nötigen Vorkehrungen zu meiner Roten-Meer-Reise zu treffen. Dr. C. B. Klunzinger, ein junger Württemberger, der als Regierungsarzt dort angestellt war, nahm mich in seiner geräumigen Wohnung gastfrei auf und unterstützte mich nach Kräften in meinen Anordnungen.

Kosser besteht aus einer beträchtlichen Anzahl kleiner Häuser, die, zu unregelmäßigen Straßen angeordnet, wegen ihrer weißen Tünche ein sauberes Aussehen haben. Von größeren Gebäuden ist nur das des Gouverneurs und das ehemalige Kornmagazin der Regierung, jetzt Wohnung des Arztes, zu nennen, beide einstöckige, geräumige Häuser. Am Abhange der benachbarten Anhöhe, auf der Nordseite der Stadt, erheben sich die hohen Mauern eines Kastells mit etlichen alten Kanonen, deren Bedienung von einigen invaliden Soldaten aus Mehemed Alis Zeit versehen wird. Der Brunnen im Hofraum ist durch Vernachlässigung unbrauchbar geworden. Das Fort beherrscht vortrefflich den Ankerplatz der Schiffe und alle Zugänge der Stadt. Außerhalb dieser gewahrt man einige winzige Hütten angesiedelter Ababde, die mit den Erzeugnissen ihrer Berge, mit Trinkwasser, Holz, Kohlen, Vieh, Milch, Butter u. dgl. handeln, viele von ihnen fristen indes auch durch Fischfang und Sammeln von Meeresprodukten ihr kümmerliches Dasein.

In geringer Entfernung von der Stadt befindet sich auch ein kleiner Garten mit verkrüppelten Dattelpalmen neben dem brackigen Wasser, das hier aus dem benachbarten Uadi Ambagi abfließt und außer einigen ebenfalls salzigen Pfützen hinter der Zitadelle die einzige Tränke für die Tiere abgibt. Gutes Trinkwasser ist teuer und sein Wert wechselt sehr nach der Jahreszeit. Für einen Schlauch zahlte man in trockenen Sommern nicht selten bis 8 Piaster Kurant (1 Frank). Das beste kommt von dem entlegenen Brunnen Derfaui und dem am Berge Abu-Tiur und von Hendohsse. Geringeres gibt es in der Nähe, in den Bergen südlich der Stadt, aber nicht immer; arme Leute müssen sich daher nicht selten auch bloß mit dem schlechten Brackwasser aus den Viehtränken begnügen, falls auch die aus großen Holzkasten bestehenden Reservoire, die sich gelegentlich eines Winterregens füllen, erschöpft sind. (G. Schweinfurth)

TRANSPORT
Bus nach Kena (Wadi Hammamat) 7 und 13 Uhr; nach Hurghada – Kairo 4 Uhr. Taxis (an der Kreuzung bei der Tankstelle) nach Kairo (abends, 10 LE), Kena (über Qft) und Marsa Allam. In Qser ist die südlichste Tankstelle der Küstenstraße.

DIE STADT
Früher einziger Hafen, der auch bei Monsunwinden angelaufen werden konnte, ist die Stadt seit dem Bau des Suezkanals ohne Bedeutung und ins Abseits geraten. In manchen Häusern erkennt man noch alte Pilgerherbergen, die Holz-Daus gammeln am Hafen vor sich hin, der noch von Fischern und der Küstenwache benutzt wird. Wer Badeferien in Abgeschiedenheit sucht und Langeweile nicht fürchtet, ist hier gut bedient.

km 690: *Marsa Allam*
Fischerdorf, 15 Häuser, Resthouse. Weiterfahrt nach
km 835: *Berenice* nur mit tesriah der Behörden in Hurghada.

Lesehinweis: *Tregenza,* Leon A. „Einsame Berge zwischen Nil und Rotem Meer". Wiesbaden 1958.

Sinai

Eine schroffe Landschaft; kahle, vielfarbige Felsen; wilde, chaotische Täler, in die nur selten Wildbäche einströmen, fast völlig fehlende Vegetation, ungeheure Einsamkeit, das ist Sinai und hinterläßt Eindruck. Aber auch: Beduinen, kleine Oasen, Kriegsschrott und Ölstädte.

Touristisch erschlossen das Mittelmeer um *El Arish*, die Ostküste und die Gegend um das Katharinen-Kloster; die Westküste von Ölbohrungen beherrscht. Der Norden ist flach und sandig, der Zentralsinai mit wenigen festen Siedlungen extrem unzugänglich, die Berge erheben sich bis auf 2600 m.

39 Arten Blumen zählen die Botaniker, die sich weltweit nur hier finden; 270 weitere kommen an anderen Orten Ägyptens nicht vor. An der Küste im Norden rasten viele Zugvögel. Obwohl Gesetze den Fang streng regulieren, landen doch besonders die meisten Wachteln in den Netzen der Beduinen. Noch bedrohter sind Gazellen, Ibex, Wildkatze und Hyäne, von denen nur noch wenige rumlaufen.

Das Klima ist trocken. Die 300 mm Jahresniederschlag an der Küste des Nordens, die noch Büsche und Kameldorn gedeihen lassen, reduzieren sich nach Süden hin rasch auf nur wenige mm, die dann als Sturzregen mehr Schaden anrichten denn nützen. Älteste Kulturpflanzen sind Datteln und Gerste, ein salzresistentes Getreide, das nach Winterregen in den Wadis ausgesät wird. Orangen, Guaven, Trauben und Gemüse werden von den Beduinen in kleinen Gärten neben Quellen oder Brunnen gezogen. Ziegen, Schafe und Kamele sind die wichtigsten Haustiere, daneben Hühner und Esel. Die vor der israelischen Besetzung nahezu betriebsbereite Mangan-Mine von Abu Zenima wurde nicht wieder aufgebaut. Ihre Produktion wäre, wie der Abbau der nahegelegenen Steinkohle, heute unwirtschaftlich.

Im Südsinai leben etwa 7000 **Beduinen,** die Dichte beträgt also nur 1 Mensch pro 2 km^2: Die meisten haben ihre Zelte aufgegeben und leben den größten Teil des Jahres in festen Häusern. Freilich sind sie im Prozeß des „Seßhaft-Werdens" auf halber Etappe stehengeblieben: Die meisten Männer verdienen sich ihr Geld als Gastarbeiter, zum kleinen Teil im Sinai (Minen, Öl), zum größeren in Ägypten. Diese Beschäftigungen sind aber temporär: Dem Beduinen würde niemals einfallen, in die Stadt überzusiedeln – vielmehr bleibt die Familie in der Wüste, in die er nach einigen Wochen oder Monaten Arbeit wieder zurückkehrt, zu seinem zweiten ökonomischen Standbein: Dem Stamm, der Familie, den Tieren, dem Garten.

Diese wirtschaftliche und soziale „Doppelgleisigkeit" macht die Beduinen des Sinai flexibel und hat sie die politischen Wechselfälle der letzten 20 Jahre problemlos durchstehen lassen. So waren vor dem Oktoberkrieg, im September 1973, über 1300 Beduinen bei den Israelis beschäftigt. Binnen zwei Monaten verloren 1100 ihren Job, als der Krieg die Öl- und Erzförderung abrupt abbrach. Jobs sind unsicher, und deshalb legt der Beduine Vorräte an: Weniger Geld als Nahrungsmittel für mehrere Monate. Und deshalb behält er seine Tiere und seinen Garten: Mit ihnen läßt sich kein schnelles Geld machen, aber sie geben Nahrung und Wasser.

Um sich dieses ökonomische Standbein zu erhalten, muß der Beduine Mitglied seines Stammes bleiben. Das gibt ihm das – unter den Israelis allerdings „aus Sicherheitsgründen" eingeschränkte – Recht, auf dem Territorium des Stammes Häuser zu bauen, Brunnen zu bohren, Gärten anzulegen und, nicht zuletzt, von den das Gebiet berührenden Schmuggelaktionen einen Anteil zu bekommen, auch wenn der Haschisch- und Opiumschmuggel seit den militärisch befestigten Grenzen an Bedeutung verloren hat.

Die neuen Siedlungen der Beduinen in *Dahab, Nuweiba* und *St. Katharina* sind insofern Ergebnis der guten Arbeitsmarkt-Situation während der israelischen Besatzung und des derzeitigen Touristengeschäfts. Provisorisch wie diese Siedlungen aussehen, kann man annehmen, daß sie in schlechteren Zeiten wieder reduziert werden und die Beduinen sich in die Berge zurückziehen werden. Der Beduine am Strand von *Nuweiba,* der auf der Vorderseite seiner Hütte Tee und Datteln an die Touristen verkauft und hinten sein – scheinbar überflüssiges – Kamel füttert, hängt also nicht alten Traditionen nach, sondern balanciert zwischen Sicherheitsdenken und schnellem Geld.

Ob das Verhältnis zu den Ägyptern besser ist als zu den Israelis kann ich insgesamt nicht beurteilen. Doch wenn, dann weniger, weil die Beduinen sich als Ägypter fühlten, sondern weil die derzeitige Verwaltung schlichtweg weniger effizient und strikt ist, den Beduinen also mehr Freiraum läßt. Dabei gibt es regionale Unterschiede: In St. Katharina, wo ein „strenger" Polizeichef seinen persönlichen Kleinkrieg gegen Haschisch führt, ist das Klima gespannter als an der Küste, wo gegenseitiges „Leben-und-leben-lassen" gilt.

TRANSPORT

BUS

Kairo	7.00		10.00	10.00			
Suez	8.30						
St. Katharina			17.00			7.00	
Sh. el-Sheikh	15.00	17.00		18.00	7.00	12.00	9.00
Nuweiba		20.00			9.30		11.30
Tabah					10.30		12.30

Von Suez nach St. Katharina: Suez ab 8.30, an der Abzweigung Wadi Feiran Anschluß an den Bus Sh. el-Sheikh – St. Katharina.

Tabah						13.00	15.00
Nuweiba		7.00				14.00	16.00
Sh. el-Sheikh		6.00		9.30	10.30	11.00	16.30	18.30
St. Katharina	6.00					16.00	
Suez		12.30					
Kairo	13.00	14.00		18.30			

Von St. Katharina nach Suez: St. Katharina ab 6 Uhr, an der Mündung des Wadi Feiran Anschluß an den Bus aus Sh. el-Sheikh.

Bei Bedarf verkehren Nachtbusse zwischen Kairo und Sh. el-Sheikh, Abfahrt jeweils 22.30, aber teurer im Fahrpreis.
Kairo – El Arish – Raffah, Abfahrt 7.00; Kairo – El Arish – auch 10.00 und 13.00.

Geteert und in gutem Zustand sind die Küstenstraße Tunnel – Sh. el-Sheikh – Tabah, die Straße Wadi Feiran – St. Katharina – Nuweiba und die Straße El Kantara – El Arish – Raffah. Das Verlassen dieser Straßen in touristisch unerschlossenen Regionen endet, ohne tesriah, oft am nächsten Posten.

TAXIS

in den Nordsinai ab Kairo oder El Kantara (Ost), in den Süden und Zentralsinai ab El Shat (am Ostufer des Kanals, einige Kilometer nördlich Suez; Fähre).

FLUGZEUG

Kairo – Sh. el-Sheikh – Kairo (So, Mo, Di, Do, Fr, Sa)
Kairo – St. Katharina – Kairo (Mi, Do, Sa)

Weitere Flüge zwischen St. Katharina und Sh. el-Sheikh sowie nach Luxor und Hurghada und El Arish – Kairo – El Arish.

Wenn Ihr mit der Air Sinai fliegen wollt, vergeßt zunächst alles, was Ihr über Fliegen und Fluggesellschaften gelernt habt. Besorgt Euch im Büro der Fluggesellschaft in Kairo, Kasr el-Nil (Nähe Cin. Kasr el-Nil) einen Flugplan. Ruft dann am Tag vor dem Abflug an, ob die Maschine auch wirklich fliegt, und kauft Euer Ticket. In St. Katharina und Sh. el-Sheikh bekommt Ihr Auskunft und Tickets am Flughafen, letztere direkt vor dem Abflug.
Airport Sh. el-Sheikh, Tel. 768748
Airport St. Katharina, kein Telefon!

SUEZ – SHARM EL-SHEIKH – TABAH (ELAT)

Von Suez Richtung Ismailiya, nach 17 km beschilderte Kreuzung, rechts zum Tunnel. Von Kairo aus auf der Schnellstraße (km 124) Polizeiposten, dort links ab. Straße führt direkt zum Tunnel.

km 0: *Ahmet-Hamdi-Tunnel.* 1700 m lange, zweispurige Verbindung auf den Sinai. *Ahmet Hamdi* war ein General, der Oktober 1973 in der Nähe fiel.

km 23: Zwischen Straße und Meer die Moses-Quellen ("Ain Musa"), eine Brackwasseroase; angeblich von Moses trinkbar gemacht, was aber lange her sein muß. Kriegsmuseum.

km 60: Tankstelle, rechts zur Öl-Stadt *Ras Sudr.* Bungalow-Hotel.

km 70: In einer Rechtskurve Gabelung. Rechts an der Küste entlang über *Matarma* (Leuchtturm), links durchs Land, treffen sich beide Straßen nach ca. 50 km wieder. Über die rechte Straße (nach 40 km wiederum rechts, dann 3 km) zu den „Pharaonen-Bädern", warmen Schwefelquellen zwischen Meer und einem einsam-hohen Kalkfelsen, einem beliebten Wochenendausflugsziel der Kairoer, jetzt mit einem Sanatorium verunziert. Die Palmstrünke längs des Weges sind Relikte israelischer Napalm-Angriffe.

km 145 (über Küsten-Straße): *Abu Zenima.* Tankstelle, Ölhafen.

km 148: Ruinen des antiken Hafens *Marcha.* Links Piste zum antiken Bergwerksgebiet. Nach ca. 15 km Türkis-Minen des Wadis Maghara, die seit der 3. Dynastie ausgebeutet wurden. Bis um die Jahrhundertwende waren sogar die Stollen noch erhalten. Eine englische Gesellschaft wollte hier (vergeblich) den Türkis-Abbau wiederaufnehmen und zerstörte dabei Stollen und Inschriften. Will man noch weiter zum antiken Kupferabbaugebiet (ab Küste ca. 50 km) *Serabit al-Khadim,* empfiehlt sich ein Führer samt Jeep.

km 176: Abu Rudeis, Tankstelle, Übernachtungsmöglichkeit, Öl, Öl, Öl.

km 188: Geradeaus (gesperrt) nach Abu Durba, Hauptstraße biegt links ab.
km 200: Links Abzweigung zum Katharinen-Kloster durchs Wadi Feiran.
km 262: El Tur, nicht anders als die Käffer vorher. Auch die Straße führt jetzt durch eine gähnend langweilige, kahle Küstenebene.
km 336: Nach einem Tanklager zweigt rechts die Piste nach Ras Mohammad ab, der Südspitze des Sinai. Die Gegend ist, von Militärposten abgesehen, unbewohnt. Die Korallenriffs auf der Westseite des Kaps werden zu den schönsten Tauchgründen der Erde gezählt und entschädigen für die langweilige Oberwelt, auf der neben gelegentlichen Schiffen einzig Haiflossen das Wasser durchziehen und dem auf sicherem Strand sitzenden Beobachter immerhin ein bißchen gruselndes Abenteuer bescheren.
km 361: Sharm el-Sheikh, wie es jetzt wieder heißt, obwohl das hebräische „Ofira" Spuren hinterlassen hat.

SHARM EL-SHEIKH

Sharm el-Sheikh gliedert sich in drei Ortsteile: Unterstadt, Oberstadt und Touristenzentrum *Naama-Bay*.

Die Unterstadt besteht aus diversen Militärposten der Ägypter und der internationalen Beobachtertruppe, der Tankstelle, zwei Teegärten, zwei Restaurants und einem Geviert aus großteils leeren Lagerhallen der Israelis, in die sich einige Läden einquartiert haben, dessen wichtigster der Obstladen ist: Sharm el-Sheikh, St. Katharina und El Arish sind die einzigen Flecken auf dem Sinai, an denen es frisches Obst gibt. Der Laden ist auf der Rückseite und etwas versteckt: Am besten vom Restaurant aus den Orangenschalen am Boden folgen.

Die Oberstadt, auf einem Felsen zwischen Meer und Hafenbucht, besteht aus einer israelischen Apartment-Siedlung, die die Ägypter jetzt ihren Bedürfnissen angepaßt haben: In einer Bungalow-Reihe, noch an der Auffahrt zum Kliff statt Touristen nun die Bus-Station, weiter hinten das Postamt. Auf dem Kliff, wahrscheinlich der einzige originär ägyptische Bau im Ort, eine Moschee, daneben ein gähnend leerer Supermarkt.

Daß in Sharm el-Sheikh, wie auch in Zahav und Neviot, viele israelische Hinterlassenschaften einen vernachlässigten Eindruck machen, hat zwei Gründe: Einmal ist die alte Infrastruktur der heutigen Realität eines ägyptischen Sinai einfach nicht angemessen und den Ägyptern fremd. Zum anderen haben die Israelis, als sie 1983 die letzte Zone des Sinai räumten, alles mitgenommen und zerstört, was nicht niet- und nagelfest war.

Die Badebucht *Naama-Bay* liegt an der Straße nach Dahab, 6 km nach dem Ortskern. Mit der Unterstadt ist es durch offene Elektro„busse" verbunden (gratis). An der Südseite der Bucht liegt das Hotel Marina – Zimmer à 15 LE p.P. Die Verlängerung des Hotelstrandes hat sich zu einem wilden Campingplatz entwickelt, zumal Duschen und WC vorhanden sind. Es gibt ein Fischlokal und ein Imbißrestaurant (Beutel-Tee, Hamburger), der Fremde kann sich also wie zu Hause fühlen. Auch einen Supermarkt haben die geschäftstüchtigen Imbißler im Frühjahr 1984 aufgemacht. Geldwechsel möglich. Am Ende des Strandes könnt Ihr Zelte mieten. Die Scene setzt sich zusammen aus Tauchern (früher dachte ich immer, ich hätte eine Klischeevorstellung von diesen Menschen – aber die sind wirklich so!), dazugehörigen (und wirklich nur als Zubehör wirkenden) Frauen, einem sehr jungen Traveller-Publikum vom Typ Kibbuzim-Freiwillige, dazwischen fallen immer wieder die Söldner der Beobachtertruppen ein und erzählen sich und andern Geschichten von den Kriegsschauplätzen und Helden von Korea aufwärts.

Wer nicht am Strand übernachten will – in

Sharm el-Sheikh gibt's in der Oberstadt eine **Jugendherberge.**

km 373: Flughafen
Zwischen dem Flughafen und der Stadt gibt's keine Busverbindung. Der Bus, der ab Marina-Hotel zu den Flügen fährt, kostet 3 LE – grad soviel wie ein Taxi.

Links am Flughafen vorbei Teerstraße zu den Tauchplätzen von Ras Nasrami. Die Hauptstraße verläßt jetzt die Küste und führt durch eine reizvolle Gebirgslandschaft.
km 433: Sharira Pass (ca. 800 m)
km 458: Rechts Abzweigung nach *Dahab*

DAHAB

„Magic" ist das feeling, nur an manchen geht es wohl vorbei, und die haben wenigstens ein schlechtes Gewissen, wenn sie sich nicht in die Reihen der Dahab-Fans einfügen. Nein, das Paradies habe ich dort nicht gefunden, von dem mir viele erzählt haben, und ich hätte es auch unter den Besatzern nicht gefunden, wo ja alles viel besser gewesen sein soll, wie die Eingeweihten sagen.

Doch ernsthaft. Dahab besteht aus einer ehemals israelischen Siedlung mit Hotel und Tauchbasis und, 3 km nördlich, einem Beduinendorf. Das Dorf ist, verglichen mit Nuweiba, entwickelt. Polizisten stempeln die Pässe, Palmhütten sind zu mieten (1 LE), ein halbes Dutzend Cafeterias und Discos bieten Reis, Fisch und Hummer, Tee und Soft-Drinks zu Touristenpreisen. Abends tuckern Stromgeneratoren, morgens bieten Kinder Pfannkuchen an, tagsüber Brot, es gibt einen Taxidienst zum Hotel (50 P.) und jede Menge Haschisch, mit dem Ihr Euch nicht erwischen lassen solltet. Die Beduinen sind reich geschäftstüchtig. Der Strand am Dorf ist grobkörnig, das Flachwasser steinig und ohne Schuhe schwer zu durchqueren. Richtung Hotel wird es besser, dafür fehlen dort die schattenspendenden Palmen. Dusche gibt's keine, Waschwasser aus einem Tank, Trinkwasser zu kaufen. 1983 kamen etwa 2000 Touristen. Für Dahab – wie Nuweiba – gilt: „Es gibt kaum etwas, und was es gibt, ist teuer." Also möglichst alles, vom Obst bis zu Kerzen und Zigaretten, mitbringen. Empfehlenswert sind Hummer (4 LE) und Datteln. Entschädigen tun auch die Korallen – dort zu finden, wo sich die Wellen *vor* der Küste brechen.

Das niedliche Äfflein übrigens klaut gerne alles, was handlich ist und rumliegt. Wenn auch aus anderen Motiven als die Freaks, vor denen man eher seine Geldscheine hüte.

km 496: Links Abzweigung zum *Katharinenkloster*

km 520: Die Straße hat wieder die Küste erreicht. Letzte Tankstelle vor der Grenze, Restaurant, Abzweigung nach Nuweiba (2 km). Unter diesem Namen sind heute zusammengefaßt zwei Beduinen-Siedlungen, das ehemals israelische Wehrdorf Neviot, die dazugehörige Farm, ein Hotelkomplex und ein schöner, durch die Hotelanlage in der Mitte geteilter Strand.

NUWEIBA

Von den drei Freak-Zentren an der Küste macht Nuweiba den ruhigsten Eindruck. Es ist am wenigsten los, der Strand ist fein, flach und langgezogen, und die Camper verlieren sich in den Dünen. Am Nordstrand und ganz im Süden gibt es einige Hütten zu mieten, von fünf Beduinen-Cafés kann man sich mehr schlecht als recht ernähren. Der „Supermarkt" bietet Reis und Zigaretten, Obst und Gemüse nach Saison kann man auf der Farm holen.

Die Farm wird heute von der ägyptischen Armee verwaltet – die Arbeiter und Agronomen sind also alle Soldaten, die ihren Wehrdienst hier auf selten nützliche Art ableisten. Nachdem die abziehenden Israelis die Hauptwasserleitung zerstörten, zudem alle eisernen Bewässerungsrohre rosten und durch Eternit ersetzt werden müssen, liegen große Teile der Felder noch brach, und die Ägypter päppeln die Anlage mühsam wieder hoch. Die Gemüsekulturen sind nur für den lokalen Bedarf – Hauptsache sind Chrysanthemen und andere Blumen, die mit LKW und Flugzeug nach Europa sollen – ob das so hinaut?

Die Tauchstation war zeitweise außer Betrieb. Dafür vermitteln Anis und Rima, ein Beduine und seine aus der Schweiz stammende Frau, Kamelausflüge ins Inland und freuen sich über Zeitungen und Leute, die der schlampigen ägyptischen Post ein Schnippchen schlagen helfen und Briefe nach Europa mitnehmen. Sie betreiben ein kleines Hotel samt Souvenir-Laden.

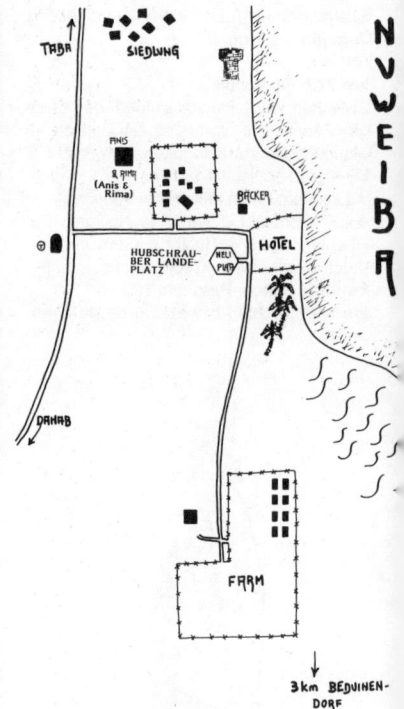

Hinter dem Nordstrand die Ruinen einer Festung aus dem 18. Jhdt., an deren Brunnen abends die Herden getränkt werden.

Zwischen *Nuweiba* und *Tabah* laden einige einsame **Strände** zum Baden ein, doch hütet Euch vor den Seeigeln an manchen Buchten. Leider fehlt Fremden und Ägyptern das israelische Umweltschutz- und Sauberkeitsbewußtsein. Heute wird niemand mehr bezahlt, um die Strände zu reinigen, und so sammelt sich der Zivilisationsmüll.

km 560: *Pharao Island*
Alte Festung aus der Kreuzritterzeit, von

Saladin erneuert; Cafeteria und Hotel im Bau.

km 563: *Tabah*
Schöner Sandstrand mit Hotel und Infrastruktur, doch von den Israelis (entgegen der alten Grenzziehung) bisher nicht zurückgegeben. Den Ägyptern verbleiben einige Baracken für Zoll und Armee. Cafeteria (nur Getränke), Tourist Police, Bank.

DIE BEDUINEN DES KLOSTERS

In der Umgebung des Klosters leben die Dschebaliyah, ein zwar an Zahl starker Stamm, der jedoch als militärisch schwach und wenig kriegerisch angesehen wird. Die Dschebaliyah pflegen seit dem 6. Jhdt. eine enge Verbindung mit dem Kloster. Die Mönche betrachten sich als Eigentümer der Region und erheben auf alle Gärten der Beduinen eine Abgabe – sie verhindern damit aber auch, daß andere Stämme sich das Land der Dschebaliyah aneignen. Gleichzeitig ist das Kloster zu schwach, um sein Recht gegenüber den Dschebaliyah im Konfliktfall wirklich durchsetzen zu können – die Abgaben beruhen also zumindest in den entfernteren Gebieten auf dem goodwill der Beduinen. Die Mönche beschäftigen seit Urzeiten 20–30 Beduinen als Diener und Arbeiter, ausschließlich Dschebaliyah, die damit zwar schlecht bezahlte, aber sichere Arbeitsplätze haben. Das Kloster als Fels in der Brandung einer wechselhaften Welt – nicht nur für Mönche, auch für die Beduinen, die in schlechten Zeiten hier eine Stütze finden.

KATHARINEN-KLOSTER

* **Anreise:** Bei km 200 die Küstenstraße verlassen.

  km 50: Oase Feiran. Wichtigste Oase des Sinai, ca. 800 Ew. Im Zentrum ein Garten des Klosters und unbedeutende christliche Ruinen. Tankstelle, Teehaus.

  km 95: Abzweigung links zum Flughafen (ca. 15 km) und nach Nuweiba.

  km 96: Grab des wichtigsten Beduinen-Heiligen, Nebi Salih.

  km 105: Links zum Kloster (1500 m), rechts Hotelkomplex, geradeaus zum Dorf (2 km), in dem die Straße endet.

* **Übernachtung:** *Beduinen-Hotel* (Schlafsäle) 1LE, *Kloster-Gasthaus* 3 LE, Hotel ab 12 LE. Ein weiteres Hotel am Flughafen ist wegen Preis und Lage uninteressant, *Zabuna Camping*, auch Bungalows, ab 5 LE p.P.

KLOSTER

Geöffnet 9–13 Uhr, Fr + So geschlossen (es sei denn, große Touristengruppen sind angesagt), Eintritt frei. Es sind nur Teilbereiche des Klosters zur Besichtigung frei. Am interessantesten die Hauptkirche, Beinhaus und ein kleines Museum. Am besten schließt Ihr Euch einer der Führungen an und hört einfach mit.

Das Kloster wurde von Justinian im 6. Jhdt. gegründet. Es gehört bis heute zur griechisch-orthodoxen Kirche, seine Mönche sind sämtlich Griechen.

Die Bibliothek ist, da niemals zerstört, neben dem Vatikan die wichtigste Sammlung religiöser Handschriften. Ihr wertvollstes Stück, der „Codex Sinaiticus", eine vollständige Bibel aus dem 4. Jhdt., wurde den Mönchen vor 150 Jahren vom deutschen Gelehrten Tischendorf unterschlagen und befindet sich heute im British Museum und in Leipzig.

BERGWANDERN

Gabal Musa (2285 m, ca. 800 m über dem Kloster; Aufstieg 2½ Stunden).
Vom Kloster entweder über eine direkt südlich gelegene Treppe erreichbar, oder dem

Tal hinter dem Kloster folgen (breiter Weg, im ersten Abschnitt „jeepable". Auf dem Berg Kapelle, Grotte zum Übernachten und Zisterne. Besonders zu Sonnenaufgang ein beliebtes Ziel – Pullover mitnehmen (bis in den Mai hinein Nachtfröste!) Abstieg über das Gabal Katharina Wadi südlich des Berges möglich und reizvoll, man kommt dann durch ein Tal mit Gärten und Beduinen-Siedlung direkt ins Dorf. Allerdings sieht die Polizei diesen Weg nicht gern.

Gabal Katharina (2646 m, Aufstieg 5 Std.). Von oben Blick auf die beiden Meere, Kapelle mit Übernachtungsmöglichkeit (vorher beim Kloster Schlüssel holen und bei der Polizei melden). Ich war selbst nicht oben, aber der in manchen Führern beschriebene Weg scheint mir überall hin, nur nicht auf den Berg zu führen. Im Kloster fragen.

Querbergein-Wanderungen werden von der Polizei nicht gerne gesehen, weil sich Flachland-Tiroler oft verirrten, mit T-Shirt in die Nacht gerieten oder mit Turnschuhen in Steilwänden klettern. Gegen etwa 10 LE könnt Ihr einen Führer mitnehmen, dann gibt's keine Schwierigkeiten. Neben den Beduinen haben (noch?) die Israelis die größte Erfahrung mit Wüsten- und Treckingtouren, seien sie nun zu Fuß, mit Jeep oder Kamel. Die Ägypter stehen solchen Abenteuern derart fremd gegenüber, daß sie nicht mal ein Geschäft daraus zu machen verstehen. Wenn Ihr also eine organisierte Tour machen wollt, tut Euch – wenn nicht als Gruppe direkt mit den Beduinen – lieber in Elat mit einer israelischen Gruppe zusammen, als Euch South Sinai Travel auszuliefern. Im Preis ist's kein Unterschied.

WEITERREISE NACH NUWEIBA
Dahab ist mit dem eigenen Wagen problemlos. Leider fahren keine Busse und der Verkehr ist so rar, daß auch Trampen nicht empfohlen werden kann. Die Beduinen nehmen pro Person 10 LE und fahren nur, wenn ihr Auto voll ist. Am leichtesten kommt Ihr noch von Dahab nach St. Katharina, da es dort die meisten Autos gibt.

NORD SINAI

Es sei mir einmal in diesem Buch gestattet, mich kurz zu fassen!
Die Kreuzfahrerburg Qalaat al-Yundi erreicht Ihr mit dem eigenen Auto ab Hamdi-Tunnel über den Mitla-Paß Richtung Nakhl, am Kontrollposten hinter dem Paß rechts abzweigen, etwa 25 km.

EL ARISH

Feiner Sandstrand, im Sommer von campierenden Ägyptern okkupiert. Der offizielle Campingplatz, auf den man Euch möglicherweise schicken will, ist 7 km westlich der Stadt. Ihr könnt dort auch Zelte mieten. Preiswert sind die Hotels *Moonlight* (am Strand) und *El Salam* (23. July, gg. Restaurant Aziz). Gut essen könnt Ihr im *Aziz*-Restaurant. Von El Arish bis zum Grenzort *Raffah* sind es etwa 45 km.

GRENZÜBERTRITT (ÄGYPTEN/ISRAEL)

Die Grenze in Tabah ist geöffnet von 7–21 Uhr, in Raffah von 9–17 Uhr, de facto schließt sie, nachdem der Linienbus aus Kairo angekommen ist. Am Yom Kippur (1985: 25. 9.) und islamischen Neujahrsfest (1985: 16. 9.) sind die Grenzen geschlossen. Israelischerseits fahren samstags (Sabbat) und an religiösen Feiertagen (deren es über zwanzig gibt) keine Busse und nur Taxis arabischer Chauffeure. Von Kairo fahren Direktbusse einiger Reisebüros nach Tel Aviv und Jerusalem.

Zur Einreise nach Ägypten braucht Ihr ein Visum, das Ihr nicht an der Grenze bekommt. Seid Ihr bereits in Ägypten und wollt einen Ausflug nach Israel machen, dann aber wieder zurück, braucht Ihr ein Visum zur mehrfachen Einreise. Ist Euer Visum ein one-entry-Visum, könnt Ihr es auf den Paßämtern in Ägypten vorher umändern lassen. Bei der Wiedereinreise mit einem solchen Visum ist kein neuer Pflichtumtausch fällig, sondern nur 6 Dollar Grenzsteuer.

In Tabah wird Touristen, die kein Visum haben, ein ‚permit' für sieben Tage ausgestellt, das zum Besuch der Ostküste des Sinai und von St. Katharina berechtigt. Die Busfahrt von Sh. el-Sheikh nach St. Katharina über das Wadi Feiran wird toleriert. Für dieses permit ist kein Pflichtumtausch notwendig. Kommt Ihr mit ihm – obwohl verboten – über den Suez-Kanal, könnt Ihr auf einem Paßamt das permit in ein reguläres Visum umwandeln, müßt dann aber 150 Dollar wechseln.

Denkt auch daran, daß Ihr mit einem Grenzstempel von Raffah oder Tabah im Paß in kein anderes arabisches Land und auch nicht in den Sudan reisen könnt, denn der Stempel zeigt, daß Ihr in Israel wart.

Seid Ihr über Tabah nach Ägypten eingereist, dürft Ihr nicht über Raffah ausreisen (und umgekehrt), wohl aber überall sonst.

Kommt Ihr mit dem eigenen Auto oder Motorrad nach Ägypten, braucht Ihr eine Zollgarantie. Die Einreise mit Wohnmobilen, Allrad- und Dieselautos wird von den Ägyptern in Raffah und Tabah nicht gestattet.

LESEHINWEISE SINAI UND BEDUINEN

Rothenberg, Benno „Sinai" Bern 1979
Über die ägyptischen Beduinen immer noch am besten: *Murray, George W.* „Sons of Ismael" London 1935
(Nicht nur) für Jugendliche: *Sarig, Tikva/ Levy, Shabtai* „Drei Tage bis Ras Muhamad" Würzburg 1982 (Erzählung).
Über nomadische Lebensweisen und Kulturen gibt es derzeit leider weder ein Standardwerk noch eine preiswerte, analytische und umfassende Darstellung. Wer sich näher damit beschäftigen möchte, dem seien als Einstieg die frühen Arbeiten des Ethnologen Frederic Barth empfohlen.

Zitate oder Abbildungen wurden folgenden Zeitungen und Büchern entnommen:

Cairo Today (Kairo ab 1980)
Frankfurter Rundschau
Generalanzeiger (Bonn)
Papyrus (Kairo ab 1981)
Südkurier (Konstanz)
Bretholz, Wolfgang „Aufstand der Araber" München 1960
Busch, Moritz „Ägypten. Reisehandbuch für Ägypten und die angrenzenden, dem Paschalik unterworfenen Länder" Triest 1858
Cailliaud, Frederic „Voyage a Meroé, au Fleuve blanc, ..." Paris 1826 ff., Bildband 2
Curzon, Robert „Visit to the Monasteries in the Levant" London 1847
Ebers, Georg „Cicerone durch das alte und neue Ägypten" Leipzig 1886
Fathy, Hassan „Architecture for the Poor" Chikago 1973
Flaubert, Gustav „Ägypten" Potsdam o.J. (1920)
Goltz, Bogumil „Ein Kleinstädter in Ägypten" Berlin 1853
Guerville, A. B., de „Das moderne Ägypten" Leipzig 1906
Hansen, Walter (Hrsg.) „Wanderung nach dem Orient 1838. Unternommen und skizziert von dem Herzoge Maximilian in Bayern" Pfaffenhofen 1978
Jaeck, Joachim Heinr. „Taschenbibliothek der wichtigsten und interessantesten Reisen durch Ägypten" Bd. 64, Nürnberg 1828, enthaltend die Reise der Baronin von Minutoli
Konzelmann, Gerhard „Suez" München 1975
„Living without Water", Cairo Papers in Social Science, 3:3, März 1980
McLeave, Hugh „The Last Pharao – Ten Faces of Faruk" London 1969

Meier-Gräfe, Julius „Pyramiden und Tempel" Berlin 1927
Murray, George W. „Sons of Ismael. A Study of the Egyptian Beduin" London 1935
Pudney, John „Alles inbegriffen. Die Geschichte des Hauses Cook" Stuttgart 1955
„Suez. De Lesseps Canal" London 1968
Pückler-Muskau, Hermann „Fürst Pücklers orientalische Reise" Hamburg 1963
Ransonnet-Villez, Eugen, Baron von „Reise von Kairo nach Tor zu den Korallenbänken des Rothen Meeres" Wien 1863
Reitemeyer, Else „Beschreibung Ägyptens im Mittelalter" Leipzig 1903
Schweinfurth, Georg „An der Küste des Roten Meeres" Berlin 1925
„Strabos Erdbeschreibung. Übersetzt und durch Anmerkungen erläutert von A. Forbinger", Bd. 7 Berlin o.J. (1908³)
Tietze, Andreas „Mustafa Ali's Description of Kairo 1599" Wien 1975
Waterbury, John „Hydropolitics of the Nile Valley" Syracuse N.Y. 1979
Wikan, Unni „Life among the Poor in Cairo" London 1980

An dieser Stelle sei nochmals die Unterstützung der Redaktion PAPYRUS (Kairo, c/o GTZ) hervorgehoben und ihr herzlich gedankt. Aus der Zeitschrift wurden, neben vielen wertvollen Hinweisen und Anregungen, die Abschnitte Mons Porphyrites und die Wanderung zwischen Paulus- und Antonius-Kloster übernommen und in enger Anlehnung das Kapitel Dakhla/Charga gestaltet.

Großformatige Abzüge einiger historischer Aufnahmen sind, neben vielen anderen guten Postkarten, Fotos und Drucken bei der Buchhandlung LEHNERT & LANDROCK, 44 Sh. Sherif (Cin. Miami) in Kairo erhältlich.

Ralph-Raymond Braun

RALPH-RAYMOND BRAUN

wurde naturgemäß erst mal geboren, und zwar im Jahr 1953, genau am 13. Juni. Mag sein, daß die ‚13' ihm manchen Streich im Leben spielte: Etwa, daß er zwar als Lehrer ausgebildet ist, aber keinen Job bekam; daß er sich als Teehändler, Bauarbeiter und – viel sauberer, wenn oftmals auch recht schmutzig – als Journalist durchs Leben schlug.

Nachdem er ethnologische Untersuchungen für das Soziologische Institut der Uni Konstanz gemacht hatte, wurde er als Reiseleiter engagiert. Dieser Job kostete ihn 6 Monate Knast in der Türkei. Ralph nämlich erzählte einer von ihm geführten Gruppe über die Verfolgung der Armenier in der Türkei. Das hörte ein Spitzel der Militär-Diktatur, und dieses Regime – anerkannter Partner des westlichen Militärbündnisses NATO – lochte Ralph Braun ein. Eine bittere Erfahrung. Erst nach mehrmaliger Intervention deutscher Politiker kam er frei; er reist seitdem zwar nicht mehr in die Türkei, dafür verlagerte er seinen Reise-Schwerpunkt nach Ägypten. Dort trieb er sich jetzt jahrelang herum; wer seinen Führer liest, wird dies gerne glauben. Er darf sich sicher als einer der besten Ägypten-Kenner des deutschsprachigen Raumes bezeichnen.

Seine weiteren Ziele sind Griechenland und der ‚übrige' Nahe Osten.

Tips zum vorliegenden Reisebuch sind übrigens gerne gesehen. Wessen Tip in der nächsten Auflage Verwendung findet, bekommt ein Exemplar frei Haus.

mk

Register

A
Ababda 194
Abrak 195
Abu Durba 208
– Munqar 92
– Rudeis 208
– Shar 201
– Simbel 149
– Zenima 207
Abusir 170
Abydos 111
Achmim 110
Aga Khan 138
Agami 170
Agiba 174
Ahmet-Hamdi-Tunnel 207
Ain Balad 96
– Bishmu 96
– Elwän 101
– Musa 207
– Ris 92
– Shalatin 195
– Suchna 196
Akaba 192
Alamein 170
Alexandria 167
Amarna 108
Amenophis 125
Ameriya 157
Amr Ibn al-As 162
Anfushi 167
Antiquariat 43
Antiquitäten 43
Antonius 164
Antonius-Kloster 197
Apollos 161
Arish 212
Assiut 161
Armant 131
Armut 76
Arraqa 149
Assiut 109
Asswan 133
   Alter Staudamm 139
   Biggae 146
   Elephantine 136
   Felsengräber 137
   Kalabsha 147
   Kitchener Ins. 137
   Nilometer 137
   Obelisk 139
   Philae 146
   Sadd el-Ali 141
   Sehel 137
   Simeonskloster 137
Athanasius 161
Aton 109
Aurelian 161
Awlad Ali 169

B
Bagawat 101
Bahariya 93
Bahig 170
Baris 101
Bawiti 96
Beduinen 169, 205
Benha 180
Beni Hassan 108
– Mazar 107
– Suef 107
Berenike 204
Bewässerung 94, 98
Biggae 146
Bir Abu Darag 196
– es Seyala 194
– Inglez 194
– Umm el-Fawachir 194
Bisharin 195
Borg el-Arab 170
Botschaften 43
Buchhandlungen 43

C
Caracalla 161
Caesar 164
Charga 100
Cook, Thomas 119

D
Daba 171
Dahab 209
Dakhla 99
Damietta 182
Deinokrates 161
Deir (Kloster)
– Abu Makar 153
– Amba Bschoi 156
– Abu Menas 157
– el-Adra 108
– el-Baramus 156
– el-Hagar 101
– es-Surjan 156
– Umm Sidri 201
Dendera 117
Diokletian 162
Dulles, J. F. 142
Durrell, Lawr. 162
Dush 160

E
Echnaton 108
Edfu 132
Ehe 77
Elephantine 136
Eratosthenes 161
Esna 131
Euklid 161

F
Familie 77
Farafra 96
Faruk 34, 162
Fathy, Hassan 125
Fatimiden 138
Feiertage 26
Fikriya 108
Filme 43
Fotoreparatur 44
Fremdenführer 44
Fuka 171

G
Gebel Haridi 110
– Katharina 212
– Musa 212
Geld 11, 24, 43
Geschichte 32
Gesundheit 11, 21, 44
Gesundheitswesen 97
Gianaklis 157
Gurna 123

H
Haifa 9
Haiz 92
Hammam 170
Hamrun 203
Hanoville 170
Haraniya 88
Hatshepsut 129
Hauala 171
Hermopolis Magna 108

REGISTER

Hieroglyphen 130
Horus 131
Hurghada 201

I/J
Ichtiopagi 195
Jeddah 192
Industrie 116
Islam 35, 50
Ismail, Khedive 64
Ismailiten 138
Ismailiya 184
Israel 10, 212
Justinian 161

K
Kab 131
Kafr el-Dauwar 180
− el-Zayat 180
Kairo
  Abassiya 73
  Abu el-Hol 64
  Ägyptisches Museum 52
  Agouza 64
  Agricultural Soc. 53
  Ahmet Helmi, Md. 58
  Akmar-Moschee 73
  Ain Shams 73
  Alt-Kairo 65
  Altstadt 71
  Amr-Moschee 48
  American Univ. 63
  Andalusische Gärten 63
  Arabische Liga 63
  Azhar-Moschee 50
  Beit Sennari 54
  − es-Sihaimi 73
  Bulaq 75
  Centre des Artes 54
  Dokki 64
  Eisenbahnmuseum 53
  Embaba 63
  Ethnologisches Mus. 53
  Folklore-Center 53
  Garden City 62
  Gayer-Anderson-Mus. 53
  Geologisches Mus. 53
  Gezira 63
  − museum 53
  Giza 64
  Grab des Unbekannten Soldaten 74
  Hakim-Moschee 49
  Heliopolis 74
  Hussein-Moschee 50
  Ibn-Tulun-Moschee 48
  Imbaba 63
  Insektenmuseum 52
  Islamisches Mus. 52
  Kalaun-Moschee 73
  Koptisches Mus. 52
  Landwirtsch. Mus. 52
  Mahmut-Khalil-Mus. 54
  Manial-Palace 53
  Maspero 59
  Matariya 74
  Messegelände 74
  Midan Ramses 58
  Misr el-Khadima 65
  Moallaka-Kirche 67
  Moh.-Ali-Moschee 50
  Muizz 73
  Mukhtar-Museum 53
  Musafirkhana-Pal. 73
  Museum f. Mod. Kunst 53
  Nasr City 74
  Oasis-Terminal 61
  Olali 58, 61
  Rifai-Moschee 50
  Saiyida Zeinab 67
  Straßenverkehr 41
  Sultan-Hassan-Moschee 49
  Synagoge 67
  Sinai-Terminal 61
  Tahrir, Md. 42, 62
  Totenstädte 70
  Wekalet el-Ghoury 53
  Zabalin 74
  Zentrum f. Kunst & Leben 54
  Zitadelle 68
  Zoo 64
Kalabsha 147
Karanis 89
Karawanen 97
Karten 38
Kasr 93
− Zaiyan 101
Katarakt 141
Katharinenkloster 211
Kayitbay 167
Kellia 157
Kena 117
Kenusi 147
Kirdasa 88

Kitchener-Insel 137
Kleopatra 164
Klima 11
Kom ed-Dik 168
− el-Ahmar 108
− Oshim 89
− esh-Shukafa 168
Komombo 133
Kopten 65, 154
Korfu 9
Kulturinstitute 48
Kusch 147
Kyril 158

L
Laketa 194
Landwirtschaft 177
Leukos Limen 203
Libyen 9
Liebe 79
Limassol 9
Literatur, äg.-arab. 38
Lukian 161
Luxor 119
  Deir el-Bahari 129
  − el-Medina 128
  Karnak-Tempel 122
  Luxor-Tempel 122
  Medinat Hsbou 126
  Museum 122
  Noblen-Gräber 128
  Tal der Könige 129
  Tal der Königinnen 126
  Tutenchamun 130

M
Maha 147
Mallaui 108
Makarios-Kloster 153
Managim 93
Mansala-See 182
Marcha 207
Markus 161
Marsa Allam 204
− Matruh 172
Maw'ub 93
Memmnon-Kolosse 125
Memphis 87
Meroe 147
Minia 107
Misr-Konzern 181
Mohamed Ali 69, 162
Mons Porphyrites 201

REGISTER

Montazah 168
Mut 93

N
Nag Hammadi 116
Napata 147
Nasser, Gamal A. 142
Nazir-i-Khosrau 138
Nebi Salih 211
Neuland-Projekte 157
New Valley 98
Nil 104
Nubien, -ier 147

O
Obeid 174
Obelisk, unvollendeter 139

P
Paulus 161
Paulus-Kloster 199
Pharao-Island 210
Philae 146
Piräus 9
Plotin 161
Port Said 188
Port Sudan 192
Post 23
Preise 30
Ptolemaios II. 164
Ptolemeius-Säule 167
Pyramiden 84

Q
Qara 175
Qasr el-Benat 194
Qft 118
Qser 203

R
Raffah 212

Ramses II. 150
Ramses III. 125
Ras el-Tin 167
– Gemsa 200
– Gharib 200
– Mohamed 208
– Nasrani 209
– Shakik 171
– Shukeir 200
– Zafarana 196
Religion der Pharaonenzeit 111

S
Sadat City 153
Sadd el-Ali 141
Safaga 203
Sakkara 87
Saladin 68
Sawjet el-Maitin 107
Schule 97
Sehel 137
Selyin 89
Septimus Severus 125
Serapeum 167
Sharm es-Sheikh 208
Sheikh Adel 184
Shenuda 156
Shepheard's 119
Sidi Abdel Rahman 171
– Barani 174
– Heneish 170
– Kreer 170
Silwa 132
Simeonskloster 137
Sinai 205
Siwa 174
Sprache 35
Sphinx 87
Sohag 110
Soziales System 76
Sollum 174
Souvenirs 121
Sperrgebiete 26
Suez 190

Suez-Kanal 183
Suleiman Pasha 62

T
Tabah 210
Talaat Harb 62, 181
Tahrir-Provinz 157
Taposiris Magna 170
Tanta 180
Tempel 111
Tineyda 93
Tourismus 102, 119
Trajan 162
Tuna el-Gebel 108
Tur 208

U
Umm el Dabadib 101
Umm el-Fawachir 194

V
Valerian 162
Visa 10

W
Wasta 88
Wadi Abu Ma'amel 201
– Feiran 211
– Halfa 148, 152
– Hadien 195
– Hammamat 194
– Maghara 207
– Tumilat 182
Wein 157
Wohnen 71, 75

Z
Zafarana 196
Zagazig 182
Zeitungen 56
Zenobia 162

Ich bestelle:

- [ ] WESTCOAST (Schrott/Klemann)
  Die Sonnenseite Nordamerikas 224 S. — **nur 18.80**
- [ ] CUBA (Wilde)
  Die andere Seite der Karibik 192 S. — **nur 16.80**
- [ ] INTER RAIL (Kretz/Peter)
  Handbuch für Bahnreisen in Europa 224 S. — **nur 12.80**
- [ ] ÄGYPTEN (Braun)
  Reisen unter Pyramiden 256 S. — **nur 18.80**
- [ ] CAMPING HANDBUCH
  Spanien, Südfrankreich, Marokko, Portugal, Atlantik 400 S. — **nur 16.80**
- [ ] SARDINIEN (Zahner)
  Insel zwischen Lust und Arbeit 192 S. — **nur 14.80**
- [ ] JAVA/BALI (Ziller)
  Indonesien – Travell-Book 224 S. — **nur 18.80**
- [ ] SPASS UNTERWEGS (Klemann, Hrsg.)
  Kommunikation auf Reisen ca. 160 S. — **nur 10,–**
- [ ] SCHNEEBUCH (Deschler/Ziller)
  Der alternative Skiführer der Alpen 224 S. — **nur 16.80**
- [ ] EUROPA FÜR TRAVELLER
  45 Städte praktisch und preiswert ca. 200 S. — **nur 10,–**
- [ ] GRAN CANARIA (Klemann)
  plus Fuerteventura und Lanzarote ca. 160 S. — **nur 12.80**

(alle Bücher im Buchhandel erh.)

Absender: _____

Unterwegsverlag

Hebelstraße 10
7703 Rielasingen 1
Tel. 0 77 31/2 25 90

WESTCOAST/USA
Die Sonnenseite Nordamerikas

von Walafried Schrott und Manfred Klemann

"Meet me at the St. Francis"

Javaanse Jongens - unterwegs -

Gerd Zahner:
SARDINIEN, Insel der Gegensätze.
160 Seiten, 14.80 DM
Der aktuelle Führer hinter und in die Kulissen Sardiniens.

Edgar Deschler/Robert Ziller:
SCHNEEBUCH, der alternative Skiführer
224 Seiten, 16.80 DM
Die wichtigsten Ski-Gebiete kritisch und konkret beschrieben ...

Schrott/Klemann:
WESTCOAST/USA, die Sonnenseite Nordamerikas, 224 Seiten, 18.80 DM
Damit Reisen in Kalifornien und Umgebung wieder möglich wird.

unterwegsverlag
Manfred Klemann
Hebelstraße 10
7703 Rielasingen
07731/22590

Unterwegsverlag · Hebelstraße 10 · 7703 Rielasingen 1

Die preiswerten „anderen" Reiseführer

- aufwendig recherchiert!
- kritisch! ● konkret!
- handlich aufgemacht!

- **CUBA**
  192 S./16.80
- **ÄGYPTEN**
  224 S./18.80
- **SARDINIEN**
  160 S./14.80
- **Spass unterwegs**
  140 S./10.–
- **Camping Handbuch**
  400 S./16.80
- **JAVA/BALI**
  224 S./18.80
- **INTER RAIL**
  224 S./12.80
- **WESTCOAST/USA**
  224 S./18.80
- **Europa für TRAVELLER**
  ca. 200 S./10.–
- **SCHNEEBUCH**
  224 S./16.80